쉽게 배우는 산업조직론

쉽게 배우는 산업조직론

김상택 지음

율곡출판사

들어가는 글

21세기 정보화 시대를 맞이하여, 지식과 정보는 과학기술의 급격한 발전에 힘입어 눈부신 속도로 생성되고 전파되고 있다. 세계의 변화는 그 언제보다도 빠르게 진행되고 있으며, 물리적 국경은 그 의미가 퇴색되기 시작한 지 오래다. 이와 같은 발전에 발맞추어 산업조직론도 급속하게 그 영역을 확장하고 있다. 정보통신산업과 네트워크 산업에 대한 연구가 지난 20여 년간 크게 발전하였으며, 국내 산업들은 국제경제의 급격한 변화에 따라 많은 변화를 경험하고 있다. 4차 산업혁명으로 비롯된 급격한 변화는 산업의 지형도를 바꿀 것으로 예상되며, 모든 산업에서 치열한 경쟁과 구조조정을 불가피하게 만들고 있다. 정부의 정책도 이에 발맞추어 변화하게 될 것이다.

산업조직론의 핵심 내용을 흥미롭게, 그리고 이해하기 좋도록 강의하기 위하여 이화여대의 교수로서 노력하였다. 처음에는 쉽게, 그리고 흥미롭게 강의하려고 노력하였는데, 학생들에게 깊은 지식을 전달하지 못했다는 아쉬움이 남았다. 깊은 지식을 전달하고자 할 때, 직관과 결과만을 쉽게 전달하려고 노력한 탓이다. 방향을 바꾸어 수학적이고 기술적인 어려운 문제도 설명하고 전달한 결과 일부 학생들의 학업의욕을 고취시키는 성과가 있었지만, 또 다른 일부 학생들은 어려움을 호소하였다. 결국 여러 사람의 바람을 충족시키기 위해서는 적절한 조정이 필요했던 것이다. 이 책은 이런 경험을 바탕으로 여러 해 동안 이화여대에서 강의한 내용 중 일부로 구성되어 있다. 다소 쉽게 강의했던 강의 내용도 포함되어 있고, 다소 기술적인 내용을 강의했던 내용도 포함되어 있다. 흥미로운 내용과 도전적인 내용이 함께 공존하고 있다고 생각한다.

처음에는 산업조직론의 질문들이 무엇인지 제시하였고, 이후 산업조직론을 이해하는 데 필요한 미시경제학의 내용들을 부분균형이론과 일반균형이론의 차이를 설명하면서 다시 복습하였다. 구조–행동–성과 분석 패러다임을 통하여 산업조직론의 큰 흐름을 설명하였으며, 거래비용이론에 대한 설명은 기업의 존재 이유에 대하여 제시하고 있다. 공정거래와 관련하여 매우 중요한 시장획정 방법론을 자세히 설명하였고, 독점이론을 상세하게 검토하였다. 독점의 비효율성을 개선하는 방법으로 구조개선과 가격규제 방법론을 기술하였다. 그중에서도 현실에서 적용되는 가격규제에 대해서는 매우 상세하게 제시하였는데, 투자보수율 규제와 여타 가격규제에 대한 설명은 다른 교과서에서 찾아보기 힘든 내용으로 구성되어 있다.

연이어 과점이론 중 가격경쟁모형을 증명과 함께 상세히 설명하였다. 버트랑의 패러독스가 왜 나타나는지와 이에 대한 해법으로 제시된 생산용량제한과 제품차별화에 대해서는 별도의 장을 통하여 자세히 설명하였다. 생산량 경쟁 모형인 쿠르노 모형을 설명한 후에는 버트랑 모형과의 관계를 설명하였는데, 생산용량제한과 관련된 내용을 이용하였다. 대부분의 내용을 하나의 흐름으로 연결하는 데 중점을 두어 이 책의 독자들이 산업조직론의 흐름을 잘 이해했으면 하는 바람을 표현하였다.

원래 이 책의 시작은 약 20년 전에 연세대 조신 교수님이 준 3쪽짜리 요약 강의록이었다. 잘 정리된 요약 강의록을 보며 언젠가 교과서를 집필하리라 생각하였다. 약 15년 전 이화여대 경제학과의 안홍식 교수님은 1년여의 시간 동안 매일 늦은 밤까지 교과서를 집필하였는데, 그 모습은 후배교수인 본 필자에게 귀감이 되었다. 박사과정생인 임연규 학생의 5년 전 강의 필기는 본 교과서의 초고였다. 필기의 내용부터 현재의 상태까지는 많은 노력과 커다란 변화가 있었지만, 시작에 도움을 준 임연규 학생에게 고마움을 표한다.

몇 년간의 지지부진한 상태에 큰 변화를 일으킨 계기는 서울대 이원우 교수님의 소개로 방문한 독일 Hamburg 대학의 연구년 기간이었다. 이 책의 대부분은 Hans-Heinrich Trute 교수님의 초청으로 방문한 독일 Hamburg 대학에서 2016년에 작성되었기 때문이다. 환대해준 Trute 교수님과 Schulz 교수님, 그리고 Nowrot 교수님께 감사의 마음을 전한다. 연구년 기간 중에 별도의 프로젝트를 통해 재정적인 지원을 아끼지 않았던 방송통신위원회의 도움에도 심심한 감사의 뜻을 전한다. 흔쾌히 출판하기로 결정한 율곡출판사의 박기남 사장님과 박정헌 기획상무님, 그리고 편집을 위해 주말에 출근하여 함께 노력한 차은지 과장대리님에게 깊은 감사를 드린다. 조금이라도 저렴하게 학생들이 책을 구매할 수 있으면 하는 바람으로 이 책의 저술에 대한 인세를 받지 않는 대신, 그만큼 책값을 인하해 달라고 율곡출판사에 요청하였다.

필자가 책을 출간할 때마다 격려와 칭찬을 아끼지 않았던 서울여대 이봉호 교수님과 고려대 김동주 교수님께도 감사의 마음을 전한다. 기획처장직을 수행하며, 주말과 추석 연휴, 그리고 설 연휴에 이 책을 교정하였다. 같이 보내지 못한 시간과 미안함을 대신하여 존경하는 양가 부모님, 사랑하는 아내, 그리고 듬직한 아들 동평이와 열심히 노력하는 딸 지희에게 사랑을 보낸다.

2018년 2월

사랑하는 아들 동평이를 생각하며

저자 김상택

차례

제3강 부분균형이론과 일반균형이론 I : 개관

제4강 부분균형이론과 일반균형이론 II

제5강 산업조직론의 역사와 기업의 본질

제6강 SSNIP Test를 통한 시장획정(Market Definition) 방법

제7강 독점이론(Monopoly Theory)

제8강 독점산업의 성과 개선과 가격규제(Price regulation)

제9강 투자보수율 규제에 대한 분석

제10강 과점시장(Oligopoly) : 버트랑(Bertrand)의 가격경쟁모형

제11강 제품차별화(Product differentiation)

제12강 생산용량제한(Capacity constraint)

제13강 과점시장(Oligopoly) : 쿠르노(Cournot)의 수량경쟁모형

제14강 버트랑 모형과 쿠르노 모형의 상관관계

부록 1 게임이론

부록 2 미분과 적분

제1강

산업조직론의 소개

산업조직론은 이름이 그 내용을 나타내지 못하는 경제학의 대표적인 분야라고 할 수 있다. 산업조직론이 무엇인지 소개한다. 보통 사람의 입장에서 궁금해 할 수 있는 질문들을 제시하여 산업조직론이 무엇인지 알게 되는 방법을 사용하고 있다.

1. 산업조직론이 다루는 일상적인 문제들

이 책을 읽기 시작한 여러분이 이화여대에서 경제학을 전공하고 있다면, “이화사랑”을 알고 있을 것이다.[1] “이화사랑”은 경제학과 수업의 대부분이 이루어지고 있는 건물인 이화 포스코관에 있는데, 괜찮은 커피를 저렴한 가격에 팔고 있다. 별도로 맛있는 김밥과 빵들도 팔고 있으므로, 이곳에서는 차를 마시거나 간단한 점심을 먹을 수 있다. 많은 사람들이 이곳에서 김밥이나 차를 마시고 있다. 김밥을 사기 위해서 수십 명이 줄 서 있는 모습이 자주 목격되기도 한다. 이화사랑은 좋은 서비스를 제공하고 있는 것으로 보이고, 많은 사람들이 이를 즐기고 있다.

한 가지 생각할 점은 비슷한 품질의 김밥을 파는 곳이 근처에는 없다는 것이다. 물론, 가까이에 있는 매점에 가서 김밥을 살 수는 있다. 문제는 김밥의 맛에 차이가 크다는 것이다. 매점의 김밥은 제조된 지 제법 오래된 느낌이며, 냉장고에 보관되어 있다. 반면에 이화사랑의 김밥은 제조하는 과정을 관찰할 수 있을 뿐 아니라, 항상 그런 것은 아니지만 금방 만들어진 따뜻한 김밥을 먹을 수 있다. 비슷한 품질의 다른 김밥을 판매하는 곳을 찾기 위해서는 약 10분 정도의 시간을 들여서 걸어 나가야 한다. 사실 명확하게 떠오르는 김밥집을 생각하기도 어렵지만, 분명히 있기는 있을 것이다. 여기서 우리는 다음과 같은 질문을 생각해 볼 수 있다.

이화사랑은 해당 지역에서 독점인가?
이화사랑의 김밥 가격은 높은가? 낮은가? 그 이유는?
김밥의 품질이 더 좋아질 수는 있는가?
김밥의 종류는 충분한가?

---

1 2019년 시점으로 “벤티”라는 커피점과 “서가원”라는 도시락 전문점 그리고 “Paris Baguette”가 “이화사랑”의 자리를 차지하고 있다. 아래의 논의들은 새로운 상점들에도 유사하게 적용될 수 있다.

자신이 영업하는 곳에서 경쟁상품을 판매하는 다른 상점을 찾기 힘들다면 사업하기에 좋은 곳일 것이다. 거기에 학내공간으로서 고정 고객들이 많이 있을 것으로 예상되므로 사업하기에 좋은 곳임에 틀림이 없다. 고정 고객들이 많더라도, 경쟁이 치열하리라고 예상했다면 아예 상점을 열지도 않았을 사람들에게는 아마도 바람직한 상황일 것이다. 사실 이화사랑은 한정된 공간에서 서비스를 제공하기 위하여 대학당국에서 허가를 받아 장소를 빌려 영업을 하고 있다. 대학당국은 이화사랑으로부터 임대료를 받고 있으며, 사업을 허가할 때 학생들의 복지를 위한 허가 조건으로 김밥과 커피의 가격을 저렴하게 받으라고 요구하였다. 그러자 이화사랑의 운영자는 그렇다면 임대료를 할인해 달라고 요청하였고, 둘 사이의 계약은 성립하였다.

> 이화사랑은 손해를 보면서 영업하고 있는가?
> 대학당국에서는 얼마를 받으라고 요구해야 하며, 그 근거는 무엇인가?
> 이화사랑은 대학당국이 요구하는 가격이 높거나 낮다면 어떻게 대응하겠는가?
> 이화사랑이 비효율적으로 운영된다면, 대학당국은 어떻게 대응하겠는가?

이화사랑의 김밥이 잘 팔린다는 것이 외부에 알려지게 된다면, 근처에서 비슷한 품질의 김밥을 판매하겠다고 대학당국에 신청하는 기업이 생길 것으로 예상된다. 만약, 대학당국에 이런 신청서가 접수된다면, 대학당국은 어떻게 결정을 내려야 할까? 물론, 여러 가지 조건들을 보아야 할 것이다. 현재의 이화사랑의 가격과 품질에 고객들이 만족하고 있는지와 공간은 있는지, 그리고 학생들과 기존 이화사랑에는 어떤 영향을 미칠지 등에 대해서 합리적으로 예상을 해서 결정해야 할 것이다. 합리적인 예상을 위해서는 신청서에 쓰여 있는 정보를 활용할 수 있고 대학당국이 갖고 있는 다른 정보들을 활용할 수 있을 것이다. 물론, 필요하다면 추가정보를 수집할 수도 있을 것이다. 이런 상황에 대해서 이화사랑은 어떤 반응을 보일까? 여기서 우리는 다음과 같은 질문을 생각해 볼 수 있다.

경쟁도입은 바람직한가? 또는 경쟁도입은 한정된 공간의 효율적인 활용방법인가?
새로운 김밥은 소비자에게 새로운 선택을 줄 것인데, 그 가치는 어느 정도인가?
가격이나 품질로 효율성을 측정할 수 있는가?
복점에서 가격은 어떻게 결정되는가?
복점에서 가격 이외의 경쟁 조건은 어떻게 결정되는가?
예를 들어 품질 등은 어떻게 결정되는가?
이화사랑의 반발은 어떻게 대응해야 할 것인가?

이화사랑의 반발은 계약서에 "경쟁사를 도입할 수 없다"는 구절이 없다는 이유로 무시되었고 경쟁이 도입된 상황을 생각해보자.[2] 새롭게 등장한 상점의 이름을 김밥천국이라고 하자. 김밥천국은 경쟁에서 승리하기 위하여 다양한 김밥을 제공하기 시작하고, 가격도 저렴하게 책정하였다. 또한, 김수현의 깜짝 등장을 통해 판매를 높이려고 애를 썼다. 자주 구매하는 사람들에게는 멤버십을 통한 할인 혜택도 도입하였다. 이런 경쟁 끝에 가격은 더 이상 변하지 않는 상태가 되었다.

이런 할인 혜택이나 김수현의 등장은 소비자에게 좋은가? 항상 그런가?

이화사랑에서도 지고 있지만은 않았다. 이화사랑도 "맛보기"라는 새로운 서비스를 도입하여 김밥을 사기 전에 하나 먹어볼 수 있는 시식 서비스를 시작하였다. 김밥 종류도 더 많이 제공하기 시작하였으며, 주문 즉시 제작해주는 "따뜻한 김밥"도 제공하기 시작하였다.

김밥천국의 매출확대 정책은 어떤 효과가 있는가?
소비자, 김밥천국, 이화사랑에 주는 효과를 구분하여 생각해보자.
광고 등의 매출확대 정책은 사회적으로는 바람직한가?
김밥 종류가 늘어난 것과 시식 서비스, "따뜻한 김밥" 등은 어떤가?

---

2 여기서 계약의 중요성이 강조된다. 계약할 당시에 이런 상황을 예상하고 미리 정한다면 분쟁은 없을 것이지만, 계약이 부실한 상황이라면 분쟁이 발생할 것이기 때문이다.

다양한 추가 혜택은 그 비용을 정당화할 수 있는가?

경쟁은 이화사랑과 김밥천국 모두의 재정 상태에 좋지 않은 영향을 미치기 시작했다. 두 상점의 운영자는 이대로는 희망이 없다고 생각하여 어느 일요일 날 점심에 만나서 자신들의 재정 상태에 대해서 논의하였다. 그들은 둘 다 "적절한" 이익을 볼 수 있는 합의를 이끌어 내었다. 즉, 자신들이 판매하는 상품의 가격을 인상하고, 김밥 종류는 줄이기로 합의한 것이다. 맛보기 서비스와 따뜻한 김밥은 흐지부지하게 서비스하기로 결정하였다.

법적으로 이런 합의는 어떤 의미를 갖는가?
두 상점이 이런 합의를 계속 지켜나갈 가능성은 어느 정도인가?
합의에 의해 소비자들은 어떤 영향을 받는가? 사회 전체적으로는 어떤가?
이런 합의가 불법이라면 발각될 가능성은 얼마나 큰가?
이런 합의를 찾아내기 위해서 대학당국은 어떤 조치를 강구할 수 있는가?

두 상점의 합의를 눈치 챈 대학당국은 합의를 끝내라고 요구하였고, 두 상점은 다시 경쟁을 시작하였다고 하자. 결국 이익을 보기 어려워진 김밥천국이 이화사랑에게 자신의 상점을 구매하라고 제안하였다고 하자.

이화사랑은 김밥천국을 M&A할 동기가 있는가?
김밥천국은 얼마에 인수되는 것이 적절한 가격일까?
법적으로는 가능한 일일까?
이화사랑 이외에 다른 기업이 김밥천국을 인수할 동기는 있을까? 있다면 인수가는?
이화사랑이 인수한다면 이화사랑은 독점이 되는가?

이화사랑이 김밥천국을 인수하였다고 하자. 이제 이화사랑은 일정 거리 내에서는 혼자서만 서비스를 제공하고 있다.

이화사랑의 김밥가격은 어떻게 될까?
새로운 상점이 다시 김밥을 제공하겠다고 할 때, 이화사랑은 어떻게 대응할까?
아예 시장에 들어오지 못하게 처음부터 김밥가격을 낮추는 정책은 어떨까?
"따뜻한 김밥", "맛보기" 서비스 등을 미리 제공하는 것은 어떤가?
이화사랑의 가격정책과 서비스 정책은 사회적 효율성에 어떤 영향을 미치는가?

독점적으로 운영되는 이화사랑에 대하여 소비자인 학생들은 김밥의 품질이 떨어졌다며, 품질 향상을 요구하기 시작하였다. 해당 요구에 대하여 이화사랑은 수익성 저하를 걱정하여 미온적으로 대응하였다. 학생들의 품질 향상 요구에 대한 미온적인 반응을 본 대학당국도 해당 요구에 가세하였다. 품질을 높이지 않으면 임대료를 대폭 상승시키겠다고 압력을 가한 것이다. 불매운동과 임대료 상승 압박에 직면한 이화사랑은 매장 철수를 결정하였다. 대학당국은 대체 업체를 찾기 시작하였다.

더 이상 김밥을 구매할 수 없는 소비자들은 어떻게 될까?

대학당국은 대체 업체를 찾고 잠재적 업체들은 이화사랑의 전례를 감안하고 있다. 만약 입점할 업체를 찾았다면 다시 이화사랑의 질문이 시작된다.

산업조직론은 위에서 이야기한 내용들에 대하여 연구하는 학문이다. 조금 더 공식적으로 이야기하자면 불완전경쟁시장의 작동방식과 그 성과에 대해서 연구한다. 완전경쟁시장으로는 대답할 수 없는 상황이 완전하지 못한 경쟁으로 인하여 발생할 때, 시장과 기업들이 어떻게 반응하는지 생각한다. 물론, 어떤 상황에서, 그리고 왜 경쟁이 완전하지 않게 되는지를 연구하는 것은 산업조직론의 중요한 부분이라고 할 수 있다. 위의 이야기들을 통해서 산업조직론이 어떤 것을 연구하는지에 대한 감을 갖게 되었으리라 믿는다. 위에서 제시된 질문들은 산업조직론에서 대답을 제공하였거나 제공하려고 노력하는 질문들이다.

2. 산업조직론에서 다루는 문제들의 경제학적 재해석

산업조직론(industrial organization) 또는 산업경제학(industrial economics)에서 다루는 일상생활에 대한 질문들을 앞에서 소개하였는데, 동일한 질문들을 경제학적으로 소개하고 설명하는 것이 본 장의 역할이다. 산업조직론은 불완전경쟁시장에서 기업들이 어떻게 행동하고 어떤 성과를 내는지 공부하는 경제학의 한 분야다. 완전경쟁시장 이론은 매우 강력하지만, 경쟁이 충분히 존재하지 않는 현실 상황에 대한 설명력은 제한적이다. 산업조직론은 어떤 상황에서 경쟁이 충분하지 않는지에 대해서 연구하며, 이런 상황에서 기업들은 어떻게 행동하며 그 성과는 어떤지에 대하여 연구한다. 분석을 위해서는 경제학의 역사에서 이론이 먼저 정립된 완전경쟁시장 이론을 먼저 소개한 후, 해당 이론을 이용하여 불완전경쟁시장에 대한 분석을 시작하는 것이 바람직하다.

산업조직론은 크게 보아 다음의 주제들을 다루고 있다.

1. 시장의 구조
2. 시장의 구조가 기업의 행동에 미치는 영향
3. 한 기업의 행동이 다른 기업의 행동에 미치는 영향
4. 기업의 행동이 성과에 미치는 영향
5. 기업의 행동 또는 성과가 시장의 구조에 미치는 영향

위의 주제들은 구조–행동–성과 분석체계(Structure–Conduct–Performance Paradigm)에서 자세히 설명하고 있는데, 이에 대한 내용은 다음 장에서 살펴보기로 한다.

1강 보충정리

아래의 내용들은 앞에서 질문한 내용들 중 중요한 몇 가지에 대하여 간략한 대답을 제시하는 내용들이다. 보다 자세한 답변들은 모두 뒤에서 자세히 다루게 될 것이다. 아래의 내용은 간략하게 답변을 소개하는 내용으로 구성되어 있기 때문에 목차에서의 궁금증을 조금이나마 해소하는 의미를 갖는다고 볼 수 있다. 간략하게 정리하였기 때문에 구체적인 논리를 모른다고 하더라도 큰 문제는 없다는 점을 밝힌다. 사실 간략하게 설명하는 이유는 나중에 이런 내용들을 자세히 배우게 될 것이기 때문이다.

1. 이화사랑은 해당 지역에서 독점인가?

- 지역과 제품을 구분하여 근접한 지역에 밀접한 대체재가 있는지에 대해 생각하여 결론을 내려야 한다. 하지만 근접한 지역에 밀접한 대체재가 있는지에 대한 판단은 개인마다 서로 다를 수 있다. 이렇게 개인적으로 다른 판단이지만, 이화사랑에서 제품을 구매하는 여러 사람들이 밀접한 대체재가 근처에 있다고 판단한다면, 이화사랑의 제품가격이 상승할 때 시장수요는 밀접한 대체재로 옮겨갈 것이 확실하다. 이런 경우에는 당연히 독점이 아니다.
- 하지만 근처에 이런 밀접한 대체재가 존재하지 않다고 판단하는 많은 수요자들이 존재한다면, 가격이 상승해도 많은 사람들이 그냥 구매할 것이다. 이 경우, 이화사랑은 독점이라고 할 수 있다. 즉, 밀접한 대체재가 근처에 있는지 여부에 따라 시장의 범위가 정해지며, 밀접한 대체재가 근처에 있는지에 대한 판단은 개인에 근거하기 보다는, 해당 지역의 대다수 사람들이 어떻게 생각하는지에 따라 시장의 범위가 결정된다. 참고로 시장의 범위를 결정하는 것을 "시장획정(Market Definition)"이라고 부른다. 지금 설명한 시장획정 방법을 체계화하면 SSNIP Test(Small, but significant and non-transitory increase in price) 라고 하는 방법론이 된다.
- 참고로 이화사랑의 제품가격이 10% 정도 상승하였을 때, 소비자들이 구매를 중지하거나 다른 제품이나 지역으로 이동하여 이화사랑의 이익이 감소한다면 밀접한 대체

재가 존재한다고 판단하는 것이 바로 SSNIP Test(Small, but significant and non-transitory increase in price)라고 하는 방법론이다. 뒤에서 다시 더 자세하게 논의한다.

2. 제품의 가격은 높은가? 낮은가?

- 이론적으로 가장 이상적인 기준 가격은 경쟁시장에서 수요와 공급에 의해 결정된 균형가격이지만, 해당 시장이 경쟁시장이 아니라면 균형가격이 얼마인지 모르기 때문에 균형가격을 대신할 수 있는 아래의 다양한 기준을 사용한다. 제품의 가격이 높은지 낮은지를 판단하는 기준으로 제시되는 방법으로는 벤치마크(Bench-mark), 원가(원가는 다시 한계비용과 평균비용 등으로 나뉜다.) 등으로 나눌 수 있다. 벤치마크는 비슷한 상황의 다른 시장의 균형가격과 비교하는 것이며, 원가는 시장의 장기균형가격이 한계비용이나 평균비용과 일치한다는 점에 착안한 비교 기준이라고 볼 수 있다.
- 위의 기준은 모두 경쟁시장의 균형가격을 찾으려는 노력의 일환이므로, 실제로 경쟁을 도입하여 결정되는 가격이 가장 이상적이라는 점을 기억해야 한다. 즉, 가격이 높고 낮은 것을 평가하는 가장 좋은 방법은 현재 그 시장이 경쟁적인지를 판단해서 경쟁적이라면 적정한 가격이라고 판단하는 것이다. 어떤 이유에서건 경쟁도입이 불가능할 경우에 위의 방법을 통해서 판단하는 것이며, 해당 방법은 차선책이라고 할 수 있다.
- 이 논의를 조금 더 전개하면 위의 1번에서 제시한 시장획정이 얼마나 중요한지 알 수 있을 것이다. 즉, 시장획정이 되면 기업이 독점인지 아닌지 알 수 있으며, 독점이라면 가격이 높이 책정되리라는 점을 짐작할 수 있다. 반면에 획정된 시장에서 기업이 경쟁상태에 있다면, 가격은 경쟁가격이므로 높지 않을 것임을 짐작할 수 있다.

[그림 1-1]

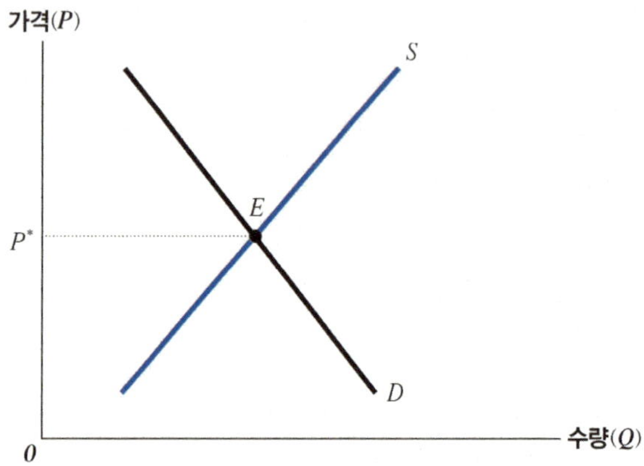

3. 품질은 더 좋아질 수 있는가?

– 소비자가 직면하는 가격은 정해진 품질에서의 가격이다. 품질이 다르다면 가격의 직접비교가 불가능하다. 고급제품과 저가제품의 가격을 직접비교하는 것이 불가능한 것과 같은 이치이다. 예를 들어 고급대형차인 제네시스와 중형차인 소나타의 가격을 직접 비교하는 것은 의미가 없는 것과 같다. 이처럼 다른 품질의 제품가격을 비교하는 방법은 $\frac{\text{가격}}{\text{품질}}$을 비교하는 것이다. 정해진 품질에서의 가격을 비교하는 것이다. 따라서 같은 가격에 품질이 더 좋아질 수 있는지 여부에 대한 질문은 같은 품질에 가격이 낮아질 수 있는지 여부에 대한 질문과 같다. 이런 이치를 이해한다면, 위의 2번 질문에 대한 대답이 3번 질문에 대한 대답을 대신할 수 있다는 것을 알 수 있다.

4. 종류는 충분한가? 충분한 다양성을 갖추고 있는가?

– 이 질문은 제품의 차별화가 소비자에게 주는 만족도와 연관된 질문이다. 제품차별화의 적정성을 검증하기 위해서는 소비자의 선호가 어떻게 분포되어 있는지와 제품의 차별성 정도 그리고 차별화를 위해 추가적으로 발생하는 비용 등이 상호 연계되어 있다. 이 내용은 위의 제품차별화 모형(Product differentiation)에서 보다 자세하게 다룰 것이지만, 기본적으로 소비자들이 차별화된 제품을 선호하는 정도에 따라 제품

차별화가 이루어지며 그 때 발생하는 차별화 비용이 낮다면 차별화는 더욱 촉진될 것이란 추측을 할 수 있다.

5. 해당 기업은 현재 손해를 보고 있는가?

– 이 질문에 대한 대답은 비교적 쉽다. 적자를 보고 있다면 영업을 안 할 것이기 때문이다. 즉, 영업을 하고 있다면 적자는 아닐 것으로 짐작할 수 있다. 다만, 적자임에도 불구하고 단기적으로 마지못해 영업을 하다가 조만간 폐업을 하는 경우는 있을 수 있다. 예를 들어 회수 불가능한 한 달 치 임대료를 이미 지불했다고 하자. 임대료를 감안하면 적자지만, 임대료 회수가 불가능하므로 임대료를 감안하지 않을 경우 흑자라면, 한 달이 다 될 때까지는 영업을 계속할 수 있다. 이런 경우, 임대료는 매몰비용이라는 점은 생각해 둘 만하다.

6. 대학 당국에서는 얼마를 받으라고 요구해야 하는가? 그 근거는 무엇인가?

– 위의 2번에서 제시된 적정한 요금이 근거가 되어야 할 것이다. 다만, 학생들을 위한 할인을 요구하는 대학당국이라면 해당 요금에서 할인액을 제외한 금액을 적정 임대료로 책정하여야 한다. 적정한 임대료를 정확하게 추정하는 것은 쉽지 않은 일이므로, 더 많은 정보를 갖고 있는 측에서 협상을 통해 다소 유리한 결과를 얻을 수 있을 것으로 판단된다.

7. 이화사랑이 요금을 높일 수 있게 해달라는 요구사항에 대한 대응방법은?

– 적자라고 주장하며 요금을 높여달라고 요구할 수 있다. 이 경우, 대학 당국은 적자임을 증명하라고 요구할 수 있으며, 이화사랑 측은 자신들이 갖고 있는 정보를 추가로 제공하여 적자임을 증명할 수 있다. 증명된다면 요금을 높여야 하는 것이 맞지만, 다음과 같은 경우에는 요금을 높이지 않을 수 있다. 첫째, 이화사랑 측이 부당하게 비용을 집행한 경우에는 해당 비용을 제외해야 한다. 둘째, 이화사랑 측이 매출을 사실보다 낮게 제시하여 자신들에게 유리한 결론을 이끌어내려는 경우에도 요금인상을

거부할 수 있다. 이런 두 가지 경우에 대하여 대학당국이 이화사랑보다 더 적은 정보를 갖고 있으므로, 추가 정보를 획득하기 위해 노력해야 한다. 추가로 획득되는 정보만큼 대학당국의 불리함이 줄어드는 것은 당연하다. 그럼에도 불구하고 정보는 부족하게 마련이다. 이렇게 정보가 부족한 경우에 어떻게 해야 하는지에 대한 연구는 "정보경제학(Economics of information)"에서 다루고 있다.

– 참고로 우리 사회의 공기업들과 가격규제를 받는 시장지배적 기업들은 정부와 비슷한 관계에 있다. 가격규제를 받는 시장지배적 기업들은 정부의 규제를 피해 높은 가격을 받고 이를 통해 높은 이윤을 얻기 위해 자신들이 가진 정보를 최대한 활용한다. 예를 들어 서울지하철공사는 수년에 한 번씩 적자를 이유로 요금인상을 정부에 요청하며, 정부는 관련 사항을 검토하여 가격인상 여부를 결정한다. 이때, 서울지하철공사에서 제출하는 정보가 정확한지는 검토해야 하는 것이 당연하다. 즉, 해당 상황에서 정부가 어떻게 대응해야 하는지는 위의 대학당국과 같다고 할 수 있다.

8. 이화사랑이 비효율적으로 경영하거나 부당한 비용을 집행한 경우에 대학당국의 대응은 무엇인가?

– 먼저 비효율적인 경영의 판단기준이 필요하다. 그 기준으로 사용할 수 있는 것들은 품질 대비 가격, 품질에 포함할 수 있지만 위생상태, 독점인지 여부 등이라고 할 수 있다. 이런 것들을 감안하여 비효율적이라고 판단된다면 다음의 조치가 가능할 것이다. 먼저, 정해진 가격에서 품질을 개선하라고 요구하거나 또는 정해진 품질에서 가격을 낮추도록 요구할 수 있다. 물론, 두 가지를 모두 요구할 수도 있을 것이다. 만약 개선이 이루어지지 않는다면, 임대료를 인상할 수 있을 것이다. 경우에 따라 매우 높은 임대료를 책정하여 사실상 이화여대에서 철수하도록 유도할 수도 있을 것이다. 만약 해당 업체가 철수한다면 대체 사업체를 선정할 수 있을 것이며, 새로 선정되는 업체에는 구체적인 요구사항을 계약에 반영할 수 있을 것이다. 만약 임대료의 인상이 사전 계약으로 인하여 불가능한 경우라면, 추가적으로 경쟁을 도입하는 방법을 고려할 수 있을 것이다. 이 경우, 경쟁업체로 인하여 이화사랑은 품질을 개선하거나 가격을 인하하지 않을 수 없을 것이다.

9. 경쟁도입은 언제나 바람직한가? 또는 경쟁도입은 한정된 공간의 효율적인 활용방법인가?

- 항상 바람직하다고 말할 수는 없다. 현 상황이 효율적인지에 대하여 판단하여 결정하여야 한다. 만약에 현재 제공되는 서비스가 충분하고 가격도 저렴하다면 경쟁도입이 불필요할 것이다. 이 질문은 다시 위의 질문 2와 같다는 것을 알 수 있다. 다만 효율성을 측정할 때는 가격이나 품질이 아닌 사회후생으로 측정한다. 사회후생은 소비자 잉여, 생산자 잉여로 이루어져 있기 때문에 그래프에서 나타난 것처럼 가격이 높거나 낮게 되면 사회후생이 감소하는 것을 볼 수 있다.
- [그림 1-2]의 오른편 그래프는 사회후생이 극대화된 상태를 나타낸다. 반면에 [그림 1-2]의 왼편 그래프는 독점기업의 가격책정 상황에서의 사회후생을 나타낸다. 오른편보다 사회후생이 적다는 것을 알 수 있다. 이렇게 독점 상황에서 사회후생이 적은 이유는 높은 가격에 기인한다. 따라서 사회후생이 높은지 낮은지에 대한 판단은 가격이 높은지 낮은지에 대한 판단과 같다는 것을 알 수 있다.

[그림 1-2]

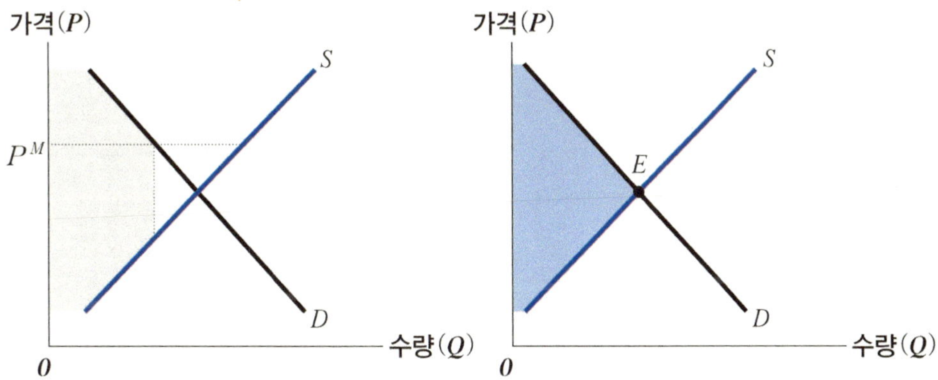

제2강

산업조직론과 구조-행동-성과 분석체계

산업조직론이 어떻게 시작되었고 발전하여 왔는지를 설명한다.

이 설명을 통하여 산업조직론의 기존 이론들을 배울 수 있으며, 향후 어떻게 더 발전해 갈 것인지에 대하여 알게 된다. 더불어 기존의 논리를 배울 때 어느 발전과정에서 발견된 이론인지도 추정 가능해진다.

1. 도입

경제활동은 생산부문과 소비부문의 활동으로 나눌 수 있다. 이 중에서 생산부문의 주요 연구 주제는 노동과 자본으로 구성된 생산요소를 직접적인 대상으로 하는 분야[1]와 생산요소를 이용하여 서비스나 제품의 생산을 담당하는 산업을 연구하는 부문으로 나누어 볼 수 있다. 산업조직론은 서비스나 재화의 생산을 담당하는 부분을 통칭하는 "산업(industry)"을 연구하는 학문으로, 모든 생산 분야에 적용 가능한 원리를 연구한다. 사례로서 반도체 산업, 자동차 산업 그리고 식료품 산업을 생각할 수 있다. 생산을 담당하는 산업은 기업들로 구성되어 있으며, 기업의 역할은 노동과 자본 등의 생산요소를 결합하여 재화와 서비스를 생산하는 것이다. 이 역할을 어떻게 잘 수행할 수 있을지를 연구하는 것이 산업조직론이라고 볼 수 있다.

산업조직론(Theory of industrial organization)에서 먼저 생각할 수 있는 주제는 기업체와 소비자 간의 상호관계이다. 기업체가 비효율적으로 생산하고 가격은 높다면 소비자들이 피해를 볼 가능성이 크다. 반면에 기업체들이 효율적으로 생산하고 저렴한 가격을 책정한다면 소비자들은 저렴한 가격에 좋은 제품을 사용할 수 있을 것이다. 산업조직론에서는 효율적인 생산을 통하여 해당 기업과 소비자에게도 좋고 경제 전체에도 좋은 방법을 연구한다.

두 번째로 생각할 수 있는 주제는 기업체 간의 경쟁관계이다. 두 번째 주제는 첫 번째 주제의 좋은 결과를 얻어내는 수단으로 활용되는 것이 보통이다. 기업체 간의 경쟁은 품질이 좋은 제품을 더 저렴하게 제공하도록 촉진할 가능성이 매우 크기 때문이다. 경쟁이 없는 경우에는 좋지 못한 결과가 나타나는 경우가 많기 때문에, 경쟁을 도입하는 방법을 연구하거나 아니면 경쟁이 있는 경우처럼 좋은 결과를 보장할 수 있는 방법을 연구하기도 한다. 정부가 경쟁

1 생산요소를 연구하는 학문 분야로는 노동을 연구하는 노동경제학과 자본을 연구하는 금융경제학을 들 수 있다.

을 도입하도록 촉매제로서 역할을 할 수도 있으며, 경쟁도입이 어려울 경우에는 규제의 강화나 완화를 통하여 경쟁을 부분적으로라도 대체할 수 있는 방법을 찾기도 한다. 이 경우, 경쟁이 있는 경우처럼 좋은 결과를 낼 수도 있고, 최선은 아니지만 차선의 결과를 얻을 수 있다. 물론 좋지 못한 결과가 나타날 수도 있다.

정부의 역할로 보면, 모든 경제부처가 산업조직론과 관련이 있다. 공정거래위원회는 기업 간의 불공정 경쟁관계를 감시하는 곳이므로 산업조직론과 직접적으로 깊은 관계에 있다. 예를 들어 하도급 업체에 부당한 요구를 하는 기업을 적발하는 업무를 수행하고 있다. 또한 카르텔 등을 통하여 부당하게 가격을 인상하려는 기업들의 시도에 대하여 강력한 제재권한을 갖고 있다.

다른 경제부처들도 자신들이 관할하는 산업에서 사업허가나 가격규제, 그리고 품질규제를 시행하고 있기 때문에 산업조직론과 관련이 깊다. 왜냐하면 사업허가는 산업에 속한 기업체의 수를 결정하고, 가격규제나 품질규제는 소비자의 효용에 영향을 주는 동시에 경쟁관계를 결정한다. 모두 산업조직론의 주제라고 할 수 있다.

예를 들어 과학기술정보통신부와 방송통신위원회는 방송산업과 통신산업을 규제하며, 방송사업자나 통신사업자의 허가나 재허가 여부를 결정한다. 이때, 허가가 이루어지면 사업자의 수가 증가하고 우리 경제의 해당 생산부문에서 경쟁이 증가하게 된다. 방송의 품질을 지키는 역할도 수행한다. 어떤 인터넷 방송사에서 저질의 방송을 송출한다면, 규제기관의 제재를 받는다. 품질규제를 받기 때문이다. 마찬가지로 금융위원회와 기획재정부는 우리나라의 금융산업을 총괄하여 사업을 허가하고, 금융기관들의 행위를 감시 감독하여 부당한 행위를 하지 못하도록 규제한다. 국토교통부는 건설산업과 교통산업을 관장하며, 산업통상부는 그 외의 많은 산업들을 총괄하여 규제하고 감독한다. 여타 부처들도 비슷하게 자신들이 관할하는 산업에 대하여 규제하고 있다.

2. 역사

산업조직론은 20세기 초반 미국에서 시작되었으며, 이때의 분석방식을 구체화하여 구조-행동-성과 분석체계(SCP Paradigm) 또는 Harvard tradition이라고 부른다. 20세기 초반의 미국은 기업들이 생산한 제품이 한 지역에서만 판매되는 상황을 벗어나서 전국적으로 확대되고 있었다. 이 시절, 미국의 산업은 두 가지 특징을 갖고 있었다. 첫째, 동일한 제품들이 생산되는 것이 아니라 차별화된 제품들이 소비자에게 제공되고 있었다. 둘째, 많은 기업들이 한 제품을 생산하는 것이 아니라 소수의 대기업들만이 제품을 생산·판매하는 상황이었다.

당시의 이런 현실은 당시에도 잘 알려져 있던 완전경쟁시장 이론에서 상정하는 가정들과는 다르다는 것을 깨닫게 하였고, 이에 대한 연구가 시작되었다. 이와는 별도로 1929년의 대공황(Great Depression)으로 자유방임형 시장경제의 문제점이 드러난 상황이기도 하였다. 해당 문제를 해결하려는 노력의 일환으로 소수의 기업만이 존재하는 상황과 차별화된 제품이 판매되는 상황에 대한 연구가 시작되었는데, 이를 산업조직론의 시작이라고 할 수 있다.[2]

Harvard tradition이라는 이름은 하버드 대학의 베인(Bain) 교수가 1950년대에 산업조직론의 기반을 다짐으로써 그 이름을 얻게 되었다. 베인 교수는 시장의 구조에 따라 행동이 영향을 받고, 행동은 성과에 영향을 준다는 것을 인지하고 이를 분석체계로 삼았다.[3] 이를 구조-행동-성과 분석체계(SCP Paradigm)라고도 부른다. SCP는 각각 Structure(구조), Conduct(행동), 그리고 Performance(성과)의 앞 글자를 의미한다.

---

2 이런 상황에 대하여 설명하고 있는 대표적인 연구결과물로는 Chamberlin(1933), Bain(1959), 그리고 Schmalensee(1987)를 들 수 있다.

3 SCP Paradigm은 많은 학자들에게 영향을 미쳤다. 대표적으로 유명한 산업조직론자인 Scherer (1990)는 자신의 산업조직론 교과서에 "Industrial market structure and economic performance"라고 이름 붙였는데, 이는 SCP Paradigm의 처음(Structure)과 끝(Performance)을 의미한다.

[그림 2-1] 구조-행동-성과 분석틀

학생 개개인은 다 다르지만, '대학교'에 속해 있다는 구조 때문에 공통적으로 행동하게 되는 부분들이 있듯이, 각기 다른 시장에 속해 있다 할지라도 시장의 구조가 같다면 그에 속한 기업들이 유사한 행동을 보일 수 있다고 예측할 수 있다. 유사한 구조와 행동은 유사한 결과를 나타낼 가능성이 크다는 사실도 예측할 수 있다. 이처럼 유사한 구조는 유사한 행동을 초래하고, 유사한 행동은 유사한 성과를 초래할 것이라는 통찰력을 반영하여 산업을 연구하는 방법이 구조-행동-성과 분석체계다. 구조-행동-성과 분석체계에서는 성과가 좋지 못한 경우에 구조나 행동을 바꾸어 성과를 개선할 수 있다는 통찰력도 함께 제시하고 있다. 이런 분석체계를 발견하고 체계화시킨 베인 교수의 통찰력은 돋보인다고 할 수 있다.

이에 대비되는 이론은 시카고(Chicago) 대학에서 시작되었다. 구조가 행동에 영향을 미치므로, 구조를 '정부의 개입'을 통해 바꾸면, 행동이 바뀌고, 바뀐 행동은 다시 성과를 개선할 수 있다는 해석이 가능한 Harvard Tradition[4]에 대한 비판적 연구에서 비롯되었다. 즉, 정부가 개입하여 구조나 행동을 바꾸면 성과를 개선할 수 있다는 SCP 패러다임은 정부의 개입을 정당화하는 수단으로 악용될 수 있다는 점이 비판대상이었다.[5] 이런 주장들을 모아 시카고학파(Chicago school)라고 부른다.

사실 대공황이라는 자유방임형 시장경제의 실패에 대한 해법으로 제시된 케인즈 경제학은 시대적 조류로서 정부의 개입을 권장하고 있었고, 이런 조류가 산업조직론에서도 적용되었는데, 그 결과가 구조-행동-성과 분석체계라고 해

---

4 물론 구조를 개선하기 어려운 상황에서는 행동만을 개선해도 성과를 개선할 수 있다는 것이 Harvard Tradition이다.

5 SCP 패러다임에서 정부의 개입만을 주장한 적은 없으나, 구조나 행동의 개선을 가능하게 하기 위해서는 정부의 개입이 먼저 생각나는 것이 사실이다. 이런 점을 시카고학파는 비판한 것이다.

석할 수 있다.[6]

시카고학파는 1970년대부터 정부의 개입이 예상치 않은 부작용을 불러올 수 있다고 주장하였고 해당 부작용을 제시하고 증명하였다. '정부의 개입'이 아니라 시장의 기능을 되살리는 방법을 통해 시장 결과를 개선하는 것이 부작용이 적으며, 결과도 더 좋게 개선된다는 연구결과를 다양한 분야에서 제시하였다. 예를 들면, 과거 Harvard tradition은 공해문제 등 외부효과 문제에 대하여 피구세 등 정부의 개입을 도입하여 해결하려 하였으나, 시카고학파에서는 오염물질 배출권을 거래하는 시장을 만들어 해결하는 것이 더 좋다는 점을 발견한 바 있다.

산업조직론에서 독점기업의 결합상품은 독점력이 있는 상품을 이용하여 독점력을 새로운 시장으로 이전시키려는 의도에서 비롯되었다는 Harvard tradition의 해설이 정설이었던 시절에, 다른 특별한 상황이 없는 한 독점기업은 경쟁상품과의 상품결합을 통하여 이윤을 증가시킬 수 없다는 점을 증명하였다.[7] 시카고학파의 영향으로 결합상품에 있어서 정부의 개입은 축소되었다.

Harvard tradition과 시카고학파의 이론들은 모두 산업조직론을 비롯한 경제학 전반에 크게 기여하였다. 양 진영이 서로에게 자극이 되며, 옳은 점은 인정하고 서로에게 부족한 점을 지적하며 발전하고 있다.

---

6 이런 시대적 조류는 1970년대 스태그플레이션(Stagflation)이 나타나며 무력함을 드러내게 되었다. 그 결과 정부의 개입을 감소시키고 시장의 힘을 이용하는 Hayek의 이론이 받아들여졌다. 산업조직론에서도 정부의 개입이 문제라는 점을 시카고학파에서 지적하기 시작한 것은 시대적 조류와 일치한다고 할 수 있다.

7 Harvard tradition에서는 해당 지적을 인정한 후, 1990년대에 들어와 어떤 특별한 상황에서 독점력의 전이가 가능한지 모색하여 다양한 현실적 상황을 찾아 이론적으로 증명하는 실적을 이루었다. 예를 들면, 과점상품과 독점상품의 결합 판매를 통해 독점기업의 이윤을 증가시키는 전략적 상황이 있음을 증명하였다.

3. 구조-행동-성과 분석체계(SCP Paradigm)

본 장에서는 SCP 패러다임의 각 구성요소에 대하여 자세히 살펴본다.

1) 구조(structure)

특정 산업의 구조는 기업의 숫자, 기업의 규모 및 분포, 제품의 차별화 정도, 진입장벽 등으로 구성되어 있다. 먼저 기업의 숫자를 보면, 산업 내 기업이 몇 개나 있는지에 따라 1개의 기업만이 존재하는 독점산업이 있고, 소수의 기업들이 동일한 제품을 생산하는 과점산업이 있다. 다수의 기업이 존재하는 경우는 독점적 경쟁 및 완전경쟁시장인데, 차별화된 제품을 생산하는 경우를 독점적 경쟁이라 부른다. 반면에 다수의 기업이 존재하지만 동일한 제품을 생산하는 경우는 완전경쟁시장이다.

기업의 숫자만으로 산업 또는 시장의 구조를 완벽하게 파악할 수는 없다. 만약 두 개의 기업만이 존재하는 시장에서 한 기업의 시장점유율이 99%라면, 과점이라기보다는 독점산업에 더 가깝다고 말할 수 있을 것이기 때문이다. 이처럼 기업의 규모 및 분포를 고려하는 것은 중요하다.

기업의 규모와 분포를 측정하기 위한 지수들이 여러 개가 있는데, 그중 가장 대표적인 지수로 CR(Concentration ratio)지수와 HHI(Hirschman-Herfindahl index)가 있다. CR지수는 Concentration Ratio의 앞 글자를 딴 것으로, 기업의 집중도 또는 시장점유율을 나타내는 지수다. 가장 대표적으로 CR_1과 CR_3를 사용한다. CR 다음의 숫자는 기업의 숫자를 의미한다. 즉, CR_1은 1위 기업이 차지하는 시장점유율을 의미하며, CR_3는 1~3위 기업이 차지하는 시장점유율의 합산을 의미한다. CR_5를 사용할 때도 있다.

※ CR지수 산출 방법

기업	점유율(%)	CR지수
1위 기업	30	30(CR_1)
2위 기업	25	55(CR_2)
3위 기업	20	75(CR_3)
4위 기업	10	85(CR_4)

Hirschman–Herfindahl Index는 Hirschman과 Herfindahl이 고안해낸 지수로, 간단하게 HHI 혹은 허핀달 지수라고 부른다.[8] 허핀달 지수(HHI)는 시장 내에서 집중도를 파악해 시장의 경쟁도를 평가하는 지수다. 퍼센트로 계산한 각 기업의 시장점유율을 제곱해 모두 합산한다. HHI 값이 클수록 산업의 집중도가 높다. 구체적으로 보면, 허핀달 지수의 공식은 (1위 기업의 시장점유율)^2 + … + (n위 기업의 시장점유율)^{2}로, 각 기업의 시장점유율을 제곱하여 합산한 것이다. HHI는 이론상 0과 10,000의 사이에 있으며, 0에 가까울수록 경쟁적이고, 10,000에 가까울수록 독점적이다. 아래의 사례를 보면 동등한 시장점유율을 갖고 있을 경우 기업 수가 증가하면 HHI가 감소한다는 것을 알 수 있다.

허핀달 지수는 한국의 공정거래위원회, 미국의 연방통상위원회(Federal Trade Commission) 등 경쟁규제당국에서 활용된다. 미국의 공정거래위원회에서는 HHI 1,800을 기준으로 경쟁의 정도를 판단한다. HHI가 1,800보다 크면 요주의, 1,000과 1,800 사이에 있으면 주의, 1,000 이하면 경쟁이 활성화되어 있는 산업이라고 판단한다. 우리나라에서는 HHI에 대한 구체적인 기준을 명시하고 있지 않지만 미국의 기준을 참고하는 것으로 보인다. 대신에 CR지수로 경쟁의 정도를 판단한다. CR_1이 50 이상, CR_3가 75 이상이면 경쟁이 제한되어 있다고 판단한다. 이런 기준을 활용하여 우리나라 주요 산업의 분포를 보면 독과점 시장이 많다는 것을 발견할 수 있다.

---

8 HHI지수라고 부르는 경우도 많은데, 이는 동의 반복이다. 즉, 역전앞이나 처갓집처럼 같은 뜻을 가진 용어를 반복해서 사용하는 것이다.

※ 허핀달 지수의 정의

$$\sum_{i=1}^{n}(\text{시장점유율}_i)^2$$

단, i는 각 기업을 의미한다.

사례) 한 기업 독점 시 : $100^2 = 10,000$ (HHI의 최대값)

2개 기업의 시장점유율이 각 50%인 경우, HHI $= 50^2 + 50^2 = 5,000$

4개 기업의 시장점유율이 각 25%인 경우,

HHI = $25^2 + 25^2 + 25^2 + 25^2 = 2,500$

완전경쟁시장 : $\sum_{i=1}^{\infty}(\lim_{n\to\infty}\frac{1}{n})_i^2 = 0$ (HHI의 이론적 최소값)

우리나라 이동통신산업의 경우, SKT, KT, LGU+의 상위 3개 기업이 서비스를 제공하고 있고 CR_1은 약 50, CR_3는 100에 근접한다. 이동통신산업의 허핀달 지수를 산정해보면, 약 3,800으로 계산된다. 1위 사업체는 약 50%의 시장점유율을 갖고 있고, 2위와 3위 사업체는 각각 약 30%와 20%의 점유율을 갖고 있기 때문이다.

철도산업, 도시가스산업, 수도산업 등 주요 산업들은 독점이라고 볼 수 있으므로, 허핀달 지수는 10,000이다. 한 가지 생각할 점은 도시가스는 한국도시가스와 대한도시가스로 2개사가 존재하지만, 이들은 지역을 분할하여 각 지역에서 독점기업이다. 또한 인삼시장, 자동차산업 등 제조업 분야에서도 매우 높은 시장집중도를 나타내고 있다.

※ CR지수 및 허핀달 지수의 산출

1. CR지수 및 허핀달 지수가 모두 충실하게 시장상황을 설명하는 사례

	99% vs. 1%	51% vs. 49%
CR_1	99	51
HHI	$(99)^2 + (1)^2 = 9{,}802$	$(51)^2 + (49)^2 = 5{,}002$

시장의 상황은 2개 기업만이 존재하며, 각 사의 점유율은 위의 표와 같다고 하자. 두 시장은 똑같이 복점(Duopoly)이지만, 시장의 분포는 첫 번째의 경우 매우 집중되어 있다. 시장집중도를 측정하는 지수로 CR_1은 99를 나타내어 두 번째 경우의 51보다 더 큰 숫자를 보이고 있다. 충실하게 시장집중도를 나타낸다고 할 수 있다. 허핀달 지수도 마찬가지로 더 높은 지수를 나타내고 있음을 알 수 있다.

하지만 기업체의 수가 3개 이상이 된다면 두 지수 사이에 차이가 나타날 수 있다. 다음의 사례를 보자.

2. CR지수 및 허핀달 지수에서 차이가 발생하는 사례

	50% vs. 50%	50% vs. 1%의 기업 50개
CR_1	50	50
HHI	$(50)^2 + (50)^2 = 5{,}000$	$(50)^2 + [(1)^2 \times 50] = 2{,}550$

위의 표에서 시장의 상황은 다음과 같다. 첫 번째 경우에는 50%의 시장점유율을 가진 두 개의 회사만이 존재한다. 두 번째 경우에는 한 개의 기업이 50%의 점유율을 갖고 있고, 1%의 시장점유율을 가진 50개의 기업들이 공존하고 있다. 즉, 두 번째 경우에는 시장에 51개의 기업이 존재하고 있다. 시장집

중도의 측면에서 보면, 두 경우는 매우 다르다. 하지만 CR_1의 경우에는 양쪽 상황 모두에서 같은 숫자를 나타내고 있다. 따라서 CR_1만을 보고 시장상황을 판단한다면 정확한 판단이 어렵다. CR_1의 단점이라고 할 수 있다. 이를 보완하기 위해 CR_2나 CR_3를 만들었지만, 유사한 단점은 여전히 존재한다. 위의 사례를 조정하여 유사한 사례를 만들어 낼 수 있기 때문이다.[9]

이런 이유로 새로운 지수의 개발이 필요하다는 공감대가 형성되었고, 이런 필요성에 부응하여 만들어진 것이 허핀달 지수이다. 허핀달 지수의 공식을 살펴보면, 통계학의 분산(Variance)이 분포를 잘 나타낼 수 있다는 점에 착안하여 고안되었다는 사실을 알 수 있다. 위의 표에 있는 두 경우를 보면, 허핀달 지수가 시장점유율의 분포를 잘 표현하고 있다는 것을 알 수 있다.

구조의 또 다른 구성요소는 제품차별화다. 제품차별화는 생산되는 제품들이 서로 다른 특징을 갖도록 생산하는 것을 의미한다. 예를 들어 이천쌀과 철원쌀은 똑같은 쌀이지만, 모든 사람이 똑같다고 느끼지는 않는다. 제품에 약간의 차이가 존재하기 때문이며, 이렇게 약간의 차이를 의도적으로 반영하여 생산하는 것을 제품차별화라고 한다.

제품차별화는 수직적 차별화와 수평적 차별화로 나누어볼 수 있다. 수직적 차별화는 제품의 질을 차별화하는 것으로, 자동차산업을 예로 들면 고급차와 저렴한 자동차로 구분하여 차별화된 제품을 생산하는 것이다. 수평적 차별화는 유사 품질을 가진 제품 간의 차별화로, 고급세단시장에서 에쿠스, 체어맨, 벤츠 그리고 BMW 등 비슷한 제품들끼리 디자인이나 옵션, 배기량 등을 차별화하는 것이 대표적인 예다. 이렇게 차별화된 제품을 많이 갖고 있는 시장은 동질적 제품만이 존재하는 시장과는 다른 경쟁 양상을 보이게 된다. 구조의 결정요인으로 제품차별화가 중요한 이유다.

진입장벽은 시장의 구조에 지대한 영향을 준다. 해당 시장에서 새로 사업을 영위하려는 기업이 넘어야 하는 것이 진입장벽이기 때문에, 진입장벽이 매우

---

9 독자 스스로 한번 만들어보기를 권한다.

높다면 새로운 기업은 시장에 진입하기 매우 어렵다. 기존기업들만이 새로운 경쟁의 위협 없이 해당 사업을 영위할 수 있다는 뜻이다. 만약 진입장벽이 매우 높은데 기존기업이 하나만 존재한다면, 해당 시장은 완전한 독점이라고 할 수 있다.

진입장벽으로 요소독점, 특허 및 기술, 대규모의 매몰비용, 정부의 규제 등을 들 수 있다. 특허는 진입장벽의 좋은 사례라고 할 수 있는데 해당 권리를 갖고 있는 기업만 시장에서 해당 제품을 생산하도록 법으로 보장하였기 때문이다.[10] 애플사의 아이폰은 여러 가지 특허권을 갖고 있으며 이로 인해 다른 기업은 아이폰과 똑같은 제품을 생산할 기술력이 있어도 생산할 수 없다.

전력산업은 정부의 규제라는 형태의 진입장벽이 존재하는 산업이다. 개인 또는 기업은 전기를 생산할 수 있지만, 해당 전기를 한국전력에만 팔도록 법에 명시되어 있다. 한국전력의 전력 독점이 법으로 보장되어 있는 셈이다.[11] 많은 외국에서는 전력산업의 독점을 해소하고 경쟁을 도입하였다. 또한 철도산업은 정부의 규제로 인한 또 다른 독점사례로서 사업권을 한 기업에게만 부여하여 독점산업을 만든 경우다. 우리나라에서는 코레일이 독점하고 있지만,[12] 미국이나 유럽의 경우에는 사업권을 여러 기업들에 부여하여 독점이 아니다.

우리나라 정유산업의 경우, 정유에 필요한 기술과 자본이 진입장벽으로 작용하여 GS, 오일뱅크, 에스오일, SK가 시장을 분할하고 있다. 미국의 경우에는 이보다 훨씬 많은 정유사가 존재하고 있으며, 가까운 일본의 경우에도 정유사가 30개에 육박하여 경쟁체제를 이루고 있다.[13] 진입장벽이 존재하는 시장구조는 가격에 영향을 미친다. 우리나라의 유가는 원유가격이 하락하면 천천히

---

10 물론, 특허를 갖고 있는 기업이 기술의 사용을 허가한다면 해당 기술을 사용할 수 있다.

11 전력산업은 박근혜정부에서 경쟁을 도입한다는 발표가 있었다. 이 경우, 실제로 경쟁이 도입되어 독점이 해소될 수 있다.

12 SRT가 도입되어 부분적인 경쟁이 이루어지고 있지만, SRT는 코레일이 자본을 투자한 회사다.

13 일본의 경우 법적인 진입장벽이 낮아서 다수의 정유사가 경쟁체제를 이루고 있는 것으로 보이지만, 이와 같은 현상이 단순히 법적인 진입장벽이 낮은 것뿐 아니라, 시장의 크기가 우리나라에 비하여 더 커서 비롯된 측면도 있을 수 있다.

하락하여 이윤을 남기고, 원유가가 상승할 때는 빨리 상승하는 것으로 알려져 있다.[14] 이에 반해, 다른 나라들의 경우에는 국제 원유가 하락 시 빠르게 국내 유가를 하락시키는 것으로 알려져 있다. 진입장벽이 있는지 없는지에 따른 경쟁의 정도 차이에서 그 원인을 찾을 수 있을 것으로 짐작된다.

진입장벽이 크지 않은 경우 시장진입과 퇴출이 자유로워 경쟁이 보다 활성화되는 것이 일반적이다. 대표적인 예로 요식업계의 경우, 요리에 자신 있는 사람들은 시장진입에 큰 어려움이 없다. 따라서 다른 산업에 비하여 비교적 쉽게 진입할 수 있지만 그만큼 경쟁적이다. 이화여대 앞의 음식점들이 대표적인 예이다. 학교 앞에 음식점들이 많지만, 장기간 영업하는 곳은 많지 않다.

한 가지 주목할 상황은 시장에는 기업이 하나밖에 없는 독점이지만 진입장벽이 없는 경우다. 이 경우에도 잠재적 경쟁기업은 시장에 진입하지 않을 수 있는데, 그 이유는 현재의 독점기업이 잠재적 경쟁기업의 시장진입을 방지하기 위하여 낮은 가격을 유지하기 때문이다. 이 경우, 독점기업은 높은 이윤을 갖기 어렵다. 높은 이윤을 보이는 순간 잠재적 경쟁자가 시장에 진입하여 고객들을 빼앗아 갈 것이기 때문이다. 독점이지만, 사실상 독점이 아닌 상황인 것이다. 이처럼 진입의 조건은 시장의 구조 중에서 중요한 역할을 한다.[15]

2) 행동(conduct)

시장의 구조는 해당 시장에 속해 있는 기업의 행동에 영향을 미친다. 예를 들어 독점기업이라면 독점력을 활용하여 높은 가격을 책정할 것이다. 기업이 이윤을 추구하기 위해 선택하는 행동의 유형으로는 가격결정, 가격차별, 연구개발, 광고, 담합, 생산량, 상품결합, 품질결정 및 기타 전략적 행동 등이 있다. 기업은 목표를 달성하기 위하여 다양한 전략적 행동을 선택하므로 해당 행동들을 총망라하는 것은 매우 어렵다. 새로운 전략적 행동들이 지속적으로 개발되기 때문이다. 새롭게 개발된 전략적 행동들은 사후적으로 알려지는 경우

14 학술적으로 증명된 것은 아니므로 사실이 아닐 수 있다.

15 해당 이론은 잠재적 경쟁시장 이론(Contestable market theory)이라고 한다.

가 많다.

기업의 전략적 행동 중 가장 먼저 생각할 것은 가격결정이다. 기업이 목적을 달성하는 가장 직접적인 수단은 가격이기 때문이다. 단순히 가격과 비용의 차이를 생각하면, 높은 가격을 책정하는 것이 유리하다. 반면에 다른 기업과의 경쟁 측면에서 보면 가격을 낮게 책정하는 것이 유리하다. 다만 낮은 가격에도 불구하고 판매량이 충분히 증가하지 않으면 이윤이 낮아질 수 있다는 단점도 동시에 존재한다. 이런 모든 요소들을 고려하여 기업은 적절한 가격을 책정할 것이다. 여기에 추가해서 한 가지 주목할 것은 시장균형에서의 높은 가격은 높은 품질을 의미하는 것이 일반적이다. 즉, 균형가격에는 제품에 관한 정보가 포함되어 있다. 가격결정이 중요한 또 다른 이유라고 할 수 있다.

기업은 가격을 차별하여 이윤을 극대화할 수도 있다. 소비자의 나이와 신분에 따라, 지리적 요인에 따라 가격을 차별할 수 있다. 가장 일상적인 가격차별로는 대중교통 요금을 학생과 노인, 그리고 일반으로 나누어 차등지불하게 하는 경우를 들 수 있다. 선의로 차별하는 것으로 보이며, 대부분의 사람들이 동의하는 것이지만 가격차별이다. 국내에서 출시하는 제품과 외국에서 출시하는 제품의 가격을 다르게 책정하여 외국에서는 저렴하게 판매하는 덤핑(Dumping)도 가격차별의 한 경우라고 할 수 있다.

같은 가격을 책정하여 가격차별이 아닌 것처럼 보이지만, 대상에 따라 제품의 품질이나 옵션을 다르게 하여 가격을 차별하는 경우도 존재한다. 대학교에서 동일한 등록금을 설정한 후 특정 자격을 갖춘 학생들에게는 장학금을 지급하고 있는데, 이도 가격차별의 한 형태로 볼 수 있다. 학생들은 같은 서비스를 받지만, 지불하는 요금(등록금)이 최종적으로 다르기 때문이다. 마찬가지로 백화점의 가격과 아웃렛의 가격은 다르다. 같은 백화점 내에서도 지하나 옥상에 있는 매대와 일반 매장은 가격이 다르다. 이런 가격차별들 가운데 적어도 일부는 이윤을 극대화하기 위한 전략적 행위라고 분류할 수 있다.

광고를 통하여 제품의 수요를 진작하는 것도 기업이 할 수 있는 전략적 행동 중 하나다. 광고는 소비자들에게 해당 제품을 알린다는 측면과 함께 제품의 품질이나 장점을 소개하는 순기능을 갖고 있다. 모든 소비자가 제품에 관한 정보를 정확하게 갖고 있는 것은 아니기 때문이다. 하지만 단순히 해당 제품을 기억 속에 남게 하려는 역기능의 광고도 존재한다. 아주 시끄럽고 반복적인 광고가 좋은 예다.

담합(Collusion)을 통하여 과점기업들은 시장 지배적 기업처럼 행동할 수 있다. 담합을 통하여 결성된 기업들의 연합을 카르텔(Cartel)이라고 부르며, 이런 담합도 기업의 전략적 행동으로 볼 수 있다. 물론, 대부분의 카르텔은 불법이기 때문에 경쟁당국에서는 카르텔을 적발하기 위해 노력하지만, 적발되지 않았을 경우의 이득을 위해 이런 행동을 할 수 있다. 우리나라에서는 "사업자 연합회"를 결성하여 자신들의 친목을 도모하는 경우도 있다. 대다수의 경우 실제로 친목 도모만을 위하여 결성하지만, 일부는 카르텔로 변모한다.

기업은 생산시설에 투자함으로써 생산용량을 결정한다. 생산시설의 용량을 초과하여 생산하지는 못하기 때문에 생산시설에 대한 투자는 중요한 전략적 행동이다. 생산용량이 정해져 있는 단기간에는 생산용량 이내에서의 생산량 결정이 중요하다. 생산용량을 넘어서는 생산량은 불가능하며, 생산량의 결정이 균형가격에 영향을 미치기 때문이다. 고급 스포츠카를 생산하는 기업은 자신의 생산품이 희소하다는 이미지를 지키기 위해 많은 수요를 충족시킬 수 있음에도 생산량을 늘리지 않고 가격을 높이 책정하는 전략을 선택하기도 한다. 예를 들어 최고급 스포츠카 중 하나인 페라리는 연간 생산량을 1만 대보다 적게 생산하는 정책을 수립하여 유지하는 것으로 알려져 있다. 생산량 결정이 얼마나 중요한 전략적 결정사항인지 알 수 있다.

결합판매도 중요한 기업의 전략적 행동이다. 잠재적 경쟁자에 대한 전략적 대응의 유명한 사례로는 마이크로소프트사의 윈도우즈 운영체제(Operating system)와 메신저의 끼워팔기(Tying)가 있다. 마이크로소프트사는 운영체제 시장에서 갖고 있는 절대적인 점유율을 이용하여 메신저 시장에서의 잠재적 경쟁자를 시장에서 퇴출되도록 메신저를 무료로 끼워 팔았다.

2006년의 메신저 시장에는 MSN, 네이트온, 버디버디, 윈도우메신저 등의 다양한 메신저 프로그램이 있었다. 마이크로소프트사는 윈도우즈 운영체제에 윈도우메신저를 포함하여 무료로 판매하였고, 사용자의 의사와 무관하게 자동으로 설치되었다. 다른 메신저를 설치하려면 번거로운 절차를 거쳐야 하지만, 윈도우메신저는 이런 절차를 거칠 필요가 없도록 운영체제에 포함한 것이다.[16] 이로 인해 불공정하게 경쟁해야 했던 다른 메신저는 결국 지속적인 혁신을 이룩하지 못하였다. 메신저는 당시 마이크로소프트의 운영체제를 대체할 가능성이 있는 중요 소프트웨어였다. 메신저는 결국 운영체제를 대체하지 못하였고, 결과적으로 지금은 조그만 소프트웨어로 남아 있다. 경쟁사들의 경쟁압력을 약화시키기 위해 선택된 결합판매 또는 끼워팔기라는 전략적 행동이 운영체제를 보호하였고, 결과적으로 메신저의 혁신을 방해하였던 사례라고 할 수 있다.

마이크로소프트는 1990년대 말에 인터넷브라우저 시장에서 네스케이프(Netscape)사와 경쟁을 하고 있었는데, 네스케이프사를 퇴출시키기 위한 행동으로 윈도우즈 운영체제에 인터넷 익스플로러를 강제로 포함하여 판매하였다. 심지어는 소비자가 인터넷 익스플로러를 제거하고 싶어도 제거할 수 없도록 운영체제를 제약하였다. 네스케이프는 별도로 설치해야 하는데, 설치하기 위해서는 인터넷 익스플로러를 이용해야 했다. 네스케이프를 사용하던 소비자도 운영체제에 포함된 인터넷 익스플로러에 점차 익숙해져 갔고, 결국 네스케이프는 시장에서 퇴출되었다.

네스케이프의 퇴출로 IT산업의 발전은 더디어졌다는 평가를 받고 있다. 네스케이프의 회장은 운영체제 없이도 인터넷브라우저만으로 컴퓨터를 이용할 수 있게 하겠다는 발언을 한 적이 있는데, 이는 현재 우리가 사용하고 있는 클라우드 서비스와 유사한 아이디어다. 클라우드 서비스에 대한 아이디어가 1990년대에 있었는데 현재 2010년대에 들어서야 구현되었으니, 마이크로소프트의 전략적 행동으로 꽤 늦게, 그리고 다른 형태로 실현된 것이라고 할 수 있다.

---

16 상당한 시간이 경과한 후, 우리나라의 공정거래위원회는 마이크로소프트의 해당 행동이 불공정하다고 판정하여 마이크로소프트의 메신저도 자동으로 설치되지 못하도록 한 후, 다른 모든 메신저 소프트웨어와 똑같이 추가로 선택하도록 하는 시정조치를 내린 바 있다.

기업은 다양한 전략적 대응을 통하여 자신에게 유리한 결과를 추구할 수 있다. "적의 적은 친구"라는 말이 있다. "적의 적"과 협의하여 경쟁기업의 경쟁력을 약화시킬 수 있다는 말이다. 경쟁자의 비용을 높이는 또 다른 전략도 있다. 예를 들어 라이벌 기업의 비용을 높이기 위하여, 자신은 관심이 없음에도 불구하고 경쟁기업이 참여하는 경매에 참여하여 경쟁기업이 더 높은 가격을 지불하도록 만들 수 있다. 이런 행동들은 다양하여 모두 열거할 수 없으며, 학계보다는 기업에서 먼저, 그리고 더 빨리 발견하는 경우가 많다.

기타 전략적 행동 중에는 잠재적 경쟁자의 진입을 제한하는 행동으로 명견(Top dog) 전략이나 불독(Bull dog) 전략도 있다. 명견 전략은 현재 자신이나 자신의 제품이 매우 뛰어남을 과시하여 상대 기업이 시장에 진입하면 경쟁에서 패배할 것이라는 인식을 심어주는 전략이다. 불독 전략은 잠재적 기업이 시장에 진입을 하면, 그 기업이 시장에서 퇴출할 때까지 출혈경쟁을 계속한다고 선언하고 실제로 행동함으로써 이를 두려워하는 잠재적 기업의 시장진입을 원천 봉쇄하는 것이다. 손해를 보게 되어도 이런 전략을 실천하는 기업들은 존재한다.

1870년에 록펠러(Rockerfeller)에 의해 설립된 스탠다드 오일(Standard oil)이라는 회사는 불독 전략을 사용한 것으로 유명하다. 이 회사는 불독 전략을 실천하여 상당 기간 동안 경쟁기업들을 시장에서 퇴출시켰으며, 이로 인해 잠재적 경쟁자들은 해당 시장에 진입할 엄두를 내지 못하였다. 결국, 정부에서 강제 분할명령을 내릴 때까지 미국의 정유시장을 수십 년간 독점기업으로서 석권하였다. 이때 분할된 기업이 Exxon, Mobil, Amoco, Sunoco 등의 회사이다. 지금도 큰 회사들인 것을 보면 당시의 스탠다드 오일이 얼마나 큰 회사였는지 알 수 있다. 참고로 Exxon과 Mobil이 1999년에 다시 합병하여 역사는 반복된다는 것이 증명되었다.

3) 성과(performance)

구조-행동-성과 분석체계의 마지막은 성과다. 성과를 측정하기 위해서는 지표가 필요한데, 지표로는 사회후생, 소비자 잉여, 생산자 잉여 또는 이윤, 기술의 진보, 형평성, 자원배분의 효율성, 그리고 X-inefficiency 등이 존재한다. 이 중 어떤 것을 성과지표로 사용할 것인지는 목적에 따라 다르다. 예를 들어 경제 전체의 정태적 성과를 목표로 한다면 사회후생을 사용해야 하지만, 소비자만을 위주로 생각한다면 소비자 잉여를 성과지표로 사용한다.[17]

이들 중 소비자 잉여는 소비자들이 거래를 통해 얼마나 혜택을 받았는지를 측정하며, 생산자 잉여 또는 이윤은 생산자가 얼마나 혜택을 받았는지를 측정한다. 또 다른 성과지표인 사회후생은 소비자 잉여와 생산자 잉여를 합산한 것으로써 경제 전체의 정태적 효율성 측정지표라고 할 수 있다. 경제의 발전을 측정하는 동태적 성과지표인 기술진보는 최근의 각광을 받고 있는데 연구개발(Research & Development), 그리고 규모의 경제(Economies of scale)와 밀접하게 연관을 맺고 있다.[18]

형평성은 기회 또는 자원의 분배가 얼마나 공평한지를 살펴보는 개념이다. 몇 가지 지표가 형평성의 개념에 따라 개발되어 있다.[19] 소득의 불평등 정도를 측정하는 지니계수[20](Gini coefficient)가 대표라고 할 수 있다. X-inefficiency는 기업의 내부 비효율성을 측정하는 지표로, 해당 기업의 유휴자원이 얼마나 있는지, 다시 말해서 자원이 얼마나 비효율적으로 사용되고 있는지를 나타내는 것이다. 우리나라의 언론에서 가끔 나오는 기관장실의 크기가 얼마나 되는지를 살펴보는 것도 내부 비효율성을 측정하는 하나의 지표가 될 수 있다.

---

17 참고로 우리나라의 공정거래법은 소비자 잉여를 목적으로 하고 있다.

18 연구개발을 통해 기술은 진보한다. 연구개발은 규모의 경제가 나타나는 분야이기도 하다.

19 형평성을 나타내는 지표는 여러 가지가 있을 수 있으나, 대부분의 사람들이 동의하는 지표를 찾기는 어렵다는 어려움이 존재한다. 이 문제로 인해 경제학에서는 효율성에 좀 더 집중하고 있다고 할 수 있다.

20 지니계수는 저소득층의 소득부터 고소득층의 소득까지 순서대로 나열하였을 때 얼마나 고소득층에게 더 많은 소득이 집중되었는지를 측정한다.

4. 구조-행동-성과 분석체계 요약

[그림 2-2] 구조-행동-성과 분석체계와 요소들

구조 →	행동 →	성과
기업의 숫자	가격결정	사회후생
기업의 규모 및 분포	가격차별	소비자잉여
제품의 차별화 정도	연구개발	생산자잉여
진입장벽 등	광고	기술진보
	담합	형평성
	생산량 결정	자원배분의 효율성
	상품결합	X-inefficiency
	품질결정	

베인은 구조-행동-성과 분석체계를 통하여 산업을 분석하였다. 한 산업의 성과는 기업들이 어떻게 행동하는지에 따라 결정되고, 기업들의 행동은 산업의 구조에 따라 결정된다는 분석체계를 제시한 것이다. 이 분석체계는 문제를 해결하는 방법론도 제시하였다. 잘못된 성과의 근본적인 원인은 구조에 있으므로, 구조를 고치는 것이 최선책이라고 설파하였다. 현실적인 문제로 구조를 고칠 수 없는 경우에는 차선책으로 행동을 고쳐서 성과를 개선하는 것이 가능하지만, 근본적인 해결책은 아니므로 구조 개선만은 못하다는 점을 지적하였다. 예를 들어, 기업의 행동 중 하나인 가격이 어떻게 그러한 수준으로 책정되어 있는지에 대해서 여러 가지 요인을 고려하고, 그 요인의 경중을 살피는 것은 쉽지 않다. 이런 상황에서 행동 중 하나인 가격을 규제하여 성과를 개선하는 것은 어렵다. 이에 반해 구조의 요소 중 하나인 경쟁을 도입하여 낮은 수준의 가격이 균형가격이 되도록 한다면, 성과개선의 효과가 더 우수하다. 다른 측면에서 설명하면 구조 개선의 효과는 장기적으로 유지되지만 행동 규제의 효과는 단기적이라고 할 수 있다.

구조와 행동이 성과에 영향을 미치므로 성과를 개선하기 위해서는 구조나 행동에 변화를 주어야 한다. 다만, 구조나 행동의 변화가 정부의 개입과 같은 인위적인 요소에 의하여 이루어져야 하는 것으로 초창기에는 많은 사람들이 생각하였다. 이런 생각에 변화를 준 것은 시카고학파의 발견이었다. 앞서 설명했지만 시카고학파는 구조나 행동의 변화가 꼭 정부의 개입을 필요로 하는 것은 아니라는 점을 지적하였다. 시카고학파는 시장의 기능을 활용하여 성과를 개선할 수 있다는 점을 강조하였다.

[그림 2-3] 구조-행동-성과 분석체계의 확장 : feedback 효과

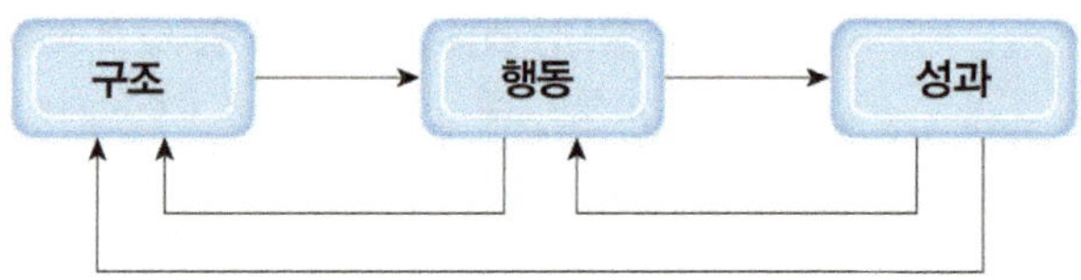

5. 구조-행동-성과 분석체계와 시카고학파, 그리고 신산업조직론

초창기의 구조-행동-성과 분석체계에는 몇 가지 문제점이 있었다. 첫째, 구조의 구성요소에 기업의 효율성을 당연히 포함해야 했는데, 이를 간과하였다. 둘째, 기업들의 행동을 분석하는 데 있어서 전략적인 행동과 그 결과에 대한 분석이 부족하였다. 이런 점들은 다음과 같은 과정을 거쳐서 발견되었다.

20세기 초 구조-행동-성과 분석체계가 도입되자 이를 이용한 다수의 통계학적인 연구가 촉발되었다. 수많은 연구결과들이 발표되었는데, 그중에 소수의 대기업이 존재하는 시장은 소수의 대기업이 높은 이윤을 벌어들임으로써 경쟁시장보다는 독점시장에 가깝다는 연구가 있었다. 이 연구는 구조-행동-성과 분석체계가 옳다는 것을 확인하는 연구결과로 각광을 받았다. 또한 광고는 소비자의 충성도를 높이는 수단으로 작용한다는 연구도 제시되었다. 광고를 통해 기존기업이 소비자의 충성도를 높인다는 것은 신규기업이 시장에 진입하기 어렵다는 뜻이기도 하다. 신규기업이 시장에 진입하기 어렵다면, 소수의 기존기업만 존재하는 시장에서는 기존기업들이 시장지배력을 유지할 수 있는 상황이 된다는 뜻이다. 구조-행동-성과 분석체계를 편협하게 적용한 해석이었다.

1970년대 이후에는 통계적 분석결과에 대한 상반된 해석이 가능하다는 것이 시카고학파에 의해 제시되었다. 예를 들어 비용이 낮은 효율적인 기업이 존재한다면, 이 기업은 경쟁력을 바탕으로 높은 시장점유율과 함께 많은 이윤을 벌어들일 수 있다는 해석이 가능한 것이다. 실제로 뒤에서 배우게 될 쿠르노 모형에서는 비용이 낮은 효율적인 기업과 비용이 높은 기업이 경쟁하면, 효율적인 기업이 더 높은 시장점유율과 함께 더 높은 이윤을 갖게 된다. 이처럼 더 효율적인 기업이 더 높은 시장점유율과 이윤을 갖게 된다면, 개선할 점이 전혀 없다. 이미 효율적이기 때문이다. 같은 통계적 분석결과에 대하여 비효율적이라는 결론과 효율적이라는 완전히 상반된 해석이 가능하다는 것을 보여준 사례라고 할 수 있다.

이런 상반된 해석이 가능한 이유는 구조의 구성요소에 기업의 효율성이 포함되어 있지 않았기 때문이다. 또는 구조의 구성요소로 시장지배력을 지나치게 중시하여 기업의 효율성이 간과되고 있었기 때문이다. 앞서 기술했던 구조의 사례를 다시 보면, 기업의 효율성이 명시적으로 쓰여 있지 않았던 것을 알 수 있다. 초기의 분석체계는 구조가 행동에 미치는 영향에 초점을 맞추었기 때문에 구조의 요소 중 일부를 소홀히 한 것이다. 어느 경우이건 초기의 구조-행동-성과 분석체계는 약점을 노출하였다.

구조-행동-성과 분석체계는 또 다른 약점을 갖고 있었는데, 기업의 행동이 구조에 직접적으로 영향을 미친다는 점을 고려하지 못한 것이다. 예를 들면, 소수의 기업이 치열하게 가격경쟁[21]을 벌인다면 신규기업은 시장에 진입하지 않을 것이라는 점을 간과하였다.

---

21 예를 들어, 버트랑 경쟁모형에서의 가격경쟁은 매우 치열하여 균형가격이 한계비용 수준으로 하락한다.

초기의 구조-행동-성과 분석체계는 기업들 상호 간 경쟁 과정에서 발생하는 전략적 행동에 대한 이해가 부족했다. 이런 초기 구조-행동-성과 분석체계의 부족함은 기업들의 전략적 행동과 그 결과를 분석하는 수단이 없었기 때문이다. 전략적 행동의 분석 수단인 게임이론이 역사적으로 늦게 개발된 것에 기인한다고 할 수 있다.

[그림 2-4] 초기 구조-행동-성과 분석체계의 문제점 : 기업의 효율성과 전략적 행동

기업들의 전략적인 행동과 그 결과를 분석하는 것이 산업조직론의 기본이고 이 전략적 관계를 분석하는 수단이 바로 게임이론이다. 이 책 모두가 게임이론만으로 구성된 것은 아니지만, 많은 부분에서 게임이론을 활용하는 이유다. 따라서 게임이론에 대한 이해는 매우 중요하다. 본서에서 사용하는 게임이론의 개념은 부록에서 설명하고 있다.

완전경쟁시장이나 독점시장은 기업들 상호 간의 경쟁과 전략적 대응이 없기 때문에 당시로서는 이를 소홀히 했을 수도 있다. 어떤 경우건 게임이론이라는 도구가 도입되고 나서 기업들의 전략적 행동에 대한 분석이 가능해졌으며, 기업의 효율성을 함께 고려함으로써 이 모든 연구를 하나로 묶는 것이 가능해졌다. 하나로 묶어진 산업조직론을 "신산업조직론(New Industrial Organization)"이라고 부른다.[22]

즉, 신산업조직론에서는 구조의 구성요소로 기업의 효율성을 포함한다. 그 바탕 위에 산업 구조가 기업의 행동에 영향을 미친다. 행동을 분석할 때는 기

22 구조-행동-성과 분석체계를 확장, 고려하지 못했던 것들을 모두 포함하여, 개선한 새로운 구조-행동-성과 분석체계를 신산업조직론으로 해석할 수도 있다. 일반적으로 이렇게 해석하지는 않지만, 산업조직론의 근간이 구조-행동-성과 분석체계라는 점에서 가능한 해석이다.

업 상호 간의 전략적 행동을 중요하게 고려한다. 구조만 행동의 결과를 결정하는 것이 아니라, 해당 구조 하에서의 전략적 행동도 중요한 분석대상인 것이다. 전통적인 구조−행동−성과 분석체계에 더하여 전략적 행동을 분석할 수 있는 게임이론을 적용한 현대의 산업조직론이 바로 신산업조직론인 것이다.

연습문제

1. 독점시장은 기업이 하나밖에 없어서 기업들 간 전략적 대응에 대한 고려는 없다고 할 수 있다. 다만 시장에 진입할 수 있는 잠재적 기업과의 전략적 대응은 가능하다. 어떤 전략적 대응이 가능한지 설명하라.

2. 완전경쟁시장은 다수의 기업들이 존재하지만 상호 간의 전략적 대응에 대한 고려는 없다. 왜 그런지 설명하라.

3. 시장집중도가 상승할 때 노동생산성도 함께 상승한다는 것이 통계적으로 증명되었다. 어떻게 해석되는가?

4. 신산업조직론과 구조−행동−성과 분석체계의 차이는 무엇인가?
   초기 구조−행동−성과 분석체계의 문제점을 지적하라.

5. 3개의 기업만 존재하는 어떤 산업의 시장점유율이 다음과 같다.

   기업 1 : 50%, **기업 2** : 30%, **기업 3** : 20%

   다음의 지수를 구하라.

   (1) CR_1

   (2) CR_3

(3) HHI

6. 초기의 구조-행동-성과 분석체계는 오류를 드러냈다. 나중에 수정된 단점들에는 어떤 것이 있는가?

7. 구조에 속하는 항목과 행동, 성과에 속하는 항목들을 적어도 3개 이상 기술하라.

참고문헌

Bain, Joseph. S. (1956), *Barriers to new competition*, Cambridge, Harvard Univerity Press.

Bain, Joseph. S. (1959), *Industrial Organization*, New York, John Wiley.

Baumol, W. J., J. C. Panzar and R. D. Willig (1982), *Contestable Markets and the Theory of Market Structure*, New York : Harcourt, Brace, Jovanovich.

Chamberlin, E. (1933), *The Theory of Monopolistic Competition*, Cambridge, Harvard University press.

Pepall, Lynne, Dan Richards and George Norman (2014), *CIndustrial organization*, 5th Ed., Wiley.

Schmalensee, R. (1987), "Industrial Organization." in *The New Palgrave : A Dictionary of Economics*, ed. J. Eatwell, M. Milgate and P. Newman. London, MacMillan Press.

제3강

부분균형이론과 일반균형이론 I : 개관

산업조직론은 부분균형이론을 활용하고 있다.

부분균형이론은 다른 모든 시장은 고정된 상태에 있다고 전제하고 어느 한 시장에 대하여 분석하는 이론이다.

부분균형이론을 이용한 분석이 일단락되고 일반균형이론이 더 발전하면, 산업조직론도 다른 재화나 시장의 영향을 고려하는 일반균형이론을 활용해야 한다.

1. 부분균형(Partial Equilibrium)이론 개관

부분균형이론은 어느 한 재화나 시장에 대하여 다른 모든 재화나 시장은 고정되어 있다고 전제하고 분석하는 이론이며, 현대의 산업조직론은 대부분 부분균형이론을 활용하고 있다. 다른 재화나 시장이 변할 때, 원래의 재화시장도 영향을 받는 것은 당연하다. 이 영향에 대한 고려를 하지 않는 부분균형만으로 모든 분석을 마무리할 수는 없다. 언젠가는 다른 재화나 시장의 영향도 고려하는 일반균형이론을 산업조직론에서 활용해야 한다. 일반균형이론의 발전이 아직 미흡하여 산업조직론은 부분균형이론을 활용하여 분석하고 있는데, 그 이유는 다른 시장의 영향을 차단한 상태에서의 분석인 부분균형이론조차도 매우 복잡하고 어렵기 때문이다. 이런 분석이 일정 수준 이상에 도달하여 대부분의 상황에 대한 연구가 끝나고, 일반균형이론도 충분히 발달한다면 산업조직론은 일반균형이론을 활용하게 될 것이다.

미시경제학(Intermediate microeconomics)에서 배운 시장경제의 메커니즘은 주로 부분균형이론이다. 일반균형이론이 매우 어렵기 때문이지만, 일반균형이론을 알기 위해서는 부분균형이론에 대한 상당한 이해가 필요하기 때문이기도 하다. 본 장에서는 부분균형이론을 복습한 후, 이에 기초하여 일반균형이론이 무엇인지 설명한다. 또한 부분균형이론에 대한 복습은 산업조직론에 필요한 기초 지식을 다시 살펴보는 장점도 갖고 있다.

시장경제는 시장에서 상품을 거래한다는 사실에서 출발한다. 시장에서 상품을 거래하는 행위에는 상품을 소비하는 수요와 상품을 판매하는 공급측이 존재한다는 뜻이 포함되어 있다. 따라서 시장에는 하나의 상품에 대한 수요(또는 수요함수)와 공급(또는 공급함수)이 존재한다. 수요와 공급이 일치하는 점에서 균형가격과 균형거래량이 결정된다. 다르게 표현하면, 수요곡선과 공급곡선의 교차점을 균형가격이라 부르며, 해당 가격에서의 거래량을 균형거래량이라고 부른다.

위의 설명은 부분균형이론에 기초하고 있으며 여러 가지 가정 하에서만 성립된다. 이 가정들의 의미를 정확하게 조명하기 위해서는 일반균형이론(General Equilibrium theory)이 필요하다. 복잡한 일반균형이론을 설명하기 위하여 3강에서는 먼저 개괄적인 줄거리를 설명하고, 보다 자세한 세부적인 사항은 다음 장에서 설명한다.

2. 일반균형(General Equilibrium)이론 개관

[그림 3-1] 경제 순환 모형과 일반균형이론

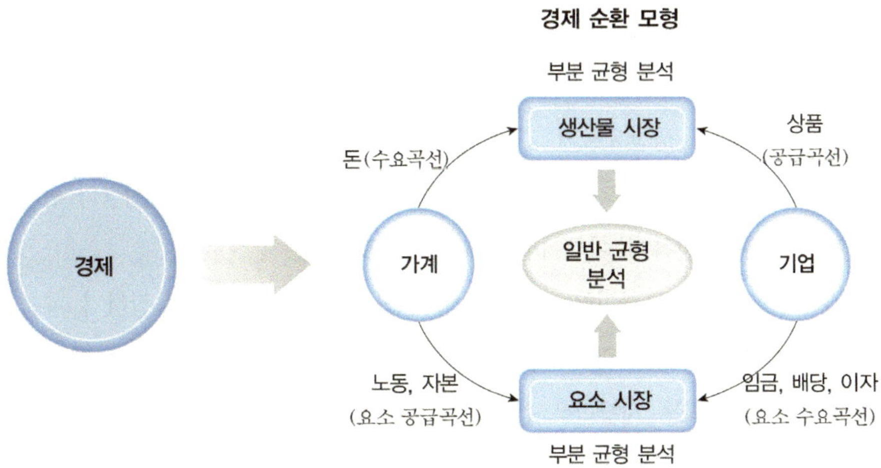

위 문단에서 설명한 시장경제 메카니즘은 몇 가지 가정을 필요로 한다. 해당 상품의 수요와 공급곡선을 이야기할 때, 연관된 다른 요소들이 어떻게 정해지는지에 따라 결과가 달라지기 때문이다. 예를 들면, 위의 그림에서 생산물 중 한 시장의 수요를 고려하기 위해서는 대체재와 보완재처럼 이 생산물과 연관된 다른 제품의 가격이 중요하다. 재화의 수요에 영향을 미치는 변수들에는 경제주체들의 소득, 미래에 대한 기대, 선호 등도 있다. 사실 이 제품을 공급하기 위해서는 이 제품의 생산요소의 가격이 중요한데, 생산요소의 가격은 요소시장의 수요와 공급에 의해 결정된다. 생산요소시장 또한 생산물 시장의 공급에 영향을 미친다는 뜻이다. 공급에 영향을 미치는 것은 생산요소의 가격만이 아니라, 기술이나 미래에 대한 기대 등도 존재한다. 세상에 존재하는 모든 다른 상품과 생산요소의 균형가격들이 함께 고려되어야 한 시장에 대한 완전한 분석이 이루어진다. 결국 한 재화의 수요와 공급은 다른 재화나 생산요소의 가격과 연관되어 있으므로 모든 제품이 서로 연관되어 있다.

현실에서는 이런 변수들이 많이 존재하지만, 해당 재화들을 모두 고려하여 원래의 재화시장을 고려하는 것은 매우 어려운 작업이기 때문에, 다른 재화의 가격과 거래량은 고정되어 있다고 가정하고 원재화 시장을 분석해 왔다. 이처럼 관심을 갖고 있는 재화를 제외한 다른 모든 변수들은 고정된 상태라고 가정하는 것을 라틴어로 "Ceterius Paribus" 가정이라고 한다. 영어로는 "All other things being equal"로 표현된다. 이런 가정 없이 분석한다면, 다른 생산물의 가격이나 생산요소의 가격이 변할 때, 원재화의 수요곡선은 처음부터 다시 도출해야 하고, 그 재화시장을 분석하기 위해서는 원재화 시장의 균형이 필요하다. 무한 반복이 이루어질 수도 있는 것이다.

결론적으로 보면, 완전한 분석체계인 일반균형분석은 너무 복잡하기 때문에, 영향을 미칠 가능성이 있는 다른 여러 시장들은 변화하지 않는다고 가정하고, 관심의 대상이 되는 시장만을 분석하는 방법이 부분균형분석이다. 하지만 개별시장을 분석하는 부분균형분석은 시장 상호 간의 의존관계를 고려하지 않고 분석하기 때문에, 전체 시장 측면에서의 결과와 다른 결과를 보일 수 있다는 문제점을 가지고 있다. 시장들 상호 간의 관계까지 고려한 분석방법은, 앞서도 언급했듯이, 일반균형이론이다.

일반균형이론은 보통 일정 숫자의 재화가 존재하는 경제를 가정한 후, 각 재화시장이 서로에게 미치는 영향을 고려하여 도달하는 균형에 대하여 분석한다.[1] 또한 도달한 균형에 대해서도 분석하는데, 그중 첫 번째 문제는 모든 시장의 가격이 동시에 균형에 도달할 수 있는지 여부이다. 즉, 일반균형의 존재

1 국제무역론에서 이런 문제를 가장 많이 다루지만, 가장 일반적인 일반균형이론은 고급미시경제학의 주요 의제 중 하나다.

여부가 첫 번째 문제다. 부분균형분석, 즉 Ceteris Paribus 가정 하에서는 한 시장에서 균형에 도달하는 조건을 쉽게 찾을 수 있다. 하지만 각 시장이 서로에게 영향을 자유롭게 미치는 상태에서도 모든 시장이 균형에 도달하는지에 대한 질문은 답하기 쉽지 않다. 즉, 한 시장의 균형이 다른 시장들에게 영향을 미치고, 그 시장들의 균형이 다시 원래 시장의 균형에 영향을 미치는 상황에서 모든 시장이 동시에 균형에 도달할 수 있는지에 대한 질문이 바로 일반균형분석의 첫 번째 질문인 일반균형의 존재 여부다.

두 번째 문제는 해당 균형이 존재한다면, 그 균형은 안정적인가 하는 것이다. 일반균형에 도달해 있는 경제에 어떤 일시적인 외부 충격이 올 경우에도 균형으로 돌아갈 수 있는지에 대한 질문이 바로 두 번째 질문이다. 한 번의 외부충격으로 균형에서 벗어나고 그 후 다시 균형에 도달하지 못한다면, 일반균형은 불안정하다. 반면에 다시 균형으로 돌아가는 것이 필연적인 상황이라면 일반균형은 안정적이라고 부를 수 있다.

세 번째 문제는 해당 일반균형이 파레토 효율적(Pareto efficient)인지 여부이다. 일반균형이 효율적이라면 자원의 낭비가 없는 상태라는 뜻이므로 이상적이라고 할 수 있다. 네 번째 문제는 사회 구성원들이 원하는 어떤 목표가 있다고 할 때, 해당 목표를 일반경쟁이라는 수단을 통해서 달성할 수 있는지 여부다. 사회 구성원들의 목표가 효율적일 것은 쉽게 예상할 수 있다. 낭비보다는 효율적인 것이 더 높은 효용을 보장하기 때문이다. 하지만 경쟁을 통해 분배된 자원의 상태가 사람들이 바라는 목표와 일치하는지는 의문이다. 예를 들어, 사회의 구성원 중 한 명이 모든 자원을 소유한다면, 이 상태는 파레토 효율적이지만 사회 구성원들의 목표는 아닐 것이다. 이런 경우에 사회 구성원들의 목표를 일반경쟁을 통해서 달성할 수 있는지에 대한 질문이 네 번째 질문이다. 이 질문에 대한 답이 부정적이라면 일반균형은 목표를 달성하는 완전한 수단이 되지 못한다. 이 네 가지 이외에도 다수의 질문이 존재할 수 있지만, 가장 중요한 질문은 위의 네 가지라고 할 수 있다.

일반균형분석의 문제가 인지되기 시작한 때는 19세기 말이며, 본격적인 연구결과는 1950년대에 발표되기 시작하였는데, 처음에는 생산 분야가 제외되었다. 즉, 추가생산은 불가능한 상황에서 부존자원만이 존재할 때, 어떻게 해당 부존자원이 일반경쟁을 통하여 분배되는지에 초점을 맞추었다. 생산 분야가 포함된 일반균형분석은 그 이후에 이루어졌다. 1954년에 애로우(Kenneth Arrow)와 드브루(Gerard Debreu)가 연구를 진행하여 완전경쟁시장을 포함한 여러 가지 가정 하에서 일반경쟁균형의 존재와 두 개의 후생법칙(Two fundamental theorems of welfare economics)을 증명하였고 이를 통하여 일반경쟁균형[2] 이론이 정립되었다. 일반경쟁균형 이론은 "우아하게(elegant)" 경제의 유토피아를 증명하였다.

유토피아라고 부르는 이유는 네 가지다. 첫 번째는 일반경쟁균형을 통하여 도달한 결과가 (1) 존재하며, (2) 파레토 효율적이며, (3) 제약조건하에서 어떤 파레토 효율적인 배분도 일반경쟁을 통해 도달할 수 있으며, (4) 해당 일반경쟁균형은 안정적이라는 이상적인 요건을 모두 충족하였다. 유토피아라고 부르는 두 번째 이유는 여러 가정들에 완전경쟁시장과 같은 비현실적인 것들이 포함되어 있어 현실과는 차이가 있을 수 있다는 뜻이다. 세 번째 이유는 그럼에도 불구하고 현실의 문제를 분석할 때, 청사진의 역할을 수행하여 비교대상으로서 사용할 수 있다는 뜻이다. 의사가 사람의 병을 고치기 위해 환자를 진단하는 행위는 건강체인 사람과 환자를 비교하여 어디가 다른지 찾는 행위라고 볼 수 있다. 적어도 초기의 의사는 그렇게 진단을 시작하였다. 마찬가지로 경제를 분석하는 경제학자가 경제의 문제점을 찾기 위해서는 건강체에 해당하는 경제의 유토피아가 필요하다. 이 유토피아를 개념적으로 만든 것이 바로 일반경쟁균형이라고 볼 수 있다. 유토피아라고 부르는 마지막 이유는 유토피아가 언젠가는 도달하고 싶은 상태를 의미하기 때문이다.

일반경쟁균형 이론은 수많은 가정을 통해서 증명된 것이기 때문에, 해당 가정들이 현실적인가라는 문제가 남는다. 가정들 중 몇 가지를 보면 다음과 같

---

2 일반균형이 아니라 일반경쟁균형이라고 부르게 된 이유는 모든 시장이 완전경쟁시장이라고 가정하고 있기 때문이다.

다. 모든 시장에서 시장지배력을 가진 기업이나 소비자는 없다는 가격수용자 가정, 공공재는 존재하지 않는다는 가정, 외부효과가 존재하지 않는다는 가정, 그리고 소비자가 적은 재화에 만족하여 더 많은 재화를 싫어하는 경우는 없다는 가정 등이다.

위의 가정들 중 일정 부분은 현실과 다른 상황을 고려하고 있으므로, 해당 가정들을 현실화하는 과제를 후학들에게 남겼다고 볼 수 있다. 이에 따라 해당 가정들을 현실화하는 노력들이 시작되었으며, 이런 노력의 일환으로 산업조직론도 탄생하였다. 위에서 언급한 첫 번째 가정인 시장지배력을 가진 기업은 없다는 가정을 완화하여 그런 기업이 있다면 시장은 어떻게 되는지 분석하기 시작한 것이 산업조직론의 시초라고 할 수 있다. 시장들 간의 상호 관계를 분석하는 일반경쟁균형 분석으로 해당 문제를 해결하기는 너무 어려웠기 때문에, 다른 시장들은 정해져 있고 해당 시장 하나만이 변화한다는 가정으로 분석을 시작하였다. 바로 부분균형분석이다.

수요와 공급, 그리고 균형이 어떻게 정의되는지에 대한 부분균형이론을 다음 장에서 기술하여 산업조직론을 공부하는 기초로 삼고자 하며, 그 과정은 독자들에게 일반균형이론의 의미를 조금 더 구체적으로 생각하게 만드는 부수적인 이점을 갖고 있다.

연습문제

1. 부분균형이론과 일반균형이론은 어떻게 다른가?

2. 산업조직론은 일반균형이론에서 비롯되었다고 할 수 있다. 일반균형이론의 가정 중에 현실적이지 못한 가정을 현실화하기 위하여 시작되었기 때문이다. 해당 가정은 무엇인가?

3. 일반균형이론의 주요한 질문 네 가지를 기술하고 그 의미를 설명하라.

제4강

부분균형이론과 일반균형이론 II

산업조직론은 부분균형이론을 활용하고 있다.

미시경제학에서 배운 부분균형이론을 복습하여 산업조직론의 기초로 활용한다.

부분균형이론에 기초하여 일반균형이론에 대한 깊이 있는 설명도 함께 제시한다.

1. 부분균형이론

1) 개인수요곡선과 시장수요곡선의 도출

부분균형이론에서의 수요곡선은 예산제약(Budget constraint) 하에서의 효용극대화 문제를 통하여 도출된다. 소비자의 효용극대화 문제를 수식으로 표현하면 다음과 같다.

$$Max\ U(x,\ y)$$
$$s.t.\ p_x x + p_y y \le I$$

x, y는 재화를 의미하며, p는 x재와 y재의 가격(Price), 그리고 I는 소득(Income)을 의미한다. 극대화하라는 뜻을 Max라는 표기로 나타내며, Max 뒤의 효용식을 극대화하라는 뜻이다. 중간에 적혀 있는 'ss.t.'는 "subject to"를 줄여 표기한 것이다. 즉, 's.t.' 뒤에 나오는 식을 만족하는 제약 하에서 효용을 극대화해야 한다. 제약식을 보면, x재의 가격인 p_x에 x재의 구매량인 x를 곱하여 소비자가 x재에 소비하는 금액은 $p_x x$로 표기된다. 마찬가지로 y재에 사용하는 금액을 합산한 금액은 $p_y y$로 표기되므로, 두 재화만 존재하는 상황에서 소비자의 총 소비는 $p_x x + p_y y$로 표기된다. 소득과 가격들이 주어진 상태에서, 총 소비는 소득을 넘지 못하므로 소비자는 자신의 효용을 극대화하는 x, y재화의 수요량을 결정한다.

미시경제학 또는 경제수학에서의 해결방법을 이용하면, 수학적으로는 위의 효용극대화 문제를 라그랑지(Lagrange) 목적함수($L = U(x,y) + \lambda(I - P_x x - P_y y)$)[1]로 바꾼 후, 미분하여 일계조건을 구하면[2] 아래의 세 식이 도출된다.

1 라그랑지 방식은 경제수학이나 미시경제학 교과서를 참조하기 바란다. 부등호로 제약식이 주어져 있을 경우의 정확한 해법은 쿤-터커(Kuhn-Tucker) 방식이지만, 경제학에서 다루는 대부분의 부등호 제약식의 경우 등호가 성립하는 상태에서 극대화가 이루어지므로 라그랑지 방식을 적용해도 된다는 점은 참고하기 바란다.

$$\frac{\partial L}{\partial x} = U_x - \lambda p_x = 0$$

$$\frac{\partial L}{\partial y} = U_y - \lambda p_y = 0$$

$$\frac{\partial L}{\partial \lambda} = I - p_x x - p_y y = 0$$

위의 세 식을 연립하여 해를 구하면, x재화와 y재화의 구매량을 구할 수 있다. x재화와 y재화의 구매량은, 주어진 가격과 소득에 따라 다르게 도출되기 때문에 다음과 같이 표현된다.

$$x^* = f(p_x, p_y, I)$$

$$y^* = g(p_y, p_x, I)$$

$$\lambda^* = h(p_x, p_y, I)$$

함수 $f(p_x, p_y, I)$와 $g(p_y, p_x, I)$는 제약식하에서 효용을 극대화하는 일계조건의 해를 나타내고 있다. 조금 더 자세히 설명하면, 도출된 구매량은 효용을 극대화하는 개인이 각 재화를 얼마나 구매할지를 나타내기 때문에, 가격과 소득이 주어진 상태에서의 수요함수로 볼 수 있다. 원래의 효용극대화 문제에서는 가격과 소득이 외생변수로서 주어져 있다. 이 가격과 소득이 특정 숫자로 바뀔 경우에도 문제의 본질은 변하지 않는다. 따라서 특정 숫자를 다시 원래의 문제에 대입하여 문제를 풀 수도 있지만, 위의 식 $x^* = f(p_x, p_y, I)$에 새로운 가격과 소득을 대입하면 보다 간단하게 효용극대화 문제의 답을 얻을 수 있다. 위의 답 $x^* = f(p_x, p_y, I)$와 $y^* = g(p_y, p_x, I)$는 종속변수가 x재와 y재, 그리고 독립변수가 두 재화의 가격과 소득인 함수로도 해석될 수 있다. 즉, 이

2 물론, 이계조건도 만족하여야 한다.

함수들은 바로 x재와 y재에 대한 수요함수를 나타낸다.

이 수요함수를 구하는 방법과 그 식의 해석은 부분균형이론의 핵심 중 하나이기 때문에 보다 자세한 설명을 위해 아래의 사례를 제시한다.

사례 1) 효용함수가 $U(x,y)=xy$이고, 예산제약식은 $x+4y=16$이라고 할 때, 효용을 극대화하는 x재화와 y재화의 수요량을 구하라.

$L=xy+\lambda(16-x-4y)$로 라그랑지 함수를 표기할 수 있다. 이를 x, y, λ로 각각 편미분하여 일계조건을 구하면 다음과 같다.

$$\frac{\partial L}{\partial x}=y-\lambda=0$$

$$\frac{\partial L}{\partial y}=x-4\lambda=0$$

$$\frac{\partial L}{\partial \lambda}=16-x-4y=0$$

위의 일계조건을 연립하여 풀면 $x=8$, $y=2$, $\lambda=2$의 답을 얻을 수 있으며, 이 답이 효용을 극대화하는 소비수준이다.

[사례 1]에 대한 해석은 다음과 같다. 효용함수가 $U(x,y)=xy$인 소비자의 예산이 16이다. x재화의 가격은 $p_x=1$이고, $p_y=4$라고 할 때, 이 소비자가 직면하는 예산제약식은 $x+4y=16$이다. 이 소비자의 효용을 극대화하는 x재화에 대한 수요량은 8이고, y재화에 대한 수요량은 2가 나온다. 이 소비자의 효용 수준은 16이라는 것을 효용함수에 대입하여 구할 수 있다.

[사례 1]은 모두 숫자로 이루어져 정확한 소비수준을 얻을 수 있다는 장점을 갖고 있지만, 수요량이 아닌 수요함수를 어떻게 구하는지를 보여주지 못하는 단점도 갖고 있다. 아래의 [사례 2]는 이런 문제점을 개선하여 p_x를 주어진 상수이지만 문자로 표기하여 효율적 소비수준을 구했을 때, 문자로 남도록 하였다. 즉, 효율적 소비수준이 p_x의 함수로 나타나게 되어 수요함수가 되는 과정을 사례로서 제시한다.

사례 2) 효용함수가 $U(x,y)=xy$이고, 예산제약식은 $p_x x+4y=16$이라고 할 때, 효용을 극대화하는 x재화와 y재화의 수요량을 구하라. 단, p_x는 양수인 상수다.

위와 같은 식으로 라그랑지 함수를 표기하면 다음과 같다. $L=xy+\lambda(16-p_x x-4y)$. 라그랑지 함수를 x, y, λ로 각각 편미분하여 일계조건을 구하면 다음과 같다.

$$\frac{\partial L}{\partial x}=y-p_x\lambda=0$$

$$\frac{\partial L}{\partial y}=x-4\lambda=0$$

$$\frac{\partial L}{\partial \lambda}=16-p_x x-4y=0$$

위의 세 일계조건을 연립하면, 다음과 같은 답을 얻을 수 있다. $x=\frac{8}{p_x}$, $y=2$, $\lambda=\frac{2}{p_x}$.

답에서 x재화의 수요량은 p_x의 함수로 나타난다. 효용극대화 문제에서의 p_x는 양수로 주어진 상수다. 따라서 상수로 취급하여 문제를 풀면 된다. 다른 값의 p_x가 주어진다고 해도 풀이 과정은 같기 때문에, 최종적으로 구해진 해답의 p_x를 바꾸어도 해답은 유효하다. 최종적인 해답 $x=\frac{8}{p_x}$를 함수로 취급해도 되는 이유다.

$x=\frac{8}{p_x}$가 함수라면, 수요함수로 해석할 수 있다. 자신의 가격이 변할 때 수요량이 얼마인지 나타내기 때문이다. 같은 이치를 적용하여 y재의 가격인 p_y와 소득 I를 문자로 대입하면서 상수로 취급하면, 효용극대화 문제의 해답을 구할 수 있으며, 구해진 해답은 x의 가격, y의 가격과 소득에 따른 수요함수다.[3]

3 수요함수를 도출하는 과정인데, 응용문제를 연습문제로 제시했으니 관심 있는 독자는 참고하기 바란다.

[그림 4-1] 예산선과 무차별곡선, 그리고 효용극대화

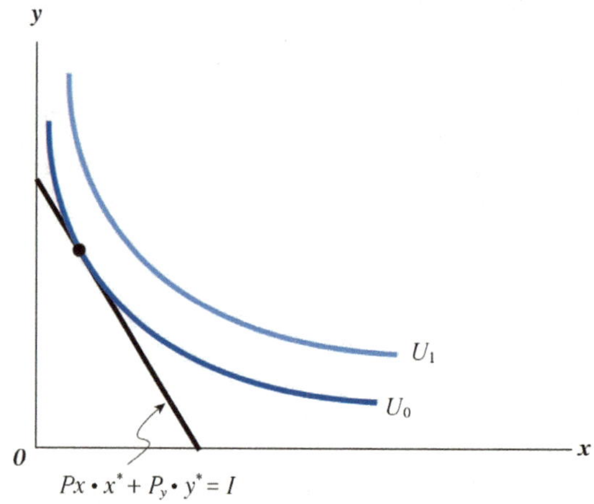

위에서는 대수(Calculus) 방식으로 처음 제시했던 효용극대화 문제를 분석하였다. 그래프로도 효용극대화 문제를 설명할 수 있다. 먼저, 예산제약식은 위에 그림에서 직선으로 표현되었다. 직선으로 그려지는 이유는 가격들과 소득이 상수이기 때문이다. 미시경제학에서 배운 대로 효용함수는 매 효용 수준에서 그려질 수 있으며, 무차별곡선(Indifference curve)이라고 부른다. 위의 그래프는 가장 대표적인 형태의 무차별곡선을 표현하고 있다. 주어진 직선의 제약식에 접하는 무차별 곡선이 예산제약 하에서 성취 가능한 가장 높은 효용을 나타내므로, 해당 점에서 효용이 극대화된다.

위의 그래프는 직선의 예산제약식을 충족하면서 가장 높은 효용을 나타내는 효용인 U_0를 찾는 과정을 표기하고 있다. U_0는 예산제약선과 접하는 무차별곡선이며, 접하는 점은 x재와 y재의 수요량을 나타낸다. 참고로 U_1은 U_0보다 높은 효용을 나타내는 무차별곡선이지만, 예산 제약을 넘어서는 소비량을 나타내므로 달성할 수 없는 효용이다.

수요량은 효용극대화 문제에 있는 상수들로 표현된다. 즉, 수요량 x는 상수들인 p_x, p_y, I의 함수가 되는데 다음과 같다. $x = f(p_x, p_y, I)$와 $y = g(p_x, p_y, I)$[4].

4 $f(p_x, p_y, I)$와 $g(p_x, p_y, I)$는 함수로서 [그림 4-1]의 접점을 표시하고 있다.

위의 대수방식에서 이미 설명하였지만, 외생적으로 주어진 두 재화의 가격과 소득 하에서 효용을 극대화하는 각 재화의 수요량이 어떻게 정해지는지를 나타낸다. 대수방식에서와 같이 이 관계는 상수들이 변하면 수요량도 변하는 것으로 나타나므로 함수관계라고 생각할 수 있다.[5] 이처럼 효용극대화 문제의 도출된 답(Solution)을 함수로 해석하면, 답으로 구해진 해당 수요량은 각 재화의 수요함수라고 할 수 있다. 수요에 영향을 미치는 변수들인 p_x, p_y, I가 독립변수이고, 수요량이 종속변수인 함수 관계를 나타내고 있기 때문이다.[6]

[그림 4-2] 가격-소비곡선과 수요함수의 도출

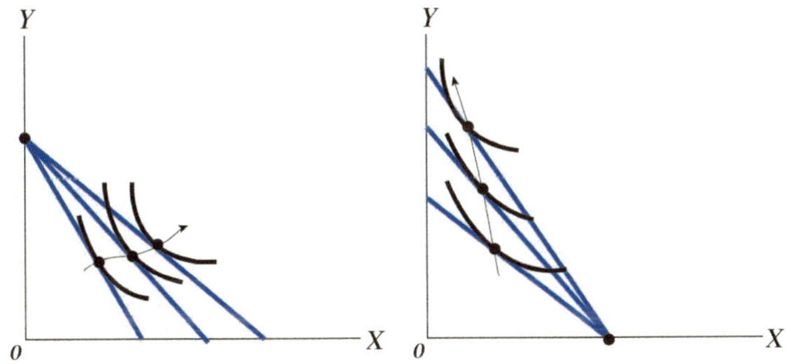

(a) X재 가격의 하락 (b) Y재 가격의 하락

가격-소비곡선의 예

(a) 가격선의 기울기가 완만해지는 가운데 최적 소비를 연결한 가격-소비곡선을 유도할 수 있다.

(b) 가격선의 기울기가 가팔라지는 가운데 최적 소비를 연결한 가격-소비곡선을 유도할 수 있다.

---

5 p_x, p_y, I는 원래 외생적으로 정해진 상수들이다. 해당 상수들이 변한다면 효용극대화 문제에서 새로운 해를 찾을 수 있는데, 그 관계를 위의 식들이 나타내므로 함수관계라고 생각할 수 있다. 효용극대화 문제의 답이라는 원래의 의미는 맞지만, 그 의미를 더 생각하면 수요함수로 생각할 수 있다는 뜻이다.

6 참고로 이렇게 도출된 수요함수는 개인의 수요함수이다. 개인이 자신의 효용을 극대화하는 과정에서 도출된 관계이기 때문에, 개인의 수요함수이다. 개인의 수요함수와 대비되는 개념은 시장수요함수인데, 개인 수요함수를 모두 합산하여 얻을 수 있다.

위의 그래프는 효용극대화 문제에서 수요함수가 도출되는 과정을 조금 더 구체적으로 표현하고 있다. 그래프 (a)에서는 y재의 가격과 소득이 일정하다는 전제하에 x재의 가격을 변화시키면서 효용을 극대화하는 소비점을 찾을 수 있다는 사실을 표기하고 있다. 이렇게 찾은 소비점에서는 x재 가격의 변화에 따른 x재의 수요량을 읽을 수 있으며, 이 관계를 별도의 그래프에 그린다면 x재에 대한 수요곡선이라고 부를 수 있다.

그래프 (b)에서는 x재의 가격과 소득이 일정하다는 전제하에 y재의 가격을 변화시키면서 효용을 극대화하는 소비점을 찾을 수 있다는 것을 보이고 있다. 이렇게 찾은 소비점에서는 y재 가격의 변화에 따른 y의 수요량을 읽을 수 있으며, 이 관계를 별도의 그래프에 그린다면 y재에 대한 수요곡선이라고 부를 수 있다.[7]

수요함수는 효용극대화 문제의 내생변수(Endogenous variable)인 수요량과 외생변수(Exogenous variable)인 해당 재화의 가격, 관련 재화의 가격, 소득과의 관계를 나타낸다. 그래프로 표현할 때는 해당 재화의 가격과 해당 재화의 수요량만을 표기하고, 나머지 외생변수들은 고정되어 있다고 가정한다.[8] 그래프는 2차원이므로 너무 많은 변수를 표기할 수 없기 때문이다. 이렇게 표현된 것이 보통의 수요곡선 그래프다.

위에서 도출된 수요함수는 개인의 수요함수를 나타낸다. 한 개인의 효용을 극대화하는 문제의 답으로 도출되었기 때문에 당연히 개인의 수요함수라고 할 수 있다. 도출된 개인의 수요곡선은 주어진 y재의 가격과 소득에서 x재의 가격에 대한 한 개인의 수요량을 나타내므로, 시장수요량을 도출하기 위해서는 정해진 가격에서의 개인 수요량을 모두 합산해야 한다. 이런 과정을 통하여 각 가격에서의 시장수요량을 그래프에 나타내면, 시장수요곡선이 된다.[9]

---

7 y재의 가격이 변할 때, y재의 수요뿐 아니라 x재의 수요도 변한다는 사실을 독자는 인지하기 바란다.

8 이렇게 가정하는 이유는 그래프는 2차원인 데 비하여, 개인수요함수는 외생변수 3개와 내생변수 1개로 구성된 4차원이기 때문이다. 4차원을 2차원에 그리는 방법은 2차원으로 만드는 것이며, 이를 위해 2개의 독립변수가 고정되어 있다고 가정한 것이다.

아래의 그래프와 같이 개인수요곡선을 수평적으로 합산한 것이 바로 시장수요함수다. 즉, $\sum_{i=1}^{n} x_i^*$(또는 $\sum_{j=1}^{n} y_j^*$)다. 시장수요함수는 개인수요함수에 비해 매우 완만하여 수평선에 가깝지만, 수평축의 비율을 조정하여 가파르게 그려진다. 이에 따라 수평축의 단위를 보지 않고, 수요곡선을 보면 시장수요곡선과 개인수요곡선은 같아 보인다. 시장수요곡선과 아래에서 설명할 시장공급곡선이 만나는 점에서 x재의 균형가격이 결정되는 것은 당연하다.

[그림 4-3] 개인수요곡선을 이용한 시장수요곡선의 도출

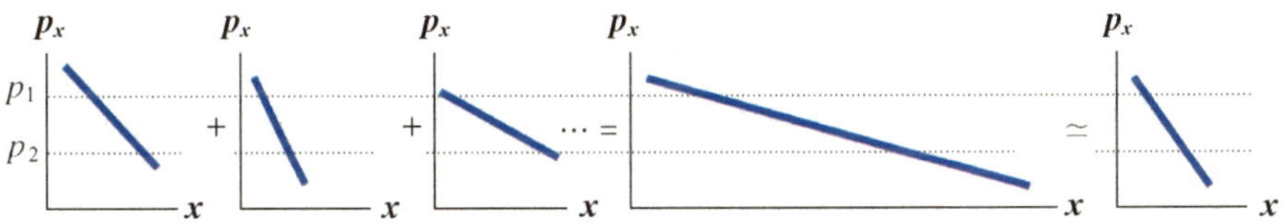

2) 공급함수의 도출

공급함수의 도출도 위에서 검토한 수요함수의 도출과정과 유사하게 이루어진다. 경쟁에 직면한 개별 기업의 공급곡선은 해당 기업이 이윤을 극대화하는 과정을 통해 도출된다. 수학적으로 표기하면 기업은 다음과 같은 이윤 극대화 문제에 직면한다.

$$Max\, p_x x - c(x)$$

목적식에서 $p_x x$는 정해진 x재의 가격 p_x에 판매량 x를 곱한 값이므로 해당 기업의 매출이다. $c(x)$는 총 비용 또는 비용함수를 의미하는데 x재의 수량 x를 생산하기 위하여 발생하는 비용을 의미한다.[10] 목적식은 매출에서 비

9 대수방식의 효용극대화 문제에서는 시장수요에 대한 별도의 설명을 제시하지 않았다.

10 이윤 극대화를 설명하는 과정에서 매출을 $p_x x$로 표기하였는데, 이는 기업이 가격수용자라고 가정한 완전경쟁시장을 가정한 것이다. 즉, 가격을 상수로 표기하여 가격수용자임을 나타낸 목적식

용을 차감한 것으로써 이윤을 나타낸다. 기업은 이윤을 극대화하려는 목적을 갖고 있다고 가정한 것이다.

가격과 비용이 주어져 있는 해당 목적식을 극대화할 때, 기업이 선택하는 것은 자신의 생산량이다. 위 식의 해를 구하면 생산량이 구해지는데, 이렇게 구해진 생산량은 목적식에 있던 가격(그리고 총비용)의 함수로 나타난다. 즉, $x=s(p_x)$이다. 수요함수의 도출에서 설명했던 이치가 그대로 적용되므로, 이 함수를 개별기업의 공급함수라고 할 수 있다.

이 함수를 그래프로 표현하면 개별 기업의 공급곡선이다. 주어진 가격에서 개별 기업의 공급곡선을 수평적으로 합산한 것이 시장공급곡선이다. 시장공급곡선은 개별 기업의 공급곡선에 비해 매우 완만하다. 많은 기업의 공급량을 합산한 것이기 때문에 숫자가 매우 커지기 때문이다. 이 시장공급곡선의 그래프에서 수평축의 축척을 조절하면 개별기업의 공급곡선과 유사한 모양이 된다는 것을 알 수 있다. 이 과정은 앞에서 관찰했던 시장수요함수의 도출과정과 같다.[11]

특기할만한 사항은 기업이 이윤을 극대화하는 과정에서 생산요소에 대한 수요곡선도 도출될 수 있다는 점이다.[12] 기업이 경쟁적인 노동과 자본시장에서 직면한 가격(즉, 임금 및 이자율)수용자라고 가정하여 이윤극대화식을 표기하면 다음과 같다.

$$Max\, p_x x - c(x)$$

$$s.t.\ \ x = h(L, K)$$

을 이용하였다. 당연하지만 다른 구조의 시장(예 : 독점, 과점 등)은 매출을 다르게 표기하여야 한다.

11 수학적으로 한 가지 차이가 있다면, 시장수요함수의 도출에서는 예산제약식이라는 제약이 있었으나, 기업의 이윤 극대화를 통한 시장공급함수의 도출에서는 예산제약식이 없다는 점이다.

12 효용극대화를 통하여 재화의 수요도출이 가능한 것과 매우 유사하다고 할 수 있다. 노동과 자본을 채용하여 이윤을 극대화하는 것은 재화를 소비하여 효용을 극대화하는 것과 유사하기 때문이다.

위의 이윤 극대화 문제는 한 기업이 생산량 x를 선택하여 이윤을 극대화하는 문제이다. 제약식은 노동(L)과 자본(K)을 투여하면, 생산함수에 의해 생산량 x가 결정됨을 의미한다. 즉, 해당 기업은 주어진 가격에서 생산량을 결정하여 이윤을 극대화하는데, 생산량은 투여된 노동과 자본의 양에 의해 결정된다. 따라서 특정 생산량을 생산하려면 노동과 자본의 투입량을 적절히 결정해야 한다.

위의 식에서 제약식을 목적식에 대입한 후, 가격수용자라는 가정에 따라 고정된 이자율(r)과 임금(w)에 맞추어 비용이 결정되는 상황을 표기하면 아래와 같은 식으로의 변경이 가능하다.[13]

$$\max p_x f(L, K) - (rK + wL)$$

새로운 이윤극대화식을 보면, 노동과 자본의 투입량을 결정하면 생산량 x, 비용과 매출, 그리고 이윤이 결정된다. 따라서 이윤 극대화의 결정변수는 노동과 자본의 투입량이라는 것을 알 수 있다. 원래 식에서 생산량 x를 결정하는 것과는 대비된다고 할 수 있다. 하지만 생산량 x는 노동과 자본의 투입량에 따라 생산함수에 의해 결정되므로 위 두 극대화 문제는 같은 결론에 도달한다는 사실을 추론할 수 있다.

생산량의 수준에 따른 이윤을 표기하면 아래의 그림과 같다. 생산량 x^*에서 이윤이 극대화되는 것을 알 수 있다.[14] 이윤을 극대화하는 생산량을 산출할 수 있는 수준의 생산요소를 투입함으로써 기업은 이윤 극대화를 달성할 수 있게 된다. 오른편 그래프는 가격 변화에 따른 이윤의 변화를 표기하였다.

---

13 가격수용자 가정은 노동의 가격인 임금(w)와 자본의 가격인 이자율(r)이 상수라는 가정을 의미한다. 가격수용자 가정을 하지 않는다면 위의 식은 다르게 표기되어야 한다.

14 이윤곡선을 위로 볼록하게 그리기 위해서는 이윤함수의 concavity와 관련된 가정이 필요하다. 이 경우, 비용함수는 다음과 같은 조건을 만족한다. $C'(x) \geq 0,\ C''(x) > 0,\ C(x) \geq 0.$

[그림 4-4] 이윤 극대화 점 도출

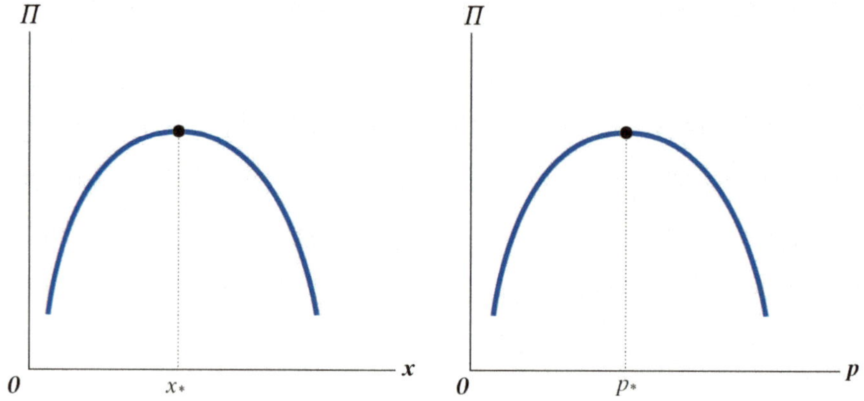

이윤을 극대화하는 생산량 $x^* = h(L^*, K^*)$를 생산하는 생산요소는 그래프를 이용하여 도출할 수도 있다. 이윤을 극대화하는 생산량을 생산할 수 있는 수준의 생산요소는 다양한 노동과 자본의 조합으로 가능할 것이다. 이 중에 가장 저렴한 조합을 선택하기 위해서는 생산요소의 가격이 필요하다. 생산요소의 가격은 상수인 r, w로 주어져 있으므로 아래의 그래프에서 직선으로 표현된다. 즉, 직선의 식은 $c(K, L) = rK + wL$이다. 다양한 비용 수준에 대해서 직선으로 표현된다는 것을 알 수 있다.

아래의 그래프의 등량곡선은 생산함수 $x = h(L, K)$를 특정 생산량에서 표기한 것이다. 즉, 특정 생산량 $\bar{x}$를 생산할 수 있는 노동과 자본의 조합은 다음 식 $\bar{x} = h(L, K)$를 만족한다. $\bar{x} = h(L, K)$식에서 $\bar{x}$는 상수이므로, 노동과 자본의 조합을 구할 수 있다. 특정 생산량을 생산할 수 있는 노동과 자본의 조합을 나타낸다는 의미에서 등량곡선(Isoquant)이라고 부른다.

[그림 4-5] 생산요소 투입결정

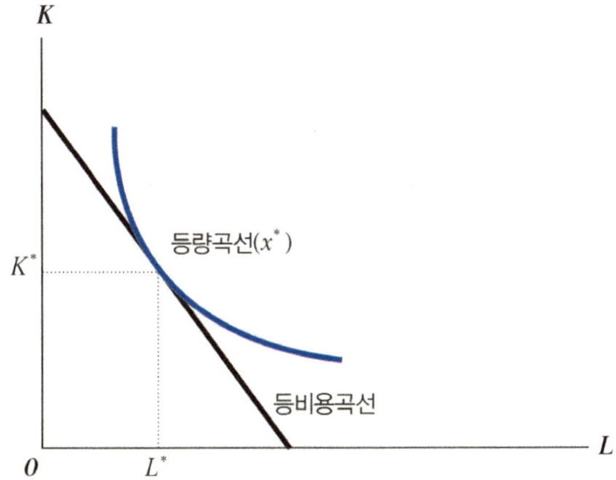

위의 두 번째 이윤극대화식($\max p_x f(L, K) - (rK + wL)$)은 이윤을 극대화하는 각 생산요소의 수준을 찾는 문제이고, 이 문제의 답은 $K = K(r, w, p_x)$, $L = L(r, w, p_x)$로 나타난다. 여기서 $K(r, w, p_x)$와 $L(r, w, p_x)$은 함수관계를 표시한다. 즉, 해당 기업의 이윤을 극대화하기 위하여 필요한 요소인 자본과 노동의 수요량은 이자(r), 임금(w), 그리고 재화의 판매 가격(p_x)에 의해 결정된다는 의미다.

재화의 판매가격이 일정하다고 가정한다면, 자본과 노동에 대한 수요량은 다음과 같이 표시된다. $K = K(r, w, \overline{p_x}), L = L(r, w, \overline{p_x})$. 여기서 $\overline{p_x}$는 상수이므로, 왼편의 식은 독립변수인 (r, w)와 종속변수인 요소의 수요량으로 구성된다. 즉, 생산요소의 가격에 따라 (이윤을 극대화하는) K와 L의 투입수준이 결정된다. 이에 따라 이 함수를 요소수요함수라고 부른다.

사례) 생산함수가 $x = f(k, l) = k^{\frac{1}{4}} l^{\frac{1}{4}}$이라고 하자. 생산물 x의 가격이 1이고 생산요소의 가격은 상수 (w, r)로 주어져 있다고 할 때, 이윤을 극대화하는 노동 l과 자본 k를 구하고, 생산량 x와 극대화된 이윤을 구하라.

풀이) 이 경우의 이윤함수는 $\pi(l, k) = k^{\frac{1}{4}} l^{\frac{1}{4}} - wl - rk$이다.[15] 이윤 극대화의 일계

조건은 다음과 같다.

$$\pi_l(l,k)=\frac{1}{4}k^{\frac{1}{4}}l^{-\frac{3}{4}}-w=0$$

$$\pi_k(l,k)=\frac{1}{4}k^{-\frac{3}{4}}l^{\frac{1}{4}}-r=0$$

두 식을 정리하면, $\frac{1}{4}k^{\frac{1}{4}}l^{-\frac{3}{4}}=w$이고 $\frac{1}{4}k^{-\frac{3}{4}}l^{\frac{1}{4}}=r$이다. 두 번째 식을 첫 번째 식으로 나누면, $\frac{k}{l}=\frac{w}{r}$이다. 이 식을 k에 대해 정리하여 첫 번째 식에 대입하면 다음의 식들을 얻는다.

$$l=\frac{1}{16w^{\frac{3}{2}}r^{\frac{1}{2}}}$$

$$k=\frac{1}{16w^{\frac{1}{2}}r^{\frac{3}{2}}}$$

이를 생산함수와 이윤함수에 대입하면, $x=\frac{1}{4(wr)^{\frac{1}{2}}}$과 $\pi=\frac{1}{8(wr)^{\frac{1}{2}}}$를 얻는다.

위의 사례에서는 가격 $p=1$로 주어진 상태에서 노동과 자본의 수요량이 구해졌다. 앞에서 설명한대로 요소수요함수를 구한 것이다. 본 장의 연습문제에서는 가격은 상수지만, 어떤 숫자인지 모르는 상태에서의 요소수요함수 도출을 다룬다. 위의 사례와 같은 방식으로 문제를 해결하면 된다.

3) 시장의 균형

시장수요곡선과 시장공급곡선을 p_x와 x를 두 축으로 하는 2차원 평면에 아래 그림과 같이 나타낼 수 있다. 즉, 시장의 수요곡선과 시장의 공급곡선을 한 그래프에 표시한 것이다. 참고로 두 곡선을 한 그래프에 겹쳐 그릴 수 있는

15 위의 그래프와 본 이윤식을 맞추어 설명하면 직선은 $(wl+rk)$로 나타나며, 원점을 향해 볼록한 등량곡선은 일정한 생산량 $\bar{x}$에서 $\bar{x}=k^{\frac{1}{4}}l^{\frac{1}{4}}$ 식으로 표현된다. 따라서 직선과 등량곡선이 만나는 점들 중에 가장 높은 이윤을 창출하는 생산량을 찾는 것이 본 사례라고 할 수 있다.

이유는 X축과 Y축이 일치하기 때문이다. 이렇게 그려진 두 곡선의 접점은 해당 시장의 균형가격과 균형거래량을 나타낸다.

[그림 4-6] 전형적인 수요곡선과 공급곡선

"시장의 공급곡선 S와 시장의 수요곡선 D를 그래프로 표기하면, 수요와 공급이 일치하는 Q^*와 $p_x{}^*$를 구할 수 있다. 관련된 다른 재화의 가격과 소득 등이 균형의 전제 조건이다."

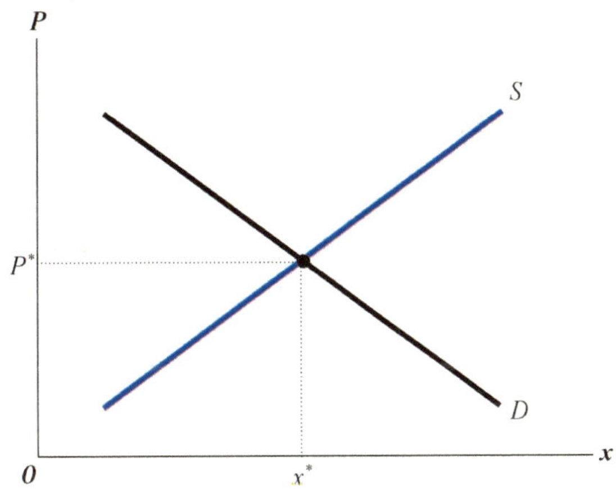

효용극대화 문제에 대한 이제까지의 설명은 부분균형이론에 따른 분석이다. 즉, y재의 가격과 소득이 일정하다는 전제하에서 (개인의 효용극대화를 통하여) x재의 수요곡선이 도출되었다. 따라서 y재의 가격이나 소득이 변할 경우에는 x재의 개인수요곡선은 처음부터 다시 그려져야 한다. 개인수요곡선도 다시 그려져야 하지만, 개인수요곡선의 합인 시장수요곡선도 다시 그려져야 한다. 개인수요곡선을 도출하는 효용극대화 문제에서 활용했던 예산제약선이 y재의 가격이나 소득이 변하면 바뀐다는 측면에서 보면 당연한 이야기라고 할 수 있다.

개인의 효용함수가 변한다고 해도 수요곡선은 다시 도출되어야 한다. 무차별곡선이 변하기 때문이다. 참고로 이처럼 개인의 효용함수가 변하는 상황을 "선호"가 변한다거나 "유행"이 변한다는 말로 표현한다.

부분균형이론에서 간과하고 있는 점은 수요곡선을 도출하기 위한 전제조건으로 일정하다고 가정했던 y재의 가격과 소득도 그냥 주어지는 것이 아니라는 점이다. y재 시장에서 균형이 결정되어야 y재의 가격이 결정된다.[16] y재 시장의 균형을 구해야 하는데, 이를 위해서는 x재의 가격과 소득이 일정하다는 가정을 다시 해야 한다는 뜻이다.

이처럼 서로 다른 시장들의 균형을 구하기 위해서는 서로의 균형가격이 필요하다. 각 시장에서 가정한 상대 시장의 균형가격이 실제로도 균형가격이 되어 모든 시장에서 동시에 균형가격에 도달한다면, 이런 균형을 일반균형(General equilibrium)이라고 부른다. 이에 반해 부분균형은 다른 시장들의 가격이 일정하다고 가정함으로써 다른 시장으로부터 받을 수 있는 영향을 차단한 것이라고 볼 수 있다. 이렇게 차단함으로써 분석의 완전성을 희생하면서 편의성을 얻었다고 할 수 있다. 부분균형에 대한 분석이 완결되면 일반균형분석으로 나아가야 한다는 방향성을 제시하고 있는 것이기도 하다.

2. 일반경쟁균형(General competitive equilibrium)과 후생의 법칙(Welfare theorem)

본 장에서는 일반균형에 대해 개괄적으로 설명했던 앞서의 내용을 조금 더 자세하게 살펴보기로 하자. 위의 분석에서 재화 y의 가격은 x재의 균형가격에 영향을 미친다는 것을 알 수 있었다. y재의 가격은 일정하다고 가정하고 도출한 x재의 수요곡선이 x재의 균형가격을 도출하는 데 이용되었기 때문이다.

같은 요령으로 y재의 균형가격을 도출해야 하므로, y재의 균형가격을 구하기 위해서 앞서 도출된 x재의 균형가격으로 y재의 수요곡선을 도출한 후, 이를 이용하여 y재 시장의 균형을 도출한다. 그 결과, y재의 균형가격이 도출되었다고 하자. 이 가격이 x재의 균형을 도출하기 위하여 처음에 가정했던 바로 그 y재의 가격과 일치할 것인가? 이 가격이 일치한다는 것은 매우 어렵다는

16 뿐만 아니라 소득도 결정되어야 한다. 해당 소비자의 소득이 결정되기 위해서는 노동시장과 자본시장의 균형이 결정되어야 한다.

것을 짐작할 수 있다.[17] 두 재화의 가격이 일치할 수도 있다고 생각하는 독자는 더 많은 재화가 존재할 때, 모든 재화의 가격이 동시에 서로의 조건을 만족시키며, 또한 동시에 균형에 도달할 가능성에 대해 생각해보기 바란다. 사실 그 가능성은 매우 낮은 일이라는 것에 대해 동의할 수 있을 것이다.

낮은 가능성에도 불구하고 이 가격들이 서로를 충족시키며 동시에 균형에 도달한다면, 해당 균형을 일반균형(General equilibrium)이라고 부른다. 일반균형은 존재하는가? 이 질문에 대답은 앞에서 언급한 Arrow와 Debreu가 모든 시장이 완전경쟁이라는 가정을 포함한 일정한 조건[18]하에서 존재한다는 것을 증명하였다. 모든 시장을 완전경쟁상태라고 가정하였기 때문에 일반균형 중에서도 일반경쟁균형이라고 부른다.

일반경쟁균형이 존재한다면, 추가적으로 생각해야 할 점이 있다. 해당 균형은 효율적인가에 대한 질문이다. 이 질문에 대한 대답을 후생 제1법칙(The first welfare theorem)이라고 부른다. 후생 제1법칙에 의하면 일반경쟁균형은 파레토 효율적(Pareto efficient)이다. 파레토 효율적인 상태는 한 사람의 효용이라도 낮추지 않는다면 다른 사람의 효용을 높일 수 없는 상태를 의미한다. 다소 부정확하지만 간략하게 이야기하자면, 재화의 낭비가 없는 상태를 의미한다.

경제 내에서의 파레토 효율적인 분배는 여러 가지가 가능한데, 그중에 국민들이 좋아하는 분배결과를 일반경쟁균형으로 도달 가능한지에 대한 질문은 후생 제2법칙이 답하고 있다. 후생 제2법칙에 의하면 어떤 파레토 효율적인 분배도 일반경쟁균형에 의해 달성될 수 있으나, 초기 부존점의 재분배(initial endowment reallocation)가 필요할 수 있다는 것이다. 후생의 법칙들의 의미에 대해서는 다음 장의 에지워스 상자를 통해 보다 자세하게 설명한다.

후생 제1법칙은 그 결과가 효율적이기 때문에 산업조직론의 존재 의미를

---

17 사실, 우리가 가정한 것은 해당 소비자의 소득도 일정하다고 가정하였는데, 소득은 생산요소시장에서 결정된다. 생산요소시장에서 결정되는 가격인 r, w가 결정되어야 결정되는 것이 소득인 것이다.

18 선호에 대한 가정과 생산기술에 관한 가정들이다. 대표적으로 선호와 생산 모두 convexity를 가정하고 있다. 보다 자세한 내용은 Debreu(1959)나 Arrow & Hahn(1971)를 참조하라.

제한한다. 하지만 현실은 일반경쟁균형의 가정들과 다른 면이 있고, 이 차이를 산업조직론은 연구 대상으로 한다. 앞서도 언급하였지만, 일반경쟁균형은 선호와 기술에 관한 여러 가정하에서만 성립한다. 이런 가정들에는 현실적이지 못한 것들도 포함된다. 예를 들면, 외부효과가 존재하지 않고, 공공재나 공유자원이 아닌 사적재화로 제한하고, 재화의 특성들과 가격에 대한 완전한 정보를 가정하며, 가격수용자로서 시장지배력을 갖는 기업이나 사람은 없다고 가정하고 있다. 특정 농산물 시장이나 주식시장과 같이 가격수용자들로 이루어진 시장을 사례로 들 수는 있으나, 현실에서는 시장지배력을 갖춘 소수의 기업들이 다수의 산업에서 재화를 공급하고 있다. 산업조직론은 이런 시장지배력의 원인과 결과를 연구하는 것으로 시작되었다.

3. 에지워스 상자(Edgeworth Box)와 파레토 효율성

후생 제1법칙이 적용되는 파레토 효율적인 세상에서는 소비자들 사이의 소득 분배에 관한 공평성 문제가 고려 대상으로 남게 된다. 분배에 대한 복습과 후생의 법칙에 대한 이해를 위하여 에지워스 상자를 통해 파레토 효율성에 대하여 살펴본다. 에지워스 상자는 가장 단순한 경제상황을 통하여 파레토 효율성에 대하여 설명하는 도구이다.

가장 단순한 경제상황을 다음과 같이 상정해보자. 2인(A, B)과 2재화(X, Y)만이 존재한다. 각 재화의 총량은 고정되어 있다. 또한, 각 개인이 가지고 있는 자원량은 주어지며, 각 개인의 자원의 총합은 사회 전체의 자원량이다. 추가적인 생산활동은 없으며, 주어진 재화를 교환하여 생존하는 단순한 경제상황이다.

즉, 두 개인의 초기 부존량의 합은 경제 전체의 각 재화의 초기 부존량과 같다 : $\overline{X} = X_A + X_B$, $\overline{Y} = Y_A + Y_B$

각 개인의 상태를 다음과 같이 그릴 수 있다.

[그림 4-7] A의 상태

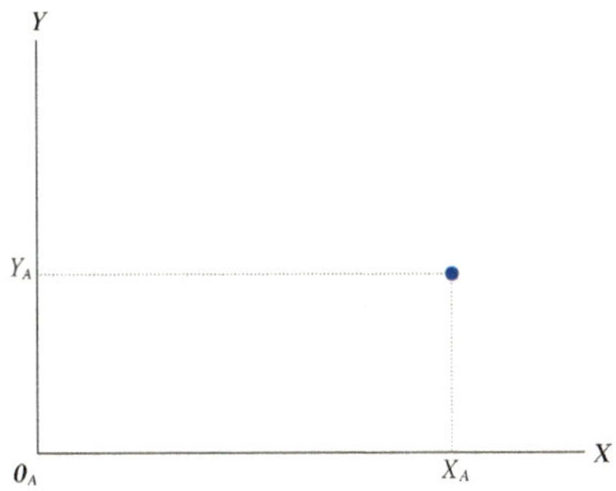

[그림 4-8] B의 상태

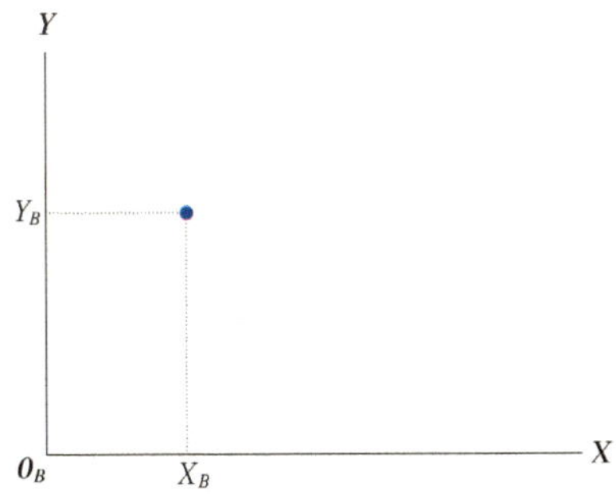

[그림 4-8]을 180도 회전하여 [그림 4-7]과 겹치게 그리면 [그림 4-9]와 같이 표기할 수 있다.

[그림 4-9] 에지워스 상자와 초기 부존점

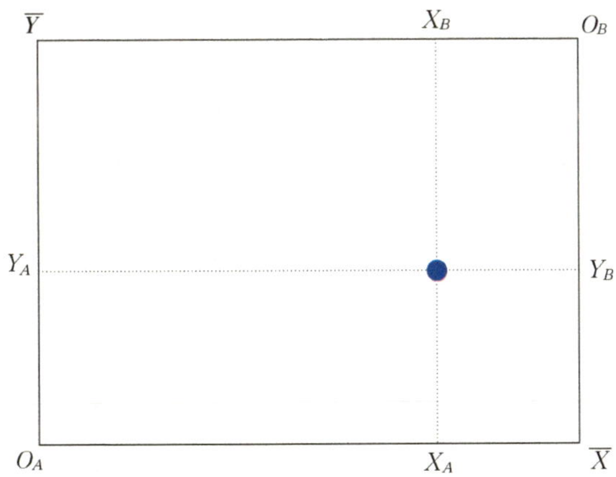

이 그림에서 선분 O_AX_A는 A가 가진 X의 양, 선분 O_AY_A는 A가 가진 Y의 양, 선분 O_BX_B는 B가 가진 X의 양, 선분 O_BX_B는 B가 가진 Y의 양을 나타낸다. 그리고 파란 점은 초기의 자원배분 상태를 의미한다. 따라서 $\overline{X} = X_A + X_B$, $\overline{Y} = Y_A + Y_B$라는 것을 확인할 수 있다.

[그림 4-10] 파레토 최적의 상태

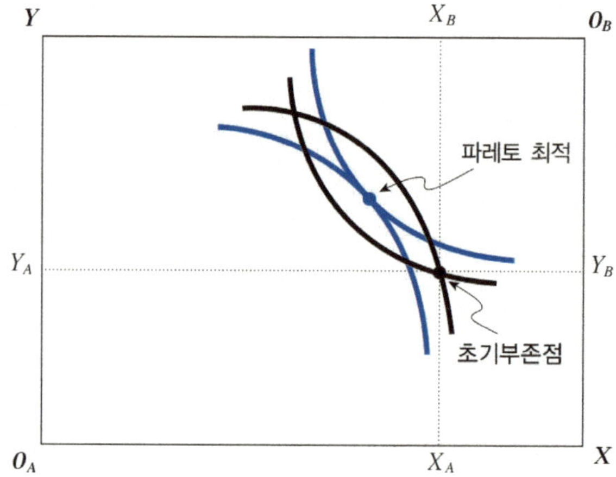

한편, [그림 4-10]에 의하면, 앞서 본 파란점(초기 부존점)에서 각 개인의 무차별곡선이 교차하고 있다. 이러한 상태에서 교환을 통하여 파레토 최적인 점까지 달성할 수 있고, 파레토 최적인 점에서 각 개인의 무차별곡선이 접하고 있다. 그 점까지 도달하는 동안 두 사람의 효용은 계속 증가한다.

어느 자원의 배분상태에서 교환을 통하여 어느 누구의 효용도 감소하지 않고 당사자들의 효용을 증진할 수 있는 것을 파레토 개선(Pareto Improvement)이라고 말하며, 효용의 증진이 이루어져 더 이상 파레토 개선이 일어날 수 없는 최선의 상태를 파레토 최적 또는 파레토 효율적(Pareto Efficient)이라고 한다. [그림 4-11]에서는 무차별곡선의 접선이 파레토 효율적인 상태를 표시하고 있다.

[그림 4-11] 계약곡선(Contract curve)

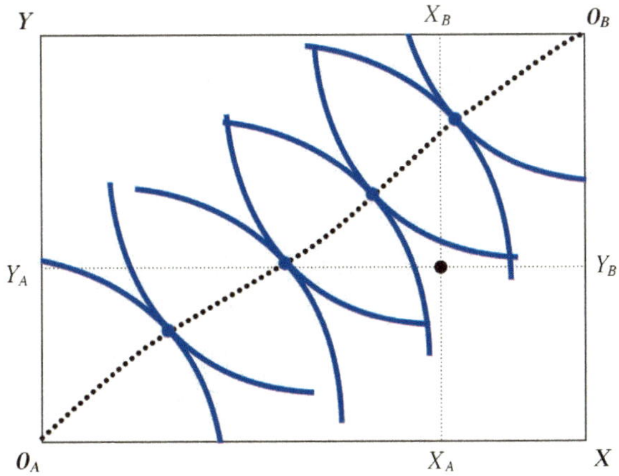

파레토 효율적인 분배 상태는 에지워스 박스 내에서 여러 개가 존재한다. 파레토 효율상태 모두를 표시하면 대각선 점선으로 표시할 수 있고, 더 촘촘히 표시하면 점선이 실선으로 변하게 될 것이다. 이러한 파레토 효율의 집합을 계약곡선(Contract Curve)라고 한다.

4. 에지워스 상자를 이용한 일반경쟁균형 이론 설명

일반경쟁균형의 가정들 : 공급자와 수요자가 모두 가격수용자, 외부효과가 존재하지 않음, 규모의 경제가 존재하지 않음, 공공재가 존재하지 않음, 완전정보, 거래비용 없음, 소비자의 완전만족 없음, 기타 다수, 이러한 가정을 통하여 단순화할 수 있고, 정확한 분석을 할 수 있게 된다.

일반경쟁균형 이론은 다음과 같은 네 가지 중요한 문제를 갖고 있다.

1) 일반경쟁균형의 존재여부 : 왈라스(Leon Walras), Debreu(1959), Arrow & Hahn (1971) 등이 존재한다고 증명하였다.

2) 일반균형이 파레토 효율적인지 여부 : 후생 제1법칙(The first welfare theorem)

[그림 4-12] 파레토 효율의 달성

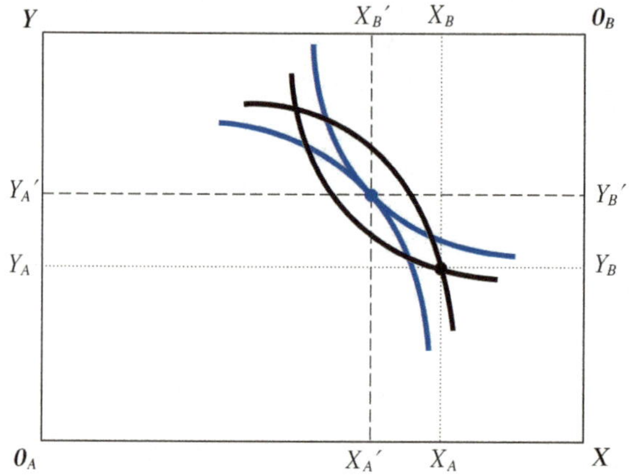

Debreu(1959)에 의하여 일반경쟁균형을 통해서 파레토 효율을 달성할 수 있음이 증명되었다. 일반경쟁은 초기 부존점인 검정색 점에서 각 경제주체는 재화를 교환하여 파레토 효율적인 파란점을 달성할 수 있다. A의 X재와 B의 Y재를 교환함으로써 가능하다.

3) 일반경쟁균형을 통하여 특정한 파레토 효율점이 달성 가능한지 여부 : 후생 제2법칙(The Second Welfare Theorem)

[그림 4-13] 초기 부존점 변경

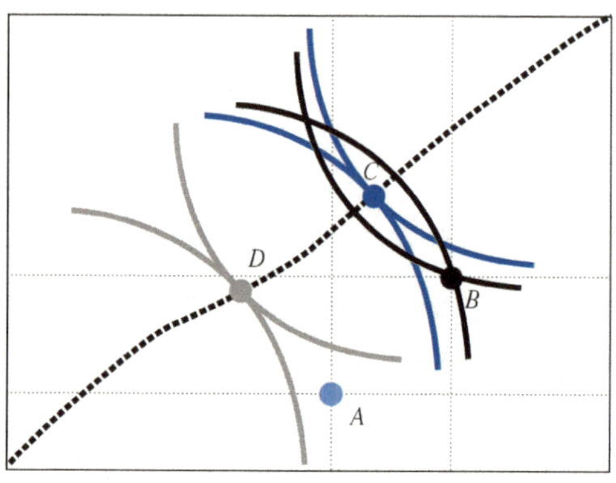

사회에서 바람직하다고 여기는 특정한 파레토 효율점을 일반경쟁을 통하여 달성하는 것도 가능한 것으로 증명되었는데, 그 방법은 초기 부존점을 변경하는 것이다. 초기 부존점을 A라고 하고, 사회가 원하는 파레토 효율은 C라고 하자. 이때 정부는 개혁 등의 재분배정책 등을 통하여 부존점을 A에서 B로 옮기면, 이후 일반경쟁균형(즉, 시장)을 통하여 C에 도달할 수 있다.

A에서 D로 간 후에 C로 가지 않는 이유는, 이미 파레토 효율이 달성된 후에 자원을 재분배하게 되면, 이를 사전에 알게 될 수 있는 경제주체들이 자신의 행동을 변화시킬 가능성이 있기 때문이며, 이 경우 경제가 C로 가지 못하고 예상하지 못한 방향으로 갈 수 있기 때문이다.

이론상으로는 계산을 통하여 바람직한 파레토 효율점에 도달하도록 하는 부존점을 산정할 수 있지만, 현실적으로는 정보의 부족(Adverse Selection, Moral hazard 등)과 계산력(Computing power)의 부족으로 정확한 계산은 힘들다. 대략적인 방향과 정도를 제시하는 정도만 가능하다고 할 수 있다. 게다가 사회적으로 바람직한 파레토 효율점이 어디인지도 사회구성원들이 동의하기 힘들다는 비판도 존재한다. 다만, 그런 동의가 가능할 경우에 이용할 수 있는 일반경쟁균형의 의미에 대해서 생각해 본 것이라고 할 수 있다.

4) 일반경쟁균형은 안정적인지 여부

일반경쟁균형이 경쟁에 의해 달성되었는데, 외부의 충격 또는 다른 어떤 이유로든 일시적으로 균형상태에서 벗어난 상황을 생각해보자. 다시 일반경쟁균형에 돌아가는 성질을 갖고 있다면, 경쟁은 일반적으로 안정적인 균형을 유지할 수 있지만, 다시는 균형으로 돌아가지 못한다면 일반경쟁균형은 큰 문제를 갖고 있는 균형이라고 할 수 있다. 이에 대하여 Arrow & Hahn(1971)은 안정적인 균형임을 몇 가지 가정 하에서 증명하였다.

5. 부분균형 분석과 산업조직론의 탄생

앞서도 언급하였지만, 일반경쟁균형의 가정들을 완화한다면 일반균형에 대하여 경제학이 이야기할 수 있는 것은 많지 않다. 해당 가정들 중 하나인 가격수용자 가정을 완화했을 경우에 대한 보다 현실적인 분석 방법은 부분균형이다. 시장지배력을 가진 경제 주체가 존재하는 하나의 재화 또는 관련된 몇 개의 재화를 선택하여 분석하는 방법으로 해당 재화가 경제의 다른 부분에 어떤 영향을 미치는지와 연이어 경제의 다른 부분들이 다시 해당 재화에 미치는 영향은 없다고 가정하는 접근방법이다. 즉, 해당 재화와 경제의 다른 부분과의 상호작용을 무시하여 분석의 어려움을 감소시키는 방법이다.

부분균형분석은 복잡한 경제현실을 단순화함으로써 특정 시장에서 균형이 이루어지는 과정을 비교적 단순하게 분석, 설명할 수 있게 한다는 장점을 지닌다. 즉, 부분균형분석으로 경제의 한 시장, 즉 산업을 분석하는 이유는 현실적으로 완화된 가정 하에서 일반균형분석을 통하여 할 수 있는 이야기가 많지 않기 때문이다. 따라서 부분균형에 의한 분석이 충분히 진척된다면 다시 일반균형을 통하여 최종 결과가 어떻게 될지에 대한 추가적인 분석이 이루어져야 한다. 요즘의 경제학은 일반균형의 분석방식을 시도하고 있다. 예를 들면, CGE(Computable general equilibrium) 모형은 복잡한 현실을 반영하는 소프트웨어를 이용해 일반균형을 찾으려는 노력의 산물이다.

특정 산출물 또는 투입물 시장의 분석에 초점을 맞추는 산업조직론에서는 (별도로 언급하지 않는다면) 부분균형분석을 이용하여 해당 산업을 분석한다. 특히, 위에서 언급한대로 시장지배력을 가진 기업이 존재할 경우를 부분균형분석 방식으로 연구한다. 시장지배력의 원인이 무엇인지, 그 결과는 무엇인지 그리고 비효율성 등의 문제가 존재한다면 어떻게 문제를 해결할 것인지에 대하여 분석한다. 이런 분석과정에서 분석대상 이외의 시장에 미치는 영향과 그 시장의 변화가 원래 시장에 미치는 영향은 없는 것으로 가정한다는 뜻이다. 다만, 미래에 부분균형분석이 대부분 이루어진 이후에는 다시 일반균형을 이용한 분석이 필요하다는 점은 기억하기 바란다.

연습문제

1. 효용함수가 $U(x, y) = xy$이고, 예산제약식은 $p_x x + 4y = I$라고 할 때, 효용을 극대화하는 x재화와 y재화의 수요량을 구하라. 단, p_x와 I는 양수인 상수다. x재화의 수요를 결정하는 변수는 무엇인가?

2. 효용함수가 $U(x, y) = xy$이고, 예산제약식은 $p_x x + p_y y = I$라고 할 때, 효용을 극대화하는 x재화와 y재화의 수요량을 구하라. 단, p_x, p_y, 그리고 I는 양수인 상수다.
   (1) x재화의 수요를 결정하는 변수는 무엇인가?
   (2) 위의 1번 문제와 비교할 때, 무엇이 달라졌는가?
   (3) 본문의 [사례 2]와 비교할 때는 무엇이 달라졌는가?
   (4) p_x, p_y 그리고 I의 값을 [사례 1]에서 제시한 값으로 대체하면, [사례 1]의 해답과 같은지 확인하라.

3. 생산함수가 $x = f(k, l) = k^{\frac{1}{4}} l^{\frac{1}{4}}$이라고 하자. 생산물 x의 가격이 p고 생산요소의 가격은 상수 (w, r)로 주어져 있다고 할 때, 이윤을 극대화하는 노동 l과 자본 k를 구하고, 생산량 x와 극대화된 이윤을 구하라.

제5강

산업조직론의 역사와 기업의 본질

산업조직론이 어떻게 발전해 왔는지에 대하여 살펴보는 과정을 통해, 다양한 주제를 소개한다. 특히, 거래비용이론을 집중하여 소개한다.

1. 도입 및 복습

1) 국민경제는 생산부문과 소비부문, 그리고 정부부문으로 나누어 볼 수 있다. 그중에서 생산부문은 여러 산업으로 구성되어 있으며, 각 산업은 기업들로 구성되어 있다. 기업은 생산활동을 담당하는 단체나 조직이라고 볼 수 있다.
2) 기업이란? 노동과 자본을 포함한 생산요소를 결합하여 재화와 용역을 공급하는 단체나 조직이라고 말할 수 있으며, 생산되는 재화와 용역의 종류를 산업분류의 기준으로 볼 수 있다. 자동차산업이나 철도산업은 좋은 사례이다.
3) 구조−행동−성과 분석체계(S−C−P Paradigm)

[그림 5−1] 구조−행동−성과 분석체계

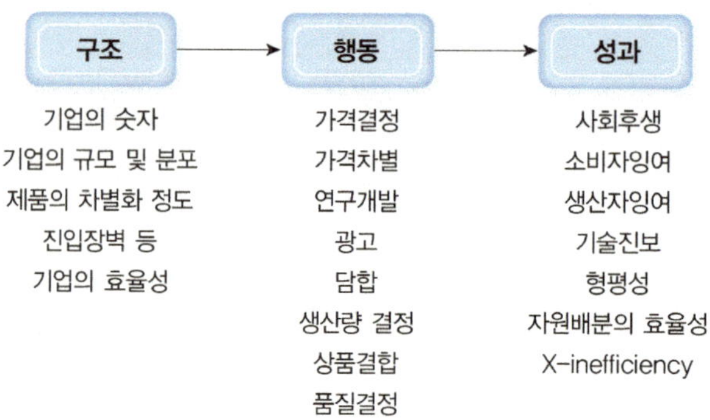

(1) 구조(Structure) : 기업의 수, 기업의 시장 점유율 분포나 지역 분포, 제품의 차별화, 시장으로의 신규 진입조건 등으로 시장의 구조가 결정된다. 시장의 구조 중 가장 많이 알려져 있는 형태는 독점, 과점, 독점적 경쟁, 완전경쟁시장이다. 경쟁방식이나 기업의 효율성도 구조의 하나라고 볼 수 있다. 예를 들어 가격경쟁, 수량경쟁, 품질경쟁, 광고경쟁, 부품업체 확보경쟁, 담합의 가능성 등 경쟁의 방식은 시장구조의 형태라고 볼 수 있다. 기존기업의 효율성도 구조의 한 구성요소다. 시장구조가 얼마

나 경쟁적인지를 측정하는 지표로는 CR지수(Concentration Ratio Index)와 허핀달 지수(Hirshman-Herfindahl Index)가 대표적이다.

(2) 행동(Conduct) : 가격결정, 수량결정, 품질결정, 광고량(광고비) 결정, 기타 다른 기업의 전략에 대응한 전략, 인수합병, 담합할지 여부, 가격차별 등이 행동의 주요 사례들이다. 그중 가격차별은 다양한 형태로 나타나는데, 일상에서는 나이에 따른 차별이 대표적이다. 버스요금을 초등학생, 중·고등학생, 대학생·일반 등으로 차등을 두어 책정하거나, 소프트웨어를 발매할 때에 학생판을 발매하여 학생들에게 보다 더 저렴한 가격에 판매하는 것이 바로 가격차별이다. 전략적 대응은 기업의 행동을 포괄하는 보다 더 큰 개념으로, 게임이론을 활용하는 분야이다. 예를 들면, 상대편이 어떤 기업을 인수하려고 하면 자신이 먼저 해당 기업을 인수하여 경쟁기업의 경쟁력을 저하시키는 방법이 바로 전략적 행동이다.

(3) 성과(Performance) : 해당 산업의 성과가 어느 정도인지를 측정한다. 구조가 행동에 영향을 주고, 행동은 성과에 영향을 주는 패러다임 아래서 구조와 행동이 적절했는지를 평가하는 지표로서 성과는 필요하다. 성과 지표로는 기업의 이윤(기업의 성과), 자원배분, 형평성, 기술진보, X비효율성(X-inefficiency), 소비자 후생, 사회후생 등이 있다. 특히 사회후생의 경우, 소비자와 생산자 모두를 고려하여 균형적인 시각에서 성과를 측정할 수 있다.

성과를 평가한 후에는 성과를 개선하기 위한 다양한 정책을 도입할 수 있다. 이렇게 도입할 수 있는 정책에는 독과점규제정책, 특허정책, 공정거래 촉진정책, 공기업 규제정책이 있다. 물론, 그 이외에도 다양한 정책이 존재하는데, 다른 나라에 비해 우리나라에서 특히 많이 사용하는 진흥정책도 있다. 진흥정책은 특정 산업을 빠르게 성장시키기 위한 정부의 재정 지원이나 세제 혜택 등으로 구성된다.

이들은 구조와 행동에 영향을 미쳐서 결국 성과를 개선하려는 목적을 갖고 있다. 예를 들어 독과점 규제에는 경쟁을 도입하거나 가격을 일정 수준으로 통제하는 방법이 있다. 경쟁을 도입하면, 경쟁으로 인해 기존 기업은 가격을 높일 수 없게 된다. 이처럼 경쟁도입은 구조 측면을 개선하여 행동에도 좋은 영향을 미칠 수 있다.[1]

가격규제는 행동 측면에 영향을 미치는 정책이다. 높은 가격을 책정하여 소비자 잉여를 감소시키고 결국 사회후생도 낮추는 행동을 하는 기업의 행동을 제약하는 것이다. 이렇게 되면 규제된 가격으로 인하여 해당 기업은 더 이상 가격을 높일 수 없을 것이다. 하지만 부작용도 있다. 예를 들어, 낮은 규제가격과 더불어 해당 기업이 제품의 품질을 떨어뜨리기도 하고, 경우에 따라서는 제품의 내용량을 감소시키기도 한다. 이들 정책은 경제생활 전반에 지대한 영향을 끼치므로, 신중하게 시행되어야 한다. 정책의 취지가 좋았다 할지라도, 시행하는 과정에서 예상하지 못한 부작용이 나타날 가능성이 크기 때문이다.

2. 산업조직론의 흐름

1) 하바드 전통(Harvard Tradition)과 시카고학파(Chicago School)

구조-행동-성과 분석체계로 대변되는 하바드 전통은 산업의 구조나 행동 측면에 변화를 가하면 산업 전반의 성과를 개선시킬 수 있다는 입장을 제시하고 있다. 즉, 성과를 개선하기 위해 인위적인 개입이 필요할 수 있다는 관점이다. 이에 비해 시카고학파는 구조-행동-성과로 이어지는 인과관계에는 동의하면서도, 산업에 인위적인 변화를 가하기보다는 시장에 맡기는 것이 성과를 개선하는 데 더 효율적이며 부작용이 적다는 입장이다.

두 시각이 어떻게 다른지를 알아보기 위해, 어느 지역에 유일하게 존재하는 분식점에서 높은 가격을 책정하는 경우를 생각해보자. 해당 분식점은 지역에서

1 이를 예상한 독점기업이 여러 가지 이유를 통해 경쟁도입을 저지하려는 움직임을 보일 것이다.

유일하게 존재하고 있어서 높은 가격을 책정하면 소비자들은 멀리 이동하는 불편을 감수해서 다른 분식점을 찾거나, 비싼 가격에도 불구하고 그냥 소비해야 한다. 예를 들어 라면 한 그릇에 5,000원을 받는다고 해보자. 하바드 전통에 따른 시각은 먼저 해당 지역에 또 다른 분식점을 개설하여 경쟁을 도입할 수 있는지 살펴본다. 즉, 분식점을 개설할 수 있도록 진입장벽을 낮추도록 노력한다. 예를 들면 분식점 개업을 위한 행정절차를 낮추어 주는 대책을 도입할 수 있다. 그럼에도 불구하고 아무 변화가 없어 이 대책이 소용없다면, 가격을 규제하는 대책을 도입한다. 즉, 보통의 라면 가격처럼 3,000원만 받도록 법으로 정하는 것이다.

이에 반해 시카고학파는 라면 가격을 규제한다면, 당장은 소비자에게 이득이 될 수 있으나 부작용이 발생할 수 있다고 이야기한다. 해당 분식점이 라면을 3,000원에 판매하면 적자가 발생한다고 주장할 수 있고, 규제당국에서 이 불만이 맞는지 확인하는 과정에서 부정부패라는 부작용이 발생할 수 있다는 것이다. 부정부패가 발생하지 않더라도 또 다른 부작용이 발생할 수 있다고 주장한다. 해당 분식점의 주장이 맞는지 확인하기 위해서는 분식점의 회계장부를 검토해서 적자가 실제로 발생하는지 조사하게 된다. 만약, 적자라면 분식점이 적자가 계속되도록 둘 수는 없기 때문에 가격 인상을 허용해야 한다.

적자가 아니라면 가격 인상을 불허할 것을 예상할 수 있다. 규제당국의 이런 생각을 예상한 분식점 주인은 재료를 구입할 때 좋은 재료를 저렴하게 구입하려 노력할 필요가 없다. 왜냐하면 적자가 나면 가격을 인상해서 적자가 나지 않도록 조치할 것으로 예상하기 때문이다.[2] 이렇게 되면 비용이 점차 상승하게 되는 부작용이 발생하게 된다. 이런 부작용이 누적되면, 처음의 5,000원보다 높은 비용이 발생할 수도 있다. 이런 부작용에 주목하는 시카고학파는 차라리 처음부터 가격을 규제하지 않는 것이 좋다고 주장한다. 높은 가격과

2 물론, 도덕적으로 훌륭한 사람이라면 이런 생각을 하지 않고 여전히 좋은 재료를 저렴하게 구입하려 노력할 것이다. 하지만 분식점을 운영하는 많은 사람들 중에는 도덕적으로 훌륭하지 못한 사람도 있을 수 있으며, 이런 사람들이 많을수록 시카고학파의 주장은 유효하다.

그로 인한 이윤은 다른 경쟁자들로 하여금 해당 시장에 진입하도록 유인할 것이며, 그 결과로 경쟁이 도입되어 가격은 인하될 것이라고 주장한다. 양 학파의 주장은 옳으며, 시각의 차이일 뿐이다. 하바드 학파는 길게 기다릴 수 없기 때문에 일시적인 조치라도 취해야 한다는 시각이며, 이에 반해 일시적인 조치는 부작용을 갖고 있기 때문에 기다리는 것이 더 좋다는 시카고학파의 주장은 다른 듯 하지만, 핵심 아이디어는 서로 닮아 있다. 즉, 경쟁이 문제를 제대로 해결한다는 점에서 양 학파의 시각은 같다. 다만, 기다리는 기간에 대해서 서로 시각을 달리한다.

시간적으로 보면 하바드 학파가 주도하고 있던 1970년대에 시카고학파의 주장은 매우 상반되는 것으로 보였다. 하지만 시간이 지남에 따라서 서로의 주장 중 많은 것을 인정하게 되었다. 다만 단기적 대책을 강구하는 것이 효율적인지 여부에서는 의견을 달리했다고 볼 수 있다. 초기 시카고학파의 관점은 학계에 큰 반향을 불러일으켰고, 20여 년간 학계를 주도하였으며, 노벨경제학상 수상자도 다수 배출하였다. 물론, 하바드의 전통에 속한 미국 동부 아이비리그(Ivy League) 대학들에서도 많은 노벨경제학상 수상자를 배출하였다.

2) 산업조직론 분석을 위한 방법론의 진화와 새로운 분야의 등장

1980년대 이후에는 방법론적인 발전이 있었는데, 바로 게임이론의 등장이다. 게임이론은 경쟁상대인 상대방의 전략에 따른 최선의 전략을 합리적으로 분석하도록 하였고 그 결과를 예측할 수 있도록 하였다. 이 방법론을 지금은 많은 사람들이 알고 있지만, 당시에는 획기적인 방법론의 등장이었다. 게임이론은 시장에서 기업들의 전략을 분석하고 그 결과를 예측하는 산업조직론에서 매우 유용하게 사용되기 시작하였다. 다른 어떤 분야보다도 산업조직론에서 많이 사용되었으며, 그 파급효과도 컸다.

게임이론과 더불어 정보경제학(Information economics)도 등장하였다. 정보경제학은 분석을 위한 방법론이 아니라 새로운 분야의 등장이라고 할 수 있다.

과거의 경제학은 모두 동일한 정보를 갖고 있다고 가정하였는데, 이렇게 가정한 중요한 이유는 분석방법을 몰랐기 때문이다. 게임이론의 등장은 정보의 격차로 인한 전략의 차이를 분석할 수 있게 하였고, 이에 따라 정보경제학이 등장하였다. 정보경제학은 시장에 참여하는 기업들이나 소비자가 서로 다른 정보를 갖고 있을 때, 어떻게 행동하는지를 분석하고 그 결과를 예측할 수 있다. 산업조직론의 입장에서 보면, 한 기업이 경쟁에 영향을 미치는 특별한 사적인 정보를 갖고 있을 때 어떤 결과가 나올지 예측할 수 있게 된 것이다. 산업조직론의 분석에 많은 영향을 미친 것은 두말할 필요가 없다.

1990년대부터는 네트워크 경제학(Network economics)이 등장하였다. 네트워크 경제학은 통신망을 이용하는 정보통신산업이나 수도관 네트워크를 이용해서 물을 공급하는 상수도 산업 등 네트워크로 연결된 복잡한 구조의 산업에 대하여 분석한다. 과거에는 이처럼 복잡한 구조의 산업은 정부에서 운영하거나 독점기업에게 운영을 맡겨서 복잡한 구조를 해당 기업에서 내부 문제로 다루게 하였다. 하지만 1980년대의 정보통신 산업의 발전은 여러 기업이 시장에 진입하도록 유도하였다. 여러 기업이 존재하면서 각 기업이 생산시설의 일부만을 소유하는 상황에 처음 직면하게 된 것이다. 여러 기업이 네트워크의 부분만을 소유하여 경쟁할 경우, 더 높은 효율성을 얻을 수 있다는 가능성도 발견되었다. 여기에 정보통신 혁명으로 불리는 기술의 발전으로 정보통신 분야는 세계 경제를 주도하는 첨단 분야로서의 관심을 받게 되었다. 이런 관심은 해당 산업에 대한 학문적 분석을 야기하였는데, 그 결과가 네트워크 경제학이다. 산업조직론의 입장에서 보면, 그동안 축적된 방법론을 총동원해야 하며, 필요한 경우 새로운 분석방법을 도입해야 하는 최첨단 분야의 등장이라고 할 수 있다.

정보경제학과 네트워크 경제학의 등장에는 정보통신산업을 필두로 하는 전자산업의 발달이 큰 기여를 하였다. 첫 번째로, 전자상품의 특성에 기인한다. 전자산업이 아닌 제품들은 주로 소모품이어서 일정 기간의 사용만 가능했다. 전자산업의 제품, 특히 소프트웨어의 경우에는 소모되지 않고 무한히 사용할 수 있다. 시간이 지나면서 업그레이드되어 더 이상 사용하지 않는 것이지, 소모되어 쓰지 못하는 것이 아니다. 이러한 제품의 등장은 새로운 분석을 필요로 하게 되었다. 전통적인 산업조직론에서 내구재라고 불리는 상품에 대한 분석이 더욱 필요하게 된 것이다.

두 번째는 정보경제학의 특성이다. 먼저, 정보의 전달에는 비용이 발생하지 않는다. 둘째로 다른 재화는 무료가 아니지만 정보는 무료로 사용할 수 있다. 사과는 무료가 아니며, 혹시 무료로 다른 사람에게 전달한다면, 전달하는 사람은 더 이상 해당 사과를 소유할 수 없다. 하지만 정보는 비용 없이 다른 사람에게 전달할 수 있으며, 전달하는 사람과 전달받는 사람 모두 해당 정보를 소유할 수 있다.

세 번째는 상품들 간의 상관관계다. 여타 산업에서는 완전한 보완관계에 있는 제품들을 하나의 기업에서 생산하였지만, 정보통신산업에서는 다수의 기업들이 생산하고 있다. 대표적인 보완재는 오른쪽 신발과 왼쪽 신발이다. 이러한 제품은 하나의 기업이 생산하는 것이 보통이었다.

정보통신산업에서의 보완재로 A라는 사람이 가입한 이동통신서비스와 B라는 사람이 가입한 이동통신서비스를 들 수 있다. 두 사람이 통신하기 위해서는 두 서비스가 모두 필요하기 때문에 보완재라고 할 수 있다. 그런데 두 이동통신서비스는 서로 다른 기업이 생산할 가능성이 크다. 우리나라를 예로 들면, SKT와 KT가 있다. 이 두 기업에 각각 가입한 사람들에게 통화라는 서비스를 제공하기 위해서는 두 기업의 서비스가 필요하다.

만약 우리가 미국에 있는 친구에게 전화를 할 경우, 휴대전화제조사(삼성)-이동통신사(SKT)-국제전화서비스(00700)-이동통신사(AT&T)-휴대전화제조사(애플) 등의 서비스와 제품이 필요하다. 이처럼 정보통신산업에서는 다양한 기업이 보완관계의 재화 및 서비스를 생산하고 있다. 다른 산업과는 구분되는 이런 이유로 네트워크 경제학이 생기게 되었다.

3. 기업은 왜 존재하는가?(기업의 본질)

1) 거래비용이론(Transaction cost theory)

산업조직론의 시작과 끝은 기업에 대한 이해라고 할 수 있다. 기업은 산업을 구성하는 기본적인 단위이기 때문이다. 기업을 이해하기 위해서 꼭 필요한 것이 기업의 존재 이유다. 기업의 존재 이유를 모르면서 기업을 제대로 이해할 수는 없기 때문이다. 기업이 존재하는 이유를 생각하기 위해서는 기업이 없을 때 어떻게 생산활동이 이루어질 것인지를 생각할 필요가 있다.

기업이 없다면 개인들의 계약을 통해서 생산을 하게 될 것이다. 그 이외에 어떤 방법이 있겠는가? 혼자서 생산할 수 있는 재화는 많지 않으며, 여럿이 공동생산하면 더욱 효율적이다. 개인들 간의 계약에 의한 생산과 비교해 기업에 의한 생산이 어떠한 점에서 더 효율적이기에 기업에 의한 생산이 시작되었는지를 생각해보아야 한다. Coase와 Williamson은 기업의 존재 이유를 거래비용이론(Transaction cost theory)으로 설명하였다. 거래비용을 절약하기 위하여 기업이 존재한다고 설명한 것이다. 개인들 간의 계약서에 의한 생산 활동보다 공동생산을 위한 단체인 기업을 설립하고, 그에 속함으로써 거래비용이 절감된다고 주장하였다. 즉, 기업은 장기적이고 포괄적인 계약으로 설립되며, 개인들 간의 계약에 의한 생산활동보다 더 효율적이라고 주장하였다.

개인들 간의 계약에 의한 거래비용은 계약의 불완전성으로도 일컬어진다. 계약의 불완전성은 다음 네 가지 유형으로 설명된다.

(1) 계약 당시 예측할 수 없었던 상황이 발생한 경우의 거래비용

자연재해, 인재 등 예측할 수 없는 변수로 인하여 상황이 변동되었을 때 계약이 유효한지, 그리고 유효하다면 어떻게 처리해야 하는지 알 수 없는 경우가 있을 수 있다. 이런 일이 발생했을 때는 그 일로 인한 비용이 발생한다. 예를 들어, 일본에 지진이 일어났을 때, 방사능 유출로 인하여 더 이상 수산물을 수입할 수 없게 되었다고 하자. 그럴 때 한국의 수입업자는 계약을 이행하여도 이행하지 않아도 비용이 발생할 것이다. 계약을 파기하면 위약금이 추가로 들고, 파기할 수 없어 수산물을 수입한다고 하더라도, 팔지 못하기 때문에 구매한 액수만큼 비효율성이 일어날 것이기 때문이다. 계약 당시에는 예측할 수 없었던 상황을 계약서에 모두 명기하지 못해 발생하는 거래비용이 이 범주에 속한다.

(2) 계약 당시 예측은 가능하였지만, 너무 복잡하여 구체적인 내용을 명시하기 어려워 발생하는 비용

어떠한 일이 일어날 것이라고 예측은 되지만, 그 경우의 수가 너무 많고 복잡한 경우, 일일이 경우의 수를 따져가며 계약서에 기입하는 것은 어렵다. 예를 들면, 개인들의 상호 계약에 의해 생산을 하다가 책상이 고장나서 일을 못하게 된 경우, 책상 다리가 부러졌는지, 서랍이 부서졌는지, 물에 젖었는지 등 일어날 수 있는 경우의 수와 그에 따른 해결책들도 병기되어야 완벽한 계약이라고 할 것이다. 이런 계약조건이 없다면, 누군가는 관련 비용 모두를 부담할 가능성이 발생한다. 자신이 부담하는 것이 부담스러운 계약 당사자는 상대방과 문제의 처리에 대해서 논의해야 하며, 그 자체로 시간과 노력 등의 비용이 발생한다고 할 수 있다. 하지만 개인들 간의 계약에서 이런 상황을 모두 계약에 명기하기는 쉽지 않으며, 명기하는 것 자체도 거래비용이다.

회사에서 일을 하는 경우에는 특별한 계약서에 의지할 필요 없이 포괄적으로 일을 처리하는 경우가 대부분이다. 위의 책상 사례를 생각해보면, 기업은 이 책상의 수리비용이나 교체비용에 대한 계약 내용을 찾기보다는 해당 책상을 바꾸어 주고 일하도록 조치할 것이다. 기업에서는 이처럼 개인들 간의 계약보다 편리하게 제품 생산이라는 일을 처리하기 수월하다. 반면에 개인들 간 계약을 통하여 제품을 생산하는 과정에서 특정 사건이 일어났을 경우, 계약서에 구체적으로 해당하는 내용이 적혀 있지 않다면, 해당 사건을 처리하기 위한 비용이 추가로 더 발생하게 될 것이다. 일반적으로는 사회가 복잡할수록 계약서의 분량이 많아진다. 고려해야 하는 요소들이 많으므로 이들을 반영하여 정확하게 계약을 체결하려 하기 때문이다. 이런 복잡한 계약서의 작성에는 비용이 발생한다. 너무 복잡하여 계약서에 구체적인 내용을 명기하기 어려워 발생하는 거래비용이 이 범주에 속한다.

(3) 계약조건을 정확하게 명기하였으나, 계약조건의 이행 여부를 충실히 감시하지 못하여 발생하는 비용

계약조건을 정확하게 밝혀두었음에도 불구하고, 계약을 이행해야 하는 사람이 충실하게 계약을 이행하고 있는지를 감시하는 데는 비용이 발생한다. 택시소유주와 택시기사의 계약을 생각해보자. 손님을 태우면 미터기를 통해 요금을 받고, 받은 요금은 모두 택시소유주에게 제출하는 계약을 체결하여 택시 운행을 시작하는 계약을 생각해보자. 물론, 택시기사는 요금을 모두 제출하는 대신에 월급을 받도록 계약되어 있었다.

오래전에는 택시기사가 미터기로 택시요금을 측정하지 않고, 자의적으로 손님에게 요금을 요구하는 경우가 있었다. 물론, 해당 요금은 미터기로 측정하는 것보다 약간은 저렴했다. 저렴하니까 손님은 그러자고 동의하지만, 미터기에 기록이 없으므로 택시기사는 소유주에게 매출이 없었다고 말하고, 받은 요금을 착복하는 경우가 있었던 것이다.

소유주는 당시에 이러한 일을 막기 위하여 택시에 감시인을 두었다. 이 경우에는 감시인을 두는 비용이 발생한다. 최근에는 이 비용을 줄이기 위해 블랙박스를 설치하여 이 문제를 해결하지만, 블랙박스 비용은 여전히 발생한다. 즉, 계약 당사자가 계약을 충실하게 이행하는지를 감시하는 비용이 발생한다. 또한 블랙박스나 감시인을 두어도 이런 문제가 완전히 근절되지는 않는 데서 발생하는 추가 비용도 이 항목에 포함된다.

(4) 계약을 불이행하였을 경우 피해보상요구절차에 드는 비용

계약을 이행하지 않아 생기는 피해를 보상하라는 요구를 하기 위해서 발생하는 비용이 있다. 계약을 이행하지 않아서 손해를 배상하라고 요구하는 방법 중 대표적인 방법인 재판의 경우, 법원에 내야 하는 법원 비용, 변호사 수임료, 인지대, 기타 행정 처리에 드는 금전적 비용은 물론, 시간, 개인의 노력 등이 발생하게 된다. 이런 비용은 개인들 간의 계약에서 더 많이 발생하며, 기업의 경우에는 적게 발생하는 것으로 알려져 있다.

이처럼 계약의 불완전성으로 발생하는 거래비용을 감소시키는 방법이 바로 개인들 간의 계약보다는 기업을 통하여 생산하는 것이므로, 기업이 존재한다고 거래비용이론은 설명하고 있다.

거래비용이론과 산업조직론이 잘 연결되는 사례 중 하나는 바로 기업 간의 수직적 결합이라고 할 수 있다. 수직적 결합이란 동일 산업 내에서 생산단계가 서로 다른 기업 간의 결합을 의미한다.

[그림 5-2]와 같이 생긴 지역이 있다고 해보자. 상류에서 철광석을 생산한 후 그것을 하류인 제철소로 이동한다. 제철소는 석탄도 필요하므로 중류인 석탄 광산에서 생산된 철광석을 제철소로 이동하여야 한다. 그런데 상류, 중류, 하류 각 과정을 별개의 기업이 담당하고 있다면, 각 기업이 자신의 생산물을 수요자인 제철소에 공급하는 과정 중에 위에서 언급한 거래비용들이 발생할 것이다. 이것을 한 개의 기업으로 통합하면 어떨까? 철광석과 석탄을 한 개의 기업이 전부 생산할 수 있다면 위에서 언급한 거래비용들을 줄여 보다 효율적인 생산이 가능할 것이다.

[그림 5-2] 수직적 결합의 사례

비슷한 사례로 TV프로그램을 생각해보자. 외주 제작사에 의해 제작된 프로

그램은 방송사로 판매되고, 케이블 S.O를 통해 가정집으로 전송될 것이다. 만약 외주 제작사에서 어떤 문제가 발생하여 해당 프로그램을 제 시간에 전달하지 못하는 경우가 발생하면 그 손해배상은 어떻게 될까? 위에서 이야기한 거래비용이 발생하게 된다. 이런 거래비용을 절약하기 위해서는 방송국이 외주제작사를 자회사로 직접 소유·경영하거나, 외주제작에 의존하지 않고 직접 프로그램을 제작할 수 있다. 이 경우, 거래비용이 발생하지 않거나 감소할 가능성이 크다. 수직적 결합에 의한 거래비용 절감의 논리는, 제품 생산에 있어 개인들 간의 계약에 비해 기업의 형태가 거래비용을 줄이는 데 유리한 이유와 일맥상통한다. 즉, 기업이 존재하는 이유와 같다.

[그림 5-3] 수직적 결합의 사례

방송 프로그램의 사례는 위에서 언급한 제철소의 사례와 비슷하게 수직적 결합을 통한 새로운 더 큰 기업의 탄생을 설명하고 있다. 수직적 결합이란, 앞서도 언급하였지만, 동일 산업 내에서 생산단계가 서로 다른 기업 간의 결합을 의미한다. 특히 제철소 기업 예시의 상류기업과 하류기업의 분석방식을 영어로는 upstream과 downstream firm 이론이라고 부른다. 현실에서는 이런 형태의 수직적 결합 사례가 자주 관측되고 있다.

2) 단체생산으로 인한 비용절감

개인이 생산하는 경우보다 다수가 공동으로 생산하는 경우가 더 효율적이기 때문에 기업이 생겼다는 주장이다. 두 사람이 한 재화를 각각 생산할 경우 각자의 생산량이 q_1과 q_2라고 하자. 만약, 이 두 사람이 함께 같은 시간 일한다고 가정할 경우의 생산량이 (q_1+q_2)보다 크다면 단체생산은 더 효율적이다. 이런 경우에는 두 사람이 단합하여 기업을 설립하여 생산하는 것이 좋다고 기업의 존재 이유를 설명하고 있다.

어떻게 이런 효율성이 가능한지를 설명하는 개념으로는 규모의 경제와 범위의 경제가 있다.[3] 먼저 규모의 경제(Increasing returns to scale)란 대량생산을 할 경우, 소량생산을 하는 경우보다 평균비용이 더 낮은 상황을 의미한다. 이런 상황이라면 다수가 공동으로 생산하여 생산량을 증가시키는 것이 더 효율적이므로 기업이 존재하게 되었다는 설명이다. 규모의 경제를 수식으로 표현하면 다음과 같다.

$$C(\lambda x) < \lambda C(x) \quad 단,\ \lambda > 1$$

위 부등호의 양변을 생산량인 λx로 나누면, $AC(\lambda x) < AC(x)$[4]가 되어 소량생산(x)보다 대량생산(λx)할 때의 평균비용이 더 낮음을 확인할 수 있다. 예를 들어 DVD를 제작하는 경우를 생각해보자. 먼저, 촬영을 위한 비용이 발생한다. 추가로 DVD를 제작하는 비용도 발생할 것이다. 즉, DVD제작의 총비용은 고정비용 성격의 촬영비용과 변동비용 성격의 DVD 생산비용으로 구성

---

3 규모의 경제와 범위의 경제가 동시에 존재할 가능성이 있는 경우를 하위가산성(Sub-additivity)이라고 부른다. 하위가산성이란, 규모의 경제와 범위의 경제가 동시에 존재하거나, 둘 중에 하나라도 존재하는 경우를 부를 때 사용하는 용어다.

4 $AC(x)$는 x를 생산할 때의 평균비용(Average Cost)을 의미한다. 양변을 나누면 $\frac{C(\lambda x)}{\lambda x} < \frac{\lambda C(x)}{\lambda x}$인데, 정리하면, $\frac{C(\lambda x)}{\lambda x} < \frac{C(x)}{x}$이다. 부등호의 왼편은 $AC(\lambda x)$이고, 오른편은 $AC(x)$이다.

된다. 이것을 수식으로 표시하면, 다음과 같다.

$$C(x) = a + bx$$

단, a는 양수로서 촬영비용, b는 양수로서 DVD 한 장의 추가 생산을 위한 한계비용이다.

위의 식을 평균비용으로 바꾸기 위해, 양변을 생산량인 x로 나누면, 다음과 같다.

$$\frac{C(x)}{x} = \frac{a}{x} + b$$

위 등식 중 왼편은 평균비용을 나타낸다. 오른쪽을 보면, 생산량이 증가할수록 값이 감소한다는 것을 알 수 있다. 즉, 평균비용이 생산량이 증가함에 따라 감소한다. 이렇게 되는 이유는 평균변동비용은 일정한 데 반하여, 고정비용이 존재하기 때문에 생산량이 증가함에 따라 평균고정비용이 감소하고, 따라서 평균총비용이 감소하기 때문이다.

범위의 경제(Economics of Scope)는 서로 다른 두 개의 재화를 동일한 기업이 생산하면, 두 재화를 서로 다른 두 기업이 생산하는 경우보다 적은 비용이 발생하는 경우를 의미한다. 기업의 존재 이유에 맞게 바꾸어 이야기하면, 두 명이 각자 다른 재화를 생산하는 것보다 두 명이 함께 두 재화를 생산하는 경우 더 적은 비용이 발생하는 경우를 이야기한다. 이 경우, 두 명이 함께 생산하는 것은 당연하며, 이렇게 함께 일하는 단체를 기업이라고 부른다는 주장이다.[5]

범위의 경제를 수식으로 표현하면 다음과 같다. 재화 x와 재화 y를 한 기업

5 하나 기억해 둘만한 것은 한 기업이 여러 상품을 동시에 생산하는 경우 각 기업이 하나씩의 상품을 생산하는 경우보다 적은 비용이 발생하면 범위의 경제가 존재한다. 다만, 여러 상품을 생산하는 것이 하나의 기업이어야만 하는 것은 아니다 여러 제품을 여러 기업이 생산하더라도 생산공정을 통합해 비용을 절감할 수 있다면 범위의 경제가 존재한다고 할 수 있다.

이 같이 생산하는 비용은 $C(x,y)$라고 표기할 수 있다. 반면에 해당 재화들을 두 기업이 각자 생산한다면, 각 기업의 비용은 $C(x)$와 $C(y)$라고 할 수 있으므로 총 비용은 $C(x)+C(y)$라고 할 수 있다. 따라서 $C(x,y)<C(x)+C(y)$의 관계가 성립하면 범위의 경제가 존재한다고 이야기할 수 있다. 범위의 경제는 하나의 생산시설이 여러 제품을 생산할 수 있는 경우와 한 제품의 생산에서 부산물이 나오는 경우 등에서 나타날 수 있다.

범위의 경제가 잘 나타나는 분야 중 하나는 콘텐츠 분야다. 드라마를 제작하는 경우, 드라마를 방송의 형태, DVD의 형태, VOD의 형태 등으로 판매함으로써 생산비용을 낮출 수 있다. 만약 동일한 내용의 드라마를 방송사가 제작하여 방송하고, DVD사가 제작하여 판매하고, VOD사이트가 또 다시 제작하여 판매한다면 비효율적이지만, 이들 회사가 하나로 합쳐진다면 드라마를 한번만 제작하여 다양한 상품을 만들어 낼 수 있다. 방송국 내에 영상사업단이 있는 이유가 바로 그것이다. 이러한 이유가 신방겸영의 근거로 주장되기도 했다. 하나의 기업이 뉴스를 생산해서 신문으로도 만들고, 방송으로도 만든다면 더 효율적이기 때문이다. 결국, 서로 다른 재화를 각각 생산할 때보다, 여러 사람들이 함께 생산할 때 비용이 절감되므로, 기업이 존재한다는 것이다.

3) 기타

분업화, 전문화, Learning by doing, OJT(On–the–Job–Training) 등은 업무를 지속적이고 반복적으로 학습해 효율성이 향상되는 상황으로 기업의 존재를 설명하려는 노력도 있었다. 기업을 통해 효율성의 향상을 얻을 수 있기 때문이다.

이 외에도 정부규제의 회피를 위해서는 기업이 존재해야 한다는 설명과 시장지배력의 확대 등의 이유로 기업이 존재하게 된다고 설명하는 학자들도 존재하였다.

4. 기업 규모가 제한적인 이유

기업이 개인들 간의 계약보다 생산비용 측면에서 더 유리하면, 기업의 크기는 계속 늘어나야 할 것이다. 하지만 현실적으로는 기업의 규모에 한계가 존재한다. 그 이유를 살펴보는 것이 본 절의 목적이다. 결론부터 간략히 이야기 하자면 규모가 너무 커지면 커진 규모 때문에 발생하는 비효율성이 존재하기 때문이다. 이런 비효율성을 회피하기 위하여 기업의 규모에는 한계가 존재한다. 비효율성의 종류는 다음과 같다.

1) 규모의 불경제 및 외부불경제

기업의 규모가 지나치게 커지면 생산과정에서 서로의 효율성에 악영향을 주는 경우가 발생할 수 있다. 규모의 경제와 반대되는 개념이라고 할 수 있으며, 규모의 불경제(Diseconomies of Scale)라고 부른다. 즉, 생산량의 증가폭보다 비용이 더 빨리 상승하는 상황을 의미한다. 이런 상황이 전개되면 기업의 규모는 더 이상 커지지 않아야 효율적일 것이다. 조금 더 구체적으로 아래의 그래프를 통해 살펴보자.

[그림 5-4] 규모의 경제와 기업의 규모

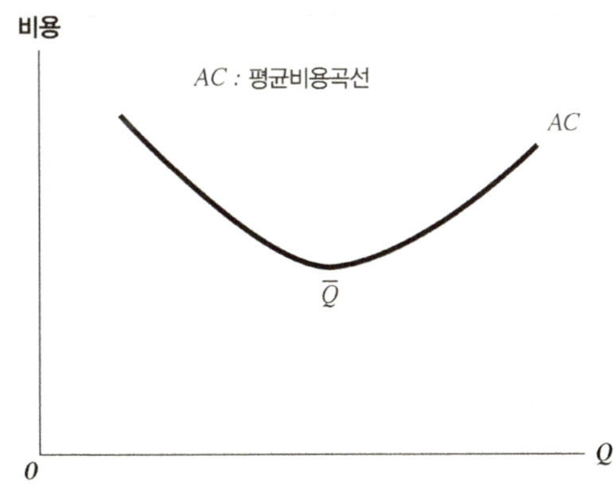

위의 그래프에서 생산량이 0에서 증가하기 시작하면 평균비용이 감소한다. 즉, 규모의 경제가 나타난다. 하지만 생산량 증가에 따른 평균비용의 감소는 $\overline{Q}$에서 멈추고, 생산량이 더 증가한다면 평균비용은 다시 증가하기 시작한다. 즉, 규모의 불경제가 시작되는 것이다. 이런 상황에 직면한 기업은 $\overline{Q}$를 생산할 수 있는 수준에서 기업의 크기를 정체시켜야 한다. 이보다 적은 생산량만을 생산한다면, 생산량 증대를 통한 생산성 향상의 기회를 놓치는 것이고, 이보다 더 생산한다면 생산량 감축을 통한 생산성 향상의 기회를 놓치기 때문이다.

규모의 불경제는 해당 산업의 생산량이 급증하면 발생할 수 있다. 해당 산업에서 사용되는 생산요소의 수요가 급증하여 해당 생산요소의 가격도 급증하는 경우 규모의 불경제가 발생할 수 있기 때문이다. 급등한 생산요소 가격은 해당 제품의 평균비용을 증가시키는 요인으로 작용하여 규모의 불경제가 나타날 수 있다. 이렇게 된다면, 기업의 규모는 더 이상 커지지 않고 멈추게 될 것이다. 예를 들어 아파트 건설 붐으로 건설사들이 성장하게 되면, 건축자재비용이나 인건비가 올라가고, 이는 건설사의 성장을 제한하게 되는 요인으로 작용한다.

2) 관리능력의 한계

기업을 관리하는 경영자는 정보가 부족하거나, 혹은 정보를 갖고 있지만 정보의 양이 너무 많아 처리하기 어려운 경우가 있다. 물론, 정보가 너무 많아 처리하기 어려운 경우를 합리성이 부족하다고 표현할 수 있지만, 보다 정확하게는 각각 불완전정보(Imperfect information 또는 Incomplete information)와 제한된 합리성(Bounded rationality)이라고 부른다.

불완전정보는 관리자가 회사와 관련된 여러 사항들을 완벽하게 관찰할 수 없기 때문에 발생한다. 예를 들면, 구성원들을 완벽하게 관찰할 수는 없기 때문에, 이로 인해 발생하는 비효율성이다. 예를 들어, 구성원들이 열심히 일하는지 항상 관찰하고 있을 수는 없다. 구성원들의 업무태도에 대한 정보가 완전하지 못한 것이다. 부족한 정보로 의사결정을 하게 되는 경우에 잘못된 의사결정을 할 수 있고, 이로 인해 생기는 부작용 또는 비효율성이 관리능력의 한계를 초래한다. 기업이 커지면 불완전정보의 크기도 함께 커지기 때문에 관리능력의 한계도 커지며, 이런 한계로 인하여 기업의 크기도 제한된다는 설명이다.

제한된 합리성(Bounded rationality)은 주어진 정보를 합리적으로 완벽하게 처리하지 못하는 상황을 의미한다. 기업의 크기가 커지면 정보의 양이 증가하여 이를 처리하는 부담이 증가하게 된다. 이 부담이 지나치게 커져서 효율성에 이상을 초래하게 되면, 차라리 기업의 크기를 제한하는 것이 효율적인 상황이 된다.

3) 조정비용(Coordination Cost)

기업의 규모가 커질수록, 기업 내부에서 불협화음이 일어날 가능성도 증가한다. 함께 일하는 사람들과의 업무량이 증가하기 때문이다. 불협화음을 조정하기 위한 비용도 기업의 규모가 증가할수록 커진다. 이런 비용의 상승은 기업의 규모를 제한하는 원인 중 하나라고 할 수 있다. 예를 들어, 외부에서 새로운 기술이 개발되어 기업 내부로 해당 기술을 도입하려 할 때 어느 부서가 해당 기술을 담당하게 될 것인지는 중요한 문제다. 회사에서 주목받는 유망기술의 경우 이를 맡게 되는 부서는 성장할 것이 예상되기 때문이다. 부서 간 해당 기술을 담당하기 위한 경쟁이 발생할 것이 예상되므로 조정이 필요하다. 이러한 조정을 하는 것은 경영자의 부담이며 회사의 입장에서는 비용이다. 이런 비용은 기업의 규모가 커질수록 증가하므로 결국 기업의 규모는 제한된다.

위의 세 가지 이유로 기업은 규모에 한계를 갖게 된다고 산업조직론은 설명하고 있다. 애초에 거래비용 등의 생산비용을 절감하기 위해서 기업은 탄생하고 성장하게 되었다. 반면에 기업의 과도한 규모로 인하여 발생할 수 있는 비용을 줄이기 위해서 기업은 규모를 축소하게 된다. 두 가지 상충되는 힘의 균형을 통해서 기업은 적정규모를 달성한다.

5. 기업의 목적

1) 이윤 극대화(Profit maximization)

이윤은 총매출에서 총비용을 차감한 금액을 의미하며, 생산자 잉여로 정의하기도 한다. 기업의 목적은 이윤 극대화라고 보는 것이 경제학에서는 일반적이다. 현실에서 우리가 관찰할 수 있는 많은 기업들이 이윤을 목표로 하기 때문이기도 하지만, 이윤을 목표로 하는 것이 합리적이기 때문이기도 하다. 또한 이윤은 회계적으로 관찰될 수 있기 때문에 외부에서 해당 기업을 객관적으로 평가하는 지표가 되기 쉽다는 장점이 있기 때문이다.

모든 기업이 이윤을 목표로 하는가? 물론, 예외도 존재하며, 사실 예외는 다수 존재한다. 홀트아동복지회의 경우 고아에게 양부모를 찾아주는 서비스를 제공하며, 해당 서비스를 제공하기 위해 발생하는 비용을 양부모로부터 보전받는다. 만약 홀트아동복지회가 이윤을 목표로 한다면, 고아들을 인신매매하는 불법단체와 다를 바 없어진다. 하지만 홀트아동복지회의 목적이 이윤이 아니라 사회복지의 제공이며, 최소한의 비용만을 보전받고 있기 때문에 인신매매단이라고 부르지 않는다. 즉, 홀트아동복지회라는 기업의 목표는 서비스 제공을 통한 고아들의 복지 향상이다.[6] 비슷한 이유로 대부분의 나라에서 학교는 교육서비스를 국가나 공공기관의 서비스 차원에서 제공하고 있으므로 이윤을 목표로 하지 않는다.

---

6 여기서 한 가지 생각해 볼 점이 있다. 홀트아동복지회가 기업인가에 대한 점이다. 국어사전에서 기업을 찾아보면, "영리(營利)를 얻기 위하여 재화나 용역을 생산하고 판매하는 조직체"라고 정의하고 있다. 하지만 경제학적으로 보면, "재화나 용역을 생산하는 조직체"라고 바꾸는 것이 옳다. 국어사전의 정의에 따르면 홀트아동복지회나 국공립대학교는 기업이 아니지만, 경제학적으로는 기업이다.

2) 경영자의 효용 극대화

기업의 경영자는 기업의 소유자로부터 경영을 위임받는다. 소유자가 생각대로 경영자를 통제하지 못할 경우, 경영자는 기업경영과 관련된 의사결정 시 자신의 효용을 극대화할 수 있다. 오른편의 그래프에서 나타나듯이 기업의 이윤을 극대화할 경우에는 A를 달성하기 위하여 Q_1을 생산하는 것이 합리적이다.

[그림 5-5] 이윤 극대화와 경영과의 효용 극대화의 비교

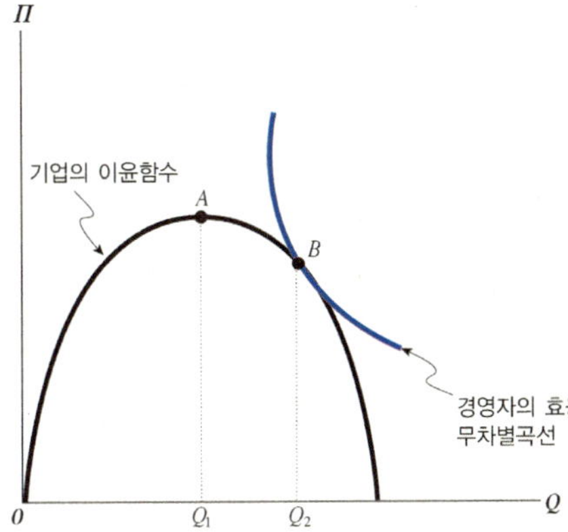

Q_1 : 기업의 목적이 이윤 극대화일 때의 생산량
Q_2 : 기업의 목적이 경영자의 효용 극대화일 때의 생산량

경영자가 다른 목표를 갖고 있다면, 경영자의 효용함수는 그래프에서 표기한 무차별곡선으로 나타낼 수 있다. 경영자의 목표는 자신의 개인적 효용과 관련이 있다. 예를 들어 자신의 연봉이나 휴가일수, 사무실의 쾌적함, 또는 친지의 취업 등이 경영자의 개인적 목표에 포함될 수 있다. 이런 목표를 갖고 있는 경영자는 자신의 효용을 극대화하기 위한 B점을 선택할 것이며, 생산량은 Q_2로 정해질 것이다. 즉, 기업의 목표가 이윤인 경우의 A점과는 다른 결정을 하는 것이다.[7]

3) 매출 극대화(Revenue maximization)

매출은 판매량에 가격을 곱하여 얻을 수 있으며 해당 기업의 수입 전체를 의미하는데, 기업의 상황에 따라서 매출 극대화가 기업의 목적이 될 수 있다. 예를 들어 정부에서 경제의 거의 모든 것을 주관했던 우리나라의 개발연대에

7 경영학에서는 이러한 차이를 극복하기 위한 연구를 많이 하는데, 그중 대표적인 해결방안이 스톡옵션이다. 경영자들이 회사의 주식을 갖게 됨으로써 주주와 동일한 목적을 갖게 되고 이를 달성하게끔 만드는 것이다.

는 매출의 일정부분을 기밀비라는 이름으로 아무런 증빙서류 없이 비용처리해 주는 것이 관행이었다. 이런 조건하에서는 해당 금액을 자유롭게 사용할 수 있다는 면에서 이윤이라고 할 수도 있었기 때문에[8] 매출을 극대화하는 방향으로 기업을 운영하는 경우도 존재하였다.[9]

4) 기타 목적들

판매량 극대화, 기업소유 자산의 극대화, 성장률 극대화, 종업원 규모의 극대화, 안전 극대화, 그리고 매출의 현재가치 극대화 등도 기업의 목적이 될 수 있다. 현실적인 경제상황과 정부의 규제정책 등에 따라서 기업의 목적이 얼마든지 달라질 수 있기 때문이다.

위에서 일부 기술하였지만, 이윤을 제외한 다른 목적들이 많이 존재함에도 불구하고 경제학에서는 이윤 극대화를 기업의 목적이라고 정의하는 경우가 대부분이다. 그 이유는 이윤을 목적으로 하는 기업이 가장 많고 또한 이윤을 목적으로 생산활동을 하는 것이 합리적이라고 생각되기 때문이다. 여기에 더하여 이윤을 목적으로 하지 않는 기업의 경우에는 추후 다시 분석하면 되는데, 그 경우 이윤을 목적으로 하는 기업들을 분석하며 개발한 많은 방법론이 적용될 수 있다.[10]

---

8 현실에서는 이윤보다 더 좋은 면이 있다. 왜냐하면 이윤이 발생하면 세금을 납부해야 하지만, 아무 증빙서류 없이 비용으로 인정해주면 세금조차 부담하지 않게 되기 때문이다.

9 해당 기업이 매출에 근거하여 임직원들의 임금을 책정한다면, 임직원들은 자신들의 임금을 높이기 위해서 매출을 극대화하는 방향으로 회사를 경영할 것이다. 이 경우, 경영자뿐 아니라 전 임직원이 매출을 높이기 위하여 노력하는 기업이 된다. 즉, 기업의 목표가 매출 극대화인 것이다.

10 다른 목적의 기업에 대한 관심이 있는 경우에는 이윤을 목적으로 기업의 분석방법을 변형하여 분석한 후, 이윤목적 기업의 결과와 비교한다. 비교의 직접적인 결과와 더불어 그 의미를 제시하고, 현실의 기업이 해당 조건을 충족하는 것까지 찾아낸다면 훌륭한 연구결과라고 할 수 있을 것이다. 왜냐하면 해당 기업은 이윤을 목표로 하지 않는다는 것을 증명한 것이기 때문이다.

연습문제

1. 구조-행동-성과 분석체계에서 다음에 속한 요소들을 5가지씩 기술하라.
   (1) 구조
   (2) 행동
   (3) 성과

2. 하바드의 전통(Harvard tradition)과 시카고학파의 차이점을 기술하라.

3. 기업이 존재하는 이유를 설명하는 이론들은 무엇인가? 그중 가장 중요한 이론은?

4. 계약의 불완전성을 코오스(coase)는 네 가지로 지적하였다. 무엇인가?

5. 규모의 경제와 범위의 경제를 수식으로 정의하라.

6. 기업의 규모가 제한될 수밖에 없는 이유는 무엇인가?

7. 기업의 목적에는 어떤 것들이 있는지 기술하라.

8. 한계비용이 일정하고 고정비용이 (대규모로) 존재하면 규모의 경제가 나타남을 수식으로 증명하라.

제6강

SSNIP Test를 통한 시장획정(Market Definition) 방법

시장의 범위를 결정하는 것은 해당 시장에 대한 분석을 위한 기초적이고 중요한 작업이며, 산업조직론에서는 매우 중요한 의미를 갖는다. 시장획정의 의미와 방법을 소개한다.

1. 시장획정(Market Definition)이란?

경쟁법(Competition law) 또는 공정거래법에서 시장지배력을 가진 기업에 대한 정부개입의 정당성을 결정하기 전에 해당 기업이 속해 있는 "관련시장(Relevant market)"을 결정하는 것을 시장획정이라고 부른다. 결정된 시장의 범위를 통해 해당 기업이 갖고 있는 시장지배력의 정도를 측정할 수 있다. 시장획정은 지리적으로 어디까지가 하나의 시장인지에 대한 결정과 어떤 상품이 같은 시장에 속해 있는지를 결정하는 것으로 구성되어 있다. 시장을 획정하는 방법으로 경제학자들이 지금까지 개발한 여러 가지 방법 중 대표적인 방법을 SSNIP(Small but Significant and Non-transitory Increase in Prices) Test라고 하는데, 작지만 의미 있는 수준으로, 그리고 일시적이 아닌 가격 인상을 통해서 시장의 범위를 정한다는 뜻이다.[1]

이 방법론에 대해서는 다음 장에서 자세히 설명하겠지만, 시장획정은 기본적으로 상품의 대체성이 얼마나 큰지에 따라 이루어진다. 완벽히 같은 제품은 아니지만, 대부분이 같고 다른 점은 적은 대동소이(大同小異)한 제품의 경우에는 같은 시장에 속해 있어야 할 것이다. 또한 같은 제품이지만 지리적으로 멀리 떨어져 있다면, 소비자의 입장에서는 대체성이 떨어진다고 생각하는 것이 당연하다. 따라서 이 경우에는 같은 시장에 속해 있다고 말하기 어렵다. 이렇게 어떤 유사한 제품이 같은 시장에 있는지와 지리적으로 어디까지가 같은 시장인지를 결정하는 것을 시장획정이라고 한다.[2]

시장을 정의한다는 것 또는 획정한다는 것이 경제적으로 어떤 결과를 나타내는지 알아보기 위해 삼성전자의 휴대폰을 생각해보자.

---

1 SSNIP Test가 개발되기 전에는 제품의 유사성과 대체성에 대한 논의를 통하여 시장의 범위를 획정했다.

2 언론에서 일반적으로 많이 사용하는 상권분석이라는 용어와 일맥상통하는 점이 많다. 상권분석이 정확히 어떤 의미인지에 대한 정의가 불분명해 명확히 같다고 할 수는 없지만, 의미상 같은 것으로 보인다. 어떤 상점을 열 때, 경쟁이 되는 상품은 어떤 것이 있는지, 지리적으로는 어디까지의 소비자들이 와서 구매하는지에 대한 분석이 상권분석으로 생각되기 때문이다.

미국 애플사의 아이폰과 삼성전자의 갤럭시는 동일한 휴대폰은 아니지만 기능 면에서는 매우 유사하다. 모두 스마트폰으로서 다양한 기능들을 제공하고 있는데, 음성통화와 데이터통신이 가능하다. 물론, 기타 다른 기능들도 많이 포함되어 있다. 이렇게 비슷하지만, 서로 다른 면도 갖고 있다. 예를 들어 아이폰의 앱시장과 갤럭시의 앱시장은 서로 다르다. 한쪽에서는 기능하지만 다른 휴대폰에서는 안 되는 기능도 찾을 수 있다. OS(Operating System)가 서로 다르기 때문이다. 이렇게 매우 유사하지만 다른 점도 갖고 있는 두 제품이 같은 시장에 속했는지 다른 시장에 속해 있는지에 따라 시장지배력은 현저히 다르게 판단할 수 있다. 예를 들어, 두 휴대폰이 다른 시장에 속해 있다면, 애플과 삼성전자는 각자의 시장에서 독점력을 갖고 있다고 볼 수 있다. 이처럼, 시장획정은 시장지배력을 판단하는 근본으로서 역할을 수행한다.

이렇게 중요한 시장획정이지만, 현실적이고 객관적인 방법론을 찾는 것은 쉽지 않다. 통신서비스를 통해서 시장획정의 현실적 어려움을 알아보자. 통신서비스의 종류로는 무선통신, 유선통신, 편지를 통한 우편 등이 있고, 우편에도 우체국에서 부치는 우편과 인터넷으로 보내는 이메일이 있다. 또한 문자메시지와 카카오톡, SNS 등 다양한 통신수단이 있다. 여러 종류의 통신서비스들이 각자 별도의 시장인지, 아니면 하나의 시장으로 보아야 하는지를 결정하는 것이 시장획정이다.

시장획정에 있어서 자신의 경험에 따른 각자의 생각이 있는 것이 보통이다. 먼저, 유무선통신과 우편은 별도의 시장이라고 생각하는 것이 보통이다. 무선통신과 유선통신은 대체재로 같은 시장이라고 생각하는 사람들도 있다. 누구의 생각이 맞을까? 어떻게 결정할 것인가? 다수결로 정해야 할까?

비슷한 문제를 조금 더 생각해보자. 이메일과 종이편지는 서로 다른 시장이라고 생각하는 것이 보통이지만, 문자메시지와 카카오톡 메시지는 같은 시장에 속해 있다고 생각하는 사람들이 많다. 이 경우에도 어떤 사람은 문자메시지와 카카오톡은 다르다고 이야기한다. 예를 들어, 카카오톡은 상대편이 자신의 메시지를 보았는지 알 수 있지만, 문자메시지는 이를 알 수 없다는 이유를 달기도 한다. 누구 생각이 맞는지 어떻게 결정해야 할까?

주관적인 이런 생각을 어떻게 객관적으로 정리하는지가 바로 시장획정 방법론이라고 할 수 있는데, 객관적으로 모든 사람이 동의할 수 있는 방식으로 정확하게 시장을 획정하는 것은 쉽지 않은 일이다. 위에서는 상품의 종류만을 감안했지만, 지리적인 면까지 감안하여 어떻게 시장을 구분해야 하는지를 생각하면 현실에서 시장을 획정하는 것은 정말 쉽지 않다.[3]

위의 질문에 답하기 위해 객관적으로 시장을 정확하고 엄밀하게 정의하는 방법을 생각해보자. 시장을 정의할 때는 지리적 측면과 상품의 대체성을 고려해야 한다. 예를 들어, 김밥이 먹고 싶어서 동네의 김밥천국에 갔는데, 해당 상점에서 가격을 인상한 것을 발견했다고 생각해보자. 이 때 다른 식당으로 갈지 아니면 마땅히 갈 곳이나 대체할만한 다른 제품이 없어 그냥 구매할지는 시장획정에 있어서 중요한 사항이다. 소수의 사람만이 다른 곳으로 발길을 옮긴다면, 해당 상점은 인상된 가격으로 인한 이윤의 증가를 경험하게 될 것이다. 이 경우에 해당 상점은 자신만의 시장에서 시장지배력을 가지고 있다고 생각할 수 있다. 따라서 지리적으로, 그리고 대체상품이 없다는 점에서 이 상점 부근으로 시장이 획정된다. 당연히 해당 기업은 부근의 김밥 시장에서 독점기업이라고 부를 수 있다.

1강의 사례인 이화포스코관에서 멸치김밥을 독점공급하고 있는 이화사랑이 멸치김밥의 가격을 올릴 경우, 다수의 기존 멸치김밥 소비자들이 멸치김밥이 아닌 참치김밥을 수요하게 되는 상황을 생각해보자. 가격 상승에 따라 멸치김밥의 수요량이 대폭 감소하고, 이렇게 감소한 수요자의 대부분이 참치김밥을 구매

---

3 경제원론이나 미시경제학에서 다루었던 내용들은 "잘 정의된 시장(Well-defined market)"을 전제로 하고 있다. 예를 들어, "가격이 상승하면 수요는 감소한다"는 문장은 잘 정의된 시장에서는 맞는 말이지만, 시장의 정의가 불명확하면 틀린 말이 될 수 있다. 가격 상승 전에는 적은 규모의 시장을, 가격 상승 후에는 더 넓은 시장을 대상으로 한다면, 가격이 상승해도 수요는 증가할 수 있기 때문이다. 이런 이유 때문에 Ceteris Paribus라는 조건을 추가로 첨부해야 한다. 즉, "가격이 상승하면, Ceteris Paribus, 수요는 감소한다"가 맞는 문장이다. Ceteris Paribus라는 조건 속에 시장 정의도 포함되기 때문이다. 경제원론에서 Ceteris Paribus를 강조하는 또 다른 이유다.

한다면, 멸치김밥은 별도의 시장이라고 획정할 수 없다. 감소한 멸치김밥 수요의 대부분이 참치김밥으로 이동하였기 때문에, 두 제품은 충분히 유사한 제품이라 생각할 수 있으며, 따라서 같은 시장에 속해 있다고 생각할 수 있다. 같은 이치로 생수가격이 올랐을 때, 사람들이 주스나 탄산음료 등 다른 재화를 소비하여 생수의 소비량이 대폭 줄어든다면 해당 음료도 포함하여 시장을 획정하여야 한다.

앞서 언급했던 통신서비스 중의 하나인 카카오톡이 저렴하게 유료화되었을 경우, 사용자들은 그대로 카카오톡을 쓸 수도 있고, 문자메시지로 대체할 수도 있고, 다른 통신서비스로 대체할 수도 있을 것이다. 두 경우 시장획정은 달라진다. 만약 충분한 소비자들이 카카오톡에 남아 있다면, 카카오톡은 그 자체로 하나의 독립된 시장으로 획정된다. 하지만 많은 사람들이 다른 서비스로 옮겨간다면, 카카오톡은 별도의 시장이 아니며, 많은 사람들이 옮겨간 해당 서비스를 함께 포함한 시장이 관련시장으로 획정될 것이다.

관련시장을 어떻게 정의하느냐에 따라서 특정기업이 독점인지 아닌지 또는 시장지배력을 가졌는지가 결정되므로, 시장이 잘 획정되지 않는다면 독점을 제대로 가려낼 수 없다. 경쟁법을 통한 인수합병의 허가를 결정할 때 관련시장의 획정이 매우 중요한 이유다. 예를 들어 공정거래위원회는 2005년 하이트와 진로 간 합병의 승인여부를 결정하기 위해 소주시장과 맥주시장이 같은 관련시장에 속해 있는지를 검토하였다. 이에 따라 합병을 찬성하는 측과 반대하는 측 모두가 관련시장을 획정하는 연구들을 진행하였다.

두 상품이 같은 시장에 있다면 두 기업의 합병은 시장점유율과 시장지배력을 매우 높이는 행동으로 공정거래위원회에서는 합병을 불허해야 한다. 합병을 허가할 경우, 강력한 시장지배력을 가진 기업의 탄생을 의미하기 때문이다. 반면에 두 상품이 서로 다른 관련시장에 속해 있는 것으로 판정된다면, 두 기업 간의 합병은 시장점유율 또는 시장지배력을 높이지 않으므로 허가 가능한 일일 것이다. 특히, 맥주를 생산하는 하이트와 소주를 생산하는 진로가 보완재로서 관련시장이 획정된다면, 서로 다른 시장에 존재하는 것과 같은 결론을 내릴 수 있다. 왜냐하면 밀접한 대체재는 같은 관련시장을 의미하지만, 보완재는 아니기 때문이다. 이런 판단을 내리기 위해서 시장획정이 필요하며, 이를 위해 시행하는 객관적인 방법론이 바로 SSNIP Test다.

2. SSNIP Test

SSNIP Test[4]의 아이디어는 1959년 David Morris Adelman에 의해 제시되었다. 실제로 실무에 도입되기까지는 꽤 시간이 걸렸는데, 1982년에 미국 법무부의 기업합병가이드라인(Merger Guidelines)에서 SSNIP Test가 관련시장을 획정하고 시장지배력을 측정하는 새로운 방법으로써 소개되었다. 이후 1992년에 유럽에서 네슬레/페리에 사건에서 사용되었으며, 1997년에 유럽위원회가 편찬한 관련시장 획정에 관한 고시(Commission's Notice for the Definition of the Relevant Market)에서 공식적으로 승인되었다.

SSNIP란, Small but Significant and Non−transitory Increase in Price의 앞 글자를 딴 것으로, "가상의 독점기업이 작지만 유의미하고 일시적이지 않게 가격을 인상한다"는 의미를 담고 있다. Small but Significant하다는 것은 소비자의 수요량에 영향을 주는 최소한의 수준을 의미한다. 우리나라의 공정거래위원회와 같은 역할을 하는 미국의 공정거래위원회(FTC, The Fair Trade Commission)는 작지만 유의미한 가격 인상률의 수준을 5~10%로 명시하고 있다. 하지만 "작지만 유의미한" 수준이라는 개념이 추상적이고 주관적이기 때문에 가격 인상률의 수준은 상품에 따라 다양하게 제시될 수 있다.[5]

가상의 독점기업이 가격을 일시적이지 않게(Non−transitory) 인상하는 이유는 일시적인 가격 인상은 소비자들로 하여금 자신의 소비를 일시적으로만 중

---

4 보통은 "에스에스엔아이피 테스트"라고 읽지만, 몇몇 학자들은 "스닙 테스트"라고 읽기도 한다.

5 무료인 서비스를 유료화할 경우에는 퍼센트의 개념이 적용될 수 없기 때문에 적은 금액 정도로 해석해야 할 것이다. 위의 카카오톡 사례와 같이 무료인 카카오톡을 유료화하는 경우에 적용될 수 있는 해석이다.

지하게 할 가능성이 있기 때문이다. 만약 가격이 일시적으로 상승하고 곧 원상태를 회복한다고 한다면, 소비자들은 가격이 다시 하락할 때까지 물건을 구매하지 않고 기다릴 것이다. 이런 소비자 반응은 가격 인상으로 인한 수요의 감소분을 과대평가하게 될 가능성이 크다. 이런 이유로 일시적이지 않게 가격을 인상시킴으로써 수요의 감소분을 보다 더 정확하게 판단할 수 있도록 하였다.

SSNIP Test는 가상의 독점기업이 자신의 제품가격을 SSN하게(작지만 유의미하고, 일시적이지 않게) 인상하였을 때, 기존 소비자들이 해당제품의 소비를 얼마나 감소하는지, 그리고 이로 인하여 기업의 이익이 증감하는지를 보고 관련시장을 획정하는 것이다.

만약 가상의 독점기업이 존재하는 시장이 잘 정의되어 있다면 소수의 소비자들만 해당상품의 소비를 감소시킬 것이며, 해당제품을 판매하는 독점기업의 이익은 늘어날 것이다. 만약, 시장이 너무 좁게 정의되어 다수의 소비자들이 다른 상품이나 지역으로 쉽게 이동하여 소비하게 된다면, 독점기업의 이익은 감소하게 될 것이다. 이 경우, 가상의 독점기업은 가격 인상으로 인한 독점이윤을 향유할 수 없다는 뜻이다. 그런데 가상의 독점기업이 가격을 인상해도 이윤이 증가하지 않는다면 독점기업이 아니라는 뜻이다. 즉, 모순이 발생한다. 이 모순을 이용하는 것이 바로 SSNIP 테스트다.

독점기업이 가격을 인상할 수 있는 능력을 갖도록 관련시장을 확장하고 확장된 시장을 독점하는 가상의 독점기업이 다시 가격을 인상한다.[6] 이 때, 이윤이 증가한다면 가상의 독점기업이 당연히 갖고 있어야 하는 독점력을 갖고 있는 것이므로, 해당 시장은 단일한 관련시장으로 획정된다. 반면에, 이윤이 감소한다면 소비자들의 수요를 전환시킨 새로운 제품이나 지역을 시장에 포함하여 다시 SSNIP Test를 시행하게 될 것이다. 이렇게 시행해 나가되, Test를 통

---

6 가상의 독점기업을 이용하는 이유가 여기에 있다. 독점기업이기 때문에 가격을 인상하였을 때, 이윤이 상승한다는 점을 이용하여 관련시장을 획정하는 것이다. 현실적으로 독점기업이 존재하지 않는 경우에도 적용하기 위하여 "가상의" 독점기업을 이용한다는 점은 기억해 둘만 하다.

과하는 가장 작은 시장만이 관련시장으로 획정된다.

예를 들어보자. 이천에서 생산되는 쌀을 독점판매하는 가상의 기업이 있다고 생각해보자. 이 기업이 이천쌀의 가격을 SSN하게(작지만 유의미하고, 일시적이지 않게) 올렸을 때, 소비자들이 지리적으로 다른 시장인 여주산 쌀을 대신 구매하게 되는지를 보는 것이다. 만약, 많은 소비자들이 이천쌀을 계속 구매하여 가상의 독점기업이 더 높은 이윤을 보게 된다면, 이천쌀은 별도의 시장으로 획정된다. 즉, 이천쌀은 하나의 시장이며, 이천쌀을 독점하고 있는 기업이 있다면, 이 기업은 가격을 인상하여 독점이윤을 누릴 수 있다.

반면에 많은 소비자들이 이천쌀을 대신하여 여주쌀을 구매하게 된다면, 이천쌀의 독점기업은 이윤이 감소할 것이다. 이 경우, SSNIP Test는 이천쌀과 여주쌀을 합쳐서 다시 Test하라고 이야기한다. 즉, 두 상품을 같은 상품으로 보고 가상의 독점기업을 상정하여 위의 사례와 마찬가지로 가격을 SSN하게 인상하고 이윤이 증가하는지 여부를 시험하는 것이다. 만약, 가상의 독점기업이 더 높은 이윤을 갖게 된다면, 관련시장의 획정은 그 상태에서 이루어진다. 즉, 이천쌀과 여주쌀은 동일한 관련시장에 속한다.

참고로 한 번 Test를 통과하면, 더 넓게 시장을 획정하여 다시 Test하지 않는다. 왜냐하면, 더 넓게 시장을 확장하면 항상 Test를 통과하기 때문이다. 예를 들어, 한국에서 생산하는 모든 쌀로 시장을 넓혀 Test를 진행하면, 한국에서 생산하는 모든 쌀을 독점하는 가상의 독점기업이 가격을 인상하였을 때 이윤이 증가하는 것은 당연하다. 해당 독점기업이 이천쌀과 여주쌀의 가격을 인상하였을 때 이윤이 증가하였으니, 두 제품을 포함한 한국의 쌀을 모두 독점하고 있는 독점기업이 쌀 가격을 모두 인상하였을 때는 당연하게 이윤이 증가할 것으로 예상할 수 있기 때문이다.

앞에서 사례를 통하여 SSNIP Test의 이치를 설명하였으므로, 여기서는 SSNIP Test의 시장획정 절차를 종합하여 정리한다. 먼저 가장 작은 범위로 지리적 상품시장을 정의한다. 해당 시장에 가상의 독점기업이 있다고 가정한다. 이때, 해당 독점기업이 가격을 SSN하게(작지만 유의미하고, 일시적이지 않게)

인상한다. 만약 충분히 많은 소비자들이 다른 곳의 시장이나 다른 상품으로 소비를 옮기지 못하고 해당 제품을 계속 구매한다면, 해당 독점기업의 가격 인상은 이윤을 증가시킬 것이므로 가장 작은 범위의 시장은 그대로 별도의 시장으로 획정된다.

반면에 많은 소비자가 다른 제품을 구매하거나, 아니면 다른 지역으로 이동하여 제품을 구매한다면, 가격을 인상한 독점기업의 이윤은 감소할 것이다. 이 경우에는 많은 소비자가 대신 구매한 상품을 포함하여 다시 SSNIP Test를 시행한다. 많은 소비자들이 다른 지역으로 이동하였다면, 해당 지역을 포함한 새로운 범위의 시장을 정의하여 다시 SSNIP Test를 시행한다.

요약하면, 제품 가격이 인상되었을 때의 소비행태를 파악하여 독점기업의 이익이 증가하는지 감소하는지를 관측한다. 이익이 증가하였다면, 단일한 시장으로 획정하고 더 이상 SSNIP Test를 하지 않는다. 이익이 감소하였다면, 제품의 대체관계가 있는 제품이나 지역이 존재하므로, 이 제품이나 지역을 시장에 포함하여 다시 SSNIP Test를 시행하는 것이다.

이때 신경 써야 할 점은 '최소의' 시장만을 찾아내야 한다는 것이다. 시장이 커질수록 대체할 수 있는 상품을 찾기는 어려우므로, 잘 획정된 시장보다 더 넓게 시장을 정의하면 언제나 SSNIP Test를 통과하기 때문이다. SSNIP Test의 취지는 독점력을 발휘하는 가장 적은 관련시장을 발견하여, 독점기업의 가격 인상을 통한 이윤의 증대 가능성을 봉쇄하기 위함이기 때문이다.

또한 좁은 범위의 시장이 성립하는 경우에 독점기업이 가격을 인상하여 소비자에게 피해를 줄 가능성이 있는데도 불구하고 넓게 시장을 정의하면, 독점기업이 존재하지 않는 것으로 보이는 착시현상이 발생할 수 있다. 그런 의미에서 최소 범위의 시장만을 "관련시장(Relevant market)"이라고 부른다.

▪ SSNIP Test의 구체적 사례

어떤 제품(예를 들어 멸치김밥이라고 하자.)을 판매하는 가상의 독점기업이 가격을 10%(작지만 유의미하고 일시적이지 않게(Small, but Significant and Non-transitory)) 인상하였다고 생각해보자. 이 제품은 이화여대에서 판매되고 있고, 동일한 대체품은 없지만 가장 유사한 대체상품으로 참치김밥을 생각해 볼 수 있는 상황이다. 원래의 가격은 10이고 그 때의 판매량은 1,000이며, 고정비용은 없고 평균비용이 7인 경우를 생각해보자. 독점기업의 이윤은 10 × 1,000 − 7 × 1,000 = 3,000이 된다. 이 상황에서 멸치김밥의 가격을 10% 인상하고 거래량의 감소분과 이윤의 변화를 관찰한다. SSNIP Test의 두 가지 상황을 설명하기 위해 판매량이 조금 감소한 경우와 많이 감소한 경우로 분리해 생각한다.

가격이 11로 10% 인상했을 때,

i) 수요량이 900으로 감소한 경우,
이때 독점기업이 누리는 이윤은 (11 − 7) × 900 = 3,600이 된다. 원래의 이윤이었던 3,000보다 600이 증가하였다.

ii) 수요량이 700으로 감소한 경우,
이때 독점기업이 누리는 이윤은 (11 − 7) × 700 = 2,800이 된다. 원래의 이윤이었던 3,000보다 200이 감소하였다.

i)의 경우, 이윤이 증가하였기 때문에 멸치김밥의 관련시장은 그대로 획정된다. 즉, 이화여대의 멸치김밥 시장은 별도의 시장이다. 따라서 이화여대에서 실제로 멸치김밥을 판매하는 상점이 하나만 있다면 그 기업은 독점기업이다. 한편 ii)의 경우, 이윤이 감소하였기 때문에 멸치김밥과 관련된 시장은 이화여대로는 시장이 획정되지 못한다. 이때 2단계로 기존 시장을 대체하는 시장을 포함하여 새로 SSNIP Test를 수행한다. 만약 기존 멸치김밥의 소비자들이 참치김밥으로 소비를 전환하였다고 한다면, 참치김밥을 포함하여 다시 SSNIP Test를 수행한다.[7]

---

7 참고로 많은 소비자들이 참치김밥으로 소비를 전환하지 않고 지리적으로 이화여대를 벗어나 신촌에서 구매하였다면, 신촌으로 지역을 넓혀서 다시 Test를 수행해야 한다.

멸치김밥시장과 참치김밥의 시장의 상황이 다음과 같다고 하자. 앞서와 같이 고정비용은 존재하지 않는다고 가정한다.

원래의 상황	가격	거래량	평균비용	이윤
멸치김밥	10	1,000	7	3,000
참치김밥	5	2,000	3	4,000
합 계	–	–	–	7,000

각 상품의 가격을 10%씩 인상한다. 그때의 상황은 다음과 같다고 하자.

가격 인상 후 상황	가격	거래량	평균비용	이윤
멸치김밥	11	800	7	3,200
참치김밥	5.5	1,800	3	4,500
합 계	–	–	–	7,700

멸치김밥과 참치김밥을 동시에 공급하는 가상 독점기업의 이윤이 기존의 7,000에 비해 700이 늘어난 상황이다. 이 경우, 이윤이 증가하였으므로 시장은 그대로 획정된다. 즉, 멸치김밥과 참치김밥이 같은 시장에 속한다고 판단한다. 참고로 지리적 시장에는 변화가 없으므로 원래의 지리적 시장인 이화여대로 유지된다.

이 상황에서 한 가지 생각할 점은 ii)에서 판매량이 1,000에서 300 감소하여 700이었는데, 여기서는 왜 200만 감소했을까? 그 이유는 멸치김밥의 가격이 인상될 때, 소비자들이 대신 구매하는 참치김밥의 가격도 상승했기 때문이다. 좀 더 자세히 설명하면, ii)에서 가격이 10% 상승했을 때, 판매량이 300 감소하였는데, 감소한 이유는 소비자들이 다른 제품을 구매하였기 때문이며, 그 제품은 참치김밥이며 가격은 5였다. 가격이 5인 참치김밥으로 구매전환한 소비자들이 많았다는 뜻이다.

하지만 두 번째 SSNIP Test에서는 참치김밥을 같은 시장으로 포함하여 다시 Test하게 되며, 이때 SSNIP Test는 두 김밥의 가격을 같이 인상하므로, ii)에서 참치김밥으로 구매를 변경했던 소비자들은 참치김밥 가격도 동반 상승했다는 것을 알게 된다. 이에 따라 구매전환했던 소비자들 중 상당수는 더 이상 구매전환할 필요를 못 느끼게 될 것이다. 원래의 멸치김밥 수요는 ii)보다 증가하는 것을 예상할 수 있다. 본 사례에서는 해당 숫자로 800을 선택한 것이다.

가격을 인상하였음에도 기업의 이윤이 증가한다는 것은 어떤 이유에서건 소비자들의 해당 제품에 대해 충성도가 높아 해당 제품을 계속 구매하고 다른 상품으로 소비를 전환하지 않음을 의미한다. 예를 들어, 명수는 소주를 전혀 마시지 않고 맥주만 마시는 사람이다. 어느 날 맥주를 독점적으로 공급하는 회사가 맥주의 가격을 적지 않게 인상하였다고 해도 명수는 여전히 맥주만 마실 것이다. 명수 같은 소비자가 시장에서 다수를 차지한다면 가상의 독점 맥주회사는 맥주 가격을 인상하여 더 큰 이익을 얻을 수 있다. 이런 상황이라면 맥주시장은 별도의 시장이라고 할 수 있다. 맥주시장을 독점하는 기업이 있다면 실제의 독점기업으로 판단할 수 있으며, 규제당국은 시장지배력을 남용하는 것을 방지하기 위한 조치를 취할 수 있다. 또한 해당 조치는 정당화된다.

한편, 재석이는 맥주와 소주를 가리지 않는 사람이라고 하자. 위 문단과 마찬가지로 맥주를 독점적으로 공급하는 회사가 맥주의 가격을 적지 않게 인상하였을 때, 재석이는 맥주 대신에 소주를 소비한다. 재석이 같은 소비자가 시장에서 다수를 차지한다면, 맥주만을 독점하는 가상의 독점기업은 시장지배력을 행사할 수 없을 것이다. 왜냐하면 많은 소비자들이 소주로 구매를 전환할 것이기 때문이다. 이 경우에는 소주와 맥주를 같은 시장으로 획정하는 것이 맞다. 맥주만을 독점하는 기업이 존재한다고 해도, 해당 기업은 독점력이 없기 때문에 규제당국에서는 시장지배력 남용을 걱정할 필요가 적다.

종합해보면, SSNIP Test는 시장에서 (가상의) 독점기업이 정말로 독점기업처럼 행사할 수 있는지, 아닌지를 살펴보고, 독점적으로 행동할 수 있는 시장의 범위를 설정한다. 이렇게 결정된 시장의 범위가 실제 관련시장이다. 시장의 범위에는 지역적 범위와 상품의 종류에 따른 범위가 포함된다. 일반적인 독점 이론은 잘 획정된 시장에서 독점기업이 어떻게 행동하는지를 분석하는 반면에, SSNIP Test는 가상의 독점기업을 통하여 시장을 획정한다는 점에서 일반적인 독점이론을 이용한 시장획정 방법이라는 것을 알 수 있다.

일반적인 독점시장이론은 잘 획정된 시장에서의 독점기업이 경쟁가격보다 가격을 높은 독점가격으로 높은 이윤을 누릴 수 있다는 것을 설명하고 있으며, 어떤 가격이 독점이윤을 극대화하는지도 설명하고 있다. 독점기업의 이런 독점력을 이용해서 시장을 획정하는 방법이 바로 SSNIP Test다. 즉, 독점기업이라면 당연히 경쟁가격보다 가격을 인상하여 이윤을 증대시킬 수 있는데, (가상의) 독점기업이 가격을 인상해도 이윤이 증가하지 않는다면 시장의 범위가 잘못 획정된 것이다. 왜냐하면 그 이외의 모든 상황에서 독점기업의 이윤은 증가해야 하기 때문이다.

3. 질의응답

1) 생산비용이 증가하여 가격 인상이 이뤄진 경우, SSNIP Test를 어떻게 적용해야 하나?

Ceteris Paribus로 가정하여 시행한다. 즉, 비용 등 기타 요인은 불변인 상황에서 가격이 인상되는 경우를 상정하여 시행하는 것이다. SSNIP Test는 독점기업의 실제 행동을 관찰하기 위해서 행해진다기보다는, "가상의" 독점기업이라는 개념을 활용하여 시장을 획정하는 것이 목표이므로, 생산비용은 일정하다고 가정하고 시행한다. 따라서 문제에 비용의 변화가 쓰여 있다고 하더라도, 비용이 변화되지 않은 상황만을 고려하여 Test를 시행한다. 비용이 변화되지 않은 상황을 바로 알 수 없다면, 계산/유추를 통해서 도출해내서 시행하는 것이 보통이다.

2) 관련시장의 범위를 어디까지 포함해야 하나?

SSNIP Test를 통과하는 최소 시장이 시장획정의 핵심이므로, 가장 작은 시장에서 시작하여 한 번이라도 통과하면 더 이상 확장하지 않는다. 맥주시장과 소주시장을 합쳤을 때 SSNIP Test를 통과했다면 더 이상 위스키나 막걸리까지 포함한 SSNIP Test를 시행하지 않는다. 만약에 시행한다면 당연히 SSNIP Test를 통과할 것이 예상되기 때문이기도 하지만, 관련시장으로서의 의미도 사라지기 때문이다.

참고로 최소 범위의 관련시장보다 넓게 관련시장을 획정하면, 시장지배적 기업의 점유율이 낮게 상정되는 오류가 발생한다. 경쟁법은 시장지배적 사업체를 규제하는 것이 주요 목적이기 때문에 더 작은 시장에서 지배력을 발휘할 수 있는 기업도 규제해야 하는데, 이 목적을 달성하지 못하게 되는 것이다.

3) 가격이 상승하면 해당 제품을 아예 구매하지 않는 경우도 있지 않은가?

물론 그러한 경우도 있다. SSNIP Test 방법에는 구매하지 않는 상황도 고려되고 있다. 구매를 멈추는 소비자는 가격 인상에 따른 수요 감소에 포함될 것이기 때문이다. 그 수가 소수라면 시장획정에는 큰 영향을 미치지 못한다. 다수의 사람들은 다른 상품이나 다른 지역으로 가서 해당 상품이나 대체재를 구매하는 것이 보통이다. 이를 종합해서 감안하는 방법이 바로 SSNIP Test다.

4) SSNIP Test를 통과하지 못하여 시장의 범위를 넓힐 경우, 원래 Test하고자 하는 제품의 가격만 인상하는가, 아니면 새로 포함된 제품의 가격까지도 인상하는가?

원래 Test하고자 하는 제품과 추가된 제품의 가격 모두를 인상한다. 두 재화는 서로 대체가 가능하기 때문에 같은 시장에 포함된 것이다. 두 재화의 대체가 가능하다면, 같은 재화로 취급하는 것이 맞다. 그러므로 두 재화의 생산을 담당하는 가상의 독점기업은 두 재화 가격을 함께 인상하여 이윤을 극대화하려 할 것이며, 이때 이윤이 증가한다면 해당 독점기업은 당연히 그렇게 가격을 인상할 것이다. 따라서 시장획정 방법도 독점기업의 가격 인상과 같은 방식으로 이루어져야 한다. 참고로 위에서 제시한 구체적인 방법을 보면 두 제품의 가격을 함께 같은 비율로 인상하고 있다.

5) 수요의 가격탄력성과 관련이 깊은 것 같다.

가격이 올랐을 때 판매량이 떨어지는 것과 이 때문에 독점기업의 이윤이 증가 혹은 감소하는 것은 당연히 탄력성과 깊은 관련이 있다. 가격 변화에 따른 수요량의 변화를 측정하는 것이 탄력성이기 때문이다. 비탄력적인 수요에 직면한 가상의 독점기업은 가격을 인상함으로써 더 높은 매출을 얻을 수 있으며, 가격 인상으로 인한 높은 매출은 더 높은 이윤으로 이어진다.[8] 이 경우, 시장은 쉽게 획정된다. 즉, 수요의 가격탄력성을 정확히 알 수 있다면 SSNIP Test의 결론도 바로 알 수 있다.

조금 더 설명하면 다음과 같다. 이윤은 $PD(P)-C(D(P))$로 나타낼 수 있는데, SSNIP Test는 가격을 적정 수준 인상하는 것이다. 즉, 이윤식의 P가 인상될 때, 이윤 전체가 어떻게 변하는지를 측정하는 방법이다. 이때, 이윤이 변하는 정도는 수요량인 $D(P)$가 P의 증가에 따라 얼마나 감소하는지에 달려 있다. $D(P)$의 감소량을 측정하는 것이 바로 수요의 가격탄력성임은 주지의 사실이다.

SSNIP Test를 실제로 적용할 때는 임계매출분석(Critical Loss Analysis)이라는 방법을 활용하는 것이 보통이다. 가격이 인상될 때 이윤이 감소하기 시작하는 수준의 판매량 감소를 임계매출이라 부르는데, 이를 계산을 통해 먼저 찾아내어, 이 거래량 감소율과 설문조사나 관련 통계분석을 통한 거래량 감소율을 비교하여 시장을 획정하는 것이다. 만약 설문조사를 통한 거래량 감소율이

---

8 가격 인상에 따른 수요의 감소는 매출에도 영향을 주지만, 비용을 감소시키는 면도 있다는 점이다. 만약, 가격 인상으로 판매량이 감소했는데도 매출이 증가한다면, 비용은 당연히 감소한다. 판매량이 감소했기 때문이다. 비용이 감소하고 매출은 증가했다면 이윤은 당연히 증가한다.

더 작다면 매출과 이윤이 증가하는 것이므로 그대로 시장을 획정한다. 만약 설문조사를 통한 거래량 감소율이 더 크다면 이윤이 감소하는 것이므로, 더 넓게 시장을 확대하여 다시 Test한다.

어느 경우이건 탄력성은 거래량 감소율에 반영되고, 연이어 매출과 이윤에 영향을 미친다. 즉, 수요의 가격탄력성과 SSNIP Test는 불가분의 관계에 있다.

6) 품질이나 가격 이외의 요인이 변동하는 경우도 있지 않나?

가격 이외의 요인들은 변동되지 않고 일정하다는 가정하에서 SSNIP Test는 시행된다. 가격이 0이어서 Test가 불가능한 경우에 변칙 또는 응용으로 품질의 변동을 가격의 변동으로 간주하여 Test하는 경우도 생각해 볼 수는 있으나, 학계에서 널리 인정받고 있지 못하고 있다.

7) A상품에서 출발해서 B상품을 포함하여 테스트한 경우와 B에서 출발해서 A상품을 포함하여 테스트한 경우가 다른 경우도 있지 않나?

그런 경우가 있다. A상품의 수요자는 충성도가 낮아서 가격이 인상된 경우 B시장으로 옮겨가는 경우가 있는데, B상품 수요자는 충성도가 높아서 A상품으로 잘 가지 않는 경우가 있다. 이런 경우에는 B상품은 별도의 시장이며, A상품과 B상품을 합친 시장도 별도의 시장이다. A상품만으로는 별도의 시장이 성립되지 않는다. 대개 A상품은 열등재인 경우가 많다. 따라서 A상품을 독점하고 있는 기업이 있어도 B시장의 상황에 따라 독점기업이라고 부르지 않을 수 있다. 예를 들면, 아날로그 케이블방송(A상품) 시청자는 조금만 가격이 올라도 고화질의 디지털 케이블방송(B상품)으로 전환하는 데 반해, 디지털 방송의 시청자는 가격이 조금 올라도 아날로그 방송으로 전환하지 않는다. 이 경우, 아날로그 케이블 방송을 독점하고 있는 기업이 있어도 독점기업이 아니다.

[그림 6-1] 케이블방송의 시장획정 사례

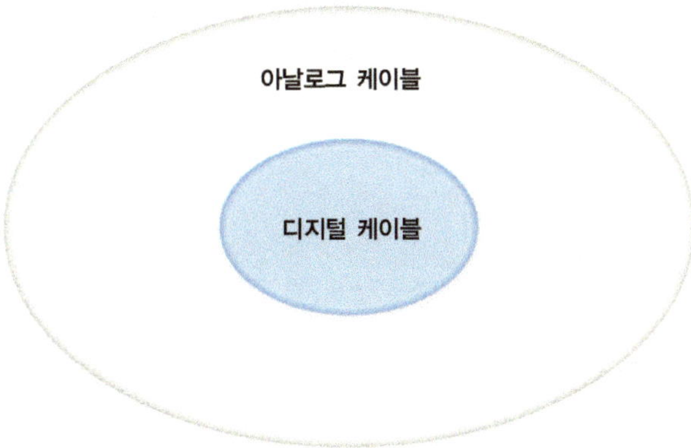

[그림 6-2] 유료방송 광고시장과 지상파 광고시장의 사례

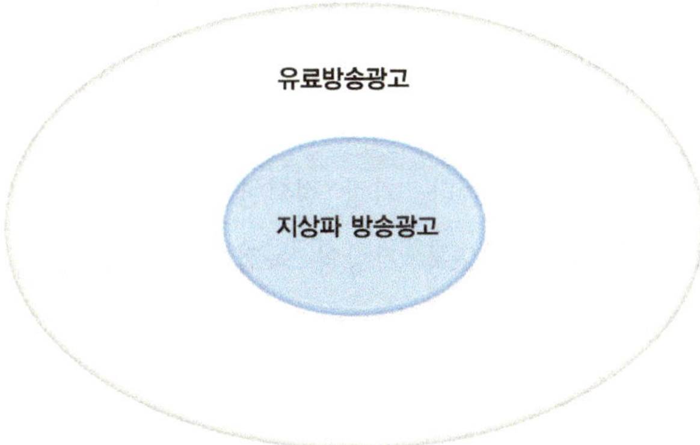

방송광고시장도 비슷한 경우인데, 광고주는 지상파광고시장과 유료방송광고시장에 광고를 요청할 수 있다. 일반적인 성향을 보면, 지상파광고에 대한 선호도가 높아서 가격이 높아져도 계속 지상파에 광고하겠다는 광고주가 많다. 이와 같은 경우 지상파광고시장은 그 자체로 하나의 시장으로 획정될 것이다. 반면, 유료방송광고시장에서 가격이 높아지면 더 이상 유료방송에 광고를 하지 않고 차라리 지상파에 광고를 하겠다는 광고주가 많다면, 유료방송광고시장은 그 자체로 하나의 시장으로 획정되지 못하고 지상파광고시장에 부속된 시장이 될 가능성이 크다. 이런 경우에는 유료방송광고시장과 지상파광고시장을 하나의 광고시장으로 획정하지만, 이 광고시장 내에 지상파광고시장도 별도의 시장으로 획정한다.

4. SSNIP Test의 한계

SSNIP Test에는 한계도 존재하는데, 다음에 기술된 것들이다.

1) '가상의' 독점기업

'가상의'라는 말이 말해주듯이, 실재하지 않는 것을 개념적으로 생각하게 되어 경험하게 되는 어려움이다. 이는 추상적인 개념이므로, 생각하는 사람마다 다를 것이다. 이화여대에 존재하는 가상의 독점기업은 쉽게 생각해 낼 수 있지만, 신촌지역에 존재하는 가상의 독점기업, 나아가 서울에 존재하는 가상의 독점기업은 쉽게 생각하기 힘들다. 가장 정확한 SSNIP Test를 위해서는 많은 사람들이 쉽게 이해할 수 있도록 가상의 독점기업을 설문조사서에 기술해야 정확한 결과를 찾아낼 수 있다.

2) 셀로판 오류(The cellophane fallacy)

1955년 미국의 공정거래위원회는 셀로판을 생산하는 듀폰의 인수합병을 심사할 때 듀폰이 셀로판 시장에서 갖고 있는 시장지배력을 결정해야 하는 상황이었다. 셀로판 시장이 별도의 시장인지 아니면 다른 상품까지 포함하는 것이 맞는지를 판단하기 위하여 SSNIP Test를 시행하였다. 셀로판의 가격 인상은 많은 기존의 사용자들로 하여금 다른 상품의 사용을 유도하는 것으로 판명이 되었고, 그 결과 기업의 이윤은 감소하는 것으로 조사되었다. 따라서 시장을 더 넓게 획정하였다. 즉, 셀로판은 독립된 별도의 시장이 아니라고 판단했다. 그 후, 다른 제품까지 포함하여 듀폰의 시장점유율을 계산한 결과, 듀폰은 시장지배력을 지니지 않고 있다고 판단하여 합병을 허용하였다.

Scherer(1980)는 자신이 저술한 교과서에서 해당 사례를 점검한 결과를 제시하였는데, 셀로판 시장은 별도로 획정되어야 하는 시장이었다고 지적하였다. 결국 경쟁당국의 오류로 기존 독점기업의 독점력이 존재하지 않는다고 오판한 것이었다. 그 이후로 이 판결에서 범한 오류와 같은 종류의 오류를 '셀로판 오류'라고 부르게 되었다. 이러한 오류가 발생한 이유를 살펴보자.

SSNIP Test를 시행할 때는 가격 인상 전에 기준이 되는 가격이 필요하다. 기준이 되는 가격이 독점가격이라면, 가격을 추가적으로 인상할 때 이윤은 당연히 감소한다.[9] 연이어 이 결과를 잘못 해석하면, SSNIP Test의 절차에 따라 시장을 더 넓게 획정해야 하는 것으로 오판할 수 있다. '셀로판 오류'는 바로 이 잘못을 지적한 것이다.

SSNIP Test의 기준가격은 완전경쟁시장 가격으로 책정하여야 한다. 이 가격에서 작지만, 의미 있고 일시적이지 않도록 가격을 인상해서 Test를 진행해야 정확한 결과를 얻을 수 있다. 기준이 되는 가격을 독점가격일 가능성이 있는 현재의 시장가격으로 책정하여 분석을 시작하면 잘못된 결론에 도달할 수 있다.

조금 더 설명하면, 소비자들은 독점가격에 직면하면 너무 높은 가격으로 인해서 다른 많은 제품들을 대체재로 고려하게 된다. 물론, 구매를 포기하는 경우도 다수 발생한다. 그런데 독점가격을 기준가격으로 책정하여, 더 높은 수준으로 가격을 인상하는 SSNIP Test를 시행하면, 소비자들은 다른 대체재들로 옮겨 가거나 실제로 구매를 포기한다. 그 결과로 이윤이 감소하는 것이다.[10] 만약 기준가격을 경쟁가격으로 책정했다면, 대부분의 소비자들은 구매를 포기하지 않았거나 다른 제품을 대체재로 생각하지 않았을 것이다. 따라서 경쟁가

9 독점가격은 관련시장에서 이윤을 극대화하는 가격이기 때문에 이보다 높거나 낮은 가격에서는 당연히 이윤이 감소한다. [그림 4-4]를 참고하라.

10 독점가격에서 추가로 가격을 인상할 때, 이윤이 감소한다는 말과 독점기업의 가격탄력성이 독점가격에서 매우 높다는 말은 같은 의미를 갖고 있다.

격에서 작지만 의미 있는 가격 인상을 시행한다면, 다수의 소비자들은 그대로 소비행태를 유지할 것이며, 그 결과 독점기업의 이윤은 증가할 것이다.

현실의 독점기업이 존재하는 상황에서 SSNIP Test를 시행한다면, 기준 가격을 경쟁가격으로 책정해야 한다.[11]

추가 설명 : 독점가격에서 SSNIP Test를 시행하면 이윤이 감소하는 이유

독점일 때의 독점가격은 독점기업의 이윤을 극대화하는 가격이다. 따라서 이 가격에서 변화하면(가격을 인상하건, 아니면 인하하건) 당연히 기업의 이윤은 감소하게 된다. 당시 미국의 규제 당국은 현재 시장에서 거래되고 있는 가격이 독점가격임에도 불구하고 기준가격으로 인정하여, 기준가격을 잘못 적용한 SSNIP Test를 시행하여 독점력이 없다는 잘못된 결론을 내린 것이다. 아래의 그래프를 통하여 설명해보자.

[그림 6-3] 독점기업의 가격책정과 SSNIP TEST

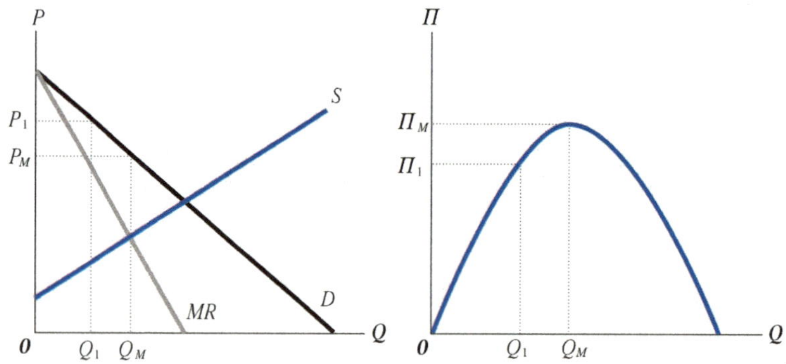

왼쪽 그림을 먼저 살펴보자. 독점기업은 P_M에서 Q_M만큼을 생산하여 가장 높은 이윤 Π_M을 향유하고 있다. 오른쪽 그림은 Q_M에서 가장 높은 이윤인 Π_M이 확보된다는 것을 왼쪽 그림과 연관지어 그리고 있다. (왼쪽 그림을 보

11 독점기업만이 존재하는 상황에서 경쟁가격을 찾는 것은 쉽지 않다는 문제점은 여전히 존재한다.

면,) 이런 상황에서 SSNIP Test를 하기 위하여 가격을 P_1 으로 인상하면, 거래량은 Q_1 으로 감소한다. (오른쪽 그림을 보면,) Q_1 의 생산량에서의 이윤은 Π_1 으로 감소하는 것을 알 수 있다.

이 결과를 SSNIP Test의 방법대로 (잘못) 해석하면, 해당 상품시장을 관련시장으로 획정할 수 없으므로 다른 상품을 포함하여 다시 SSNIP Test를 시행하게 될 것이다. 즉, 초기의 가격을 잘못 책정하여 실제와 SSNIP Test의 결과가 다르게 나오게 되는 오류가 발생한다. 이런 오류를 일컫는 말을 "셀로판 오류"로 일반화한 것이다.

3) 설문조사를 통한 수요변화 측정의 어려움

SSNIP Test를 시행하기 위하여 수요자들이 가격 인상에 어떻게 반응하는가를 알아내는 현실적 방법은 쉽지 않다. 이를 알아내기 위해서는 비용도 많이 발생하고, 결과가 정확한지 판단하기도 쉽지 않다. 일반적으로는 설문조사를 통하여 수요자들이 가격 변화에 어떻게 반응할지를 조사한다. 설문조사를 할 때, 질문을 어떻게 구성하는지에 따라 응답이 달라지는 등, 설문조사방식 자체의 어려움으로 인하여 정확한 결과를 도출해내기가 어렵다. 과거의 가격 변화에 따른 수요량 변화가 정확한 데이터로 축적되어 있다면 해당 자료를 활용하는 것은 가장 바람직하다.

연습문제

1. (SSNIP Test) 시장을 획정하기 위한 가상의 독점기업을 생각해보자. 이 기업의 비용은 $3x$이며, 고정비용은 없다고 한다. 이 시장의 가격은 10이고 이 가격에서의 시장수요량은 1,000이라고 알려져 있다. 10% SSN 가격 인상의 경우 판매량 손실(Critical loss)이 얼마 이상이면, 시장을 확장하여 획정하여야 하는가?

2. 위의 문제에서 시장의 가격 10은 독점가격이라고 한다. 경쟁가격 5에서의 시장수요량은 2,000이라고 할 때, 5% SSN 가격 인상의 경우 판매량 손실(Critical loss)이 얼마 이상이면, 시장을 확장하여 획정하여야 하는가?

3. 셀로판 오류는 무엇인가?

4. 정상재와 열등재가 밀접한 대체관계에 있다면, 시장은 어떻게 획정되는가?

참고문헌

F. M. Scherer(1980), Industrial Market Structure and Economic Performance, P. 517. Houghton Mifflin Harcourt(HMH)

제7강

독점이론(Monopoly Theory)

독점의 원인은 "진입장벽"으로 진입장벽에는 생산요소의 독점, 기술의 독점, 대규모 매몰비용의 존재, 그리고 정부의 독점권 부여 등이 있다. 독점기업은 독점 유지를 위한 한 방법으로 연구 · 개발에 노력하는 동태적 장점도 갖고 있지만, 높은 가격과 적은 생산량이라는 정태적 단점도 갖고 있다.

1. 독점과 진입장벽

경쟁시장과는 달리 독점시장에는 단 하나의 공급자만이 존재한다. 앞서 논의한 내용에 따라 잘 획정된 시장에서 단 하나의 공급자만 존재하는 것이다. 구조-행동-성과 분석체계의 입장에서 보면, 완전경쟁시장과 구조면에서 다르다는 것을 알 수 있다. 구조의 변화는 행동과 성과의 변화를 불러올 것임도 짐작할 수 있다. 본 장에서는 바로 행동과 성과의 변화가 무엇인지에 대하여 경쟁시장과 비교하며 설명한다.

독점기업이 존재할 수 있는 이유는 다른 기업이 시장에 진입하지 못하기 때문이다. 다른 기업들이 시장에 진입하지 못하는 이유를 진입장벽(Entry barrier)이라고 부르는데, 진입장벽은 요소독점, 특허 및 기술, 대규모 매몰비용의 존재, 그리고 정부의 진입규제 등으로 구성된다.

1) 요소독점 : 제품을 생산하기 위해 필요한 필수 생산요소를 독점하는 경우다. 생산요소가 없으면 제품을 생산할 수 없기 때문에 진입장벽으로서 작용한다. 대표적인 예로 다이아몬드회사인 드비어스(De Beers)가 그렇다. 다이아몬드 광산의 대부분을 소유하고 있기 때문에 드비어스는 다이아몬드를 거의 독점적으로 공급할 수 있다. 코카콜라의 콜라 제조방식은 외부에 알려진 바 없다. 다른 기업이 코카콜라의 콜라를 제조하려고 해도 방법을 모르기 때문에 불가능하다는 뜻이지만, 콜라 제조방식도 생산요소 중 하나라는 점은 기억해 둘 만하다.

2) 특허 및 기술 : 특허권은 특정 기술을 발명한 사람에게 해당 기술을 일반에게 공개한 대가로, 배타적 · 독점적으로 사용할 권한을 법으로 일정 기간 동안 보장해 주는 행정행위를 의미한다. 즉, 특허권을 부여받게 되면 해당 기술을 독점할 수 있는 권한을 법으로 보장받게 되는 것이다. 특허권이 부여된 기술을 이용해서 생산해야 하는 제품의 경우, 해당 특허를 보유하지 못한 기업은, 특허권의 사용에 대하여 허락을 받은 경우를 제외하면, 생산할 수 없다.[1]

따라서 특허권이 부여되면 해당 기술만을 이용해서 생산하는 제품의 독점이 법으로 보장된다고 할 수 있다.[2]

특허권을 받지는 않았더라도 특별한 기술을 개발해서 보유하고 있는 경우, 다른 기업들은 해당 기술을 개발할 때까지 해당 제품을 생산하지 못한다. 그 기간 동안 이런 특별한 기술들은 진입장벽으로 작용하게 되며, 독점을 초래하는 진입장벽으로서의 역할을 한다.

3) 대규모 매몰비용의 존재 : 사업을 시작할 때 대규모로 비용이 발생하고, 한번 사업을 시작하면 해당 비용을 회수하지 못하는 매몰비용이라면, 사업을 쉽게 시작하기 힘들 것이다. 사업을 시작하여 매몰비용을 회수할 정도의 이윤이 예상되지 않는다면, 큰 손해를 입을 수 있기 때문이다. 대규모 매몰비용을 보상할 수 있는 큰 이윤을 사전에 예상할 수 있는 사업은 찾기 쉽지 않으므로, 매몰비용은 진입장벽으로 작용한다. 특히, 매몰비용이 대규모로 발생한다면 큰 진입장벽으로 작용한다.[3, 4]

---

1 특허권자에게 별도의 허가를 받지 않고 일정한 대가를 지불한다는 전제하에 특허를 자유롭게 이용하도록 허가된 경우도 존재한다. 이런 특허를 Frand(Fair, Reasonable and Non–discriminatory) 특허라고 한다.

2 이렇게 특허권을 인정해 주는 이유는 다름과 같다. 새롭게 발명 또는 발견된 신기술에 대한 배타적이고 독점적인 이용권을 보장해주면, 해당 업체는 독점이윤을 향유하게 된다. 독점이윤을 목표로 더 좋은 기술과 제품을 개발하려는 기업들이 증가하게 될 것으로 예상된다. 이런 기술들은 인류 전체에 공헌하는 긍정적 외부효과를 가져온다. 바로 이 긍정적인 외부효과를 위하여 특허권을 부여한다.

3 많은 경제학 교과서에서 대규모 고정비용을 진입장벽이라고 설명하고 있다. 매몰비용도 발생하기 전에는 고정비용이므로 같은 말로 이해하는 사람도 있지만, 필자는 구분이 필요하다고 생각한다. 매몰비용이 아닌 고정비용은 진입장벽으로써 작용하지 않는데, 그 이유는 매몰비용이 아닌 고정비용은 사업시작 후에 회수할 수 있기 때문이다. 사업시작 후, 사업이 여의치 않으면 회수할 수 있는 비용을 두려워하여 시장에 진입하지 못하는 기업은 없다. 반면에 매몰비용은 시장진입 후에 회수할 수 없는 (고정)비용이므로 진입장벽으로서의 역할을 한다. 즉, 매몰비용은 고정비용으로서 진입장벽이지만, 그 외의 고정비용은 진입장벽이 아니다.

4 규모의 경제도 진입장벽으로 분류하기는 어렵다. 규모의 경제가 존재하더라도 신규기업의 시장진입은 가능하다. 왜냐하면 신규기업이 진입하였을 때, 기존기업과 신규기업 중 누가 승자가 될지 알 수 없기 때문이다. 규모의 경제가 존재하더라도, 신규기업이 기존기업의 가격과 자신의 평균비용보다 낮은 가격으로 소비자를 끌어 온다면, 규모의 경제로 인한 비용의 절감을 기존기업보다 더 향유할 수 있다. 이 경우, 도리어 기존기업이 시장에서 퇴출하게 될 것이다. 물론,

4) 정부의 규제 : 정부가 여러 가지 이유로 독점권 또는 전매권을 특정업체에게만 부여함으로써, 정부의 규제가 진입장벽으로서의 역할을 수행할 수 있다. 우리나라의 경우를 보면, 개인택시를 운행하기 위해서는 자격증과 함께 정부의 허가를 받아야 한다. 만약, 서울에 별도의 지하철을 건설하고 운행하고자 하는 사람이 있다면, 이 사람은 정부의 허가를 받아야 한다. 즉, 정부의 허가가 진입장벽으로 작용하고 있다. 비슷한 사례로 전력 산업, 상하수도 산업, 철도산업, 방송산업, 그리고 정보통신산업 등이 정부의 허가를 필요로 한다.

2. 모형

1) 경쟁시장

완전경쟁시장은 가장 이상적인 시장 형태로서 여타 시장의 분석결과를 비교하는 청사진으로서의 역할을 수행한다. 이런 역할을 위하여 본 절에서는 경쟁시장의 기업행동과 시장성과에 대해서 기술한다. 여기서 기술된 경쟁기업의 행동과 시장의 성과는 독점기업과의 비교를 목적으로 기술하기 때문에, 뒤에 분석되는 독점기업의 분석 순서와 같은 순서로 기술한다.

경쟁기업의 이윤 극대화

$$
\begin{aligned}
Max\,\Pi(x) &= Max\,R(x) - C(x) \\
&= Max\,Px - C(x)
\end{aligned}
$$

완전경쟁시장의 경우, 개별기업은 자신의 이윤을 극대화하려는 목적을 갖고 있지만, 가격수용자이므로 기업의 행동(생산량 결정)이 가격에 영향을 미치지 않

기존기업도 가격을 낮출 것이 예상되지만, 기존기업과 신규기업 중 누가 승자가 될지는 명확하지 않다. 이런 이유로 신규기업이 규모의 경제를 두려워하여 시장에 진입하지 못하는 것은 아니기 때문에 필자는 매몰비용이 없는 규모의 경제를 진입장벽으로 분류하지 않는다.

는다. 위의 극대화문제의 두 번째 줄을 보면, 개별기업은 가격을 상수로 생각하고 자신의 생산량 x를 결정하여 이윤을 극대화한다. 수식으로 경쟁기업의 이윤극대화식을 풀면 다음과 같은 일계조건이 도출된다.

$$\Pi'(x)=0 \rightarrow P-C'(x)=0 \rightarrow P=C'(x)$$

이윤 극대화를 위한 일계조건은 "이윤이 극대화되기 위해서는 가격과 한계비용이 일치되도록 생산량을 결정해야 한다."는 점을 지적하고 있다. 위 일계조건의 해를 x^*라고 하자. 이것을 그래프로 그리면 아래와 같다.

[그림 7-1] 수요직선과 한계비용, 그리고 이윤 극대화

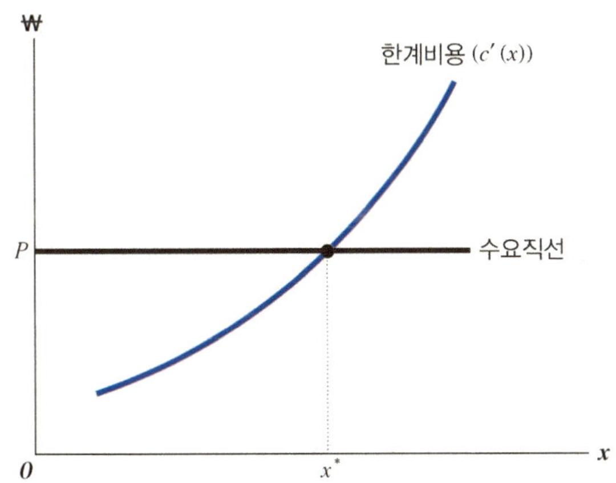

일계조건은 위의 그래프로 표현된다. 가격(P)에서 수평선을 그리면 수요직선이 되며, 이것이 한계비용 $c'(x)$와 만나는 점이 이윤을 극대화하는 생산량 x^*가 된다. 가장 오른쪽 등식에서 왼편이 수요직선이며, 오른편은 한계비용이다. 그 등식을 만족시키는 값이 생산량 x^*다. 이 관계가 그래프로 그려진 것이다.

경제학적인 의미를 가미하여 위의 그래프를 설명해보자. 경쟁시장에 속한 개별 기업은 가격(P)이 주어져 있다고 생각한다. 이 주어진 가격은 상수이므로 높이가 P인 수평선으로 그려진다. 이 수평선은 개별 기업이 직면하는 수요직선으로 해석이 가능하다. 개별기업은 이 가격을 변화시킬 수도 없지만, 이 가격에서 얼마든지 판매할 수 있다고 생각하기 때문이다. 이윤을 극대화하는 생산량을 결정하기 위해서, 개별기업은 이 가격과 자신의 한계비용곡선이 만나는 점에서 생산량 x^*를 결정한다.

경쟁시장의 각 기업이 주어진 가격에서 이윤을 극대화하는 생산량을 결정하고, 이렇게 결정된 각 기업의 생산량을 가격별로 모두 합산하면 시장공급곡선을 얻을 수 있다. 같은 요령을 소비자에게도 적용하면 시장수요를 얻을 수 있다.[5] 이렇게 얻어진 시장공급곡선과 시장수요곡선을 그래프로 표기하면 아래의 그래프와 같다. 두 곡선이 만나는 점은 시장균형이며, 시장균형은 균형가격과 균형거래량으로 이루어져 있다.

[그림 7-2] 경쟁시장의 소비자 잉여, 생산자 잉여, 그리고 사회후생

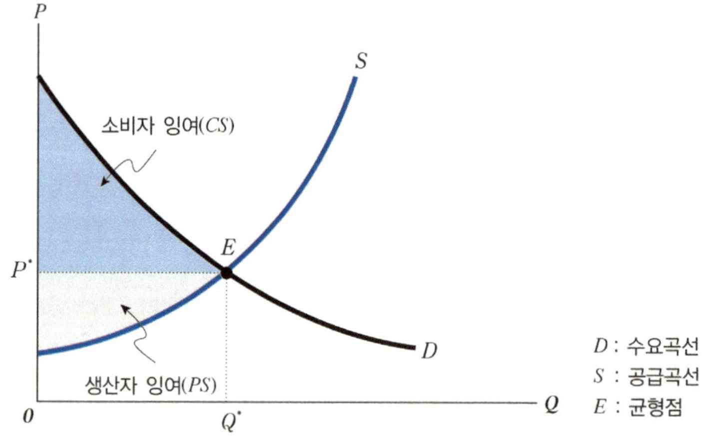

미시경제학 등에서 이미 배웠지만, 위의 그림에서 시장균형가격보다 위, 그리고 수요곡선 밑의 삼각형 면적을 소비자 잉여(Consumer surplus)라고 부른다. 시장균형가격보다 아래, 그리고 공급곡선 위의 삼각형 면적은 생산자 잉여

---

5 보다 자세한 설명은, 본서 4강의 1절(특히, [그림 4-3])에서 발견할 수 있으며, 다른 미시경제학 교과서에서도 찾을 수 있다.

(Producer surplus)라고 부른다. 사회후생(Social welfare)을 소비자 잉여와 생산자 잉여의 합이라고 정의하면, 수요곡선, 균형점, 공급곡선으로 이루어진 큰 삼각형의 면적을 사회후생이라고 부를 수 있다. 이 삼각형의 면적이 완전경쟁시장의 균형을 통해 얻어지는 사회후생인 것이다.

앞서도 언급하였지만, 완전경쟁시장에 속한 개별 기업의 이윤 극대화 행동은 독점기업의 이윤 극대화 행동을 분석할 때 비교대상이 된다. 예를 들면, 위에서 제시한 경쟁시장의 사회후생과 독점시장의 사회후생을 비교하여 어느 쪽이 더 바람직한 구조인지 파악하는 것이다.

2) 독점시장

독점기업의 이윤 극대화

$$
\begin{aligned}
Max\,\Pi(x) &= Max\,R(x) - C(x) \\
&= Max\,P(x)x - C(x)
\end{aligned}
$$

독점시장의 경우, 하나의 기업만이 유일하게 존재하기 때문에 그 기업이 직면하는 수요는 시장 전체의 수요다.[6] 이와 같은 특징은 당연히 위의 이윤극대화식에도 나타난다. 가격($P(x)$)과 판매량 x를 곱한 값이 독점기업의 이윤 가운데 매출액으로 나타난다.[7] 참고로 $P(x)$는 종속변수가 가격이고 독립변수가 생산량인, 시장의 역수요함수를 나타낸다. 독점기업의 이윤극대화식을 풀면 다음과 같은 일계조건이 도출된다.

---

6 완전경쟁시장의 기업이 직면하는 수평 수요직선과는 다르게, 독점기업은 우하향하는 수요곡선에 직면한다는 뜻이다.

7 참고로 가격이 거래량에 영향을 미치는 관계는 수요함수라고 불리며, $x=D(P)$로 표기한다. 즉, 수요량 x는 가격 P의 함수라는 뜻이다. 이 관계의 역함수, 즉 $P=D^{-1}(x)$로 표기하면 역수요함수라고 부른다. 이 역함수를 표기하기는 다소 불편하므로, 함수가 특정되지 않았다는 점을 이용하여 $P=P(x)$로 표기하는 것이 보통이다. 즉, $D^{-1}(x) \equiv P(x)$로 정의된 것이다. 역수요함수를 표기하는 $P()$는 종속변수인 P를 이용하고 있다. 용어의 남용이라고 할 수 있으나, 함수가 종속변수를 표기하여 그 결과가 무엇이라는 점을 나타내는 편리한 점이 있어 널리 사용되고 있다.

$$\Pi'(x)=0 \rightarrow P(x)+P'(x)x=C'(x)$$

독점기업의 이윤 극대화를 위한 일계조건은 이윤이 극대화되기 위해서는 한계수입($P(x)+P'(x)x$)과 한계비용($C'(x)$)이 일치되도록 생산량을 결정해야 한다는 점을 지적하고 있다. 위 일계조건을 충족하는 답을 x^*라고 하자. 여기서 하나 주목할 점은 한계수입이 모든 생산량 수준에서 가격보다 작은 값을 갖는다는 점이다. 즉, 다음의 부등호가 성립한다. $P(x)+P'(x)x<P(x)$. 부등호가 성립하는 이유는 $P'(x)x<0$이기 때문이다.[8]

위의 일계조건을 탄력성이 나타나도록 정리하면 다음과 같은 등식을 도출할 수 있다. 마지막 식을 보면 수요의 가격탄력성은 음이므로 전체의 부호는 양이라는 것을 알 수 있다.

$$\begin{aligned}
&P(x)-C'(x)=-xP'(x)\\
&\frac{P(x)-C'(x)}{P(x)}=-\frac{x}{P(x)}P'(x)\\
&\qquad\;\;{}'' \qquad\quad =-\frac{x}{P(x)}\frac{dP(x)}{dx}\\
&\qquad\;\;{}'' \qquad\quad =-\frac{1}{\epsilon_d}\left(\because \epsilon_d=\frac{P(x)}{x}\frac{1}{\frac{dP(x)}{dx}}\right)\\
&\frac{P(x)-C'(x)}{P(x)}=-\frac{1}{\epsilon_d}>0
\end{aligned}$$

식의 부호가 양이므로 등식의 왼편도 양이라는 것을 알 수 있다. 왼편식의 값이 양이 되기 위해서는, 분모가 양이므로 분자 $P(x)-C'(x)$도 양이어야 한다. 즉, $P(x)-C'(x)>0$이어야 한다. 이 부등호가 성립하기 위해서는 가격이 한계비용보다 높아야 한다는 점을 알 수 있다. 즉, 경쟁시장의 가격인 한계비용보다 높은 독점가격이 책정된다.

---

8 해당 부등호가 성립하는 이유는 역수요함수의 기울기가 수요의 법칙에 따라 음이기 때문이다. 즉, $P'(x)<0$이기 때문이다.

위 등식의 오른편을 보면 탄력성의 절대 값이 감소할수록 값이 상승한다는 것을 알 수 있다. 오른편과 등호로 연결되어 같은 값을 갖는 왼편 식은 전체 가격($P(x)$)에서 마진(($P(x)-C'(x)$))이 차지하는 비율을 나타낸다. 이 비율을 "마진율"이라고 부른다. 이 마진율이 탄력성(의 절대 값)이 감소할수록 상승하는 것이다. 이 관계를 역탄력성의 법칙(Inverse elasticity rule)이라고 부른다.

이와는 별도로 마진율은 독점기업의 시장지배력을 측정하는 지표로 활용될 수 있다. 그 이유는 시장지배력이 상승할수록 가격에서 마진이 차지하는 비율도 증가한다는 해석이 가능하기 때문이다. 이런 해석을 적용하여 왼편 식을 러너지수(Lerner index)라고도 부르며,[9] 시장지배력의 측정에 활용한다. 러너지수는 시장에서 실현된 지배력을 측정하는 것으로 알려져 있다.[10]

위에서 설명한 독점기업의 이윤 극대화 문제와 그 답을 그래프로 표현하면 아래와 같다.

[그림 7-3] 독점기업의 이윤 극대화

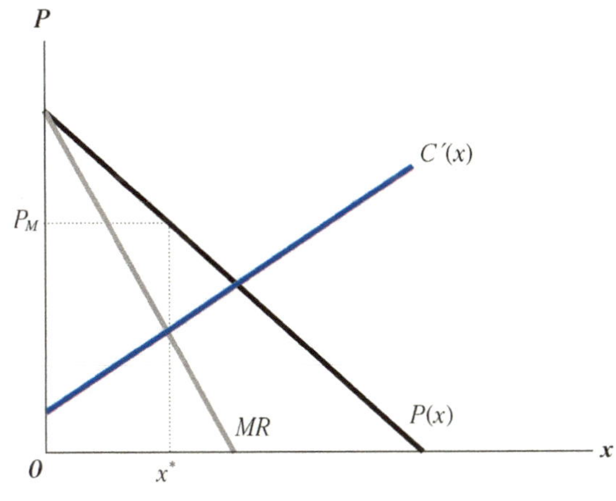

9 시장지배력을 갖고 있는 기업이 전혀 없는 완전경쟁시장의 경우에는 가격과 한계비용이 일치하기 때문에 러너지수가 0으로 나타난다. 러너지수의 값이 상승할수록 시장지배력이 상승한다. 러너지수를 측정하기 위해서는 한계비용에 관한 자료가 존재해야 하지만, 현실적으로 한계비용에 관한 자료를 구하는 것은 쉽지 않다는 단점을 갖고 있다.

10 실현된 시장지배력에 대응되는 개념은 잠재적 시장지배력이다. 예를 들어, 한 기업의 시장점유율이 90%라는 것은 그 기업의 잠재적 시장지배력을 나타내며, 점유율이 높더라도 이를 가격에 반영하여 높은 이윤을 누리고 있는지는 알 수 없기 때문에 잠재적 시장지배력이라고 부른다. 이에 반해, 러너지수는 시장에서 실제로 실현된 마진율을 측정한 것이다.

위의 그래프를 그리는 요령은 다음과 같다. 역수요함수 $P(x)$는 시장수요곡선이므로 우하향하게 그린다. 가격과 수요량은 음의 상관관계를 갖는다는 수요의 법칙을 따르는 것이다. 앞서 독점기업의 이윤 극대화에 따른 일계조건을 도출할 때 설명한 바와 같이, 한계수입(MR : Marginal Revenue)은 모든 생산량에서 가격 $P(x)$보다 낮다. 따라서 한계수입곡선은 시장수요곡선보다 낮게 그린다. 한계비용 $C'(x)$은 우상향(또는 수평)하도록 그린다.[11] 이윤 극대화는 한계수입과 한계비용이 일치하는 생산량 x^*에서 달성된다. 생산량 x^*와 수요곡선이 만나는 점에서 독점가격인 P_M이 발견된다.

독점가격 책정으로 인한 사회후생을 검토하기 위하여 아래의 그래프를 보자. 왼쪽 그림은 완전경쟁시장의 균형점을 나타내고 있다. 이 균형점과 같은 가격을 독점가격 책정 그래프에서 찾아보면 오른쪽 그래프와 같아진다. 즉, MC와 D가 만나는 점이 완전경쟁시장의 균형점이다. 완전경쟁시장의 장기균형에서는 평균비용(AC)의 최저점이 바로 이 균형점을 통과한다. 앞서 설명했던 바와 같이 한계수입곡선 MR은 수요곡선 밑에 위치하고 있으며, 독점기업의 이윤은 한계비용곡선 MC와 한계수입곡선 MR이 일치하는 생산량을 생산할 때 극대화된다. 그래프에서 x_m으로 표기된 생산량이다. 이 생산량을 생산하는 독점기업은 수요곡선에 따라 P_m의 가격을 받을 수 있다.

11 한계비용곡선과 공급곡선은 대부분 구간에서 일치하므로 여기서는 같은 그래프로 표기한다. 한계비용이 매우 낮을 때 조업중단이 발생하는데, 조업을 중단했으므로 공급이 이루어지지 않는 점 때문에 두 곡선의 차이가 발생한다. 즉, 공급곡선이 한계비용곡선보다 짧다는 점을 제외하면 두 곡선은 같다. 만약 조업중단을 고려하지 않는다면 두 곡선은 완전히 일치한다. 보다 자세한 설명을 원한다면, 미시경제학 교과서를 참고하기 바란다.

[그림 7-4] 경쟁시장의 균형

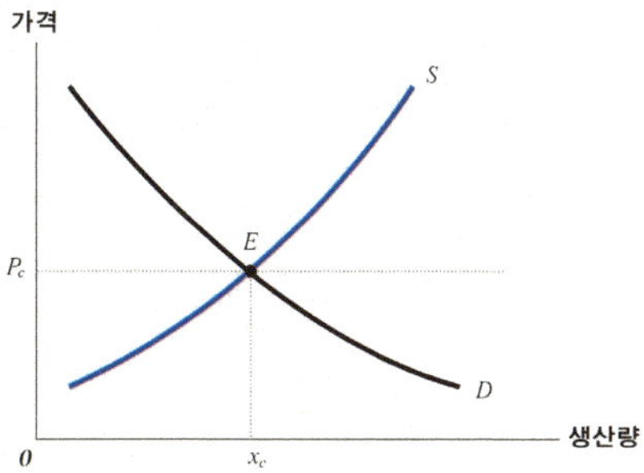

[그림 7-5] 독점시장의 균형과 경쟁균형

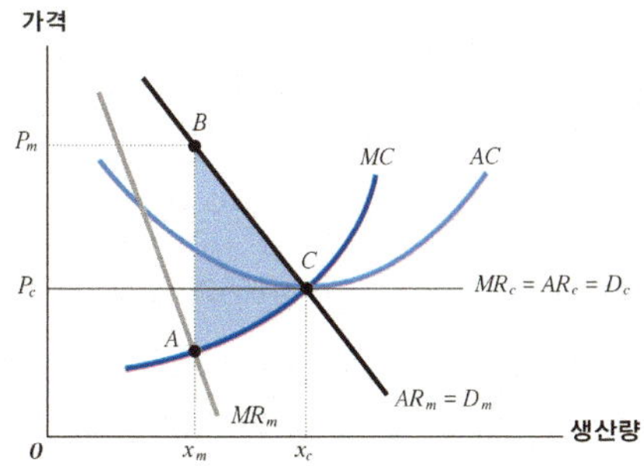

이 그래프에서 사회후생을 찾아보자. 앞서와 같이 사회후생은 생산자 잉여와 소비자 잉여의 합이라고 정의한다. 가격 P_m에서의 소비자 잉여는 P_mB선과 수요곡선 사이의 삼각형이며, 생산자 잉여는 P_mB 밑, 그리고 MC곡선(오른쪽 끝은 A)위의 직사각형과 유사한 도형의 면적이다. 즉, 앞서 검토했던 완전경쟁시장의 사회후생보다 ABC만큼의 후생이 감소했음을 알 수 있다. 이 삼각형의 면적을 자중손실(Deadweight loss) 또는 발견자의 이름을 따라 하버거(Harberger)의 삼각형이라고 부른다. 자중손실은 완전경쟁시장과 비교하여 독점시장의 비효율성을 증명한다.

독점은 자중손실이라는 사회후생의 손실도 초래하지만, 기업들에게는 시장지배력 또는 독점력을 얻고 유지하기 위한 연구개발(Research & Development)을 계속하도록 하는 효과도 함께 갖고 있다. 즉, 긍정적인 외부효과를 창출한다는 점에서 유익한 점도 갖고 있다.[12] 정해진 시점만을 보는 정태적 분석에서는 자중손실이라는 단점을 보이는 반면, 향후의 변화를 보는 동태적 관점에서는 연구개발 촉진의 가능성도 갖고 있다. 이런 이유로, 독점이 동태적으로 효율적인지, 아니면 비효율적인지에 대한 논의는 아직 명확한 결론을 내리지 못한 상태다.

예를 들어, 1995년 미국의 애플(Apple)사는 운영체제(Operating system) 특허를 마이크로소프트(Microsoft)사의 윈도우즈 운영체제가 침해했다며 소송을

12 독점력을 얻거나 유지하기 위한 노력 중에는 부정부패의 가능성도 존재한다. 예를 들어, 정부나 국회에 대한 로비를 통해 독점력을 얻거나 유지하려 한다면, 부정부패가 발생할 수 있다.

제기하였다. 소송의 결과는 애플사의 패소로 나타났다. 이 결과를 볼 때, 특허를 인정받지 못한 애플사와 미국의 다른 기업들은 연구개발을 통한 혁신을 멈추거나 줄여야 할 것으로 생각할 수 있다. 하지만 그 이후의 애플사는 iPod, iPhone, 그리고 iPad 등으로 눈부신 혁신을 계속했다. 이 상황에 대한 설득력 있는 설명은 중요한 연구과제라고 할 수 있다. 연구개발에 따른 특허를 인정한 결과로 등장하는 독점시장과 경쟁시장 중에 어느 쪽이 더 혁신을 촉발시키는지 아직까지는 명확하게 밝혀지지 않았다.[13]

---

13 이에 대한 설명 중 하나는 슘페터의 창조적 파괴(Creative destruction)다. 관련 내용은 본 장의 부록에 기술되어 있기 때문에 여기서는 간략히 소개한다. 경쟁기업들이 많이 존재하는 완전경쟁시장에서 누군가 혁신에 성공하면 독점기업이 탄생하게 된다. 독점가격으로 인한 이윤을 목적으로 한 혁신이 성공을 거둔 것이다. 당연히 독점기업이 존재하는 기간 중의 소비자들은 높은 독점가격으로 잉여가 감소된다. 높은 독점가격은 다른 기업들로 하여금 혁신하도록 혁신경쟁을 촉진하는 역할을 수행한다. 그 결과로 다른 기업도 혁신에 성공하면 다시 경쟁이 가능해지며, 가격은 하락하고 소비자는 혁신의 성과를 향유한다. 이렇게 경쟁이 계속되다가, 누군가 또다시 새로운 혁신에 성공하면 다시 독점기업이 등장하게 될 것이라고 설명하고 있다. 즉, 독점이윤이 혁신의 주요 동기라고 설명하고 있다.

3. 완전경쟁시장과 독점시장의 비교(정리)

완전경쟁시장	독점시장
$\max \Pi(x) = R(x) - C(x)$ $= Px - C(x)$	$\max \Pi(x) = R(x) - C(x)$ $= P(x)x - C(x)$

(1) 일계조건(First Order Condition) **: 이윤 극대화를 위한 필요조건**

완전경쟁시장	독점시장
$P = C'(x)$	$P'(x)x + P(x) = C'(x)$
여기서 $MR = P$이며, $P = MC$이다.	이를 다시 정리하면, 독점가격은
한계비용가격설정 : 시장가격이 한계비용수준일 때 이윤이 극대화된다. 완전경쟁시장이 가장 바람직한 시장이므로 가격을 규제할 경우의 가격은 한계비용과 일치하도록 규제한다.	$\frac{P(x) - C'(x)}{P(x)} = -\frac{1}{\epsilon_d} > 0$이며, 따라서 $P(x) > C'(x) = P^*$ (경쟁가격)이다. 한계비용보다 높은 독점가격이 설정된다. 독점가격은 역탄력성 법칙을 따른다.
완전경쟁시장의 가정 1. 가격수용자(다수의 공급자와 수요자) 2. 진입과 퇴출의 자유 3. 동질적 재화 4. 완전정보(거래비용 존재하지 않음)	독점시장의 가정 1. 수요자는 가격수용자, 공급자는 단 하나 2. 진입의 자유 없음 3. 동질적 재화 4. 관련 없음

(2) 2계조건(Second Order Condition) **: 이윤 극대화를 위한 충분조건**

완전경쟁시장	독점시장
$\Pi''(x) < 0 \rightarrow C''(x) > 0$	$\Pi''(x) < 0 \rightarrow P''(x)x + 2P'(x) - C''(x) < 0$
한계비용체증의 법칙이 작용하는 한 위의 2계조건은 충족된다.	$C(x)$가 한계비용체증의 법칙을 충족한다면, $C''(x)$는 양이다. 즉, 역수요함수가 너무 이상하지만 않다면 위 조건은 충족될 수 있다.
사회후생 [그림 7-4] 참조	사회후생 [그림 7-5] 참조

4. 한계비용의 상승과 독점가격의 변화

독점기업의 가격 책정에 있어서 중요한 특징 중 하나는, 다른 조건이 일정할 때, 한계비용의 상승은 독점가격의 상승을 가져온다는 점이다. 독점기업의 한계비용이 아래 그림에서와 같이 MC_1에서 MC_2로 상승할 경우, 독점가격은 상승한다. 아래의 정리에서는 이를 증명한다.[14]

〈정리〉 독점가격은 한계비용의 비감소함수다.

[그림 7-6] 한계비용의 상승과 독점가격의 비감소

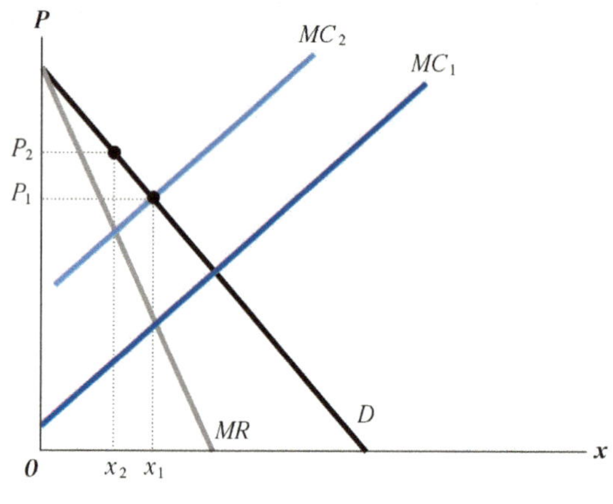

증명 : 미분 가능한 두 비용함수 $C_1(x)$, $C_2(x)$ 있다고 하자. 0보다 큰 모든 생산량 x에서 $MC_2(x) > MC_1(x)$라고 가정한다.[15] 바꾸어 말하면, 모든 양의 생산량 x에서 $C_2(x)$의 한계비용이 $C_1(x)$의 한계비용보다 더 크다고 가정한다.

14 정갑영(2009, 산업조직론 제3개정판)의 64쪽에서 증명내용을 발췌하였다.

15 이 가정은 일반성을 잃지 않는 한도 내에서(Without loss of generality)의 가정이다. 왜냐하면 두 기업의 비용조건을 맞바꾸어도 결과는 같을 것이기 때문이다.

각 비용함수를 가진 기업의 이윤을 극대화하는 독점가격과 생산량을 각각 (P_1, x_1), (P_2, x_2)라고 하자. 각 점에서 기업의 이윤이 극대화되므로, 다른 점을 선택할 수 있다고 해도 독점기업은 선택할 동기가 없다. 즉, 그 점 이외의 점에서는 이윤이 극대화되지 않는다. 이를 감안하면 다음과 같은 부등호가 성립한다.

$$P_1x_1 - C_1(x_1) \geq P_2x_2 - C_1(x_2)$$

$C_1()$이 주어지면, 독점기업의 이윤을 극대화하는 생산량은 x_1이며, 가격은 P_1이다. 따라서 $C_1()$이 주어진 상태에서 생산량을 x_2로 결정한 부등호의 오른편이 나타내는 이윤은 왼편보다 더 적을 수밖에 없다. 다음 아래의 부등호를 보자.

$$P_2x_2 - C_2(x_2) \geq P_1x_1 - C_2(x_1)$$

위의 부등호도 성립하는데 그 이유는 다음과 같다. $C_2(\cdot)$가 주어지면, 독점기업의 이윤을 극대화하는 생산량은 x_2이며, 가격은 P_2다. 따라서 $C_2(\cdot)$가 주어진 상태에서 생산량을 x_1으로 결정하여 가격이 P_1으로 결정된 (부등호의 오른편이 나타내는) 이윤은 왼편보다 더 적을 수밖에 없다.

위의 두 부등호를 합쳐서 정리하면, 다음과 같은 식을 도출할 수 있다.

$$[C_2(x_1) - C_2(x_2)] - [C_1(x_1) - C_1(x_2)] \geq 0$$

$$[C_2(x_1) - C_1(x_1)] - [C_2(x_2) - C_1(x_2)] \geq 0$$

위의 두 부등식은 적분공식에 의하여 다음과 같이 정리된다.

$$\int_{x_2}^{x_1} [C_2'(Q) - C_1'(Q)]dQ \geq 0$$

$C_2'(Q) > C_1'(Q)$이므로 위 식이 항상 0보다 크거나 같다는 것은, 적분의 법칙에 의하여, $x_2 \leq x_1$이라는 뜻과 같다. 역수요함수(수요의 법칙)에 의하여 $x_2 \leq x_1$은 $P_2 \geq P_1$을 의미한다. 따라서 더 높은 한계비용은 (이윤을 극대화하는 생산량이 감소하여) 가격의 비감소함수다. 증명 끝.

※ 참고 : 고정비용의 변화가 독점가격에 미치는 영향

고정비용은 독점가격에 영향을 끼치지 않는다. 고정비용의 예로 임대료를 생각해 보자. 임대료가 비싸서 그 곳에서 판매되는 제품의 가격이 비싼 것이 아니라, 그 곳에서 제품을 비싸게 팔 수 있기 때문에 임대료가 비싼 것이기 때문이다. 수요가 많기 때문에 제품의 가격을 높게 책정해도 판매된다. 이렇게 높게 판매되는 상황을 인지한 건물주들이 임대료를 높이 올려 받을 수 있다. 즉, 원인과 결과가 바뀌었다. 임대료가 높기 때문에 제품가격이 높은 것이 아니라, 높은 수요에 따라 높은 가격이 책정되었으므로 임대료가 높이 책정되는 것이다.
다만 임대료가 지나치게 높다면, 더 이상 영업을 하지 않고 중단할 것이다.
이윤 극대화 문제를 수식으로 풀 때, 고정비용(상수)은 미분 시 사라진다는 점이 바로 이런 논리를 수학적으로 반영한 것이다.

5. 독점의 정태적 폐해와 개선방안

독점이 발생하면 무슨 일이 일어날까? 연구개발을 촉진하는 동태적 효율성을 제외하고 이야기하면, 일단 독점가격이 높기 때문에 소비자에게는 좋지 않다. 하지만 독점기업은 많은 이윤을 얻게 되므로 가능하면 독점적 지위를 지키려고 노력할 것이다. 높은 이윤을 보호받기 위한 노력 중에는 정부의 힘도 이용될 수 있다. 정부의 보호를 받기 위해서 뇌물이나 기타 편의를 제공하는 기업이 생길 수 있다. 즉, 독점은 부패를 유발할 수 있다. 독점은 결국 소비자에게 높은 가격으로 피해를 주고 부패까지 유발하는 부작용도 낳을 수 있다.

1) 독점의 폐해를 줄이는 방법 1

독점의 정태적 폐해는 어떻게 바로잡아야 할까? 독점기업의 폐해를 줄이기 위한 다양한 방법이 고안되었는데, 그중 하나가 진입장벽을 없애는 것이다. 진입장벽 때문에 독점이 생겼고 유지되었기 때문이다. 진입장벽을 없애는 방법은 문제의 원인을 해결하는 방법이므로 문제를 근원적으로 해결하는 아주 좋은 방법이 될 수 있다. 구조-행동-성과 분석체계로 보면 구조를 개선하는 방법이다.

이와 관련한 좋은 사례가 있다. 1980년대 후반부터 우리나라의 이동 전화는 한국이동통신이라는 회사가 독점하고 있었다. 지금은 SK텔레콤으로 이름을 바꾸었지만, 1980년대 말에서 1990년대 중반까지 독점이 이어졌다. 어떻게 SK텔레콤이 이동통신 시장을 독점할 수 있었을까? 정부가 이 회사에게만 사업권을 주었기 때문이다. 당시 이동통신 요금은 지금의 몇 배에 달할 정도로 아주 비쌌다.

1994년 정부는 이동통신 시장에 경쟁을 도입하기로 결정하였고, 신세기통신을 시장에 진입시켰다. 1997년에는 LG텔레콤이나 KTF 같은 기업들까지 시장에 진입시켜서 본격적으로 경쟁을 활성화했다. 결국 이동통신 요금은 훨씬 저렴해졌다. 경쟁이 요금을 낮춘 것이다.[16] 독점의 폐해를 줄이는 첫 번째 방법으로 경쟁을 도입하는 방법이 고안되었고 우리나라 이동통신의 경우에는 성공적이었다.

2) 독점의 폐해를 줄이는 방법 2

두 번째 방법으로 고안된 것은 요금규제다. 독점의 문제는 독점기업이 가격을 높게 책정하는 데 있으므로, 요금을 높게 받지 못하도록 처음부터 규제하면 문제도 해결될 것이라는 아이디어다. 구조-행동-성과 분석체계로 보면 행동을 개선하는 방법이다.

이 방법은 우리나라뿐 아니라 전 세계적으로 널리 사용되고 있다. 우리나라

---

16 경쟁 도입만으로 이동통신 요금이 저렴해진 것은 아니다. 왜냐하면 그때부터 지금까지 이동통신 기술이 발달한 것도 요금 인하의 이유가 될 수 있기 때문이다.

의 경우에는 전기 요금이나 지하철 요금, 전화 요금 등 일반 공공요금을 정할 때 정부의 허가를 받아야 한다. 자장면 요금이나 버스 요금도 직접 또는 간접적으로 정부의 간섭을 받고 있다. 요금을 낮게 책정하도록 강제하면 소비자들은 낮은 요금을 내게 되니 즐겁고 복지도 향상될 수 있다.

요금규제가 문제를 일으킬 수도 있다. 요금을 낮게 책정하도록 정부에서 규제하기 때문에 해당 기업들은 규제를 피하기 위해 여러 가지 노력을 한다. 기업들은 자신의 상황을 피력하며 요금을 인상하기 위한 로비를 동원한다. 예를 들면 적자가 난다면서 로비력을 동원하는 것이다.

요금이 인상될 때마다 "누적된 적자가 얼마여서 요금 인상이 불가피하다!"라고 발표하는 것을 뉴스에서 종종 들었을 것이다. 이럴 때 정부가 무기력하게 받아들이기만 하는 것은 아니다. 정부에서는 우선 적자가 발생한다는 주장을 믿을 수 없으니 관련 자료를 제출하라고 한다. 정부에서 자료를 검토하기 때문에 기업은 거짓말하기가 쉽지 않다. 하지만 불가능한 것도 아니다.

연결된 또 다른 문제는 자료를 검토하는 전문 인력들이 필요하고 인력이 동원되면 비용이 발생한다는 것이다. 결국 요금을 규제하면 비용이 발생한다. 이런 규제 비용이 아주 크다면 요금을 꼭 규제해야 하는지 다시 생각해야 한다. 또 비용을 들여서 거짓인지 아닌지를 판단해서 결정한다고 해도 신뢰성의 문제가 완전히 없어지는 것은 아니다. 왜냐하면 관련 자료를 본 것은 정부이지 가격을 직접 지불해야 하는 시민들이 아니기 때문이다. 시민들은 한편으로는 궁금하고 다른 한편으로는 믿을 수 없는 면도 있기 때문에 자료 공개를 요구하는 경우가 종종 있다. 시민 단체가 건설 회사에 아파트 건설 비용을 공개하라고 요구하는 것도 이런 이유 때문이라고 할 수 있다.

기업이 거짓말을 하지 않고 정당하게 요금을 인상하면 문제가 없을까? 그래도 문제는 있을 수 있다. 기업이 거짓말을 하지 않았다고 하자. 비용은 많고 요금은 낮아 기업이 적자일 수밖에 없다면 정부 입장에서는 요금을 인상하도록 허락할 수밖에 없다.

바로 여기에서 문제가 발생한다. 기업의 입장에서 보면 비용이 많이 발생하면 요금이 높아지는데, 원가를 절감하는 것은 힘든 일이다. 힘든 일을 경쟁자가 없는 독점기업이 수행할 동기는 거의 없다. 비용을 절감할 동기가 없다면 시간이 흐르면서 점점 더 비능률적인 회사로 변하게 될 수도 있다. 결국 소비자는 비능률적인 독점 회사에 많은 돈을 지불하는 불합리한 결과에 직면하게 된다. 때문에 요금규제를 제대로 시행하려면 많은 생각이 선행되어야 한다. 다음 장에서는 독점의 정태적 폐해를 줄이는 방법을 보다 체계적으로 설명한다.

6. 독점의 기타 주제

1) 다품종 독점기업

독점기업이 다양한 제품을 생산하는 경우를 다룬다. 수학적인 분석이 주를 이루므로, 본서에서는 다루지 않는다. 이 분야의 핵심은 하나의 기업이 다양한 제품을 생산할 때 범위의 경제가 있는지, 있다면 인정할 수 있는지를 연구하는 것이다.

2) 내구재 독점

제품의 내구연한이 길어 오래 쓰게 되는 경우, 먼저 팔린 물건들이 나중에 생산된 물건과 대체재가 될 수 있다. 재판매나 재활용이 가능하기 때문이다. 기계가 너무 튼튼하여 사람들이 기계를 일생동안 한 번만 사게 된다면, 기계를 생산하는 업체는 결국 더 이상의 판매를 하지 못하게 되어 도산하게 될 것이다. 기계가 필요 없어진다면, 다른 사람들에게 판매할 수도 있기 때문에 내구재 독점기업의 판매량은 더욱 감소한다. 이러한 경우 기업은 제품의 내구성을 낮춰서 첫 번째 구매 이후, 두 번째 구매가 일어나도록 하게 할 수도 있고, 제품의 기능을 더 추가하여 새롭게 생산된 제품을 사도록 하게 할 수도 있다. 특히 소프트웨어의 경우 이론상으로 소프트웨어는 영구적인 제품이지만, 소프트웨어 기업에서는 버전을 계속 높여서 판매하여 지속적인 수입을 올린다.

연습문제

1. 어떤 독점기업이 직면한 시장수요함수는 $Q=10-P$이고 이 기업의 비용함수는 $C(Q)=2Q$이다.
   (1) 이 기업이 이윤을 극대화했을 때의 러너지수를 구하고,
   (2) 이때의 수요탄력성과 이윤을 구하라.
   (3) 독점가격으로 인해 초래된 자중손실과 사회후생을 구하라.

2. 어떤 독점기업이 직면한 시장수요함수는 $Q=100-P$이고 이 기업의 비용함수는 $C(Q)=a+b_1Q$다. 이 기업이 이윤을 극대화했을 때의 독점가격을 구하라.

3. 어떤 독점기업이 직면한 시장수요함수는 $Q=100-P$이고 이 기업의 비용함수는 $C(Q)=a+b_2Q$다. 이 기업이 이윤을 극대화했을 때의 독점가격을 구하라.

4. 위의 2와 3에서 구한 독점가격을 비교하라. b_1이 b_2보다 작을 경우, 독점가격은 어떻게 되는가?

5. 독점가격은 한계비용의 비감소함수임을 미분가능한 비용함수를 통하여 증명하라.

6. 위의 1번 문제에서 비용만 변하여 $C(Q)=Q$이 되었다고 하자. 자중손실과 이윤을 구하여 1번 문제에서 구한 값과 비교하라. 비용 또는 한계비용이 감소하면 자중손실과 이윤은 감소하는가? 아니면 증가하는가?

7. 시장수요함수가 $Q=1-P$이라고 하자. 다음의 경우에 수요의 가격탄력성을 구하라.
   (1) 가격이 1인 경우
   (2) 가격이 $\frac{1}{2}$인 경우
   (3) 가격이 0인 경우
   (4) 위의 탄력성을 비교하라.

(5) 수요직선을 그래프에 그리고, 위에서 구한 탄력성을 표기하라.

(6) 가격이 하락함에 따라 탄력성에는 어떤 변화가 있는가?

(7) 수요곡선이 $Q=P^{-e}$라고 할 때, 수요의 가격탄력성은 얼마인가?

8. 시장수요곡선이 $Q=P^{-e}$이고, e는 $0<e<1$조건을 충족한다. 해당 시장수요곡선에 직면한 독점기업의 비용이 없다고 할 때, 독점기업의 이윤을 극대화하는 독점가격을 구하라. 만약, 시장수요곡선의 e가 $1<e$조건을 충족한다면 이윤을 극대화하는 독점가격은 어떻게 변하는가? 설명하라.

9. 완전경쟁시장에 속한 기업의 이윤 극대화 조건(필요조건과 충분조건)을 도출하라.

10. 진입장벽을 기술하라.

11. 경쟁시장에서 기업의 이윤 극대화 문제를 기술하라. 이윤 극대화의 필요조건과 충분조건을 구하라. 그래프로 사회후생을 표기하라.

12. 독점기업의 일반적인 이윤 극대화 문제를 기술하고, 이윤 극대화의 필요조건과 충분조건을 구하라. 그래프로 사회후생을 표기하라.

13. 독점가격이 경쟁가격보다 높음을 증명하라.

14. 독점가격에 부과되는 소비세는 음이 되어야 사회후생이 극대화된다. 이를 증명하라.

부록 1 : 창조적 파괴(Creative destruction)

슘페터(Joseph Alois Schumpeter)는 자본경제를 동태적인 측면에서 바라본 후, 경제구조가 완전경쟁시장과 독점시장, 그리고 과점시장이 교대로 나타난다고 설명하였다. 슘페터의 이 아이디어는 "창조적 파괴(Creative destruction)" 라고 명명되었는데, 그 논리는 다음과 같다.

[그림 7-7] 창조적 파괴(Creative destruction)

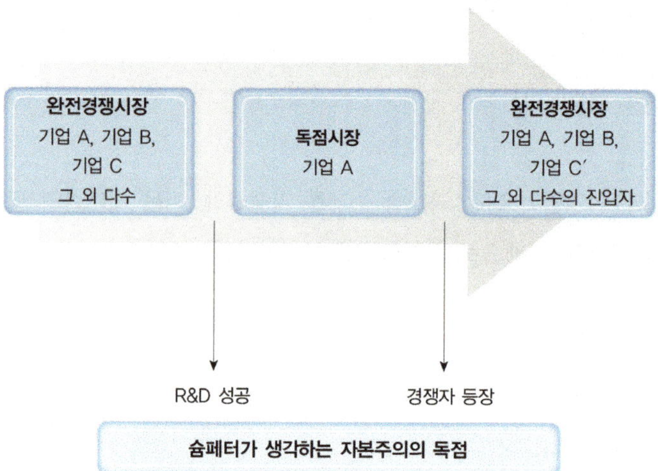

다수의 기업이 경쟁하고 있는 완전경쟁시장에서 기업들의 경제적 이윤은 0이며, 이윤을 높이고자 여러 가지 노력을 하게 된다. 그중에는 연구개발(R&D, Research and development)도 포함된다. 연구개발에 성공한 기업은 연구개발의 결과 얻게 된 우수한 생산기술('창조')이나 신제품을 기반으로 경쟁에서 승리하여 독점기업이 된다. 독점기업으로서의 독점이윤도 얻게 된다.

그 과정에서 연구개발에 성공하지 못한 경쟁기업들은 시장에서 퇴출하게 되는 '파괴'가 이루어진다. 경쟁시장이 혁신으로 인하여 독점시장으로 변화한 것이다. 독점시장은 일정 기간 동안 유지되며, 자중손실로 표기된 정태적인 비효율성을 보이지만, 다른 기업(새로운 기업, 혹은 기존의 퇴출기업, 또는 다른 분야의 기업)들은 높은 이윤을 추구하기 위하여 혁신적인 기술개발이나 신제품 개발을 위하여 노력한다. 그 결과로서 기존 독점기업의 성과와 유사하거나 더 좋은 신기술을 개발하여 독점기업의 상품과 경쟁을 시작하게 된다. 이런 경쟁이 소수의 기업에 의해서만 이루어진다면 과점시장으로 변모하는 것이지만, 만약 다수의 기업이 연구개발에 성공한다면 다시 경쟁시장으로 변모하는 것이다. 이 과정이 반복된다고 슘페터는 "창조적 파괴"라고 설명하였다.

결국 기업들은 높은 이윤을 얻기 위해 연구개발을 하게 되고, 이 과정에서 긍정적인 외부효과, 즉 '창조'효과가 발생하게 된다. 단적인 예로, 항생제인 페니실린이 개발됨으로써 인류의 평균수명은 늘어났고, 보다 더 건강한 생활을 할 수 있게 되었다. 그때까지 상처치료제로 사용되었던 약품제조사들은 큰 피해를 입었다. 당시의 페니실린 제조사는 독점이었지만, 특허 기간이 종료되어 경쟁이 시작되었다. 물론, 경쟁의 과정에서 다른 항생제들도 개발되었다. 모두 연구개발을 통한 창조적 파괴 과정으로 해석할 수 있다.

휴대전화의 발전사를 보더라도, 20년 전에 비해 스마트폰으로 편리한 생활을 할 수 있게 되었다. 예전의 전화와 문자만 가능했던 휴대폰 제조사들은 큰 피해를 입었다. 휴대전화 제조업자들 간의 경쟁이 연구개발의 형태로 나타나 스마트폰의 발전으로 이어지면서 사용자들에게 편리함을 제공한 것으로 볼 수 있다. 즉, 기업의 이윤추구행위로 일어나는 기술개발이 기업 이외에도 인류 전체에 보편적인 혜택을 주는 긍정적인 외부효과를 가져오는 것이다. 이 또한 창조적 파괴 과정으로 볼 수 있다. 물론 독점이 자중손실을 가져온다는 측면에서 정태적으로는 결코 바람직하다고 할 수 없겠지만, 연구개발을 통한 인류 보편적인 혜택을 주게 될 것이라는 점에서 동태적(Dynamic)인 장점을 갖고 있다는 해석도 가능한 것이다.

이런 이유로 독점이 종합적으로 좋은지 나쁜지에 대해서는 명확한 결론은 내려지지 않았다. 독점은 정태적으로는 자중손실을 가져와 사회후생을 악화시키는 것이 확실하지만, 동태적으로는 연구개발을 통한 긍정적 외부효과를 가져와 사회후생을 증진시킬 수도 있기 때문이다.

※ 옛날 이야기 속의 연구개발

기업의 사회적 기여에 관하여 경주 최부자집 이야기는 우리에게 시사점을 제공해준다. 경주의 최부자집은 농경이 유일했던 시대에 농업 혁신을 통해 만석꾼이 되었다. 그 때도 혁신이 부를 가져다 준 것이다. 한 석은 두 가마니를 의미하므로 만석, 즉 2만 가마가 연소득이었다. 이를 지금의 시세(한 가마에 약 20만원)로 환산하면, 약 40억의 연소득이 있었던 셈이다. 조선시대 일반 국민의 1인당 소득이 10만원도 안 되었을[17] 것을 상상해보면 얼마나 부자였는지 짐작할 수 있다.

이 가문이 300년간이나 만석꾼을 유지했던 이유는 가훈에 있다고 알려져 있다. ① 진사 이상의 벼슬을 하지 마라 ② 사방 100리 안에 굶어죽는 사람이 없게 하라 ③ 흉년기에는 땅을 늘리지 마라 ④ 과객을 후하게 대접하라 ⑤ 만석 이상의 재산은 축적하지 마라.

가훈을 보면, 더불어 살려는 지혜와 길게 보는 안목을 느낄 수 있다. 이런 가훈으로 인하여 민란이 발생했을 때 민중들이 경부 최부자집만은 공격하지 않았다고 한다. 많은 부자들이 민란 시 살해되는 역사를 보면, 최부자집은 길게 보는 안목을 가졌던 것을 알 수 있다. 긴 안목과 연구개발의 결과 세계적으로 유래가 없는 오랜 기간 동안 부를 유지했다.

---

17 우리나라의 1950년대 소득이 100달러 미만이었기 때문에 그보다 더 과거인 조선시대의 1인당 소득을 이렇게 추정해보았다.

부록 2 : 러너지수에 대한 해석

$$\text{러너지수 : } \frac{P(x) - C'(x)}{P(x)} = -\frac{1}{\epsilon_d} > 0$$

러너지수는 위와 같이 정의된다. 이를 자세히 살펴보면, $\frac{P(x) - C'(x)}{P(x)}$의 값은 1보다 작다는 것을 알 수 있다. 왜냐하면 가격과 한계비용은 양이기 때문에 분자는 항상 분모보다 작기 때문이다. 분자가 분모보다 작으면, 당연히 1보다 작은 값을 갖는다. 이 관찰을 등식의 오른편에 적용하면, $-\frac{1}{\epsilon_d} < 1$이다. 즉, 독점기업의 탄력성의 절대값은 항상 1보다 크다는 것을 관찰할 수 있다. 독점기업의 이윤을 극대화하는 독점가격에서는 탄력성이 항상 1보다 크다는 점이 관찰된 것이다.

왜 그럴까? 만약 독점가격에서의 탄력성이 1보다 작다면, 독점기업은 가격을 인상하여 이윤을 증가시킬 수 있기 때문이다. 즉, 탄력성이 1보다 작다면, 독점가격은 이윤을 극대화하지 못하는 수준이기 때문에 가격을 잘못 책정했다는 모순에 직면하게 되는 것이다.

독점이윤은 매출에서 총비용을 뺀 금액으로 이루진다. 탄력성이 1보다 작다면, 가격을 소폭 인상하였을 때, 판매량은 감소하지만 매출은 증가한다. 한편, 판매량이 감소하기 때문에 총비용은 감소한다. 매출액은 증가하고 총비용이 감소한다면, 이윤은 증가할 수밖에 없다. 결국 탄력성이 1보다 작은 상태에서는 이윤이 극대화되지 않는다는 뜻이므로, 탄력성의 절대값이 항상 1보다 큰 점에서 독점가격이 책정된다는 위의 관찰은 정확하다는 것을 알 수 있다.

부록 3 : 독점기업에 소비세 부과하기

높은 독점가격을 책정하여 소비자를 괴롭히는 독점기업에게 높은 세금을 부과하여 독점이익을 국가에 환수하자는 주장이 있다. 본 장에서는 선거철에 자주 등장하는 이런 공약이 유효한 주장인지에 대하여 분석한다.

여러 종류의 세금이 있지만 판매량에 따라 세금을 부과하는 종량세를 생각해보자.[18] p는 독점가격이고, 정부가 세금 t를 부과한다. 소비자는 $p+t$의 가격을 부담하지만, 이 금액을 수령한 독점기업은 t를 세금으로 국가에 납부한다. 관련 사항들을 아래의 표에 정리하였다.

	세금부과 전	세금부과 후
수요가격, 수요량	p, $D(p)$	$p+t$, $D(p+t)$
공급가격, 매출, 비용	p, $pD(p)$, $C(D(p))$	p, $pD(p+t)$, $C(D(p+t))$
정부세수	0	$tD(p+t)$
독점기업의 목적함수 (p가 선택변수)	$\max pD(p)-C(D(p))$	$\max pD(p+t)-C(D(p+t))$

독점기업은 이윤을 극대화하며, 이윤은 세금이 부과되기 전에는 $\max pD(p)-C(D(p))$이다. 목적함수를 보면, 가격 p에 수요량 $D(p)$를 곱한 값인 매출에서 수요량 $D(p)$를 생산하는 비용을 차감한 값인 이윤을 극대화한다. 세금이 부과된 후 독점기업의 이윤 극대화 문제는 $\max pD(p+t)-C(D(p+t))$이다. 소비자는 $p+t$의 가격을 부담하기 때문에 수요량은 $D(p+t)$이다. 수요량에 기업이 부과한 가격인 p를 곱하면 기업의 매출이다. 소비자는 $p+t$를 부담했지만, 독

18 세금의 종류에 따라 다른 결과가 나타날 수 있다. 예를 들어, 일시금으로 얼마의 세금을 부과하는 경우에는 독점기업의 행동에 영향을 미치지 않을 수 있다. 하지만 세금을 부과할 때는 목적에 맞게 금액이 책정되는데, 이 경우는 독점기업의 이윤을 환수하는 것이 목적이다. 따라서 일시금으로 세금을 부과하는 것은 사실은 판매량에 세금을 부과하는 것과 유사한 결과가 나타난다. 독점이윤은 판매량과 가격에 따라 달라지기 때문이다.

점기업은 p만을 갖고 t는 세금으로 국가에 납부하기 때문에 기업의 매출은 $pD(p+t)$다. 비용을 결정하는 변수는 공급량인데, 공급량은 시장에서 수요량인 $D(p+t)$과 일치한다. 따라서 독점기업의 생산비용은 수요량인 $D(p+t)$를 생산할 때의 비용이므로 $C(D(p+t))$이다.

각 경우 독점기업의 이윤을 극대화하는 가격을 도출하기 위한 일계조건을 구해보자. 기업이 결정하는 것은 p이므로 p로 목적식을 미분하면 다음과 같다.

$$D(p+t)+pD'(p+t)-[C'(D(p+t))D'(p+t)]=0$$

$$D(p+t)+D'(p+t)[p-C'(D(p+t))]=0$$

$$D(p+t)+D'(p+t)[p-C'(D(p+t))]-tD'(p+t)+tD'(p+t)=0$$

$$[D(p+t)-tD'(p+t)]+D'(p+t)[p+t-C'(D(p+t))]=0$$

규제당국에서는 소비자가 직면하는 가격을 완전경쟁시장의 가격인 한계비용과 일치하도록 책정할 것이다.[19] 사회후생을 극대화하기 위하여 세금을 부과하기 때문이다. 즉, $C'(D(p+t)) = p+t$.

이 등식을 위의 마지막 식에 적용하면 두 번째 항목은 0이 된다. 이 경우, 남는 것은 다음의 식이다. $[D(p+t)-tD'(p+t)]=0$. 이 식을 정리하면, 분모가 0이 아니라는 전제 하에 $t=\dfrac{D(p+t)}{D'(p+t)}$가 된다. 분모는 수요함수의 기울기를 의미하므로 (수요의 법칙에 의하여) 음의 값을 갖게 된다. 반면에 분자는 수요량을 의미하므로 양의 값을 갖게 된다. 등식의 우측이 음수로 나타나므로, 좌측도 음수이다. 즉, t는 음의 값을 갖는다. 음의 세금이라는 것은 무엇을 의미하는가? 정부가 기업에게 세금을 받는 것이 아니라 오히려 주는 것을 의미한다. 즉, 보조금을 의미한다고 할 수 있다. 사회후생을 높이기 위해서는 정부가 기업에게 보조금을 주어야 한다는 결론인 것이다.

---

19 완전경쟁시장의 가격이 한계비용과 일치한다는 것은 앞의 완전경쟁시장에서 이미 기술한 바 있다.

[그림 7-8] 독점기업에 대한 정부의 보조금 지급

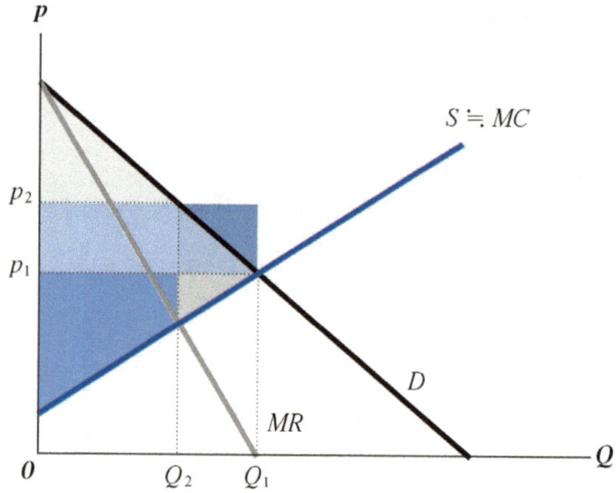

그래프를 통하여 위의 분석을 다시 설명해보자. 정부가 기업에 제품 하나당 보조금을 t만큼 지급하게 되는 경우, 소비자는 경쟁시장의 가격인 $p_1(=p_2-|t|)$에 구매를 할 수 있게 되고, 기업은 p_2에 판매를 할 수 있다. 소비자가 p_1을 지불하므로, 수비자의 수요량과 일치하는 독점기업의 생산량은 Q_1이다.[20]

소비자 잉여와 생산자 잉여, 그리고 보조금을 감안하여 사회후생을 구해보면 아래 표와 같다. 정부는 정책을 시행하기 전에는 (p_1-p_2)의 높이를 가진 보라색 직사각형만큼만 보조금을 지급하면 된다고 생각한다. 그러나 소비자 가격이 완전경쟁가격 수준으로 내려가므로 수요량은 Q_1이다. 이에 따라 결과적으로는 (보라색 직사각형 + 진보라색 삼각형 + 보라색 삼각형)만큼의 보조금을 지급하게 된다. 정부보조금은 외부에서 유입된 것이므로, 사회후생을 제대로 측정하기 위해서는 보조금을 제하여야 해당 산업의 사회후생이 제대로 산출된다.

---

20 뒤에 다시 기술하겠지만, P_2는 독점가격과 다른 가격이다. 그 이유는 규제당국에서 소비자 가격을 한계비용과 일치하는 수준에서 보조금을 지급할 것을 예상한 독점기업이 가격을 독점가격보다도 더 높게 책정하여 더 많은 보조금을 받아 더 높은 이윤을 받으려 하기 때문이다.

	완전경쟁	독점	독점 w/정부보조금	결과
소비자 잉여				보조금 지급 시 완전경쟁과 동일한 사회후생 누림
생산자 잉여	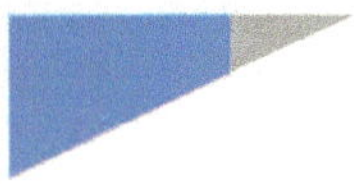			독점 때보다 더 많은 후생 누림
정부보조금	–	–		
사회후생	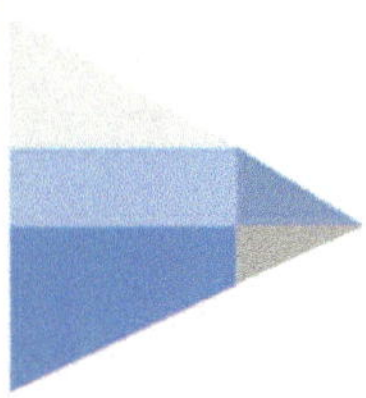		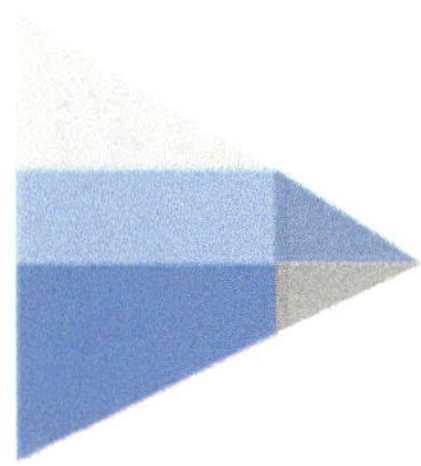	전체적 사회후생이 완전경쟁으로 복귀

결과적으로 보면 정부에서 보조금을 지급하면 사회후생은 완전경쟁시장의 수준으로 회복하게 된다. 하지만 정부의 보조금은 온전하게 독점기업의 추가 이윤으로 남게 되므로 정당성이 결여되었다고 볼 수 있다. 국민에게서 세금을 걷어 독점기업에게 보조금을 주면, 가격은 낮아지고 사회후생이 극대화되어 바람직한 면이 존재한다. 하지만 독점기업의 이윤을 더 높여주는 부작용이 발생한다. 세금을 부담하는 납세자들이 동의할 가능성은 없다.[21]

21 규제당국에서 보조금을 지급할 것을 감안한 독점기업은 독점가격보다도 더 높게 가격을 책정하여 보조금을 더 받으려 할 수도 있다.

제8강

독점산업의 성과 개선과 가격규제(Price regulation)[1]

독점산업의 정태적 비효율성을 개선하는 방안들을 검토한다. 독점산업을 개선하는 첫 번째이고 가장 근본적인 해결방안은 경쟁도입이다. 두 번째 방안은 인위적 개입을 통한 효율성 개선 방안들인데, 그중에 대표되는 인위적 개입방안은 정부의 가격규제 정책이다.

1 본 장의 내용은 독점에 대한 개선방안을 현실적으로 적용하는 방안을 담고 있다. 현실보다는 산업조직이론에 관심을 갖고 있는 경우에는 본 장을 생략해도 된다.

독점산업을 정태적으로 보면, 자중손실을 야기하여 비효율적임이 증명되었다.[2] 이와 같은 비효율성을 개선하기 위한 방안들을 앞장에서 간략히 소개하였는데, 본 장에서는 여러 방안들에 대해서 앞 장보다 더 상세하게 논의한다.

정태적 비효율성을 증명하면서 이름 붙인 자중손실의 발생원인은 독점기업의 적은 생산량과 이에 의해 높아진 독점가격에 기인한다. 원인은 해결책도 제시한다는 관점에서 볼 때, 해결책의 기본적 아이디어는 구조－행동－성과 분석체계가 제시하고 있다. 즉, 성과가 비효율적이라면, 구조나 행동을 변경하도록 하여 보다 효율적인 성과를 성취해내는 방법들을 제시할 수 있다. 예를 들어, 독점구조를 경쟁구조로 바꾸거나, 높은 독점가격을 낮추도록 가격을 규제하는 방법을 통하여 효율성을 제고할 수 있을 것이다.

1. 구조 개선

독점산업의 정태적 비효율성 개선을 위한 첫 번째 방법은 구조를 개선하는 방법이다. 독점구조에 경쟁을 도입하여 경쟁시장으로 전환하는 것이다. 경쟁을 도입하기 위해서는, 앞 장에서 간략히 설명하였지만, 독점의 원인인 진입장벽을 제거하는 것이 핵심이다. 진입장벽을 제거하면 잠재적 경쟁자가 시장에 진입하여 경쟁이 도입되는 구조 개선이 이루어진다. 자연스럽게 독점기업으로서의 행동이 경쟁기업의 행동으로 바뀌게 될 것이다. 따라서 생산량은 증가하고 가격은 하락하게 된다. 다만, 진입장벽이 존재했던 현실적인 이유가 있을 것이므로 이를 제거하기 쉽지 않은 경우가 많다는 점은 기억해 둘만한 가치가 있다.

진입장벽 중의 첫 번째인 요소독점의 사례를 보면, 경쟁을 도입하기 위해서

2 독점산업이 동태적으로도 비효율적인지 여부는 아직 명확한 결론이 나지 않았다. 기술 개발을 통해서 부여받은 특허는 독점기업을 가능하게 하며 이 경우에는 독점산업은 동태적으로 효율적일 수 있다. 이 경우를 제외하면, 독점은 동태적으로도 부패같은 비효율적인 상황을 초래한다고 알려져 있다.

는 새로운 요소가 발견되거나 기존 생산요소를 나누어 쓰도록 해야 한다. 하지만 새로운 요소가 그동안 발견되지 못한 현실적인 이유가 있을 것이므로 장기적으로는 가능한 방안이나, 단기적으로는 불가능한 방안일 가능성이 크다. 기존의 생산요소를 나누어 쓰도록 하는 방안은 해당 요소의 재산권을 침해할 가능성이 있고, 당사자의 반발도 예상할 수 있다. 하지만 이와 같은 반발을 이겨내고 독점을 해소할 수 있다면 비효율성의 개선을 이루어낼 수 있다.[3]

다음은 규제당국에서 구조적 변화를 강제함으로써 요소독점을 해소하였다고 평가받는 사례다. 미국에서는 1970년대까지 AT&T[4]가 미국의 유선전화를 독점하고 있었다. 유선전화는 장거리전화와 지역전화로 나뉘어 있는데, 지역전화는 필수 생산요소로 생각할 수 있는 가입자망을 포함하고 있다. AT&T는 이 가입자망을 독점 보유하고 있기 때문에 유선전화 시장에 다른 기업이 진입할 수 없었다. 미국의 규제당국은 AT&T를 분할하도록 명령하여 유선전화의 요소독점을 해소하였다. 하나의 기업이었던 AT&T를 지역전화회사 7개와 장거리 전화회사, 그리고 이동전화 회사로 강제 분할하도록 명령하고 실행하였다.[5] 이를 통해 장거리전화시장에는 경쟁이 도입되었으며, 요소독점은 해소되었고, 독점의 정태적 비효율성도 개선되었다.

특허나 기술에 의한 독점은, 앞 장에서 강조한 대로, 연구개발을 통한 긍정적 외부효과의 동기로 작용하기 때문에 적어도 일정 기간 동안은 독점을 해소할 필요가 없다. 한편, 대규모 매몰비용의 존재로 독점이 된 경우, 어떤 형태로든 매몰비용을 낮추거나 보전하는 방법을 규제당국에서 강구하여 진입장벽을 낮출 수 있다. 하지만 자금조달이 어렵다는 문제점을 갖고 있기 때문에 잘 준비하여 시행하여야 한다. 정부에서 직접 조달하여 지급하는 것은 정치적인 문

---

3 생산요소를 나누어 사용하도록 하는 방안도 공유경제의 한 형태라고 할 수 있다.

4 지금의 at&t와 연관은 깊지만 똑같은 회사는 아니다. 역사적 부침을 거쳐 AT&T는 다른 기업에 인수되는 여러 과정을 거쳐 다시 at&t로 이름이 붙여졌기 때문이다. 참고로 예전 회사는 대문자를 쓰고 현재의 회사는 소문자를 사용한다.

5 일본의 경우도 유사한 이유로 NTT를 분할하였다. 반면에 우리나라의 정보통신산업에서는 요소독점을 해소하기 위한 촉진책을 통해 경쟁자를 시장에 진입시켜 요소독점의 해소에 성공하였다.

제까지 야기하여 힘들 가능성이 크다.

예를 들어, 우리나라에서는 1970년대와 1980년대에 설비비 제도를 도입하여 정치적 문제를 피하면서 자금조달에 성공한 경험이 있다. 유선통신 시설의 투자에 있어서 막대하게 발생하는 매몰비용의 원인은 가입자망이다. 가입자망을 구축하기 위해서 많은 자금이 소요되지만, 한번 구축되면 상대적으로 적은 운영-유지비용만 발생하기 때문이다. 이 막대한 매몰비용으로 인하여 통신시장에서는 충분한 시설이 건설되지 못했으며, 따라서 경쟁도 없었다. 이 가입자망에 대한 투자비가 없었던 기업을 대신하여 정부에서는 유선전화의 설치를 원하는 소비자가 설비비라는 명목으로 일정 금액을 예치하도록 하였다. 이렇게 조달된 재원을 이용하여 가입자망의 설치를 성공적으로 마칠 수 있었고, 이 설비비는 예치금이기 때문에 해당 기업이 나중에 모두 가입자에게 돌려주었다. 가입자망 사례는 경쟁을 도입한 사례는 아니었지만, 막대하게 발생하는 매몰비용의 부담을 경감하는 방안으로 제시되었고, 가입자망의 설치에 성공하였던 사례다. 이렇게 설치된 가입자망을 그 후 경쟁업체에게도 제공함으로서 최종적으로는 경쟁도입에 성공하였다.

정부의 규제로 인하여 독점이 된 경우에는 당연하게 정부의 결단으로 경쟁도입이 가능하다. 규제개혁을 언급할 때 가장 중요하게 고려되어야 하는 정부의 규제가 바로 독점 또는 시장지배력을 보장하는 진입규제라고 할 수 있다. 이런 규제들도 나름의 이유는 있겠으나, 시장의 구조를 악화시켜서 효율성을 낮춘다는 면에서는 철폐되어야 할 것이다. 하지만 이미 정부의 규제를 통해서 독점기업으로서의 혜택을 향유하던 이해관계자들의 반발로 진행에 어려움을 겪을 가능성은 항상 존재한다. 이런 반발로 인하여 규제개혁이 역사적으로 지지부진했던 것이 사실이다.

독점의 폐해를 줄이는 또 다른 구조개선 방법은 해당 독점기업을 아예 공기업으로 만드는 방법이다. 사기업은 이윤을 추구하기 위해 가격을 높이므로 공기업으로 만들면 문제가 없어질 것이라는 아이디어이다. 특히, 진입장벽을 낮추기 위한 노력이 성공하기 어렵다고 판단되는 경우에 문제를 해결하는 방법이다. 공기업의 목적은 이윤이 아니므로 독점이더라도 이윤을 목표로 하는 사기업처럼 독점가격을 책정하지 않아서 사회후생이 높아질 것이라는 예상을 해 볼 수 있다.

문제가 없는 해결책이 드문 것처럼 독점 공기업의 경우에도 신경을 써야 할 문제는 많다. 예를 들면 독점 공기업은 경쟁 상대가 없다. 경쟁 상대가 혹시 있다고 해도 회사의 생존이 보장되어 있으므로 경쟁이 없는 것과 마찬가지다. 경쟁이 없고 생존이 보장되니 비용을 절감해야 할 동기도 없다. 비용을 절감할 동기가 없는 환경 하에서 공기업이 '모두 효율적이기를 바라는' 것은 무리가 아닐까? 우리나라의 많은 공기업들이 적자에 허덕이고 있으며, 정부의 지원으로 생존하고 있다. 독점 공기업의 효율성을 높이기 위한 노력은 아무리 강조해도 부족할 정도라고 말할 수 있다.

구조를 개선하는 방법이 가장 근본적인 방법이겠으나, 현실적 구조 개선은 어려움을 겪을 가능성이 크므로 차선책으로 독점기업의 행동을 개선하는 아래와 같은 행동 개선의 방법을 선택할 수 있다.

2. 행동 개선

독점시장의 균형은 완전경쟁시장의 경우보다 가격은 높고 생산량은 적다. 우리가 바람직하다고 여기는 완전경쟁시장을 기준으로 하여 독점가격을 한계비용까지 낮추도록 가격을 규제하는 것을 효율성 제고 방안으로 생각해 볼 수 있다. 한계비용에 근거한 가격규제방식에 대한 설명으로 독점기업의 행동 개선에 대한 논의를 시작한다.[6]

가격을 규제하는 방식에는 가격허가제와 가격신고제, 그리고 가격상한제 등이 존재한다. 가격허가제는 기업이 가격을 변화시키고자 할 때는 규제당국의

---

6 행동 개선에 대한 아래의 논의는 김상택과 이광철(2005)의 내용을 발췌, 인용한 후, 수정과 보완을 거쳐 작성되었다.

허가를 받아야 하는 규제방식이다. 이에 반하여 가격신고제는 기업이 가격을 변화시키고자 할 때, 신고만 하면 가격이 변화되는 제도다. 규제의 강도가 매우 낮음을 알 수 있으며, 경우에 따라서는 독점기업에 대한 규제로 보기 어렵다. 가격상한제는 정해진 상한을 넘지 않는 가격이라면 기업이 언제든지 가격을 변화시킬 수 있는 자유를 부여한 가격규제방식이다. 규제당국에서 어떤 방식의 가격규제를 선택하더라도 기준이 되는 가격이 있어야 허가를 하건, 아니면 상한을 정할 수 있을 것이다. 아래에서 소개하는 내용은 바로 이 기준을 정하기 위한 연구결과라고 볼 수 있다.

가격규제의 방식은 아래에서 자세하게 설명하겠지만, 가격규제가 적용되는 독점기업은 일반적으로 품질을 저하시켜서 가격규제를 무력화시킬 수 있다. 사실 소비자는 어떤 제품의 가격을 일정한 품질이 유지되는 상태에서의 해당 제품에 대한 가격으로 인지한다. 따라서 품질이 저하되면, 가격규제에도 불구하고 가격은 다시 상승하는 효과를 갖는다. 이런 점을 고려하면, 가격규제를 도입함과 동시에 품질규제도 같이 도입해야 한다.

1) 비용에 근거한 가격규제

(1) 한계비용과 가격규제

한계비용(Marginal Cost)와 일치하는 규제 가격은 경제학적으로 이상적인 완전경쟁시장에서의 균형가격이므로 여타 상황에서의 한계비용은 목표로서의 의미를 갖고 있다. 왜 그런지 7강에서 이미 설명했지만, 다시 간략히 살펴본다.

효율적인 완전경쟁시장에서 기업은 주어진 가격 하에서 이윤을 극대화한다.

$$Max\ \Pi(x) = R(x) - C(x)$$

기업의 이윤 극대화를 위한 일계조건은 다음과 같다.

$$\Pi'(x) = 0 \rightarrow R'(x) - C'(x) = 0$$

완전경쟁시장에서 $R'(x)$은 가격을 의미하며,[7] $C'(x)$은 한계비용이다. 따라서 완전경쟁시장에서는 가격과 한계비용이 일치한다. 가장 효율적인 완전경쟁시장에서의 가격이 한계비용과 일치하기 때문에, 한계비용에 입각한 가격설정은 가장 효율적인 것으로 알려져 있다. 규제당국이 가격을 책정할 필요가 있을 때는 한계비용에 입각한 가격을 책정해야 하는 논리적 근거다.

이 방법에는 한계비용을 파악하기 매우 어렵다는 현실적인 단점이 있다. 이런 단점에 대한 해결책으로 제시된 것이 바로 평균비용이다. 아래 완전경쟁시장의 장기균형도를 참조하면, 완전경쟁시장의 장기균형에서는 평균비용과 한계비용이 일치한다. 이런 장기균형의 특성을 이용하여 현실적으로 찾기 어려운 한계비용 대신에, 한계비용과 일치하는 평균비용으로 가격을 설정하도록 규제하는 것이 현실적인 정책결정의 대안이었다.

[그림 8-1] 완전경쟁시장 기업의 장기균형도

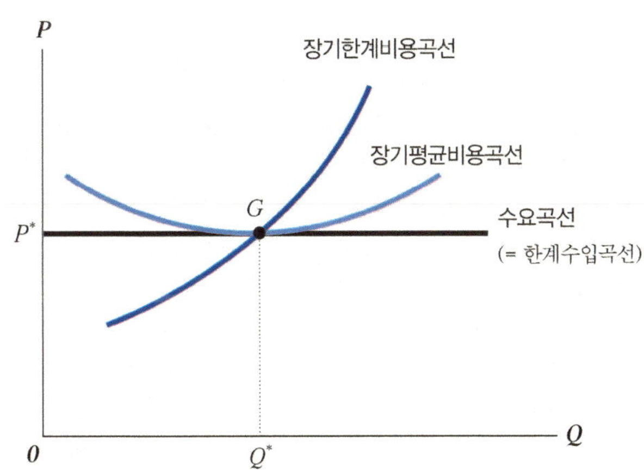

7 완전경쟁시장에서의 가격은 주어져 있기 때문이다. 즉, $R(x) = px$이기 때문에, $R'(x) = p$이다.

평균비용으로 한계비용을 대체한다고 할 때, 현실적으로는 기업의 회계자료를 이용하여야 한다. 기업의 회계자료는 오랜 기간 동안 공인된 자료로 외부의 검증을 받은 객관적 자료인 데다, 또 다른 한편으로는 회계자료 외의 자료를 별도로 찾기 어렵기 때문이기도 하다. 회계자료를 이용하여 평균비용, 나아가 한계비용을 추정하는 방법을 투자보수율규제(Rate Of Return Regulation)이라고 하는데, 다음 절에서 자세히 설명한다.

(2) 한계비용 가격책정의 추가 고려사항

한계비용에 근거한 가격책정이 모든 상황에 적합한 것은 아니기 때문에 본 절에서는 이에 대하여 검토한다.[8] 한계비용이 평균비용보다 낮은 경우, 즉 규모의 경제가 존재할 경우[9]에는 한계비용과 일치하는 가격은 총비용을 보전하지 못하여 적자가 발생하게 된다.[10] 예를 들어 대규모 고정비용이 존재하면 규모의 경제가 존재한다.[11] 그 이유는 다음과 같다.

고정비용이 존재하는 단기 비용함수는 $C(x) = a + bx$라고 표기할 수 있다.

---

8 본 절에서는 한계비용을 정확하게 추정할 수 있더라도 발생하는 문제에 대하여 논의한다.

9 위의 장기균형도에서 평균비용곡선이 우하향하는 구간을 규모의 경제라고 부른다. 이때 한계비용은 평균비용보다 아래에 위치하고 있다는 것을 알 수 있다. 참고로 유선 정보통신산업에서는 가입자선로라는 장기적인 고정비용이 존재하고 있다. 유선망에서의 가입자망은 항상 존재해야 하고, 통신량이 증가해도 별 변화 없이 유지되기 때문이다. 장기적으로는 고정비용이 없다고 알려진 경제학 이론의 예외로 분류되는 특별한 경우라고 할 수 있다. 하지만 아주 길게 보면 기술의 발달로 유선망의 기술이 발달하여 과거의 가입자망을 더 좋은 망으로 대체하게 되므로 예외로 보지 않을 수도 있다.

10 예를 들면, 장기균형에 도달하지 못하여 생산량이 장기균형보다 적은 상황에서는 규모의 경제가 나타나고, 한계비용과 일치하는 가격은 적자를 초래한다는 뜻이다. 평균비용이 한계비용과 일치하지 못하기 때문에 발생하는 문제라고 할 수 있다.

11 고정비용이 존재하는 경우 이외에 규모의 경제를 나타내는 경우는 다음과 같다. 정보통신산업 등의 네트워크 산업에서 공통적으로 이용되는 관로는 파이프를 활용하며, 파이프는 규모의 경제를 나타낸다. 파이프의 둘레는 파이프를 만드는 비용을 나타내며, 파이프 단면의 면적은 파이프가 옮기는 용량을 나타낸다. 비용이 2배 증가할 때, 파이프의 내면적은 4배 증가하여 규모의 경제를 나타낸다는 것을 알 수 있다. 또한 정보통신기술의 발달로 인한 광통신의 개발은 규모의 경제를 초래하고 있다. 자세한 내용은 김상택(2002)을 참조하기 바란다.

이 경우, a가 고정비용이고 b가 한계비용이다. 이 비용함수의 양변을 양의 생산량 x로 나누어 평균비용을 도출하면, $\frac{C(x)}{x}=\frac{a}{x}+b$가 된다. 좌변은 평균비용을 나타낸다. 생산량 x가 상승함에 따라 우변이 점차 감소한다는 것을 알 수 있으며, 그 원인은 고정비용 a때문이라는 것도 알 수 있다. 생산량이 증가하면서 우변이 감소하므로 좌변의 평균비용도 감소한다는 것을 알 수 있다.

고정비용이 존재하는 이런 상황에서 한계비용에 입각한 가격을 설정하면, 고정비용을 회수하지 못하여 적자가 발생한다. 즉, 위의 식에서 b로 책정된 가격에 x만큼의 수량을 기업이 판매한다면 bx의 수입이 발생하지만, 총 비용은 $C(x)=a+bx$이다. 고정비용 a가 회수되지 못하는 것이다. 고정비용은 단기적으로만 존재하는 것이 경제이론이기 때문에, 단기한계비용과 일치하는 가격을 설정해도 좋은 상황은 고정비용이 단기적으로도 없는 특별한 상황에 국한된다는 것을 알 수 있다.

한계비용 가격을 책정하면 적자가 되는 이 상황에서 평균비용 가격을 책정하면 어떻게 될까? 당연히 적자는 모면하겠지만, (효율적이라고 이미 증명된) 한계비용 가격이 아니기 때문에 비효율적이다.[12] 따라서 평균비용에 근거한 한계비용의 추정은 장기 균형점을 찾는 것이 중요하다는 것을 알 수 있다. 장기 균형점에서의 장기평균비용은 한계비용과 일치하기 때문이다.

다만, 규모의 경제가 장기적으로도 존재하는 특별한 경우에는 한계비용이 평균비용보다 낮다.[13] 이 경우에 한계비용에 근거한 가격설정 방법을 채택한다면, 적자가 발생한다. 따라서 규모의 경제 상황에서 한계비용 가격을 책정하고

---

12 비효율적인 이유는 여러 가지가 있지만, 그중 하나를 이야기하면 다음과 같다. 만약, 규제당국에서 가격의 변화를 불허한다면, 해당 기업은 평균비용가격에서 이윤을 극대화하는 생산량을 찾아 생산량을 늘리게 될 것이다. 참고로 정해진 가격에서 이윤을 극대화하는 생산량은 한계비용곡선과 만나는 점이기 때문이다. 다른 기업이 한계비용보다 높은 평균비용가격을 보고 시장에 진입할 수도 있다. 이 경우에는 생산량이 수요량보다 많아 모두 판매되지 않게 되어 재고가 누적되는 비효율성이 발생하게 된다.

13 경제학에서는 일반적으로 장기적인 고정비용은 없다고 생각하므로, 매우 특수한 상황에서만 장기적 규모의 경제가 존재한다.

자 할 때는, 적자를 보전할 수 있는 보완방법이 필수적이라고 할 수 있다.[14] 보완방법의 사례는 비선형요금제나 해당 산업 이외의 부분에서, 예를 들면 국민의 세금으로, 보전을 받는 것 등을 생각해 볼 수 있다.[15]

정보통신산업, 상하수도 산업, 전기산업, 그리고 철도산업을 비롯한 대부분의 네트워크 산업은 규모의 경제를 나타내고 있으므로 한계비용에 근거한 가격설정은 적자를 초래할 것이 예상된다. 이러한 손실이 기업 내부에서 보상되려면 다른 서비스 부문에서의 가격이 인상되어 적자를 보전할 재원이 마련되어야 할 것이고, 외부의 보조를 받는다면 조세인상 또는 다른 정부지출의 감소를 통하여 손실에 대한 보상이 가능해질 수 있을 것이다.

(3) 평균비용과 완전배부비용, 그리고 투자보수율 규제

평균비용(Average cost)은 각 산출물의 비용을 산출물의 생산량으로 나누어 산출한다. 각 산출물의 비용은 경제학적으로는 명확하게 정해져 있지만, 현실적으로는 명확하지 못하다. 예를 들어 기업의 사장 월급은 여러 산출물 중 어느 산출물의 생산비용에 속하는지 현실적으로는 명확하지 못하다. 이론적으로 보면, 사장이 회사에 기여한 성과가 산출물별로 어떤 비중을 갖고 있는지 정확하게 파악하여, 이에 맞추어 월급을 산출물별로 나누면 된다. 하지만 현실에서는 사장 본인도 정확하게 산출하기 어려우며, 객관적으로 인정받을 수 있는 방법으로 자신의 성과를 정확하게 나누는 것은 더욱 어렵다. 이런 이유로 해서 완전배부비용이라는 회계적 방법이 개발되었다.

완전배부비용(FDC : Fully distributed cost)에 대해서 조금 더 설명해보자.

---

14 적자가 발생하지 않도록 하는 특별한 가격 체계도 있는데 비선형요금(Non-linear pricing)이라고 부른다. 예를 들어 이부요금제(Two part tariff)를 들 수 있다. 이부요금제는 요금을 두 부분으로 나누어 책정하는 방법이다. 예를 들어, 고정비용에 해당되는 요금과 변동비용에 해당되는 요금을 별도로 책정하여 요금을 징수함으로써, 고정비용과 변동비용을 모두 회수하는 것이다. 디즈니랜드의 경우, 입장객에 따라 발생하는 비용은 입장료로 회수하고, 놀이기구로 인해 발생하는 비용은 사용료로 분리하여 요금을 책정하여 모든 비용을 회수하였다. 비선형요금과 대비하여 보통의 요금제는 선형요금제(Linear pricing) 또는 일부요금제라고 부른다.

15 보다 더 효율적인 보전방법을 강구하여 제시하는 것은 좋은 연구과제라고 할 수 있다.

각 산출물에 고유하게 발생한 비용을 귀속비용이라 하며, 여러 산출물에 공통으로 드는 비용을 공통비용이라고 한다. 각 산출물의 총비용을 산출하는 방법으로 귀속비용은 각 산출물의 생산비용에 모두 포함하지만, 공통비용은 일정한 규칙에 따라 각 산출물에 분담하여 포함하게 된다.

완전배부비용은 전체의 비용을 각 산출물에 비용의 종류에 따라 귀속하거나 배부시켜 각 산출물에 대한 비용을 산출하는 원가회계(Cost accounting)의 한 방법이다. 만약, 산출물이 하나인 기업이라면 모든 비용이 해당 산출물로 귀속되기 때문에 해당 산출물의 비용과 총비용은 같다. 이 경우, 해당 산출물의 총비용을 산출물의 갯수로 나눌 때, 산출물 하나당 비용이 계산된다. 산출물이 여러 개라면 완전배부비용은 각 산출물의 생산을 위해 발생한 비용을 합산하여 계산한다.

공통비용을 각 산출물에 분담시키는 방법은 다양하다. 각 산출물의 산출량 비율에 따라 분담시킬 경우에는 상대산출법이라고 부르고, 각 산출물의 수입이 총수입에서 차지하는 비율에 따라 분담시키면 총수입법이라 부른다.[16] 총 귀속비용에서 각 산출물의 귀속비용이 차지하는 비율에 따라 공통비용을 분담시키는 방법은 귀속비용법이라고 한다. 예를 들어 기존에 귀속된 인건비 비율로 공통 인건비를 배분하는 방법은 귀속비용법 중 하나라고 할 수 있다. 앞서 언급했던 사장의 월급을 이렇게 산출물별로 나누어 산출물별 비용을 계산할 수 있을 것이다.

f_i를 산출물 i가 분담해야 되는 공통비용의 비율이라고 둘 때, 완전배부비용은 다음과 같이 나타낼 수 있다.

$$FDC_i = i\text{의 직접 귀속비용} + f_i \times \text{공통비용} \ (i = 1, \cdots, m.)$$

16 총수입법이 가지고 있는 문제점은 가격이 알려져야 수입의 계산이 가능하다는 점이다. 하지만 가격결정에는 수입의 비율이 필요하다는 동시성의 문제가 발생한다. 이를 극복하기 위한 한 가지 방법은 지난기의 수입비율을 사용하는 것이다.

f_i는 정의하는 방법에 따라 앞에서 논의하였던 세 가지 방법으로 나눌 수 있다. 산출물 i의 생산량을 q_i로 둘 때, 상대산출법의 경우 $(f_i^R = q_i / \sum q_i)$로 정해지며, 총수입법의 경우 ($f_i^G = i$의 수입/총수입)으로 정해지고, 귀속비용법의 경우 ($f_i^A = i$의 귀속비용/총귀속비용)으로 정해진다.

산출물별로 이렇게 정해진 원가 FDC_i를 해당 산출물의 생산량으로 나누는 방법이 산출물의 가격을 정하는 손쉬운 방법이다.[17] 가격을 책정할 때, i번째 비용을 i번째 생산량으로 나누면 된다. 다시 말해서, 규제가격은 $p_i = \dfrac{FDC_i}{q_i}$로 정해진다. 이 방법을 적용한 사례를 다음 장에서 구체적인 설명과 함께 제시하고 있다.

완전배부비용에 근거한 가격설정은 ① 계산이 간편하고, ② 평균총생산비용은 기업의 회계장부에서 쉽게 얻을 수 있는 자료이므로 객관적인 검증이 가능하며 ③ 총수입과 총비용을 일치하게 만들어 독점기업의 이윤을 0으로 만드는 장점을 갖고 있다.

완전배부비용은 단점도 갖고 있다. ① 비용을 절약하려는 동기가 부족하여 동태적 비효율성이 나타난다. ② 규제에 따른 행정비용을 증대시킨다. 회계비용 등을 정확하게 산정하기 위해서는 많은 인력이 필요하기 때문이다.

③ 완전배부비용에 근거한 가격규제는 기술혁신, 범위의 경제의 실현 및 생산성 향상에 부정적인 영향을 미칠 수 있다. R&D 투자의 성공으로 기술혁신이 이루어진다고 하더라도 이에 대한 보상이 주어지지 않을 경우에는 기업의 기술혁신 유인은 없다. 또한 피규제기업은 제공하는 서비스의 다양화 내지는 사업의 다각화를 통한 범위의 경제를 실현하려는 동기도 없다.

④ 완전배부비용에 근거한 가격규제는 요금설정의 유연성이 부족하다는 단점을 갖고 있다. 경제 환경이 변하는 상황에서 과거의 회계자료로 요금을 산정하므로 변하는 경제 환경을 반영하지 못한다. 시장이 경쟁적 환경에 있을

---

17 평균비용에 근거한 가격설정 방식이다.

경우에는 시장지배적 기업의 요금이 규제기관에 의하여 경직되어 있으므로 사업자가 시장경쟁에 대응하여 사업자 스스로 유연한 요금설정을 하는 것이 불가능하다.

⑤ 소비자 후생을 직접적으로 반영하지 못한다. 비용만을 감안하여 규제가격을 산정하기 때문에 소비자 후생에 대한 직접적인 반영은 없다. 다만, 장기균형에서는 한계비용과 일치하는 가격이 소비자 후생을 극대화하는 가격이기 때문에 장기적으로는 소비자 후생을 반영한다고 할 수 있다.

이와 같은 많은 단점에도 불구하고, 완전배부비용에 근거한 가격설정은 그 장점으로 인해서 많은 나라에서 채택되어 사용되었다. 당시에는 더 발달된 형태의 규제방식이 고안되지 않았기 때문이며, 그 이후 다양한 방식의 가격규제 방식들이 고안되었다. 새로운 가격규제 방식들과 비교 대상이 되는 규제방식과 규제가격으로는 완전배부비용으로 산정한 숫자가 이용되었음은 물론이다. 지금도 규제가격의 비교점(Benchmark)으로 사용되고 있으며, 현재까지도 현실에서 많이 사용되고 있다.

완전배부비용의 발전과정을 통해 조금 더 완전배부비용에 대해 알아보자. 완전배부비용으로 요금을 산정할 때, 중요하게 고려하여야 할 비용의 개념은 기회비용이다. 하지만 완전배부비용을 적용하던 초창기에는 기회비용을 인정하지 않았다. 회계장부에는 보통 기회비용이 써 있지 않기 때문이었다. 이 때문에 기회비용조차 인정받지 못하는 해당 피규제기업은 투자할 동기가 부여되지 않아 생산되는 재화의 품질이 점차 저하되는 부작용이 발생했다. 투자할 동기가 없는 보통의 기업은 매우 비효율적으로 변한다.

투자할 동기가 없는 기업의 행동은 다음의 사례에 잘 나타나 있다. 구소련의 통신회사는 투자금에 대한 어떤 기회비용도 주어지지 않는 상황에 직면해 있었다고 한다. 이 통신회사에 가서 전화를 가설해 달라고 요청하면, “10년 후 오늘 날짜에 사람이 방문할 것입니다”라는 답을 들었다고 한다.[18] 동기가 부여

18 이런 일에 익숙한 구소련의 한 소비자가 “몇 시에요?”라고 되물었다고 한다. 통신회사의 직원은 이런 일을 처음 겪었기 때문에 “10년 후인데 몇 시가 왜 중요해요?”라고 물었다고 한다.

되지 않은 기업이 어떻게 행동하는지를 보여주는 사례다.

단순한 비용 개념에 근거한 완전배부비용으로 가격을 책정하는 초기의 가격규제 방식은, 자연스럽게 기업에 동기를 부여할 수 있는 기회비용을 감안하여 요금을 산정하는 방식으로 발전하게 되었는데, 해당 방식을 수익률 규제 또는 투자보수율 규제(ROR Regulation : Rate of Return Regulation)라고 부른다. 투자보수율 규제방식은 아래에 기술할 다양한 규제방식의 기본이 되므로 다음 장에서 별도로 다룬다. 여기서는 다양한 개념의 요금 규제방식을 기술한다.

(4) 역사적 원가주의, 그리고 현행원가에 근거한 가격규제

과거에 발생했던 비용을 근거로 원가를 계산하는 방식이 역사적 원가주의다. 완전배분 원가계산 방법을 요금결정에 적용한다면, 바로 역사적 원가를 적용하는 것이다. 과거에 발생했던 회계장부상의 비용을 원가로 인정하기 때문이다.

역사적 원가(Historic cost)에 기초한 요금산정방식은 기업이 보유하고 있는 자산과 부채를 취득원가, 즉 역사적 원가로 평가하는 방식이다. 역사적 원가에 기초하여 자산과 부채를 평가하게 되면, 일반적으로 물가가 지속적으로 상승하는 경우에는 자산의 감가상각비가 과소계상되는 문제점이 나타난다. 또한 기업의 입장에서는 완전배부비용에서 언급한 대로 비용을 절감할 동기를 갖지 못하게 되므로 동태적 비효율성을 나타낸다.

현행원가(Current cost)란 기업이 소유하고 있는 자산과 동일하거나 유사한 자산을 현 시점에서 재취득한다고 할 때 지급해야 하는 현금을 말한다. 현행원가는 성격에 따라 현행 투입가격, 현행 대체원가 등으로 불리며, 자산을 회사 내에서 자체적으로 생산할 경우에는 현행 재생산원가라 불리기도 한다. 또한 미래지향적 원가의 대용으로 이용되기도 한다.

현행원가는 역사적 원가에 비하여 자산과 부채의 잠재력이라 할 수 있는 현

이 소비자는 "그날 전기도 고치러 오기로 해서요"라고 답했다고 한다. 농담으로 치부할 수 있는 이야기지만, 동기가 부여되지 않은 기업의 행동을 이해하는 데 도움이 되는 사례로 생각된다.

재의 경제적 가치를 잘 표시하여 준다. 또, 개별 항목의 물가변동을 고려함으로써 경영효율성이 요금원가에 반영될 수 있고, 업체 간 원가자료의 비교가능성도 높다고 알려져 있다. 신규사업자는 최근에 구입된 신규시설을 이용하기 때문에, 기존사업자가 현행원가를 사용한다면 업체 간 원가를 직접 비교할 수 있다. 또한 현행원가가 실제 판매가격과 유사하다면 현행원가에 근거한 영업이익은 미래 현금흐름을 평가하는 데 유용하게 사용될 수 있을 것이다.

(5) 장기증분원가에 의한 가격규제

장기증분원가(LRIC : Long Run Incremental Cost)는 "특정 서비스를 제공함으로 인해서 장기적으로 증가하는 사업자의 총비용"으로 정의할 수 있다. 먼저, 장기증분비용에서 "장기"라는 말을 제외한 말인 증분비용을 살펴보자.

증분비용은 다수 생산물을 생산하는 기업의 총생산비에서 해당 생산물을 전부 제외할 경우의 생산비를 차감한 금액을 의미한다. 다음의 수식에서 1번 생산물의 증분비용은 1번 생산물의 생산량을 q_1으로 했을 때의 총비용에서 0으로 했을 때의 총비용을 참가한 금액이다. 따라서 증분비용은 해당 생산물과 직접 관련된 고정비 및 공통비를 포함한다.

$$C_1 = C(q_1, q_2, --- q_i -- q_n) - C(0, q_2, --- q_i -- q_n)$$

장기증분비용에서 "장기"라는 단어는 장차 개발될 것으로 예상되는 최적의 기술을 반영한 비용함수를 이용하여 추정한 증분원가를 의미한다. 이때 "장기"라 함은 기업이 서비스 또는 제품을 추가로 생산할 때, 모든 원가가 변동비용(variable cost)이 될 정도의 긴 기간을 의미한다. 또한 장기증분비용은 특정량의 다른 산출물을 생산하고 있는 상태에서 장기간에 걸쳐 해당 제품이나 서비스 생산을 없앨 경우에 회피할 수 있는 원가라고 설명할 수도 있다.

"장기"에 발생하는 원가를 측정하는 이유는, 첫째 규모 및 범위의 경제가 발생하는 장치산업의 특성상 단기에는 큰 고정비용이 존재하기 때문이며, 둘째 이유는 장기고정비용이 존재하지 않으므로[19] 고정비용에 대한 고려가 필요 없어지기 때문이다.

장기증분비용방식에 의한 요금 산정이 주목을 받는 주요 이유는 역사적 원가 또는 완전배부비용에 기초한 요금 산정방식의 동태적 비효율성을 미래지향적 원가를 이용한 요금산정 방식의 적용으로 개선할 수 있기 때문이다. 즉, 원가에 맞추어 사후적으로 계산되는 요금은 업체의 비용절감 동기를 감소시키는 역할을 하는 부작용이 있는 반면, 장기증분원가는 미래지향적인 기술을 반영하고 있기 때문에 장기간 변하지 않고 사전적으로 결정된다. 따라서 현재의 비용이 어떻게 변하든지 관계없이 미래에도 동일한 요금이 적용되므로 기업은 비용을 절감할 동기가 있다.

장기증분원가는 다음과 같은 난제를 포함하고 있다. 먼저 미래의 기술을 이용하여 비용을 추정하기 때문에, 그 방법에 있어서 상당한 자율성이 존재한다. 최종적인 원가의 수준도 장기적인 기술에 따라 다르게 산출될 가능성이 큰데, 어떤 기술이 장기적 기술인지에 대해서 합의에 도달하기 어렵다. 둘째, 장기증분원가를 계산하기 위해서는 다른 서비스나 제품의 생산량을 고정시킨 후에 계산해야 한다. 현실적으로는 이와 같은 계산이 매우 어렵다고 할 수 있다. 마지막으로 장기증분원가를 이용하여 요금을 산출하려면, 비용뿐만 아니라 수요에 대한 추정도 필요하다. 미래 수요의 추정은 현재 수요의 추정보다 난해하다.[20] 이런 문제점에도 불구하고 장기증분원가를 사용한다면, 동태적 효율성

---

19 장기의 개념을 도입하면, 단기고정비용이 장기변동비용이 된다. 따라서 장기개념이 도입된 요금은 단기고정비용을 회수할 수 있다.

20 이런 어려움을 극복하고 장기증분원가를 산정하는 방식이 제시되었는데, TSLRIC(Total Service Long-run Incremental Cost)는 증분원가를 산정함에 있어 다른 모든 서비스를 제공하는 원가를 총원가에서 차감할 때 기능별로 세분하지 않고 전체 서비스에 대해서 총괄 계산하는 방식을 말한다. 기능별 원가를 고려하는 TELRIC(Total Elements Long-run Incremental Cost) 이전의 증분원가의 개념으로서 현재는 개념상으로만 존재하고, 실제 운용되지는 않고 있는 것으로 알려져 있다. 이에 반해 TELRIC은 기능(elements)별로 장기증분원가를 계산하여 요소별 요금을 산정하는 방식이다. 이런 TELRIC은 개별 요소의 미래지향적 직접원가(Forward looking directly attributable costs)와 합리적인 배부절차를 통해 배부된 미래지향적 공통원가(Forward looking common costs)를 보상하는 수준에서 요금을

이라는 큰 장점을 갖는다.

2) 수요를 감안한 요금 산정방법

(1) 램지가격

독점가격을 규제하기 위한 가격 중, 램지(Ramsey)가격은 특정 재화나 서비스의 경우에는 적자가 발생할 수 없다는 제약 하의 가격설정 이론이다. 독점기업에 대하여 한계비용과 일치하는 가격으로 규제하면 적자가 발생하는 경우의 가격설정방식을 제시하고 있다. 예를 들어, 규모의 경제가 있는 경우 한계비용 가격설정을 하면 손실이 발생하며, 이를 보전하기 위한 외부 보조는 경제의 왜곡을 가져올 수 있다. 램지가격은 특정 재화나 서비스의 총비용은 보상돼야 한다는 제약조건하에서, 자원배분의 왜곡을 최소화하는 가격설정 원리로

산정하는 방식을 취하고 있다.

TELRIC을 실제로 산정하는 방식에는 몇 가지 유형이 있다. 그 유형 중의 하나가 하향식 접근법(Top-down approach)이다. 이는 실제 발생한 원가와 원가동인의 원가-조업도관계(Cost-volume relationship)를 파악하고 실제 발생한 원가를 대체원가로 바꾼 후, 해당 산출물의 생산을 증분량만큼 감소시켰을 때 회피할 수 있는 원가를 계산하여 이를 요금으로 산정하는 방식으로, 현존하는 사업자의 회계를 이용한다. 하향식 접근법의 장점은 실제 비용에 의거한다는 것, 그리고 실제로 발생하는 다양하고 미세한 비용들을 고려할 수 있다는 점이다. 그러나 장기적으로 달성할 수 있는 효율성을 감안하기는 어렵다는 단점이 있다.

상향식 접근법(Bottom-up approach)은 공학적으로 가능한 한도 내에서 정해진 소비자와 판매량을 수용할 수 있는 최적의 장치를 설치하는 것이다. 즉, 미래의 추가적인 판매량을 수용하기 위해 현재의 위치에서 가장 효율적인 기술을 사용하여 증설하는 비용을 측정하는 방법이다. 상향식 접근법은 공학적 방법이라고도 불리는데, 미래지향적 관점에서 산출물을 추가적으로 생산하고자 할 때, 공학적으로 이상적인 기술을 사용하여 발생하는 원가를 추정하여 접속료를 산정한다. 미국의 Hatfield Model, Benchmark Cost Proxy Model과 영국의 Bottom-Up 방식, 일본의 장기증분원가 등이 이에 해당된다고 볼 수 있다.

상향식 접근법은 미래지향적인 관점에서 산출물에 관한 비용을 측정하여 이를 요금으로 산정함으로써 경쟁적 시장에서의 원가와 근사한 수준에서 요금을 산정한다는 장점이 있다. 사업체로부터 협조를 구할 필요가 없다는 장점도 있으며, 이론적으로 가능한 사업 효율성을 고려할 수 있다. 또한 자료취득과 보안성 문제가 없다. 하지만 영업비용을 합리적으로 고려하기 어렵다는 단점도 있다. 측정된 비용이 이론적으로 산정된 것이기 때문에 실제비용과는 무관할 수 있어 투명성의 문제, 신뢰성의 문제가 제기될 수 있다.

서 차선의 가격(Second-best price)이라고 할 수 있다. 자원배분의 왜곡을 최소화하는 과정에서 소비자들의 효용도 감안되기 때문에, 수요를 감안한 가격규제방식에 포함된다.

램지가격 설정이론은 다음과 같이 표기할 수 있다. n개의 재화를 생산하는 기업이 있고, i번째 재화의 산출량은 $y_i(P)$, 그 가격은 P_i 라고 하자. 해당 기업이 생산하는 모든 재화를 표기하면 $y(P)=(y_1(P), y_2(P)\cdots, y_n(P))$이고, 해당 재화의 가격은 $P=(P_1, P_2\cdots, P_n)$으로 정의하자. 이 기업의 비용함수를 $C(y_1(P), y_2(P)\cdots, y_n(P))$로 나타내면, 해당 기업이 생산하는 다양한 재화들로부터 얻는 경제적 이윤은 $\pi=\sum_{i=1}^{n} P_i y_i(P) - C(y_1(P), y_2(P)\cdots, y_n(P))$가 된다. 모든 수요함수가 편의상 독립적이라고 가정하여 $y_i(P_i)$로 표기한다면, 가격이 주어졌을 때의 소비자 잉여(CS : Consumer surplus)는 다음과 같이 표시될 수 있다.

$$CS=\sum_{i=1}^{n}\int_{p_i}^{\infty} y_i(P_i)dP_i$$

차선으로서의 램지가격은 기업에 경제적 손실을 주지 않는 제약 하에 소비자 및 생산자 잉여의 합을 극대화하는 가격을 찾으면 된다. 즉, 다음의 극대화 문제를 푸는 가격 p를 구하면 된다.

$$\max_{P}\ CS+PS$$
$$s.t.\ PS\geq 0$$

구체적으로 기술하면 다음과 같다.

$$\max_{P} \sum_{i=1}^{n} \int_{P_i}^{\infty} y_i(P_i)dP_i + \sum_{i=1}^{n} P_i y_i(P_i) - c(y(P))$$

$$s.t. \sum_{i=1}^{n} P_i y_i(P) - c(y(P)) \geq 0$$

Lagrange 함수를 풀면 다음과 같은 등식이 도출된다.

$$\frac{P_i - MC_i}{P_i} \cdot \epsilon_i = \frac{P_j - MC_j}{P_j} \cdot \epsilon_j$$

$$\text{또는} \quad \frac{\dfrac{P_i - MC_i}{P_i}}{\dfrac{P_j - MC_j}{P_j}} = \frac{\epsilon_j}{\epsilon_i}$$

(ϵ_i : 재화 i에 대한 수요의 가격탄력성, MC_i : 재화 i의 한계비용)

위의 식을 만족시키는 가격이 바로 램지가격이다. 위의 식은 램지가격 설정 규칙의 가장 잘 알려진 형태로, 역탄력성 법칙[21]을 나타내고 있다. 위의 식에서 $\frac{P_i - MC_i}{P_i}$는 재화 i의 러너지수로서, 책정된 요금이 한계비용으로부터 어느 정도 마진을 갖는지를 측정하는 마진율을 나타낸다.

램지가격은 수요탄력성이 큰 재화의 경우 요금 마진율을 낮게 책정한다. 반면에 수요탄력성이 적은 재화의 경우에는 요금마진율을 높게 책정한다. 한계비용가격설정이 적자를 초래하게 된다는 단점을 보완하기 위하여 고안된 램지가격은 당연히 한계비용 이상의 가격을 설정해야 한다. 이때, 어느 제품에 어느 정도의 가격 인상을 허용할 것인지에 대하여 램지비용은 답하고 있다. 즉, 여러 제품의 상대적 요금 마진율은 수요탄력성의 역에 비례하도록 하여야 한다는 것이다. 따라서 기업에 손실을 주지 않으면서 시장손실을 줄이려면, (즉,

21 독점기업의 이윤 극대화를 위한 가격책정 방식으로 도출되었다.

소비자와 생산자 잉여의 합을 극대화시키려면) 수요탄력성이 큰 재화의 요금마진율을 낮추는 한편, 수요탄력성이 적은 재화의 요금 마진율을 높여야 한다. 이것이 램지가격의 역탄력성 법칙이다.

이러한 램지가격은 이윤제약 하에서 사회적 후생을 극대화시키는 차선(second-best)의 목표를 달성한 가격설정 방식이지만, 다음과 같은 문제점도 있다. 램지가격에 따르면 같은 재화라도 서로 다른 시장에 속한 소비자라면, 각자의 수요탄력성에 따라 다른 가격을 지불하기를 요구받게 되는데, 이를 소비자들이 받아들이기는 쉽지 않을 것이다. 또한 기존의 가격체계를 램지가격체계로 개편하는 경우 사회적 총후생은 증가하지만, 이러한 개편이 Pareto 우월한 변화가 되는 것은 아니다. 즉, 손해를 보는 소비자도 존재한다.

뿐만 아니라 램지가격을 현실에 적용하기 위해서는 비용함수와 수요함수에 대한 많은 정보가 필요한데 이러한 정보획득에는 많은 비용이 발생하며, 경우에 따라서는 그러한 정보를 얻기가 불가능할 수도 있다. 예를 들면 규제자는 해당기업이 생산하는 모든 제품에 대한 탄력성 정보가 필요한데 현실적으로 획득하기 어렵다. 또한 독점사업자의 시장별 가격차별을 통한 이윤 극대화와 유사한 측면이 존재한다. 램지가격설정은 서비스 간의 상호보조를 배제할 수 없다.

램지가격설정은 사회적 후생을 극대화하는 가격체계가 지녀야 할 행태를 보여줌으로써, 공익사업의 요금체계가 지향하여야 할 방향을 제시하였다는 점에서 그 의의를 찾을 수 있을 것이다. 앞에서 살펴 본 바와 같이 램지가격설정은 현실적인 적용에 많은 어려움이 있으며, 특히 최근의 일반적인 추세에 비추어 볼 때, 그 적용 가능성은 점점 적어지고 있다고 볼 수 있다.

(2) 과부하 요금설정[22]

독점기업에 대한 가격규제를 위해 수요를 감안하여 산정할 수 있는 또 다른 방법은 과부하 요금설정(Peak-load pricing) 방식이다. 방송, 통신, 전기, 가스

22 본 절은 Church & Ware(2000)의 과부하요금의 내용을 발췌하여 번역한 내용으로 구성되어 있다. 다만, 내용 중 일부는 본서의 성격에 맞도록 선택적으로 삭제하거나 설명을 추가하였다.

등 네트워크를 이용하여 제공되는 재화의 경우, 그 수요가 시간대, 요일별 그리고 계절에 따라 변화하는 특성을 가지고 있다. 예를 들어 가스는 식사 시간 근처에 많은 소비자들이 소비하는 특성을 갖고 있으며, 통신은 업무시간에 많이 사용되는 특성을 보인다. 이에 반해, 방송은 저녁시간이나 주말에 더 많은 소비가 몰리는 특성을 갖는다.

이러한 재화가 적절한 비용에서 저장이 가능하다면 비부하기(Off-peak period)에 산출된 재화의 일부를 저장했다가 과부하기(Peak period)에 사용하면 되겠지만, 대부분의 재화들은 저장이 쉽지 않다.[23] 공급 측면에 있어서도 이러한 재화들은 대규모 설비투자가 필요한 장치산업으로서 고정비용이 많이 발생하며, 따라서 규모의 경제를 나타낸다. 또한 한번 설치된 장치들은 시기별로 변경하기 어렵다. 비수기에는 공급설비를 축소하였다가, 성수기에는 설비를 늘리는 일은 어려운 일이며, 비용이 많이 발생하는 일이다. 따라서 한번 설치된 장비는 오랜 기간 유지되는 성격을 갖고 있다.

이러한 수요 · 공급 상의 특성은 기업의 설비투자결정 및 가격결정에도 여러 가지 어려운 문제를 야기한다. 비부하기의 수요에 맞추어 설비투자를 한다면 과부하기에는 수요를 충족시킬 수 없게 될 것이며, 반면에 과부하기의 수요에 맞추어 설비투자를 하면, 비부하기에는 유휴설비가 존재하게 된다. 비용 면에서 보면, 시설이 완전하게 가동되기까지는 단기한계비용이 낮으며, 시설한계에서는 시설투자를 야기하므로 단기한계비용이 급격히 증가한다.

이런 상황에서 두 가지 중요한 질문을 할 수 있다. 먼저, 주어진 용량에서 어떻게 가격을 책정해야 하는가? 과부하기와 비부하기의 요금을 어떻게 다르게 책정할 것인가? 이 질문은 과부하기에는 제한된 용량을 어떻게 잘 사용하도록 하는지에 대한 질문, 그리고 비부하기에는 어떻게 남는 용량을 더 자유롭게 사용하게 하는지에 대한 질문이라고 부를 수 있다. 두 번째 질문은 용량을 어떻게 정해야 하는지에 대한 질문이다. 충분한 용량을 갖지 못한 상황에 대한 기회비용이 잘 고려되어야 한다는 것을 짐작할 수 있다. 즉, 과부하기의 혼잡으

23 저장이 가능한 경우에는 가치가 감소하는 경우가 많다. 방송이 좋은 사례다.

로 인한 기회비용이, 용량에 대한 투자비용보다 클 때 용량에 대한 투자가 필요하다.

아래에서는 간단한 모형을 통하여 과부하 요금에 대하여 설명한다. 먼저 동일한 두 기간이 존재한다고 생각해보자. 각 기간에는 서로 독립적인 별도의 수요가 존재한다. 각 기간 동안 용량에 대한 비용은 B 발생하여, 두 기간 동안에는 $2B$의 비용이 발생한다. 산출물을 생산하기 위해서는 용량에 대한 비용 이외에, 단위당 변동비용 b가 발생한다. 따라서 한 단위의 산출물을 생산하기 위해서는 $B+b$의 비용이 발생한다고 가정한다. 용량은 두 기간이 시작되기 전에 결정되며, 한번 결정된 용량은 추가되거나 감소될 수 없다. 용량을 넘는 생산량은 당연히 불가능하며, 사용되지 않더라도 용량에 대한 비용은 발생한다. 용량과 관련된 비용의 변화는 아래의 그래프에 표시되어 있다.

[그림 8-2] 생산용량 제약 하의 비용변화

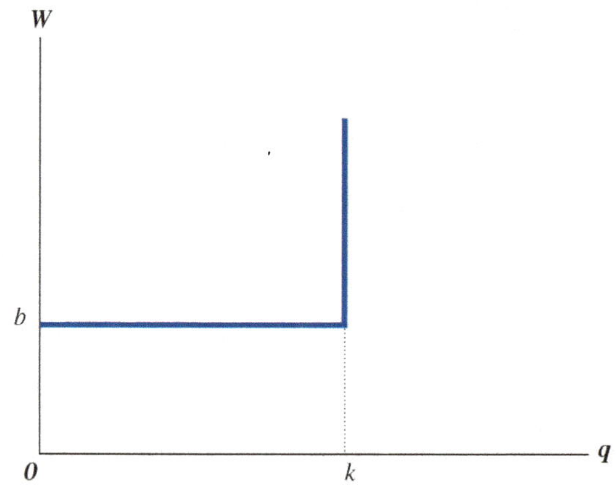

위의 그래프에서는 가로축의 용량 q가 증가할 때 단위당 생산비용은 용량제한 k까지는 b로 일정하게 유지된다. 하지만 용량제한 k에서 비용이 급증하여 더 이상의 생산은 불가능하다. 이런 비용에 직면한 독점기업은 용량제한과 수요의 정도에 따른 다음의 세 가지 상황에 직면할 수 있다. 첫째, 용량이 충분하여 과부하기와 비부하기 모두에서 용량제한은 제약이 되지 않는다. 둘째, 두 기간 모두에서 용량제한에 제약을 받는 상황이다. 즉, 용량보다 수요가 항상 더 커서 용량이 여유 있는 상황은 없다. 셋째, 과부하기에는 수요가 커서 용량이 제한적이지만, 비부하기에는 수요가 적어 용량에 여유가 있는 상황이다. 아래에 차례대로 그래프와 그에 대하여 설명한다.

[그림 8-3] 생산용량 제약 하의 낮은 수요

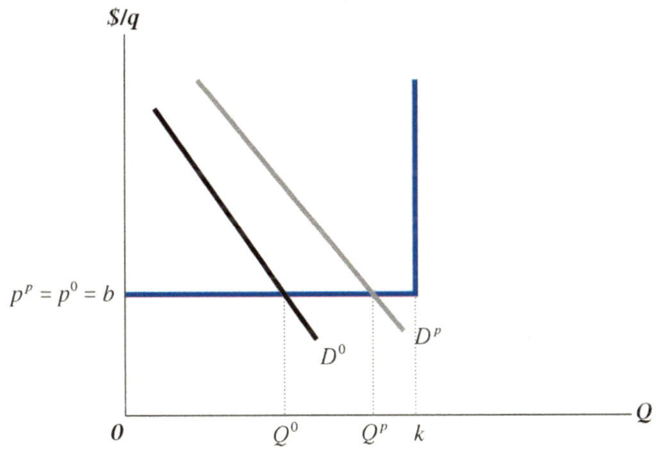

위 그래프를 보면, 두 시기 모두 용량의 여유가 존재한다. 이런 상황에서 두 시기 모두의 효율적인 가격은 변동비용 b라는 것을 알 수 있다. 여기서 사회적으로 한 단위의 산출물을 생산하는 데 발생하는 기회비용은 b다. 참고로 용량 때문에 발생한 비용 B는 매몰비용으로서 기회비용에 포함되지 않기 때문이다. 또한 효율적이기 위한 생산의 기회비용과 한계 소비자의 최대지불용의가 일치해야 효율적인데, 여기서 두 값은 동일하다는 것을 알 수 있다.[24] 하지만 한 가지 고려해야 할 점은 투자가 이루어진 후의 설비관련 비용은 매몰비용이지만, 설비에 대한 투자가 이루어지기 전에는 매몰비용이 아니다. 그런데 왜

---

24 수요함수와 가격이 만나는 지점의 소비자는 가격과 일치하는 최대지불용의를 갖고 있기 때문이다.

처음에 용량에 여유가 있도록 많이 투자했는지에 대하여 고려한다면, 이 그림은 효율적이지 않다는 것을 알 수 있다.

[그림 8-4] 생산용량 제약 하의 높은 수요

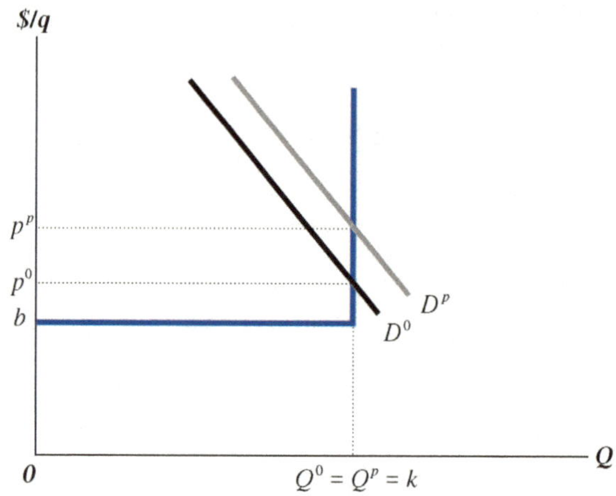

위 그래프를 보면, 두 시기 모두에 용량의 여유가 없다는 것을 알 수 있다. 변동비용 b로 가격을 책정하면 수요가 충족되지 않으므로, 제한된 용량을 효율적으로 나누기 위해서는 더 높은 지불용의를 가진 소비자들이 용량을 사용해야 한다. 가격을 p^o와 p^p로 인상하면 더 높은 지불용의를 가진 소비자들만이 해당 용량을 사용하게 되므로, 제한된 용량에서 효율적이라고 할 수 있다. 즉, 효율적 분배(Efficient rationing)라고 부를 수 있다.

변동비용보다 높은 가격을 책정했는데, 왜 효율적인 분배가 된 것일까? 그 이유는 다음과 같이 생각할 수 있다. 가격을 b로 책정할 경우, 지불용의 b인 소비자가 재화(또는 용량)을 소비할 경우의 사회적 비용은 b가 아니다. 왜냐하면 과부하기라면 $p^p - b$의 후생증가가 가능했는데, 이 효용이 발생되지 않았기 때문이다. 따라서 지불용의 b인 소비자가 용량을 소비할 경우의 사회적 기회비용은 $p^p - b$이라고 생각할 수 있다. 따라서 직접 발생한 변동비용 b와 사회적으로 발생하는 기회비용 $p^p - b$를 합한 값인 p^p가 효율적인 가격이다. 바꾸어 말하면, 사회적으로 발생하는 총 비용과 가격이 일치하였고, 이로 인해 효율적인 분배가 이루어진 것이다. 비부하기에 대해서도 같은 이치로 설명할 수 있다.

[그림 8-5] 생산용량 제약 하의 시기별 수요

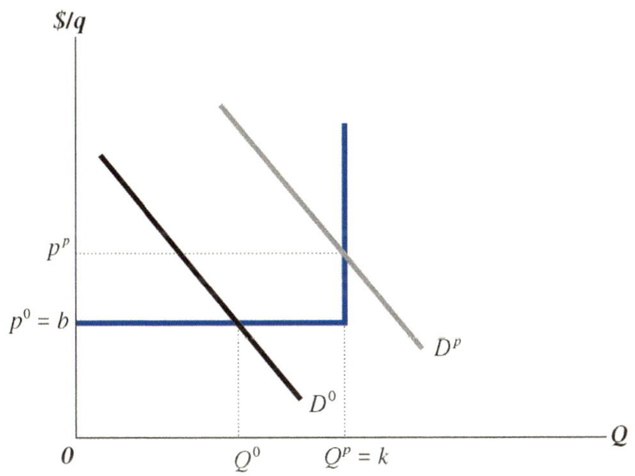

위의 그래프는 비부하기에는 여유용량이 존재하여 효율적인 가격은 변동비용인 b와 일치하는 상황을 표현하고 있다. 반면에 과부하기에는 변동비용 b로 가격이 책정되면 초과수요가 발생하므로, 효율적인 분배를 위하여 변동비용보다 높은 가격인 p^p로 책정된다.

과부하요금설정의 두 번째 질문인 최적 설비수준에 대하여 검토한다. 위의 그림 [8-4]를 보면, 과부하기와 비부하기 모두에서 용량은 부족하다. 독점기업이 용량을 증가시킬 경우, 이윤에는 어떤 변화가 나타날까? 먼저 용량이 1단위 증가하면 $2B$의 용량관련 비용이 추가로 발생한다. 반면에 한 단위의 용량이 더 확보되기 때문에 과부하기에는 $(p^p - b)$의 초과가격[25]이 더 발생하며, 비부

25 초과가격은 변동비용이며 여유설비가 있을 때의 효율적 가격인 b보다 얼마나 높은 가격을 받는지에 의해 정의된다.

하기에는 $(p^0 - b)$의 초과가격이 추가된다. 아래의 (1)식은 설비부족이 있는 경우의 이윤과 설비투자의 관계를 보여준다. 좌측의 초과가격의 합이 우측의 설비투자비용보다 크다면, 투자가 이루어지는 것이 합리적이라는 점을 표현하고 있다. 아래의 (1)식 양변에 $2b$를 더한 후, 양변을 2로 나누면 (2)식이 되는데, 의미는 두 시기에 요금으로 회수하는 매출의 평균이 각기에 발생하는 설비비와 변동비를 회수할 수 있어야 한다는 뜻이다.

$$p^p - b + p^0 - b \geq 2B \qquad (1)$$

$$\frac{1}{2}(p^p + p^o) \geq B + b \qquad (1)'$$

비부하기에는 유휴설비가 있으나, 과부하기에 설비부족인 경우는 어떻게 달라지는지 살펴보자. 유휴설비가 있는 비부하기의 효율적인 가격은 가변비용인 b다. 그러므로 비부하기의 초과가격은 0이다. 반면에 과부하기의 초과가격 $(p^p - b)$은 양의 값을 갖는다. 그러므로 과부하기에는 유휴설비가 없고 비부하기에는 유휴설비가 존재하는 경우, 앞의 (1)식은, 다음의 (2)식으로 바꿀 수 있다. 앞에서와 같이 양변에 $2b$를 더한 후 양변을 2로 나누면, (2)′식이 된다.

$$p^p - b \geq 2B \qquad (2)$$

$$\frac{1}{2}(p^p + b) \geq B + b \qquad (2)'$$

과부하기의 설비부족으로 인한 초과가격만 존재하는 경우에는 설비를 한 단위 늘리면 그에 따라 초과가격만 추가로 발생하므로, 위의 식에서 알 수 있듯이 설비가 부족한 과부하기의 초과가격이 총 설비비용보다 크거나 적어도 같은 수준까지 추가 설비투자가 발생한다. 이 경우 설비비용의 총 부담은 과부하기의 소비자로부터 회수된다. 이에 관한 내용은 아래의 그림에서 더욱 잘 설명된다.

[그림 8-5]는 과부하기에는 설비부족이 존재하고 비부하기에는 유휴설비가 존재하는 경우에 적용 가능한 설비확장의 기준을 설명하고 최적설비 투자수준을 보여준다.

[그림 8-6] 최적 투자용량의 도출

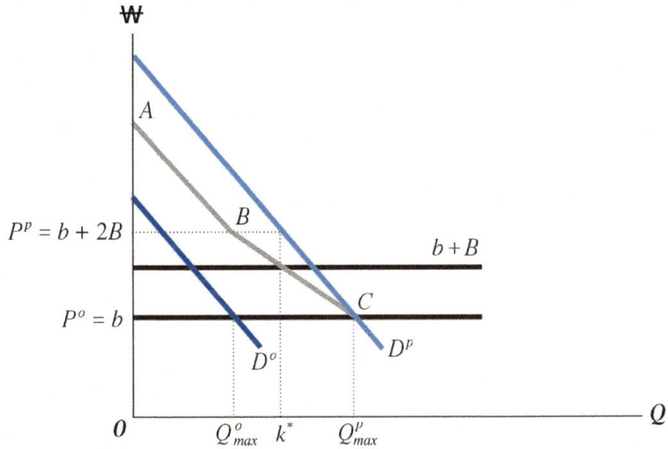

위의 그림에서 세로축은 가격, 가로축은 설비의 용량을 나타내며 과부하기의 가격은 p^p, 비부하기의 가격은 p^o이다. 각 시기의 수요곡선(D^p, D^o)과 가변비용 b가 만나는 점에서 추가설비 한 단위의 가치가 0이 되므로 이 점에서의 설비수준이 최대 설비수준이 된다. 즉, 비부하기의 최대 설비수준은 비부하기의 수요곡선 D^o와 가변비용 b가 만나는 $Q^o_{\max}$이며, 과부하기의 최대 설비수준은 $Q^p_{\max}$이다.

최적 설비수준은 k^*로 이는 (평균)초과가격과 (평균)설비비용이 일치하는 점에서 결정된다. 앞서 설명한대로 평균초과가격과 평균설비비용이 일치할 때 가장 효율적이기 때문이다. 이 관계는 식 (1)과 식 (2)로 표현된다. 같은 뜻이지만 식 (1)′과 (2)′은 다르게 표현하고 있는데, 두 시기의 평균가격이 각 시기의 총비용과 일치할 때 효율적인데, 그 수준이 k^*로 표현된다. 이 설비수준에서는 과부하기에 설비부족이 존재하고 비부하기에 유휴설비가 존재한다.

(1)′과 (2)′을 이용한 두 번째 해석에 따라 위 그림의 의미를 설명해보자. 선분 $\overline{ABC}$는 평균가격 수준을 보여준다. 선분 $\overline{AB}$는 두 시기 모두 설비가 부족한 경우의 평균가격 수준이다. D_0와 D_p는 역수요함수로서 생산량에 따른 가격을 나타내는데, Q^o_{max} 보다 적은 설비수준이라면, 두 시기 가격의 평균수준을 나타내는 선분이 $\overline{AB}$이다. 즉, (1)′식의 왼편인 $\frac{p^p + p^o}{2}$이 선분 $\overline{AB}$로 나타난다.[26]

한편 비부하기에는 유휴설비가 존재하고 과부하기에는 설비부족이 존재하는 경우에는 식 (2)′식의 왼편인 $\frac{1}{2}(p^p + b)$식이 $\overline{BC}$ 로 표현된다. $\overline{BC}$와 비용 $(b+B)$이 일치하는 점에서 최적 설비수준 k^*가 결정된다. 그 이유는 (2)′식이 나타내는 바와 같이, 두 시기에 요금으로 회수하는 매출의 평균이 각기에 발생하는 설비비와 변동비를 회수할 수 있어야 할 때까지 설비를 확장해야 한다는 뜻이다. 이렇게 결정된 최적설비수준 k^*에 대응되는 과부하기의 가격은 p^p이며, 비부하기의 가격은 $p^o(=b)$다.

최적설비수준 k^*에서는 비부하기에 여유설비가 존재하여 혼잡이 없으며, 시설이 완전가동되기까지의 추가 투자비용은 발생하지 않기 때문에, 산출물 당 생산비용은 오직 가변비용 b다. 효율적인 가격설정은 생산비용과 한계지불용의가 같아지는 가격이 같아지는 수준이므로 비부하기의 가격 p^o는 가변비용 b로 일정하다.

그래프를 보면, 설비부족이 존재하는 과부하기의 가격 p^p는 최적설비수준 k^*와 과부하기의 수요 p^p가 대응되는 점에서의 가격 $b+2B$이다. 이러한 가격책정 하에서는 과부하기의 소비자는 양 기간에 대한 총 설비비용 $2B$를 모두 지불하게 되는 반면 비부하기의 소비자는 설비에 대한 비용을 지불할 필요가 없다.

---

26 두 수요직선의 중간에 위치하고 있는 것으로 확인할 수 있다.

이상에서 살펴본 바와 같이 과부하기에는 설비부족이 존재하고 비부하기에는 유휴설비가 존재하는 최적설비수준 k^* 에서의 가격책정 시 과부하기의 가격은 $p^p = b + 2B$로, 비부하기의 가격은 $p^o = b$로 가격이 다르게 책정된다.

이처럼 과부하기와 비부하기의 가격을 다르게 책정할 경우는 시기에 관계없이 동일하게 책정할 경우에 비하여 ① 각 기의 소비자 수요가 달라지며 ② 이에 따라 소비자 잉여가 변화하고 ③ 결과적으로 총 잉여에 있어 양의 효과가 발생한다. 즉, 과부하요금이 더 높은 사회후생을 나타낸다. 이와 같은 결과는 과부하요금 설정에 따른 후생효과를 분석한 다음의 그림을 통해 잘 나타난다.

[그림 8-7] 과부하요금의 후생 효과

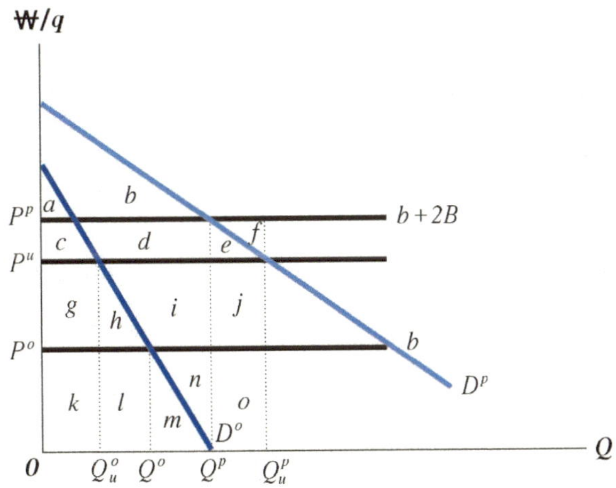

위의 [그림 8-7]에서 세로축은 산출물의 가격을 나타내며 가로축은 각 수요곡선과 가격이 만나는 수준에서의 수요량을 나타낸다. 이 경우 과부하기의 가격을 p^p로 비부하기의 가격을 p^o로 각각 가격이 다르게 책정하는 경우와 과부하기와 비부하기의 구분 없이 동일한 가격수준 p^u로 책정한 경우를 비교한다. 이때 과부하기의 수요곡선은 D^p, 비부하기의 수요곡선은 D^o이다. 그림에서 동일한 가격수준 p^u에서의 과부하기와 비부하기의 수요는 각각 Q_u^p와 Q_u^o이며, 과부하기와 비부하기의 가격이 p^p, p^o로 다르게 책정된 경우의 수요는 각

각 Q^p와 Q^o이다.

이상의 내용과 위의 그래프를 이용하여 과부하기와 비부하기의 가격수준이 같을 경우와 각각 다를 경우에 무엇이 달라지는지 살펴보자.

① 소비자 수요 변화

[그림 8-7]에서 알 수 있듯이 각 기의 가격수준을 임의의 동일한 가격 p^u로 책정할 경우, 과부하기의 수요는 수요곡선 D^p와 가격수준 p^u가 만나는 점에서의 수요인 Q_u^p이고 비부하기의 수요는 수요곡선 D^o와 가격수준 p^u가 만나는 점에서의 수요인 Q_u^o이다. 반면 과부하기의 가격수준 p^p와 비부하기의 가격수준 p^o를 각각 $b+2B$와 b로 다르게 책정할 경우의 과부하기의 수요는 Q^p, 비부하기의 수요는 Q^o로써 동일한 가격수준에서의 수요에 비하여 과부하 시 감소하고 비부하 시 증가하였음을 그래프를 통해 알 수 있다.

② 소비자 잉여의 변화

[그림 8-6]에서 동일한 가격수준 p^u 하에서는 과부하기의 수요가 Q_u^p로써 소비자 잉여는 $a+b+c+d+e$ 영역이며 비부하기의 수요는 Q_u^o로써 소비자 잉여는 $a+c$ 영역이다. 반면 가격수준이 각 기별로 상이함에 따라 과부하기의 수요가 Q^p로, 비부하기에는 Q^o로 이동하여 소비자 잉여가 동일한 가격수준 p^u에서보다 과부하 시 $a+b$로 감소하고 비부하 시 $a+c+g+h$로 증가하였음을 알 수 있다.

③ 총 잉여의 변화

과부하기에 $b+2B$의 가격수준 p^p가 책정됨에 따라 가격수준이 p^u인 경우의 소비자 잉여보다 부분적으로는 감소되었으나 비부하기의 가격수준 p^o에서의 소비자 잉여가 증가하여 오히려 총 잉여는 $h+f$만큼 증가한다.

이상의 과정을 통해 알 수 있듯이 과부하기와 비부하기의 가격을 각각 다르게 책정함으로써 동일한 가격을 적용하는 경우에 비해 과부하기의 수요를 감소시키는 반면, 비부하기의 수요는 증가시킬 수 있다. 이에 따라 설비이용률이 증가하며, 소비자의 후생 증대도 가능해질 수 있다.

3. 결론

정태분석(static analysis)을 하는지, 혹은 동태분석(dynamic analysis)을 하는지에 따라서 독점에 대한 평가는 다르다. 정태분석의 경우, 독점시장에서는 비효율성이 나타남을 증명하였다. 하지만 동태분석의 경우에는 독점이윤을 추구하는 기업의 연구개발이 효율성을 높일 수도 있으므로 비효율적인지에 대한 결론이 현재로서는 명확하지 않다는 것도 지적하였다. 마지막으로 SCP 분석체계를 통하여 독점의 정태적 비효율성을 어떻게 개선할 수 있는지도 논의하였다.

독점가격이 경쟁가격에 비해 상대적으로 높아 사회후생 또는 소비자 잉여가 낮다는 비효율적인 성과를 개선하기 위해서는 SCP 패러다임에 따라 구조를 개선하거나 행동을 규제할 수 있다. 독점의 근본적 원인인 진입장벽을 제거함으로써 구조를 개선하고 경쟁을 도입할 수 있다. 독점의 폐해를 없애는 근본적인 방법이며, 가장 부작용이 적은 방법이다. 다만, 진입장벽을 제거하는 것은 현실적으로 어려운 경우가 많다. 여러 종류의 진입장벽 중에서 정부의 진입규제는 정부의 결단으로 해결이 가능하기 때문에 가장 해결 가능성이 높지만, 이해당사자의 반발 등에 부딪치게 될 가능성이 있다.

구조를 개선하는 것이 불가능하다면 차선책으로는 행동을 변경하여 성과를 개선할 수 있다. 이 방법은 정책결정으로 가능하기 때문에 비교적 쉬우며, 소비자들의 긍정적인 반응도 얻을 수 있다는 장점이 있다. 하지만 규제의 부작용이 발생할 수 있다. 독점의 정태적 폐해는 줄지만, 자유로운 시장의 작동을 규제함으로써 발생하는 왜곡과 비효율성도 존재한다. 특히, 피규제기업이 규제하에서 자신의 목적을 달성하기 위하여 취할 수 있는 행동들은 왜곡과 비효율성으로 나타난다. 예를 들어 가격규제의 경우, 낮은 가격을 유지하면서 제품의 품질을 낮추면 실질적으로는 가격규제를 회피한 셈이 된다. 이 경우, 규제의 실효성을 떨어뜨리는 행동일 뿐 아니라, 소비자들은 원하지 않았던 저질의 재화를 사용하게 되므로 비효율적인 행동이라고 할 수 있다. 행동규제에서 가장 중요한 가격규제를 적용할 때는 품질에 대한 규제도 병행되어야 한다. 즉, 행위를 규제하면 다른 부작용이 나타나고 이를 시정하기 위한 또 다른 규제가 필요할 경우가 자주 발생한다.

규제자의 권한이 강화됨으로 인하여 정경유착 등 부패의 문제가 발생할 가능성도 크다. 차선책으로서만 행위를 규제하는 한편, 궁극적으로는 구조를 개선하기 위하여 노력해야할 것이다.

“If not Structure improvement, Conduct regulation is only the 2nd best.” 위의 문장은 구조 개선이 최선의 정책이며, 행위규제는 차선이라고 이야기하고 있다. 사족을 붙이자면, 구조를 개선하는 경우에도 그 결과가 완전하지 못하다면 행동규제를 보조수단으로 동원할 수 있다.

연습문제

1. 수요가 $Q=200-P$이고, 한계비용은 $c(>0)$이고 고정비용은 0일 때,
   (1) 독점기업의 가격과 생산량을 구하라.
   (2) 규제당국에서는 해당 독점산업의 가격을 얼마로 규제하려 할 것인가?

2. 매일 반나절인 과부하기의 수요가 $p^p=3-x$이고, 나머지 반나절인 비부하기의 수요는 $p^o=2-x$인 산업을 독점하고 있는 기업이 존재한다. 이 기업의 제품생산을 위한 변동비용은 일정하게 단위당 1 발생한다. 해당 제품을 생산하기 위해서는 설비도 필요한데, 설비를 설치하기 위해서는 매기마다 설비 한 단위당 0.1의 비용이 발생한다. 설비를 한 번 설치하면 축소하거나 운영을 멈출 수 없어 매기당 0.1의 비용은 계속 발생한다. 정부는 이 기업의 가격을 규제하고 설비투자를 결정한다.
   (1) 사회후생을 극대화하는 설비투자의 수준을 결정하라.
   (2) 과부하기의 요금과 비부하기의 요금을 산출하라.
   (3) 단일 요금을 책정하는 경우에 비하여 사회후생이 증가함을 그래프를 통하여 보여라.

3. 한계비용에 근거한 가격규제는 이상적인가? 한계비용을 찾는 방법은 무엇인가? 그 방법의 단점은 무엇인가?

4. 평균비용과 완전배부비용, 그리고 투자보수율 규제를 비교하여 설명하라. 차이점과 공통점은 무엇인가?

5. 램지가격을 도출하라.

6. 회계분리는 무엇인가? 구조분리와의 차이점은?

7. Coase의 비선형요금을 설명하라.

참고문헌

김동주 · 김상택, 「경쟁중립적 접속료 규제정책」, 『응용경제』, 2003.

김상택, 「정보통신산업의 경쟁촉진시책」, 『한국정책논집』 제2호, 2002.

김상택, 「최적접속료와 통신요금의 왜곡」, Telecommunications Review 제10권 2호, 2000.

김상택, 「비선형 접속료 산정모형 : 중계접속을 중심으로」, 『공공경제』, 1999.

김상택, 「이부요금과 접속료」, 『정보통신정책 Issue』 제9권 4호, 1997.

김상택 · 이광철, 이동전화 요금제의 비교분석 및 요금규제기준에 관한 연구, 국제무역경영연구원, 2005.

이종화 · 김희수 · 김상택, "상호접속", 정보통신정책 핸드북 제1권(통신서비스 정책의 이해, 제4장), 2005.

부록 1 : 가격책정방법에 따른 요금의 종류

1. 선형요금(Linear price)

선형요금은 판매량이 변화해도 평균요금이 변화하지 않고 일정한 요금제를 말한다. 현실에서 가장 많이 관찰되는 요금체계다. 일반적으로 하나에 얼마씩 판매하는 상품은 모두 선형요금이 적용된 것이라고 할 수 있다. 사과 1Kg에 얼마라고 정하는 경우가 바로 선형요금의 좋은 사례다. 이외에도 램지요금이나, 한계비용에 근거한 요금, 평균비용에 근거한 요금 등이 선형요금이다.

2. 비선형요금(Non-linear price)

비선형요금은 재화의 판매량에 따라 다른 가격을 책정하는 가격체계를 말한다. 따라서 재화의 판매량에 따른 가격차별로 생각할 수 있다. 비선형요금이 현실에서 가능하려면 기업이 시장지배력을 보유하고 있어야 하며, 재화의 재판매가 불가능해야 한다. 또한 수요량과 가격의 상관관계에 관한 정보가 있어야 비선형요금의 적용이 가능하다. 이런 조건들을 모두 충족시키는 경우는 현실적으로 많지 않지만, 방송이나 정보통신서비스 등 서비스 산업의 경우에는 이런 조건을 충족시킬 가능성이 있다.

사회후생을 극대화하는 비선형요금은 상황에 따라 다른 형태로 존재하므로, 다양한 상황을 상정하고 최적의 비선형요금을 찾으려는 시도가 있었다. Coase의 이부요금(Two-part tariff)이 가장 대표적인 비선형요금이다. 그 이외에도 다음과 같은 시도가 있었다. 두 수요곡선이 교차하는 경우의 이부요금, 소비자별로 다른 고정비용을 유발시키는 경우, 소비외부효과를 고려한 이부요금, 완만하게 변하는 비선형요금 등이 분석되었다. 비선형요금이 갖는 가장 큰 현실적인 문제는 소비자가 비선형 요금체계를 잘 이해하기 힘들다는 점이다. 또한 수요나 비용에 관한 정보를 이상적인 경우에만 획득할 수 있기 때문에 비선형 요금의 활용은 현실에서는 제한적이었다.[27]

사용량과 총지출액 간 선형관계[28]가 존재하지 않는 비선형요금 중에서 가장 단순한 것이 이부요금(Two-part tariff)이다. 이부요금은 고정요금 또는 진입요금 t와 사용요금 p로 구성되는데, 재화를 구입하려면 소비자는 t를 먼저 지불하여야 한다. 그 후 사용가격 p로 재화를 구입할 수 있다. 예를 들어 이동통신 서비스의 경우 매달 지급해야 하는 기본료와 가입할 때 지불해야 하는 가입비가 진입수수료 t에 해당되며, 사용량에 따라 별도로 지불하는 요금이 사용가격이 된다. 진입수수료가 0이 될 수도 있으므로, 선형가격은 이부요금의 한 종류라고 볼 수 있다. 따라서 최적 이부요금제가 선택된다면, 선형가격 중 하나인 램지가격보다 더 효율적으로 적자를 모면하는 요금제라고 볼 수 있다. 만약 램지요금이 가장 효율적인 요금이라면 최적 이부요금제가 램지요금을 선택할 수 있기 때문에, 최적 이부요금제가 램지요금보다 덜 효율적인 경우는 없다.

Coase의 이부요금은 소비자들의 다양한 선호를 고려하여 아래와 같이 가격을 설정한다. 고정요금은 소비자의 소비자 잉여에 맞추어 책정하고, 종량요금은 한계비용과 일치하게 책정한다. 소비자는 소비자 잉여가 고정요금보다 클 때 가입하게 되는데, 이것이 가능하려면 우선 소비자별로 다른 고정요금을 적용하는 가격차별이 가능해야 한다. 또한 기업이 소비자별로 가입수요의 탄력성을 알아야 한다.

---

27 자세한 논의는 Brown & Sibley(1986), 김상택(1997), 그리고 김상택(1999)를 참조하기 바란다.

28 선형요금제는 $y=ax$의 관계를 의미한다. 여기서 a는 양수로서 상수를 나타내며, y는 총지출액, x는 사용량으로 사용량이 증가함에 따라 총지출액이 a에 비례하여 증가하는 관계다. a는 선형요금을 나타낸다.

부록 2 : 공정경쟁 확립을 위한 요금

1. 상호보조 배제가격

한 재화를 독점하는 기업이 독점재화에서 발생한 이윤으로 다른 재화의 생산비용을 충당하여 적자를 보전하는 상황이 발생하기도 한다. 이 경우, 생산비용에 있어서 보조를 받는 재화와 경쟁하는 재화를 생산하는 다른 기업은 공정하지 못하다고 지적할 수 있다. 이런 상황을 없도록 하는 요금을 상호보조 배제가격이라고 부른다. Faulhaber(1975)는 다양한 재화를 생산하는 독점업체에게 있어서 상호보조 배제가격을 ① 총수입이 총비용을 보전하고, ② 각 재화의 생산비용보다 높은 수입을 도출하는 가격으로 정의하였다.

규제당국의 입장에서 독점기업의 가격을 허가할 때, 해당 가격이 상호보조를 배제하고 있는지를 파악하는 두 가지 검증법이 있다. 어떤 독점기업이 m개의 재화를 산출하면, 산출물의 집합은 $M=\{1, \cdots, m\}$이다. 산출량은 $q=(q_1, \cdots q_m)$일 때, 비용은 $C(q)$라고 하자. 산출물의 집합인 M의 임의의 부분집합 S에 대해, $C(q_s)$는 집합 S에 속한 산출물만을 q의 수준으로 생산하기 위한 비용을 나타낸다. 또, $C(q_{m/s})$는 집합 M에서 S를 제외한 산출물만을 q의 수준으로 생산하는 비용을 나타낸다고 하자. 이 산출물들의 가격벡터 p가 주어졌을 때, 어떤 가격이 상호보조를 배제하고 있는지를 파악하는 두 가지 검증법이 있다.

증분비용검증(Incremental cost test)은 모든 $S \subseteq M$에 대해 $\sum_{i \in S} p_i q_i \geq C(q) - C(q_{m/s})$으로, 임의의 서비스집합으로부터의 수입은 그것의 생산에 추가적으로 드는 증분비용, $C(q) - C(q_{m/s})$를 하회할 수 없다는 것이다. 모든 부분집합에 대하여 이 기준이 성립해야하기 때문에 각 재화별로도 성립해야 함은 물론이다.

증분비용검증에서 요구하는 바는 집합 S에 속한 서비스들로부터의 수입은 그 서비스들이 전혀 생산되지 않았을 때의 비용 $C(q_{m/s})$와 비교하여 그것이 생산됨으로써 생긴 추가비용 $C(q)-C(q_{m/s})$보다 커야 한다는 것이다. 만약 그렇지 못하다면 집합 S에 속한 서비스들의 사용자들이 다른 서비스의 사용자들로부터 보조를 받고 있다는 것을 뜻한다.

고립비용검증(Stand-alone cost test)은 모든 $S \subseteq M$에 대해 $\sum_{i \in S} p_i q_i \le C(q_s)$으로, 임의의 서비스 집합으로부터의 수입은 그것의 고립비용 $C(q_s)$를 초과할 수 없다. 고립비용검정에서 요구하는 것은 집합 S에 속한 서비스들로부터의 수입은 그 서비스들만을 공급하는 데 드는 비용을 초과할 수 없으며, 만약 초과한다면 S에 속한 서비스들의 사용자들이 다른 서비스의 사용자들을 보조하고 있다는 것이다. 이런 검증방법이 생긴 이유는 고립비용보다 높은 요금은 흑자를 의미하기 때문이다.[29] 흑자가 발생하면 다른 재화로의 보조를 가능하게 하는 여력이 생기므로, 상호보조가 언제든지 발생할 수 있다는 뜻이다.

고립비용검증에서는 집합 S에 속한 서비스들로부터 얻을 수 있는 수입의 상한을, 증분비용검증에서는 그 하한을 정해준다고 할 수 있다. 이러한 상호보조 배제가격의 가장 단순한 사례로, n개의 서비스에 대하여 n명의 수요자가 각각 한 가지씩의 서비스를 이용하고, 각 서비스의 수요자가 자신이 이용하는 서비스의 증분비용을 부담하는 경우를 들 수 있다. 이런 가격 체계에서는 특정한 서비스의 이용자가 다른 서비스의 이용자를 보조해 주는 일이 발생하지 않음을 알 수 있다.

2. 회계분리(Accounting separation)와 구조분리(Structural separation)

앞에서 언급하였지만, 한 재화를 독점하는 기업이 독점재화에서 발생한 이윤으로 다른 재화의 생산비용을 충당하여 적자를 보전하는 상황이 발생하기도

29 고립비용보다 높은 가격이 흑자를 의미하는 것은 당연하지만, 범위의 경제 등으로 인하여 비용이 절감될 것을 고려하면 흑자의 폭은 더 커질 수 있다.

한다. 이 경우, 생산비용에 있어서 보조를 받는 재화와 경쟁하는 재화를 생산하는 다른 기업은 공정하지 못하다고 지적할 수 있다. 이런 상황을 없도록 하는 여러 규제 방식 중 가장 강력한 규제방식은 독점부문과 경쟁부문을 구조적으로 분리하는 방법이다. 구조적으로 분리되어 별도의 기업이 된다면 보조는 원천적으로 어렵기 때문이다. 이 방법을 구조분리라고 부른다.

구조분리의 사례 중에는 중간재와 최종재를 함께 공급하는 통합된 독점기업도 포함된다. 이 독점기업이 중간재 시장에서 경쟁기업에게 불리하도록 차별하는 것을 근원적으로 방지하기 위한 수단으로 통합 기업을 중간재 독점기업과 최종재 기업으로 분리시키는 방법이다. 이렇게 분리하면, 규제당국에서는 중간재 독점기업에 대한 규제만 신경 쓰면 되고, 최종재 시장은 그대로 남겨 두면 된다. 최종재 시장의 경쟁은 중간재 독점기업의 개입이 없을 것이 예상되므로, 그렇지 못한 경우보다 공정할 것이라는 것을 짐작할 수 있다. 이런 종류의 구조분리는 재화의 가격을 높임으로써 산업 전체의 이윤을 증가시키고 소비자 잉여의 감소를 초래할 수 있으며, 수직적 통합(Vertical integration)의 이점을 감소시킬 수 있다. 즉, 기업을 분할함으로써 발생하는 분할손[30]만큼 비효율적인 반면에, 경쟁촉진의 정도만큼 효율성 제고의 효과도 발생할 수 있다.

회계분리는 구조분리와 같은 취지에서 도입되었으나 구조분리에서 발생하는 분할손을 방지하기 위하여 기업이 분리된 것처럼 회계적으로 처리하는 방법이다. 따라서 실질적인 구조분리는 없다. 회계분리가 이루어지면 분할손은 없는 상태에서 구조분리의 장점인 공정경쟁의 환경을 확보할 수 있다. 단점은 회계분리는 회계적으로만 분리되는 것이기 때문에, 회계적 분리를 현실에서 엄격하게 시행하지 않아도 발견하기 쉽지 않다. 따라서 규제당국에서 회계분리를 적용할 경우에는 정기적인 회계분리 감사가 이루어져야 할 뿐 아니라, 회계분리에

30 범위의 경제가 존재할 때, 기업을 분할하면 범위의 경제만큼의 손실이 발생한다. 또한 현실적으로 기업을 분리하기 위해서는 많은 거래비용이 발생한다는 것을 짐작할 수 있다. 예를 들면 양쪽 기업 모두의 업무를 수행하던 인력들은 둘 중 하나를 선택해야 하고, 선택되지 못한 업무에 대한 전문성은 상실되기 때문이다.

관한 정확한 기준도 제정되어야 한다. 회계분리 기준이 없다면, 해당 기업이 자의적으로 회계분리를 시행할 수 있으며, 이 경우 불공정경쟁의 여지가 발생하기 때문이다. 회계분리 기준이 제정되고 회계분리 감사가 이루어지는 데는 많은 시간과 자원이 필요하다. 결국, 불공정행위의 발생가능성이 많으며, 이를 방지하기 위한 검증비용 등의 발생으로 인한 비효율성이 발생할 가능성이 크다.

제9강

투자보수율 규제에 대한 분석

가격규제 방식의 대표격인 투자보수율 규제에 대해서 자세히 검토한다. 투자보수율 규제는 가격규제를 시작할 때 고안된 방식일 뿐 아니라, 오랜 기간 많은 국가에서 활용되었기 때문에 그 이후에 고안된 다른 가격규제 방식의 기준점(Benchmark)으로서 역할을 한다.

1. 투자보수율 규제 또는 수익률 규제란?(Rate Of Return Regulation)

독점기업에 대한 가격규제 방법 중 가장 기초가 되며, 또한 널리 사용되었던 투자보수율 규제에 대하여 8강보다 자세하게 설명한다. 투자보수율 규제는 역사적 원가인 완전배부비용에 근거한 가격규제나 평균비용에 근거한 가격규제의 가장 발달된 형태라고 볼 수 있다. 조금 더 설명하면, 완전배부비용은 산출물별 비용을 회계적으로 합산하는 방식이다. 이렇게 합산된 산출물별 비용을 생산량으로 나누면 산출물별 평균비용이 계산된다. 완전배부비용을 이용하여 산정한 평균비용에 근거하여 규제가격을 산정하는 방식을 경제학에서는 평균비용 가격규제라고 부르지만, 규제당국에서는 투자보수율 규제 또는 수익률 규제(Rate of Return Regulation)라고 부른다. 즉, 경제학의 평균비용 개념을 현실에 적용하기 위해서는 회계적 방법론인 완전배부비용이 필요하며, 완전배부비용을 이용하여 가격을 규제하는 방식을 투자보수율 규제 또는 수익률 규제라고 부른다.

특히, 8강에서 소개된 다른 많은 가격규제 방식들은 투자보수율 규제와 깊은 연관을 갖고 있기 때문에 투자보수율 규제를 정확히 이해하는 것은 더욱 중요하다. 많은 가격규제 방식들의 성패를 확인하기 위한 방법으로 규제당국에서 활용되기도 하며, 피규제기업과의 협상이 필요한 경우에는 협상의 자료로서 이용된다. 투자보수율 규제가 원형 그대로 활용되지 않는다 하더라도 중요한 이유다. 투자보수율 규제를 아직도 활용하는 경우도 다수 존재한다.

이 규제방식은 공기업 또는 독점기업에 대한 요금규제 방식으로서 세계적으로 널리 이용되어 왔다. 공기업은 많은 경우 독점사업의 형태로 운용되어 왔으며, 자유롭게 가격을 책정할 수 있었기 때문이다. 독점 공기업이 가격을 너무 높게 책정하면, 공기업의 책무인 소비자 보호를 소홀히 하게 된다. 반면에 가격을 너무 낮게 책정하면 적자가 발생하므로, 이를 방지하기 위하여 재화생산에 필요한 비용을 보장하는 수익률 규제방식을 채택한 것이다. 즉, 공기업 또는 독점기업에 적자가 발생하지 않는 한도에서 가장 낮은 가격을 책정하는 방법으로 채택되었다.

수익률 규제는 독점기업이 재화를 생산하기 위하여 발생한 비용을 보상해 주는 규제방법이다. 따라서 비용은 발생하였지만 재화생산과 무관하게 발생한 비용은 보상해 주지 않는다. 하지만 발생한 비용에 기회비용은 포함된다. 기회비용을 인정하지 않는다면, 독점기업의 투자동기가 감소하여 더 이상 투자하지 않을 것이기 때문이다. 따라서 재화생산에 투여한 자산에 대해서 일정한 수익률 또는 투자보수율을 적용하여 계산한 금액을 기회비용으로 인정한다.

투여된 자산 중에 재화의 생산과 무관한 자산이 있다면, 해당 자산은 앞서와 마찬가지로 기회비용으로 인정받지 못한다. 종합하면 기업의 전체적인 매출수준을 기회비용을 포함한 총비용과 일치시키는 수준으로 요금을 설정하는 방식이 투자보수율 규제다. 이 때 원가(비용) 자료는 회계장부에 기재된 자료를 이용하는데, 그 이유는 회계자료가 오랜 기간 동안 이용되었고 검증을 거쳤으며, 모든 관계자가 인정하는 자료이기 때문이다. 해당 자료를 이용하여 관련 비용을 집계하기 위해서는 회계적인 방식이 필요한데, 앞에서도 언급하였지만, 그 방식을 완전배부비용이라고 부른다.

완전배부비용은 회계적으로 산출물별 비용을 산정하는 방식이다. 이렇게 산정된 산출물별 비용을 해당 산출물의 생산량으로 나누면 산출물별 평균비용이 계산된다. 투자보수율 규제 또는 수익률 규제는 ― 8강에서 소개하였지만 ― ① 계산이 간편하고, ② 평균총생산비용은 기업의 회계장부에서 쉽게 얻을 수 있는 자료이므로 객관적인 검증이 가능하며 ③ 총수입과 총비용을 일치하게 만들어 독점기업의 이윤을 0으로 만드는 장점을 갖고 있다.

투자보수율 규제 또는 수익률 규제는 다음과 같은 문제점도 가지고 있다. 첫째, 비용을 절감하려는 동기가 부족하다. 그 이유는 기업이 비용절감에 성공하여도 요금인하로 귀착되기 때문에 사업자의 이윤은 증가하지 않는다. 반면에 비용이 상승하면 요금인상을 통해 이용자에게 전가되기 때문에 적자가 발생하지 않는다. 이런 이유로 비용을 절감할 동기가 없으므로 결과적으로 비용은 상승할 가능성이 크다. 이 문제에 대해서는 자세한 사례를 이용하여 다시 설명한다.

둘째, 수익률 규제는 Averch–Johnson 효과에 따른 비효율적 요소투입의 가능성이 있다. Averch–Johnson 효과[1]란 수익률 규제 하에서 이윤 극대화를 추구하는 기업이 규제가 없을 경우와 비교하여 자산은 과다하게 투입하고 노동은 과소하게 사용하는 것을 말한다. 그 이유는 수익률 규제 하에서는 이윤[2]이 자산 투입량과 연계되어 있으므로[3] 생산과정에서 더 많은 자산을 고용하면 보다 높은 이윤을 실현할 수 있기 때문이다. 한편, 허용수익률이 시장수익률보다 현저히 낮을 경우, 역 Averch–Johnson 효과가 나타날 수 있다. 이때 기업은 노후된 자본시설을 제대로 대체하지 않음으로써 또 다른 형태의 비효율적 요소투입으로 서비스 질의 하락 및 생산비용의 증가를 일으킬 수도 있다. 이 문제에 대해서는 본 장의 후반부에 자세하게 다시 설명한다.

셋째, 수익률 규제는 규제에 따른 행정비용을 증대시킨다. 수익률 규제는 사업자가 복수의 재화를 제공하는 경우, 개별 재화마다 원가를 보고하게 하여 개별 원가에 기초한 요금을 인가하는 방식으로 규제한다. 따라서 피규제기업은 여러 재화에 함께 관련된 비용인 공통비[4]를 복수 서비스 간에 자의적으로 배분하려는 상호보조의 유인을 갖게 되며, 규제기관은 제출된 자료의 진위를 판단하기 위해 많은 시간과 노력을 들여야 한다. 이 문제점은 뒤의 사례를 보면 보다 쉽게 이해할 수 있다.

넷째, 수익률 규제는 기술혁신, 범위의 경제의 실현 및 생산성 향상에 부정적인 영향을 미칠 수 있다. 수익률 규제 하에서는 기업의 수익률이 항상 보장

---

1 Averch–Johnson 효과에 대해서는 뒤에서 사례를 통해 다시 자세히 설명한다.

2 여기서의 이윤은 회계적 이윤을 의미한다.

3 수익률 규제를 받는 기업의 회계적 이윤은 수익률에 자산을 곱한 금액이다. 그 이유는 뒤에 사례를 통해 자세히 설명되어 있지만, 간략히 설명하면 투하자산에 대한 수익은 회계적 비용이 아니기 때문이다.

4 공통비의 사례로는 두 재화를 생산하는 기업의 사장 월급을 생각할 수 있다. 사장은 두 재화를 위하여 일하였으므로 두 재화 모두의 생산과 관련이 있기 때문이다.

되는 상태이다. 따라서 R&D투자의 성공으로 기술혁신이 이루어진다고 하더라도 이에 대한 보상이 주어지지 않을 경우에는 기업의 기술혁신 유인은 없다. 또한 피규제기업은 제공하는 서비스를 다양화하거나 사업의 다각화를 통하여 생산성을 높이려고 노력할 동기가 없다.

다섯째, 수익률 규제는 요금설정의 유연성이 부족하다는 단점을 갖고 있다. 경제 환경이 변하는 상황에서 과거의 회계자료로 요금을 산정하므로 변하는 경제 환경을 반영하지 못한다. 시장이 경쟁적 환경에 있을 경우에는 시장지배적 기업의 요금이 규제기관에 의하여 경직되어 있으므로 사업자가 시장의 변화에 대응하여 사업자 스스로 유연한 요금설정을 하는 것이 불가능하다.

여섯째, 소비자 후생을 직접적으로 반영하지 못한다. 비용만을 감안하여 규제가격을 산정하기 때문에 소비자 후생에 대한 직접적인 반영은 없다. 다만, 장기균형에서는 한계비용과 일치하는 가격이 소비자 후생을 극대화하는 가격이기 때문에 장기적으로는 소비자 후생을 반영한다고 할 수 있다.

투자보수율 규제에 대하여 사례를 통해 살펴보자. 한 해 동안 총생산비용이 10억원이고, 생산량은 10만 개였다고 하자. 이 경우, 평균총생산비용은 1만원(= 10억원/10만 개)이 되고, 규제당국은 제품의 가격을 1만원으로 책정하라고 규제할 것이다. 기업은 10억원의 비용이 발생하고 10억원(= 1만원 × 10만 개)의 매출을 올리게 되므로 이윤은 0이 된다. 이 사례는 투자보수율 규제의 의미를 가장 간단한 형태로 표현하고 있지만, 몇 가지 개선점을 갖고 있으며 몇 가지 개선점들을 반영하여 수익률 규제 또는 투자보수율 규제라고 부르고 있다.

첫 번째 문제점은 규제의 근거가 되는 자료들과 규제를 시행할 때의 시차로 인한 문제다. 가격을 산출하는 근거가 되는 총비용은 작년의 회계장부에 기재된 자료에 근거하고 있다. 이 자료를 근거로 올해의 비용을 추정하게 된다.[5] 올해의 회계자료와 판매량에 대한 예측이 어려우므로 전년도의 비용과 판매량이 그대로 유지된다고 가정하고 규제요금을 산출한다. 전년도의 비용과 판매량으로 올해의 규제요금을 산출하므로, 원래의 규제목적과는 다르게 판매량과 비

5 작년의 비용이 올해의 비용과 같다고 생각하는 것이다.

용이 같지 않을 가능성이 크다. 즉, 이윤이 0이 아니라, 0보다 크거나 적게 나타날 가능성이 크다는 것을 예상할 수 있다.

현실적으로는 회계자료와 그 적용시점의 격차는 더 심하다. 재작년의 원가자료를 근거로 가격을 책정하는 경우가 많기 때문이다. 왜 그럴까? 회계결산은 이듬해 2, 3월이나 되어야 끝나고, 이 자료를 요금계산을 위한 재화별 원가자료로 전환하고, 전환된 자료가 제대로 되었는지 검증을 한 후에야 회계자료를 이용할 수 있기 때문이다. 이 절차가 모두 끝나는 시점은 우리나라의 경우에는 6, 7월 정도다. 즉, 통상 회계결산과 검사에 반년 이상이 소요되므로, 규제에 쓰이는 가장 최근 자료는 재작년의 자료가 되는 셈이다.

이 문제점은 항상 존재하였고 앞으로도 존재할 것으로 예상되지만,[6] 해당 자료가 어느 한쪽으로 왜곡되었다고 할 수는 없다. 특별한 경우를 제외하고는 사전에 예상되는 오차의 평균은 0일 것으로 예상할 수 있다. 즉, 백색 잡음(White noise)이라고 할 수 있다. 오차가 있을 것은 예상되지만, 특별한 경우를 제외하면 어느 방향일지 알 수 없기 때문이다. 이에 따라 이 문제점은 심각하게 생각하지 않는 것이 일반적이다. 또한 어느 방향으로 확실하게 예측되는 등의 특별한 경제상황이 존재하지 않는 한, 이를 수정하기 위하여 노력하지도 않는다. 물론, 특별한 상황이 예상될 경우에는 이를 반영하여 요금을 조정하면 된다.

두 번째 개선점은 8장에서 간략히 설명한 바와 같이 회계장부는 기회비용을 불포함하는 경우가 대부분이라는 점이다. 위의 사례를 보면, 총생산비용 10억원에는 각종 비용이 포함된다. 그중에는 자기자본으로 투자한 금액에 대한 기회비용은 기재되어 있지 않다. 반면에 자산의 감가상각비와 타인자본으로 투자한 금액에 대한 이자는 비용에 포함되어 있다. 즉, 회계장부는 경제적 비용인 기회비용을 포함하지 않기 때문에 비용이 과소계상된다. 따라서 과소계상된 비용에 근거한 요금은 지나치게 낮아지는 성향을 보이게 된다. 앞에서 기술한

6 회계자료의 검사에 필요한 시간은 단축될 것으로 예상된다. 시간이 지나며 자동화나 회계프로그램 등의 발전이 시간의 단축을 가능하게 할 것이기 때문이다.

사례를 아래와 같이 세분화해서 살펴본다.

감가상각비	2억원(= 자산 20억원 × $\frac{1}{10}$)
타인자본에 대한 이자비용	2억원(이자율 20%)
인건비와 재료비	6억원
총비용	10억원

타인자본 10억원과 자기자본 10억원이 각각 투자되어 총자산이 20억원인 상황을 생각해보자. 자산의 내용연수가 10년이고 내용연수 동안 정액법으로 매년 일정하게 감가상각된다면, 매해 2억원의 감가상각비용이 발생한다. 타인자본이 연이자율 20%에 조달되었다면 매년 이자가 2억원(=10억원 × 0.2) 발생한다. 인건비와 재료비가 6억원이라고 하면, 감가상각비 그리고 이자비용과 합산하여 총비용은 10억원이다. 앞서의 사례처럼 판매량이 10만 개라면 1개당 가격은 1만원이 될 것이다. 이렇게 원가를 합산하여 판매량으로 나누어 요금을 계산하는 방식이 투자보수율 규제의 시작이다.

시작이라고 부르는 이유는 위의 계산에서 자기자본에 대한 기회비용을 반영하지 않았기 때문이며, 이와는 별도로 타인자본에 대한 조달비용도 적절한지 판단하지 않았기 때문이다. 역사적으로 이렇게 가격규제가 시작된 이유는 자기자본에 대한 기회비용이 회계장부에 기재되어 있지 않았기 때문이다. 타인자본과는 대비되는 대목이다. 타인자본의 이자비용은 인정하면서 자기자본을 다른 곳에 투자했다면 얻을 수 있었던 이자를 인정하지 않는다면 해당 기업은 더 이상 자기자본을 제품생산에 투입하지 않을 뿐 아니라, 투하된 자기자본도 회수하려고 시도할 것이다. 예를 들면, 자기자본을 회수한 후 은행에 예금하여 이자를 얻으려 할 것이며, 제품생산을 위해 꼭 투자되어야 할 자금은 타인자본으로 조달할 것이다. 타인자본의 이자는 보상받을 것이기 때문이다. 자기자본이 있는데도 투자하지 않는 이런 부작용을 막기 위해서는 기회비용을 인정해야 한다. 기회비용을 인정하는 경우, 어떻게 수익률 규제에 근거한 요금을 산정하는지 알아본다.

만약 은행의 연이자율이 10%라면[7] 이자는 1억원이었을 것이다. 규제요금을 계산할 때의 비용 —"요금기저"라고 부른다 —에 이 기회비용을 포함해야 할 것이다. 추가로 고려할 점은 기업에 투자하는 것은 은행에 예금하는 경우에 비해 위험부담이 존재한다는 점이다. 위험한 투자에 대해서는 추가보상이 필요하며 이런 추가보상을 위험 프리미엄(Risk premium)이라고 부른다.[8] 은행 이자율처럼 안전한 자산에 대한 이자율과 위험 프리미엄을 합쳐서 투자보수율 또는 수익률이라고 부른다. 자산투자에 대한 기회비용으로 바로 이 투자보수율을 사용한다. 투자보수율을 산정하는 방법에 따라 요금이 달라지기 때문에 산정방식은 매우 중요하다. 투자보수율을 너무 높게 산정하면, 요금이 높아져서 소비자에게 불리하고 기업에는 유리하다. 반대로 투자보수율이 너무 낮게 산정되면 소비자는 저렴한 요금으로 제품을 구매하여 좋겠지만, 기업의 입장에서는 투자한 금액에 대해 너무 적은 보상만을 받게 되므로 투자를 줄이려 할 것으로 예상되기 때문이다. 투자가 감소하면 생산이 위축되어 소비자도 더 이상 좋은 재화를 소비하지 못하게 될 것이다. 종합하면 투자보수율은 안전자산수익률과 위험프리미엄을 합한 숫자로서 적정하게 산정되어야 한다.

투자보수율은 자기자본과 타인자본을 구분하지 않고 해당 재화의 생산에 투하된 자산에 적용하는 것이 보통이다. 해당 재화와 관련 없는 투자는 제외하는 것이 당연하지만, 타인자본에 대해서는 어차피 이자를 지급하므로 이를 인

7 역사적으로 보면, 다소 높은 이자율이지만, 이런 높은 이자율을 보인 경우는 자주 있었다. 예를 들어 1990~1997년까지 우리나라에서 존재했던 이자율이다.

8 위험 프리미엄은 CAPM(자본자산 가격결정 모형, Capital Asset Pricing Model) 등의 모형을 통하여 산출해낼 수 있다. 회계학이나 금융경제학에서 이에 대한 구체적인 모형을 제시하고 있다. 한 가지 쉬운 방법은 유사업종의 위험 프리미엄을 산정하여 보상을 하는 것이다. 이런 방법을 Benchmarking법이라고 부르는데, 독점인 구조에서 유사업종을 찾기는 힘들기 때문에 다른 국가의 동종업계 수준과 비교하는 방법이 사용되는 것이 보통이다.

정해 주면 되지 않느냐는 반론을 제기할 수 있다. 하지만 타인자본의 조달 금리가 투자보수율에 비해 높을 수도 있고 낮을 수도 있기 때문에 해당 금리가 적정한지 판단해야 한다. 판단기준으로는 규제당국에서 산정한 투자보수율을 사용하게 될 것으로 예상할 수 있다. 왜냐하면 규제당국에서 적정하다고 인정한 금리가 투자보수율이므로, 이보다 높은 조달 금리는 적정하지 않다고 판단할 수 있기 때문이다. 반면에 투자보수율보다 낮은 금리로 조달되었다면, 해당 기업의 이윤 극대화를 위한 노력이 반영되었다고 생각할 수 있으므로 이를 인정해 줄 수 있다.

결국 요금기저에 반영될 기회비용을 계산할 때는 자기자본과 타인자본을 구분하지 않고, 해당 재화의 생산에 투자된 자산에 대하여 투자보수율을 곱하여 계산한다. 반면에 타인자본의 이자비용은 요금산정 시에는 반영하지 않게 된다. 투자보수율로 이미 반영하였기 때문이다. 따라서 타인자본의 조달금리가 너무 높다면, 해당 피규제기업의 회계적 이윤은 감소하게 될 것이다. 반면에 타인자본의 조달금리가 투자보수율에 비하여 낮다면 해당 기업의 회계적 이윤은 그 차이만큼 증가하게 될 것이다.

투자보수율이 15%(안전자산이자율 10% + risk premium 5%)로 산정된 경우를 생각해보자. 위의 사례를 투자보수율 규제의 방식대로 다시 산정한다.

투자보수율 규제방식으로 계산한 요금기저

감가상각비	2억원(= 자산 20억원 × $\frac{1}{10}$)
투자보수	3억원 = 20억원 × 15%
인건비, 재료비 등 비용	6억원
총비용	11억원

판매량이 10만 개였으므로 1개당 가격은 기본모형과는 다르게 1.1만원으로

책정된다. 참고로 타인자본과 자기자본을 구분하지 않고 투자보수를 산정하였으며, 그 결과 투자보수율보다 높은 이자를 지급하는 기업은 적자가 발생할 수도 있다는 점은 유념할 만하다. 실제로 판매량이 10만 개라고 가정하고 가격을 1.1만원 적용하면 다음의 결과가 나타난다.

경제적 이윤 = 매출 − 경제적 비용 = −0.5억원
매출 = 11억원(= 가격 1.1만원 × 판매량 10만 개)
경제적비용 = 11.5억원
= 감가상각비 2억원 + 기회비용 3억원 + 인건비 6억원 + 추가이자 0.5억원

회계적 이윤 = 매출 − 회계적 비용 = 1억원
매출 = 11억원(= 가격 1.1만원 × 판매량 10만 개)
회계적비용 = 감가상각비 2억원 + 기회비용 0 + 인건비 6억원 + 이자 2억원

타인자본 조달 금리가 정확하게 투자보수율과 일치한다면 경제적 이윤은 0이라는 것을 예상할 수 있다. 매출은 위와 같고, 경제적 비용은 11억원이 되기 때문이다. 경제적 비용은 기회비용을 비용으로 인정하지만, 회계적 비용은 보통 기회비용을 비용으로 인정하지 않는다. 대신 타인자본에 대한 이자를 비용으로 인정한다. 따라서 기회비용 3억원과 추가이자 0.5억원을 합한 3.5억원에서 타인자본에 대한 이자인 2억원을 차감한 금액인 1.5억원의 차이가 경제적 이윤과 회계적 이윤 사이에 존재한다.

투자보수율 규제는 공인된 회계장부에 근거하여 산정되므로 비교적 투명한 규제방식이며, 이런 장점 때문에 많은 나라에서 오랫동안 유지되어 왔다. 하지만, 규제방식을 현실에 적용하면 매우 복잡한 문제에 직면하게 된다. 먼저 실제 독점기업의 비용 구조는 복잡하다. 특히 독점기업의 상품이 여러 가지인

경우에 각각의 비용과 투자보수를 구분하여 산정해야 하는 복잡함이 있으며, 피규제기업이 그 과정에서 자신에게 유리하게 원가나 투자보수를 왜곡시킬 가능성도 상존한다. 왜냐하면 기업에 관한 정보는 규제당국에 비해 해당 기업에서 더 잘 알기 때문이다. 규제당국에서는 정확한 회계분리 기준을 먼저 제시하고, 집계 및 계산 과정이 정확한지 검증해야 한다. 기준이 없거나, 왜곡을 적발하지 못한다면 소비자나 다른 관련자들이 피해를 볼 가능성이 발생한다.

2. 투자보수율 규제의 사례

멸치김밥전문점 이화러브를 창사해보자. 이화러브는 사업을 영위하는 지역에서 멸치김밥의 독점기업이며 당국의 규제를 받는다고 한다. 당국에서는 가격을 규제하기 위하여 이화러브에 관련 자료를 제출하도록 지시하였다. 결과로 제출된 이화러브의 연간 운영비용과 관련 예상 판매량, 그리고 회계기준은 다음과 같다. 아래의 자료는 검증을 거쳐 공정하게 산정된 것으로 판단되었다.

임대료 : 3억원
식재료 : 2억원
인건비 : 1억원
고정자산 : 5억원
판매량 : 10만 개
투자보수율 : 10%
세금은 없다고 가정
10년간 정액 감가상각

총비용은 7억원(= 6억원(임대료 + 식재료 + 인건비) + 5천만원(고정자산 투자금의 감가상각비) + 5천만원(자산의 투자보수))으로 산출된다. 즉, 총비용은 회계적 비용(자산의 감가상각비 포함) + 자산의 투자보수다. 이 7억원을 10만 개의 판매량으로 나누면 제품 1개당 가격은 7천원이다. 사례에서는 자기자본과 타인자본을 구분하지 않았다. 투자보수율 규제를 위해서는 이 정보가 필요하지 않기 때문이다. 앞에서도 언급하였지만, 해당 기업의 회계적 이윤이나 경제적 이윤을 계산할 경우에는 자기자본과 타인자본의 구분이 필요하며, 타인자본에 대한 이자율 관련한 정보도 필요하다.

이제 독점기업이 다수의 제품을 생산하는 현실적인 경우를 생각해 보자. 우리의 사례에서는 멸치김밥 전문점이지만 참치김밥도 독점적으로 판매하는 상황이다. 두 종류의 김밥을 만들고 있으므로 각각의 김밥 제조에 발생하는 비용과 자산은 해당 김밥의 비용과 자산으로 구분하면 된다. 멸치나 참치처럼 두 김밥에 개별적으로 발생하는 비용은 쉽게 구분이 되는데, 이런 비용을 직접비라고 부른다.

이에 반해 여러 재화에 공통적으로 사용되면서 발생하는 비용이나 자산의 경우에는 정확한 구분이 쉽지 않다. 예를 들어 한 직원이 참치김밥과 멸치김밥을 만든다면, 두 김밥을 만드는 인건비를 두 제품으로 정확하게 분리하기는 쉽지 않다. 김발이나 칼, 식탁 같은 기자재들도 멸치김밥전용이나 참치김밥전용으로 분리되어 있지 않은 이상 분리하기가 힘들 것이다. 즉, 비용과 자산이 제품에 따라 정확하게 분리되어야 하는데, 함께 사용되는 경우가 많아 정확한 분리가 어렵다.

이렇게 각기 다른 재화의 생산에 공통적으로 투입되는 요소와 관련된 비용을 공통비라고 한다. 공통비를 정확하게 구분하여 각 재화의 비용으로 산정할 수 있다면 가장 바람직하지만, 현실에서는 공통비의 성격상 어렵다. 이 점을 감안하여 인위적으로 공통비를 각 재화의 원가로 배부하는 방법을 사용한다. 어떻게 배부하는지는 회계학에서 주로 다루고 있지만, 멸치김밥의 매출액과 참치김밥의 매출액 비율대로 배분하거나, 판매량 기준으로 배분하는 방법, 그리고 기존에 발생한 직접비의 비율에 따른 분배 방법 등을 선택하여 사용한다. 판매량 방식을 예로 들면, 멸치김밥의 판매량이 2,000개이고 참치김밥의 판매량은 1,000개라면 공통비를 2 : 1로 배분하는 방식이다.

위의 사례를 다시 생각해보자. 멸치김밥의 판매량과 참치김밥의 판매량은 각각 5만 개다. 먼저 인건비나 재료비의 경우 각 김밥에 얼마나 사용되었는지를 별도로 기록해두고 산정하는 것이 원칙이다. 예를 들면, 직원이 멸치김밥을 만드는 시간을 합산해 보니 몇 시간이 걸렸으며, 참치김밥을 만드는 시간을 합산하니 얼마의 시간이 걸렸다고 기록되어 있어야 한다. 이 합산된 시간에 각각의 시간당 인건비를 곱하면,[9] 멸치김밥 인건비와 참치김밥 인건비가 계산되어 나올 것이다.

다소 복잡하므로 우리의 사례에서는 이렇게 구분하지 않고 인건비도 모두 공통비로 생각하여 요금기저를 계산한다. 공통비의 배분기준을 판매량으로 한다면, 모든 공통비는 정확하게 절반씩 각 김밥에 배분된다. 고정자산도 공통자산으로 생각하고 판매량을 기준으로 배분한다. 결과적으로 3.5억원이 멸치김밥의 요금기저가 되며, 판매량이 5만 개로 예상되었으므로 규제요금은 7천원이다.

3. 투자보수율 규제의 단점

본 절에서는 본 장의 도입부에서 설명한 투자보수율 규제의 단점 중 중요한 항목들에 대해서 다시 한번 자세하게 설명한다.

1) 투자보수율 규제의 적용과 부패의 가능성

투자보수율 규제를 받는 기업은 생산비용 중에 무관하다고 제외되는 원가는 인정받지 못한다. 인정받지 못한다면 요금기저에 포함되지 않고 결과적으로 요금에 반영되지 않는다. 요금에 반영되지 못하면 인정받지 못한 원가만큼 회계적 이윤이 감소한다.[10] 따라서 피규제기업은 발생한 원가를 생산과 관련된 원

9 멸치김밥을 만드는 사람의 인건비는 참치김밥 제조 인건비와 다를 수 있으므로 단위당 인건비에 투입된 시간을 곱하여 계산하여야 한다.

10 물론 경제적 이윤도 감소한다. 실제로 발생한 원가를 보상받지 못했기 때문이다.

가로 인정받고자 노력하는 것이 일반적이다. 같은 이치가 자산에도 적용된다. 어떤 자산이 생산과 무관하다고 판정되면, 해당 자산의 감가상각비를 인정받지 못할 뿐 아니라 투자보수도 인정받지 못한다. 그만큼의 이윤이 감소한다는 것을 알 수 있다. 따라서 자산의 경우에도 피규제기업은 유관자산으로 인정받고자 노력하는 것이 일반적이다.

규제당국의 입장에서 보면, 피규제기업이 제품의 생산과 무관하게 발생한 비용을 유관 원가라고 주장할 수 있다는 사실을 알고 있다. 사실 기업을 실제로 운영하지 않는 규제자의 입장에서는 이를 구분하는 것이 쉽지 않다. 이런 정보의 격차를 이용하여 하나의 제품에 사용된 원가나 자산을 다른 제품에 사용되었다고 자료를 제출할 동기가 피규제기업에게는 상존한다.

독점재화와 경쟁재화를 같이 생산하는 피규제기업의 경우에는 경쟁재화를 생산하기 위해 사용한 비용이나 자산을 독점재화의 생산비용이나 자산으로 분류할 동기가 있다. 만약 규제당국에서 이런 의도된 오분류를 알지 못한다면, 독점기업은 독점재화에 대한 규제를 통해 경쟁상품의 원가와 자산에 대한 투자보수를 보상받는다. 경쟁재화의 생산에 사용된 비용과 자산이 보상을 받게 되므로 경쟁재화의 원가가 적게 발생한 것과 같은 효과가 발생한다. 경쟁에 유리한 것은 당연하다고 할 수 있다.

효율적인 생산활동 측면에서 적당한 제품(홍보용 차량으로 경차 구입)을 구매하여 생산에 투입해도 되는데, 과한 가격의 제품(홍보용 차량으로 고급세단 구입)을 구매하여 생산원가를 높이거나, 사업을 위해서는 필요 없는 비용(사업상 관련 없는 친구나 친지를 접대)을 발생시킬 동기도 있다.

이런 동기를 현실화시키지 못하도록 규제당국에서는 관련 없는 원가를 구분하고, 부풀려진 원가를 바로 잡기 위한 노력을 경주한다. 무관한 원가를 구분해 내는 일이나 과하게 부풀려진 비용을 찾아내어 삭감하는 일은 시간과 노력이 많이 필요하며, 피규제기업의 저항에 직면할 가능성도 크다. 저항하는 이유는 여러 가지 있겠으나, 그중 경영상 결정사항으로 인해 발생한 비용을 생산과 무관한 비용이라고 이야기하기 어렵기 때문이다. 예를 들어, 부품이나 자산을 구매할 때 더 저렴하게 구입할 수 있었다고 규제당국에서 이야기하고 해당 원가를 불인정하는 것은 어렵다.

규제당국에서 무관한 비용이나 자산이라고 인정하지 않으려 하는 경우, 피규제기업은 규제자에게 해당 비용을 인정받았을 때 자신이 얻게 될 이익의 일부를 불법적으로 그리고 개인적으로 제공함으로써 무마하려고 할 수 있다. 즉, 부패의 유혹이 발생한다.

2) 투자보수율 규제의 적용과 비용상승

투자보수율 규제에 맞추어 산정된 규제요금은 [(생산비용 + 투자보수)/판매량이다. 이 경우, 매출은 PQ다. 가격을 규제요금으로 대체하면 P = [(생산비용 + 투자보수)/판매량/ Q가 된다. Q가 판매량이므로, 다시 정리하면, 총매출 PQ = (생산비용 + 투자보수)이다. 즉, 매출은 총 경제적비용과 일치하게 되고, 경제적 이윤은 0이다. 즉, 투자보수율 규제에 따라 산정된 요금을 적용하면 예상되는 경제적 이윤은 0이다.

이처럼 피규제기업의 노력에 관계없이 항상 경제적 이윤이 0이라면, 해당 기업은 비용을 절감하기 위하여 노력할 동기가 없다. 비용을 줄여도 예상되는 이윤은 없기 때문이다. 또한 품질을 향상하거나 다양한 제품을 생산하여 사회에 기여할 동기를 상실할 수 있다. 품질을 개선해도 같은 이윤이 예상되기 때문이다. 결국 기업은 편의시설을 현재보다 몇 배로 늘린다든지 여가 생활을 즐길 수 있는 구역을 크게 만드는 등의 비용을 지출하여 그들이 누릴 수 있는 혜택을 모두 누리려 할 수 있다. 이런 비용의 상승은 시간이 경과하며 점차 심화되는 특징을 갖게 된다.

이처럼 생산비용이 늘어나면 늘어난 만큼 가격에 반영이 되므로 시간이 지나며 소비자들은 더 높은 요금을 부담해야 한다. 즉, 독점으로 인한 높은 가격을 완전경쟁시장 수준의 낮은 가격으로 낮추고자 투자보수율 규제를 시행하였으나, 피규제기업이 생산비용을 절감할 동기가 없으므로, 시간이 지나면서 가격이 상승하게 되어 결국 의도하고자 하는 목표를 달성하지 못하게 된다. 경우에 따라서는 원래의 독점가격보다 더 높은 가격을 소비자들이 부담할 가능성도 존재한다. 투자보수율 규제의 가장 큰 문제는 바로 비용상승 문제라고 할 수 있다.[11]

3) 투자보수율 규제의 단점 : Averch-Johnson 효과

투자보수율 규제에서 요금을 계산하는 총생산비용은 (비용 + 투자보수)다. 여기서 투하된 자산에 대한 기회비용인 투자보수로 받는 금액은 일정 부분 회계적 이윤이 된다.[12] 그러므로 경영자 입장에서는 투자보수를 얼마나 받는지가 중요한 문제가 된다. 투자보수가 "공정보수"라면, 즉 공정한 수준으로 기회비용을 보상한다면, 투자자의 입장에서는 자신의 투자에 대하여 "공정"한 보수를 받는 것이므로 아무런 경제적 이익도 손해도 없다. 이런 의미에서 많은 규제당국에서 수익율 규제를 "공정보수율 규제"라고 부른다. 즉, 자신들이 결정한 수익률은 공정하다고 주장하는 것이다.

회계적으로, 그리고 경영자의 입장에서는 다르다. 회계적 이윤이 증가하면 해당 기업의 경영자는 능력 있는 경영자로 인정받기 때문이다. 이런 사실을 자각한 피규제기업의 경영자는 비용을 줄이는 대신 자산을 증가시켜 회계적 이윤을 증가시킬 동기가 존재한다. 이 동기를 발견한 사람들의 이름을 붙여 Averch-Johnson 효과라고 부르는 현상이다.

투자보수는 투하자산에 투자보수율을 곱한 것이고, 투자보수율은 규제당국에서 정하기 때문에 투자보수율을 자신에게 유리하게 바꾸는 것은 매우 어렵다.[13]

---

11 투자보수율 규제를 적용한 독점기업의 경제적 이윤과 완전경쟁기업의 경제적 이윤은 0으로 같은데, 규제된 독점기업은 비용을 늘리려고 하는 것일까? 이는 근본적으로 독점기업과 완전경쟁시장에 존재하는 기업 간의 경쟁 정도가 달라서이다. 독점기업은 아무리 비용을 늘려도 경쟁이 없고 시장에서 퇴출당하지 않기 때문에 비용을 늘릴 동기가 존재한다. 반면에 완전경쟁시장의 기업은 조금만 비용을 늘려도 경쟁에 의해 시장에서 퇴출당한다.

12 타인자본의 이자로 지급되는 금액은 이윤에서 제외되어야 한다. 그 이유는 타인자본에 대한 이자는 실제로 지급될 것이기 때문에 회계적 이윤에 포함되지 않기 때문이다. 물론, 자기자본의 기회비용은 회계적 이윤이 되지만, 경제적 이윤은 0으로 예상된다.

13 매우 어려운 이유는 규제당국에 위험 가능성을 설명하여 위험프리미엄을 높이거나, 부패한 규

하지만 투하자산을 증가시키는 것은 상대적으로 어렵지 않다. 특히 비용을 절감하기 위한 투자의 경우에는 규제당국에서도 환영할 것이기 때문이다. 예를 들어 공장자동화를 위하여 로봇이나 인공지능컴퓨터를 도입한다고 하면 규제당국에서 반대할 가능성은 적다. 이런 상황을 상정한 다음의 사례를 생각해 볼 수 있다.

경영자 입장에서 종업원을 채용하면 매년 1억원의 인건비가 발생하며, 발생한 인건비는 당연히 요금기저에 반영된다. 이 행동이 유일한 기업활동이라면 회계적 이윤은 0이다. 해당 비용과 일치하도록 가격을 책정하여 매출을 1억원으로 만들 것이기 때문이다. 즉, 인건비 1억원 = 매출 1억원이 된다. 이 경우, 회계적 이윤은 0이다. 하지만 이 종업원을 해고하고 그 일을 대신하는 로봇을 50억원에 구매하면, 다음과 같은 상황이 된다. 로봇 구입에 50억원을 투자하고, 10년 정액상각하여 매년 5억원의 감가상각비가 발생한다. 또 투하자산이므로 투자보수율 10%로 인한 투자보수 5억원이 기회비용으로 인정받는다. 즉, 요금으로 회수해야 하는 비용을 10억원이라고 인정받을 수 있게 된다. 요금기저에 맞추어 요금을 책정하면 10억원의 매출이 발생할 것이다. 매출은 10억원인데, 회계적 비용은 감가상각비 5억원만 발생한다.

로봇 투자에 따른 투자보수는 경제적 비용이기는 하지만, 회계적 비용은 아니다. 따라서 경영자는 회계적 이윤 5억원을 창출한 경영자가 된다. 물론, 그 과정에서 피규제기업의 경영자는 종업원을 해고하였고 요금은 크게 상승하였지만, 로봇에 투자함으로써 회계적 이윤을 5억원 추가로 확보한 것이다. 이렇게 증가하는 회계적 이윤을 감안하면, 경영자의 입장에서는 비용을 감소하는 대신, 기계(투자)로 대체할 동기가 있다는 것을 알 수 있다. 이런 투자방식은 효율성이 목표가 아니라 회계적 이윤이 목표이므로 그 결과도 비효율적이라는 것을 알 수 있다.

투자보수율 규제의 문제점을 개선하기 위한 다양한 방식들이 고안되었는데, 이에 대해 아래에 소개한다. 이 방식들은 지속적으로 개선되고 있다. 하지만

제자에게 뇌물이나 편의를 제공하여 위험프리미엄을 높여야 하기 때문이다.

경쟁도입을 제외하고 완벽한 규제방식은 아직 발견되지 않았다.

4. 투자보수율 규제의 개선방법

1) Banded rate of return regulation

Banded rate of return regulation에서는 규제당국에서 투자보수율을 정하는 것이 아니라 투자보수율의 상한과 하한을 결정한다. 기업이 목표 투자보수율 범위 내의 수익률을 적용한다면 기업은 모든 이윤을 보유하는 것이 허용된다. 하지만 실제 수익이 규제당국에 의해 결정된 수익률의 상한을 넘으면 그 초과수익은 소비자에게 환원된다. 실제 수익이 기준의 최소치에 못 미친다면 투자된 자본에 대해 허용 수익률 범위 내의 수익을 보장할 만큼 가격은 상승한다.

일반적인 Banded rate of return plan은 [그림 9-1]에서 설명된다. 규제하에서 기업의 목표보수율은 12%이다. 자본에 대한 수익률이 11%에서 13% 사이일 때 기업은 산출한 모든 수익을 가지게 된다. 기업은 13%를 초과한 수익률을 보유하는 것이 허용되지 않으며, 수익률이 11% 이하로 내려가지 않도록 보호된다.

이 방식은 피규제기업에게 비용을 절감하여 이윤을 증가시킬 동기를 일정부분 부여한다는 장점이 있다. 상한까지는 이윤이 보장되기 때문이다. 또한 하한보다 낮은 실제 수익이 발생한다면, 기업의 잘못이 아니라 시장상황이 급변한 것으로 해석하여 이를 보상해준다. 이 해석은 피규제기업에게 최소한의 이윤을 보장해 준다. 하지만 같은 논리로 상한 이상의 이윤이 보장되지 않기 때문에, 상한 이상의 비용절감이 가능해도 비용을 절감하지 않을 것이 예상된다. 또한 상황이 변하여 큰 이윤이 창출될 상황이라면 비용절감의 동기는 더욱 없을 것이다.

이윤이 상한이 보장하는 수준 이상으로 예상된다면 Averch-Johnson 효과는 나타나지 않을 것이다. 추가로 이윤을 확보하여도 소비자에게 환원될 것이기 때문이다. 하지만 실제 수익이 상한보다 낮을 것으로 예상되는 상황에서는 여전히 Averch-Johnson 효과가 유효하다. 따라서 Banded rate of return regulation은 투자보수율 규제를 보완하여 일부 개선하였지만, 완전히 개선한 규제방식은 아니라는 것을 알 수 있다. 투자보수율 규제의 문제점을 갖고 있지만, 다소 완화된 형태로 갖고 있는 것이다.

[그림 9-1] Banded rate of return regulation

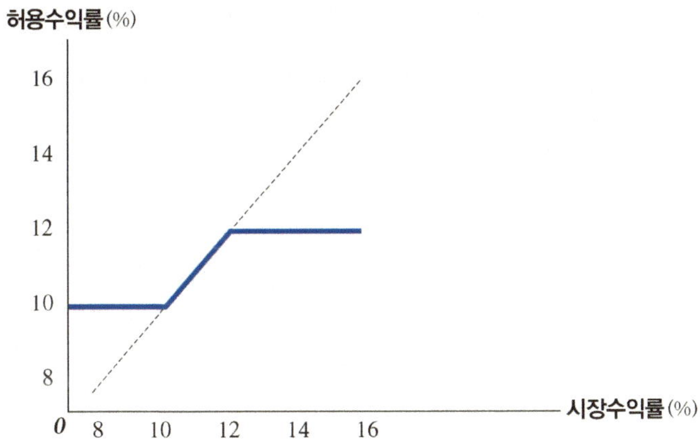

2) 이익분배방식(Earnings Sharing Regulation)

이익분배방식은 이익목표치를 설정하고 이를 초과할 경우에는 초과수입을 피규제기업과 이용자가 공유하도록 하는 규제방식이다. 물론, 이익목표치보다 적은 실제 이익이 발생할 경우에는 피규제기업이 해당 이익을 온전히 소유한다.[14] 이익분배방식을 적용하면 기업의 비용절감노력이 직접적으로 수익증대로

---

14 위의 Banded rate of return regulation과 유사한 면이 존재한다는 것을 알 수 있다. 상한보다 높으면 피규제기업이 갖지 못한다는 면이나 상한보다 낮고 하한보다 높으면 모두 피규제기업이 갖는다는 점이 그렇다. 다만 Banded rate of return regulation에서는 상한보다 높은 이윤이 발생하면 모두 돌려주지만, 이익분배방식에서는 일부만 돌려준다. 이익분배방식에서는 목표보다 낮은 수익이 발생하면 모두 피규제기업이 많건 적건 소유하지만, Banded rate of return regulation에서는 하한보다 낮을 경우에는 규제가격을 인상하여 다음 기에 보전해준다.

나타나게 된다. 따라서 수익률 규제에서 나타나는 비용절감의 유인이 없다는 문제점을 어느 정도 회피할 수 있다. 하지만 비용절감분이 그대로 수익증대로 모두 이어지지는 않기 때문에 기업의 비용절감 노력이 부분적으로 약화되는 문제는 여전히 존재한다.

슬라이딩 스케일(Sliding Scale) 방식은 이익분배방식의 일종이라고 할 수 있다. 슬라이딩 스케일 방식은 사전에 투자보수율 또는 목표보수율을 설정해 두고 기업의 실제 수익률이 목표수익률과 다를 경우 그 가격이 자동적으로 조정되도록 하는 방식이다. 예컨대 만일 기업이 생산비용을 절감하여 그 수익률이 목표보수율을 초과하면 가격은 자동적으로 낮아진다. 그러나 가격 하락 정도는 실제 수익률과 목표보수율의 차보다 적은 정도가 되도록 함으로써 기업에 대해서 어느 정도의 초과이윤을 허용하는 것이다. 이 초과이윤은 효율성을 높일 수 있는 동기로서 작용한다. 동시에 소비자에게는 실제 수익률과 목표보수율의 차이에서 기업에 허용한 초과이익률을 제외한 나머지 부분을 환원해줌으로써, 소비자 잉여를 증대시키는 장점을 갖고 있다. 슬라이딩 스케일 방식의 요체는 기업과 소비자가 위험과 이익을 분담하는 데 있다. 슬라이딩 스케일 방식은 다양한 형태를 지닐 수 있으나 그 가장 단순한 형태는 아래의 공식이 나타내고 있다.

$$r_a = r_t + h(r^* - r_t)$$

여기서 r_a는 슬라이딩 스케일 방식에 의한 조정에 따라 새로 설정된 수익률을 나타내며, r_t는 t년도에 있어서의 실제 수익률을, r^*는 목표수익률을 각각 가리키며, h는 0에서 1 사이의 상수이다. 위의 식에서 알 수 있듯이 만일 현행 가격에서 실제 수익률이 목표수익률 이하로 떨어지면 목표수익률과 실제 수익률의 차이에 '배분상수(sharing constant)' h를 곱한 것만큼 상향 조정된다. 반면에 만일 현행 가격에서 실제 수익률이 목표수익률을 초과하게 되면 실제 수익률과 목표수익률 간의 차이에 h를 곱한 것만큼 하향 조정된다. h는 규제당국에 의해서 정책적으로 결정되는 것이 보통이나, 피규제기업과의 협의를 통해 결정될 수도 있다.

h가 1인 경우 기업의 실제 수익률 여하와 관계없이 가격은 항상 목표수익률을 정확하게 보상하는 수준으로 조정되고, h가 0인 경우 목표수익률을 초과하는 기업의 초과이윤 또는 목표수익률에 미달하는 기업의 손실은 모두 기업이 누리거나 부담하게 된다. h가 0.5인 경우 초과이윤 또는 손실은 기업과 소비자에게 동일하게 배분된다. h의 값이 양극단인 0 또는 1로 설정되지 않는다면 기업이 달성하는 효율성과 기업이 직면하는 위험은 기업과 소비자 간 배분된다. 일단 정해진 h값은 다음 기에 새로 조정될 때까지는 동일한 값이 적용되는데, 슬라이딩 스케일 방식을 적용하기 위해서는 규제당국이 h의 값과 목표수익률의 값을 사전에 결정해야 한다.

3) 매출분배방식(Revenue Sharing)

매출분배방식은 매출의 몇 %를 요금으로 결정하는 방식이다. 매출이라는 투명한 정보에 근거하여 요금을 산정한다는 장점을 갖고 있다. 또한 매출에 의존하여 규제하기 때문에 비용을 절감할 동기가 존재한다는 장점을 갖고 있다. 하지만 몇 %로 분배할지를 결정하기 어렵다. 많은 경우, 투명하지 못하다. 투명하게 해당 %를 결정할 수 있다면 매출분배방식은 투자보수율 규제의 단점을 해결하는 규제방식이 될 수 있을 것이다.

몇 %로 결정하는지에 대한 설명을 위해서는 피규제기업의 원가에 대한 정보와 수요에 대한 전반적인 정보를 사용하는 경우가 많다. 하지만 이런 정보를 이용하여 요금을 규제한다면 투자보수율 규제와 유사한 결과가 나타날 것으로 예상된다. 많은 정보가 필요하고 참여자들의 정보가 서로 다른 상황이기 때문에, 이해가 엇갈리는 경우의 합의 도출이 비교적 쉬운 방법이라고 할 수 있다. 위에서 언급하였지만, 비용에 있어서의 왜곡도 없는 것으로 알려져 있다. 즉, 비용절감의 동기가 없었던 투자보수율 규제의 단점이 나타나지 않는다. 매출의 몇 %로 가격이 결정된다면, 비용을 절감할 경우 이윤이 증가하기 때문이다.[15] 하지만 투자보수율 규제의 장점도 나타나지 않는다. 즉, 공개된 자료인 원가자료를 통해서 요금을 규제하는 투자보수율 규제는 요금 규제의 근거를 쉽게 제시할 수 있지만, 매출분배방식의 요금 규제는 그 근거를 제시하기 쉽지 않다.

4) 가격상한제(Price Cap Regulation)

(1) 가격상한제의 의미와 장단점

가격상한제는 투자보수율 규제의 개선 방식 중 하나로 제안되었으나, 투자보수율 이후에 제안된 규제방식 중 특히 중요하다. 가격상한제는 기업이 생산하는 재화의 가격에 상한을 설정하여 독점기업이 높은 독점요금을 책정하지 못하게 하고, 보수율 규제의 단점인 비용절감 동기의 부족문제를 해결하고자 설계되었다. 즉, 투자보수율 규제에서는 기업에서 발생한 비용을 보상하므로 기업은 비용절감의 동기가 없었다. 가격에 상한을 정하여 규제하는 상황에서는 비용을 절감하면 이윤이 증가하며, 그 이윤을 피규제기업이 모두 갖게 된다. 즉, 가격과 비용이 무관해지므로 피규제기업은 비용을 절감할 동기를 갖게 된다. 가격상한제의 가장 큰 장점이라고 할 수 있다.

가격상한제의 대원칙은 피규제기업의 성과에 따른 요금조정을 하지 않음으로서, 사업체 스스로가 이윤을 극대화하기 위한 행동을 하도록 동기를 부여하여 효율성을 극대화하는 데 목적이 있다. 물론 피규제기업의 이윤을 극대화하기 위한 행동에는 비용절감 또는 연구개발 또는 신제품개발을 위한 투자의 혜택이 포함되어 있다.

15 매출의 몇 %라는 숫자를 규제당국에서 결정할 때 비용 정보를 이용한다면, 피규제기업의 비용을 절감할 동기는 다시 영향을 받는다. 이렇게 영향을 받는다면 다시 투자보수율 규제와 유사한 결과를 예상할 수 있다. 따라서 비용절감의 동기를 부여하려는 규제당국에서는 비용정보를 이용하지 않는 효율적인 매출분배방식을 개발해야 하지만 매우 어렵다.

[그림 9-2]

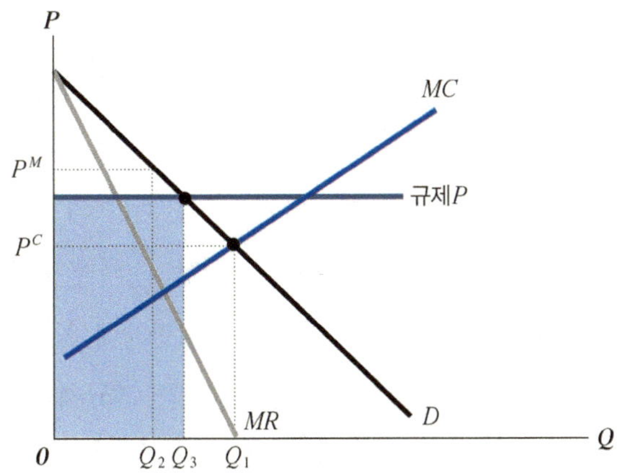

위의 그래프에서 규제당국이 독점가격와 완전경쟁시장의 가격수준의 사이값인 $\overline{P}$(그래프 상 '규제P'로 표시)로 가격을 규제한다고 하자. 그러면 기업은 $\overline{P}Q_3$만큼의 매출을 얻게 될 것이고, 여기서 차감되는 비용을 줄일수록 기업의 이익은 높아지므로 기업은 비용을 절감할 동기가 생기게 된다 : $\Pi = \overline{P}Q_3 - C(Q_3)$에서 $\overline{P}Q_3$는 고정되어 있으므로 $C(Q_3)$을 줄여가며 이익을 극대화할 수 있다. 즉, 공정보수율 규제의 단점인 원가상승 동기를 없애는 새로운 가격규제 방식으로 가격상한제가 고안된 것이다.

가격상한제의 규제방법을 살펴보면, 규제자는 피규제기업이 제공하는 재화가 하나일 경우는 해당 재화의 가격에 상한을 정하여 규제한다. 만약 제공하는 재화 및 서비스가 다수라면, 다수의 서비스를 유사한 것들로 분류하여 배스킷(Basket)을 구성한다. 배스킷을 구성할 때는 각 재화의 비율을 결정하여 가중합산할 수 있도록 한다. 이렇게 가중 합산된 가격은 규제당국에서 지정한 가격상한지수 이내에서 유지되어야 하지만, 피규제사업자는 상한 내에서는 자유롭게 가격을 결정할 수 있다. 가격상한지수는 물가상승률, 외생적인 요소가격의 변동, 기술혁신이나 규모의 경제성으로 인한 생산성의 향상 등을 감안하여 규제기관에 의하여 일정 기간을 대상으로 책정된다. 경우에 따라서는 가격하한

지수를 동시에 결정하여 하한지수 아래로 합산가격이 낮아질 수 없도록 규제하기도 한다.

가격상한제는 피규제기업에게 일정한 범위 내에서 가격설정의 자율성을 부여하여 피규제기업의 이윤증대 노력이 보장받도록 한다. 결과적으로 효율성을 높힐 수 있다는 장점이 있다. 또한, 투자보수율 규제의 부작용 중 하나인 Averch-Johnson 효과와 같은 생산요소 투입상의 왜곡이 가격상한제에서는 발생하지 않는다. 기회비용에 대한 고려가 가격상한제에서는 없기 때문이다.[16] 비용과 수요에 대한 가장 정확한 정보를 갖고 있는 피규제기업이 배스킷 내에서 요금을 조정할 수 있으므로 효율적인 요금체계가 가능하다. 이에 따라 가격기능에 대한 배분적 효율성의 달성가능성이 높아진다는 장점을 가격상한제는 갖고 있다. 뿐만 아니라 원가정보를 이용하지 않으므로 기존의 규제방식인 수익률규제보다 간단하고 투명하여 규제기관의 자의적 개입 여지가 적고 규제비용이 절감된다.

반면에 가격상한제는 단점도 갖고 있는데, 가격의 상한을 정함에 있어 객관적인 기준이 모호하다는 것이다. 가격상한제는 가격을 원가에 관련 없이 일정기간 고정하는 규제방식이다. 원가에 관계없이 일정 기간 가격이 고정되므로 피규제기업이 비용을 절감하여 이윤을 극대화할 동기를 갖게 된다는 장점이 있다. 즉, 공정보수율 규제의 단점을 보완한 규제방식이다. 위의 그래프처럼 독점가격과 완전경쟁가격 사이의 가격 $\overline{P}$로 규제하는 것이 보통이다. 하지만 규제가격인 $\overline{P}$를 설정하는 현실적인 방법에서 문제점은 발생할 수 있다. 한계비용을 현실적으로 알기 어려운 것은 투자보수율 규제와 마찬가지인데, 회계장부를 보지 않고 어떤 가격이 한계비용과 독점가격 사이의 가격일지 알아내기는 어렵다. 그 수준에서 가격상한을 설정해야 하는데 알기 어렵다면 문제라고 할 수 있다.

그 가격이 한계비용에 가까울수록 효율성은 높아진다고 할 수 있으므로 한

---

16 규제당국에서 가격상한을 결정할 때 기회비용을 고려하고, 이 사실을 피규제기업에서 인지한다면 Averch-Johnson 효과와 같은 생산요소투입상의 왜곡은 다시 나타날 수 있다.

계비용을 아는 것은 중요하다. 현실적으로 다른 방법이 없기 때문에 가격상한 규제를 담당하는 규제당국에서는 회계장부의 자료를 이용하는 것으로 알려져 있다. 즉, 투자보수율 규제와 유사하게 가격상한이 산정된다고 볼 수 있다.

가격상한제의 1차 적용 기간이 지난 후, 2차 상한가격을 다시 결정해야 한다. 이때, 또 다시 회계장부를 이용하게 될 것이므로 이를 예측한 기업은 1차 적용 기간에 비용을 절감하지 않을 동기가 존재한다. 즉, 가격이 유지되는 기간 동안에만 비용을 절감할 동기를 피규제기업은 갖고 있다. 하지만 가격상한이 갱신될 때를 고려하면 비용절감의 동기가 감소한다. 따라서 가격상한제가 공정보수율 규제의 단점을 개선한 것은 맞지만, 완전히 제거하지는 못한 것으로 평가할 수 있다.

가격상한제의 두 번째 문제점은 일정 기간 동안 가격이 유지되는데, 가격에 영향을 미칠 수 있는 현실의 변동사항들을 어떻게 반영할 것인지의 문제이다. 가격상한제는 상한 가격을 한번 설정하면 일정기간 유지되기 때문에 그 기간 동안 발생하는 변동요인을 어떻게 처리하는지에 대한 문제가 존재한다. 예를 들어 그 기간 동안 원가가 대폭 상승하였다면, 요금에 이를 반영하지 못했을 경우에 해당 기업은 도산할 수도 있다. 반대로 원가가 폭락하였는데 요금을 조정하지 못한다면 해당 기업은 막대한 이윤을 향유하게 될 것이다.

이런 동태적인 문제들을 해결하기 위하여 연한을 정하여 그 기간 동안의 가격 조정방식을 미리 설정하는 형태로 가격상한제를 보완하는 것이 보통이다. 예를 들면, 5년 동안 매년 적용되는 상한 가격을 어떻게 정할 것인지 명시한다. 매년 1번씩 원자재 비용의 변화, 해당 기업의 비용절감 정도, 물가, 그리고 정책변수 등을 고려하여 미리 정해진 상한가격을 변동할 것인지도 정한다. 일정 수준 이상의 변동이 생겼을 때는 가격을 변동할 수 있도록 규정하는 것이다. 결국, 5년 동안의 가격변동에 대한 원칙을 미리 결정하는 것이다. 이렇게 한번 가격이 설정되고 나면 해당 기간 동안만큼은 규제당국과 기업이 가격을 두고 협상할 일이 거의 없으므로 부패의 가능성이 적어진다. 이러한 점에서 공정보수율 규제보다 개선된 규제라고 말할 수 있다.

(2) 가격상한제의 구체적 적용방식

독점산업에 대한 가격상한규제 방식은 크게 두 가지 유형으로 구분할 수 있는데, 그 하나는 Vogelsang(1989)에 의해 제시된 Vogelsang and Finsiger 방식(이하 "V–F 방식")이며, 다른 하나는 Littlechild(1983)에 의해 제시된 RPI–X 방식이 있다.

V–F 방식은 다음과 같다. 비교의 단순화를 위해 기업은 단일 품목을 생산하고 당해연도 판매량이 전년도의 판매량과 동일하며, 인플레이션이 없다는 가정 하에서, 이 품목의 당해연도 가격을 P_t, 전년도 가격을 P_{t-1}로 각각 나타내면 가격상한방식은 다음과 같다.

$$P_t / P_{t-1} \leq 1 - (\text{이윤}/\text{매출액})_{t-1}$$

이 방식이 의미하는 바는 당해연도 가격이 전년도의 매출액대비 이윤율만큼 인하하도록 책정되어야 한다는 것으로, 이는 이윤율이 궁극적으로는 0이 될 것임을 의미한다. 예를 들어, 전년도의 이윤이 매출액에서 1%를 차지하고 있다면, 올해의 가격은 적어도 전년 가격대비 1% 인하되어야 한다는 것을 의미한다. 반면에 전년도에 적자가 1% 발생했다면, 올해의 가격은 1% 범위 내에서 인상되어야 한다.

Vogelsang & Finsinger 방식은 장점을 갖고 있다. 첫째, 과거의 회계정보만을 요구하므로 이의 시행을 위해 요구되는 정보가 적다. 둘째, 소비자의 후생을 증진시킨다. 당해연도 재화가격(P_t)이 전년도의 평균비용($P_{t-1}[1-(\text{이윤}/\text{매출액})_{t-1}]$)을 초과하지 못하도록 상한선이 설정되어 있다. 따라서 독점 및 피규제기업이 생산증대를 통해 이익을 높이려 할지라도, 생산증대를 위한 한계비용의 상승, 또는 평균비용의 상승은 발생할 수 있으나 그에 따른 가격 인상은 없다. 더 높은 비용에도 불구하고 같은 가격에 더 많은 재화를 소비할 수 있는 소비자의 효용은 증대된다.

V–F 방식은 전년도의 이윤 전액을 그로부터 1년 후에 몰수함으로써 당해

기업이 전략적 행위를 하도록 동기를 제공하는 단점이 있다. 이를 톱니바퀴 효과(Ratchet Effect)라고 부르며, 당해연도의 자원을 낭비하고 비용을 과다 사용함으로써 기업은 그 후년도의 가격상한을 인상시킬 수 있다. 이에 따라 이윤을 높일 수 있게 되므로 위의 규제방식은 비효율을 발생시키는 유인을 제공하게 된다. 이와 같은 문제점은 투자보수율 규제와 유사하다고 할 수 있다.

RPI−X 방식은 V−F 방식의 단점을 보완하는 것으로 Littlechild에 의해 제시되었다. V−F의 가격상한식과 동일한 가정 하에 다음과 같이 표현된다.

$$P_t / P_{t-1} = 1 - X$$

위의 식이 의미하는 바는 실질가격 기준으로 당해연도 가격은 전년도에 비해 적어도 특정비율 X만큼 인하하도록 책정되어야 한다는 것이며, X는 특정연도에 기업의 내부 효율성에 의해 달성된 가격인하 요인을 가리킨다. 당해연도의 전년대비 소매물가지수(RPI : Retail Price Index) 상승률 RPI를 감안한다면, 식을 다음과 같이 표현할 수 있다.

$$P_t / P_{t-1} = 1 + RPI - X$$

RPI−X 방식을 V−F 방식과 비교하면 다음과 같은 장점이 있다. 전년도의 이윤 전액을 당해연도의 가격인하 요인으로 책정하지 않고 사전에 정해진 X만큼만 가격인하 요인으로 책정함으로써, 내부효율 달성을 통해 X를 초과하여 이윤을 증가시킬 경우 그 초과이윤을 피규제기업이 소유할 수 있도록 허용한 것이다. 따라서 당해기업이 비용절감 등을 통해 내부 효율 증진을 지향하도록 하는 유인을 제공한다. 즉, RPI−X 방식은 투자보수율 규제에서 발생하는 생산효율성 저하의 문제점을 극복할 수 있는 장점을 갖고 있다. 그러나 RPI−X 방식은 독점기업의 독점 이윤을 충분히 회수하지 못하는 단점도 갖고 있다. 또한 X를 결정하기 어렵다는 단점도 갖고 있다. 정책적으로 정하여 적용하는 것으로 제시되었지만, X가 너무 적으면 피규제기업의 이윤이 증대된다. 반면에 X가 너무 크면, 피규제기업은 적자를 감수해야 할 뿐 아니라, 효율성 증대가 소용없다고 생각할 수 있다.

※ 참고 : Yardstick regulation

Yardstick regulation 하에서 피규제기업에 미치는 금전적인 보수는 타회사의 성과에 비례하여 결정된다. 자신의 성과가 크더라도 타회사의 성과가 더 크다면 보수는 낮아진다. 일반적으로 기업이 명시된 측면에서 비교 그룹보다 기량이 뛰어날 경우 보상을 받는 반면에 성과가 경쟁그룹의 성과보다 열등하다면 벌칙을 받게 된다. 예를 들어 서비스의 질에 대해 불만을 신고한 소비자의 비율이 다른 회사의 비율보다 작다면 회사는 금전적인 보상을 받을 것이다.

만약 서로 다른 회사가 본질적으로 다른 경영 환경에 직면한다면, yardstick regulation은 지나치게 어떤 회사에게는 이익이 되고 다른 회사들에게는 불이익이 될 수 있다. 결과적으로 yardstick regulation은 보편적인 규제는 아니다.

정보통신산업에서는 yardstick regulation이 사용되어 왔다. 우선 가격상한제는 yardstick regulation으로 구체화될 수 있다. 가격상한제에서 가격은 소매물가상승률에서 X%만큼 삭감하여 인상되는 것이 허용된다. X-factor를 결정하는 방법 중 하나는 연관된 산업의 성장률이다. 만약, 피규제기업의 연관된 산업의 성장률보다 낮으면, 그 비율만큼 높은 X-factor를 적용하는 것이다. 반대로 피규제기업의 연관된 산업의 성장률보다 높으면, 그 비율만큼 낮은 X-factor를 적용하여, 높은 가격과 그에 따른 높은 이윤을 보장해 주는 것이다.

※ 참고 : 피규제기업의 선택(Option)을 통한 규제방식의 결정

규제기관은 피규제기업에게 단일한 규제안을 부과하는 대신에 규제안 중에서 한 가지를 선택하게 한다. 예를 들어 기업은 다른 유형의 이익분배방식 중에서 투자보수율 규제와 가격상한 또는 이익분배방식제 사이에서 선택하는 것이 허용될 수 있다.

선택은 이질적이며 고유의 능력을 가진 기업들이 규제될 때 특히 가치 있을 수

있다. 선택이 가능할 때, 서로 다른 기업들은 서로 다른 규제안을 선택할 수 있다. 선택을 허용하면 피규제기업의 능력에 맞게 재단된 규제가 선택될 수 있다. 이러한 선택의 허용은 피규제기업의 재정적인 곤궁 가능성을 제한하는 한편 소비자의 추가적인 이익을 확보할 수 있다.

5. 가격규제와 품질규제

8강에서 언급하였지만, 가격규제와 품질규제는 함께 필요하다는 점을 강조하기 위하여 다시 한번 설명한다. 가격규제의 핵심은 높은 독점가격을 낮추어 소비자 잉여, 나아가서는 사회후생을 높이는 것이다. 여기서 추가적으로 고려해야 할 사항이 존재한다. 가격이 낮아지면, 피규제기업이 제품의 품질을 낮출 가능성이 있다는 점이다. 또한 가격규제를 회피하기 위한 여러 가지 방법을 동원할 것이다.

우리나라의 사례로 중화요리전문점의 자장면을 들 수 있다. 중화요리전문점에서는 다양한 종류의 자장면을 볼 수가 있는데, 이렇게 다양한 자장면을 맛볼 수 있는 나라는 우리나라가 유일하다고 할 수 있다. 정부가 산정하는 물가지수의 항목 중 하나로 '자장면'을 포함하였고, 물가가 상승할 때마다 정부는 자장면 가격을 인상하지 못하도록 "행정지도"했던 것이 사실이다.

이에 자장면의 가격을 자율적으로 높일 수 없게 된 음식점주인은 먼저 '자장면'의 품질을 낮추어 사실상의 가격 인상을 시도하였다. 보통 자장면에는 고기나 해산물 등 고가의 재료는 소량만 넣거나 거의 넣지 않았다. 결국 물가당국의 가격규제는 규제대상인 보통 자장면의 품질저하라는 결과로 나타나게 된 것이다.

'자장면'이 맛이 없어졌다는 불평이 당연히 터져 나오니까, '자장면'이 아닌 다른 종류의 자장면을 개발하여 불평을 무마함과 동시에 물가단속을 회피하였다. 자장면은 규제대상이지만, '삼선짜장', '유니짜장', '간짜장' 등은 규제대상이 아니고, 물가당국에서 단속하려 해도 고급화된 새로운 제품이라고 이야기할 수 있었다. 당연히 이들의 가격은 자유롭게 책정할 수 있게 되었다. 물론 이렇게 고급화된 제품이라는 이야기가 유효하려면 제품의 차이가 커야 했다. 즉, 정부의 가격규제를 피하려 기업은 노력하게 되고, 이런 노력의 일환으로 품질의 저하가 나타나는 경우가 많다.

가격규제가 적용되면, 필연적으로 품질규제가 뒤따라야 하는 이유다. 하지만 품질을 규제하기는 상당히 어렵다는 점에서 가격규제와 품질규제가 제대로 효과를 발휘되지 못하게 될 가능성은 존재한다. 행위규제보다 근본적인 해결을 가능하게 하는 구조 개선이 최선인 또 다른 이유라고 할 수 있다.

연습문제

1. (ROR Regulation) 판매량이 100개인 상황에서 다음 질문에 답하라.

(1) 인건비만 100억원 발생하였다. 인건비만 고려할 경우의 독점기업에 대한 규제가격은?

(2) 위에 더하여 자기자본을 500억원 조달하고, 타인자본을 1,000억원(이자율 10%) 조달하여 내용연수 10년의 기계를 구입하여 감가상각비가 150억원 매년 발생한다. 투자보수율은 20%라고 한다. 판매량이 변하지 않았다면, 새로운 규제가격은?

(주의 : 감가상각비와 투자보수를 모두 고려하라.)

(3) 위의 비용은 첫 해에 발생하였다. 해당 비용을 근거로 산정한 요금을 둘째 해에 적용하려고 한다. 둘째 해의 비용은 둘째 해의 초기에는 모르기 때문에, 규제당국에서는 부득이하게 첫째 해와 동일한 비용이 발생한다고 가정하였다. 둘째 해의 독점 판매량도 정확한 예측이 어려워 예전과 같은 100개로 가정하였다. 그렇게 산정한 규제가격은 (2)에서 산정한 규제가격이었다. 이 규제가격을 적용하였는데, 독점기업의 둘째 해 판매량은 실제로도 100개로 나타났다. 비용은 전혀 변하지 않았다고 할 때, 독점기업의 경제적 이윤이나 적자는 존재하는가? 존재한다면 그 금액은 얼마인가? 회계적 이윤은 얼마인가?

(4) 만약 둘째 해의 판매량이 200개로 증가하였고, 추가비용은 발생하지 않았다면, 경제적 이윤과 회계적 이윤은 얼마인가?

(5) 첫 해에 위 (1)의 인건비를 대체할 로봇이 발명되었는데, 그 구입비용은 2,000억원이라고 한다. 첫 해 초에 독점기업이 로봇을 구입하기로 결정하였다고 생각해 보자. 당연히 인건비는 더 이상 발생하지 않는다. 로봇의 구입은 타인자본을 이용하기로 하였고, 타인자본의 조달비용은 17%라고 한다. 별도로 로봇을 운영하며 발생하는 비용은 없다고 가정하고, (2)에서와 같은 감가상각과 투자보수율이 적용된다고 할 때, 규제가격은 얼마인가?

(6) 위의 (3)번과 같은 상황이 발생했다고 할 때, 독점기업의 경제적 이윤이나 적자는 존재하는가? 존재한다면 그 금액은 얼마인가? 회계적 이윤은 얼마인가?

(7) 만약 둘째 해의 판매량이 200개로 증가하였고, 추가비용은 발생하지 않았다면, 경제적 이윤과 회계적 이윤은 얼마인가?

(8) 로봇으로 인건비를 대체한 결과, 경제적 이윤과 회계적 이윤의 변화가 있었는가? 있었다면 어떤 변화가 있었는가? 변화가 있었다면 이런 변화를 무엇이라고 부르는가?

2. 가격상한제에 대해서 다음을 고려하라.

(1) (RPI-X 방식) 위 1번의 (2)에서 결정된 가격이 전년도의 가격상한이라고 가정해 보자. 올해의 소매물가상승률(RPI)은 5%로 예측되며, 정책적 변수인 x-factor는 3%로 결정되었다. 올해의 가격상한은 얼마로 결정되는가?

(2) (Vogelsang and Finsiger 방식) 위 1번의 (4)에서 찾은 이윤을 이용하여 V-F 방식의 가격상한을 찾아라.

3. 2절의 사례에서 참치김밥과 멸치김밥의 판매비율이 7:3일 경우를 고려하라. 규제가격은 얼마인가?

참고문헌

김상택, 「비선형 접속료 산정모형 : 중계접속을 중심으로」, 『공공경제』, 1999.

김상택, 「이부요금과 접속료」, 『정보통신정책 Issue』 제9권 4호, 1997.

Brown, Stephen J., and David S. Sibley, The Theory of Public Utility Pricing, Cambridge University Press, 1986.

제10강

과점시장(Oligopoly) : 버트랑(Bertrand)의 가격경쟁모형

동질적 재화를 생산하는 소수의 기업들만 존재하는 과점시장에서는 기업들의 상호의존 관계가 결과에 큰 영향을 미친다. 소수의 기업들만 존재하기 때문이다. 상호의존 관계를 자신에게 유리하게 만들기 위한 전략적 행동들이 나타나며, 이를 분석하기 위한 비협조적 게임이론이 활발하게 적용되는 시장형태가 바로 과점시장이다. 본 장에서는 가격으로 경쟁하는 과점시장 모형을 설명한다.

1. 도입

과점시장(Oligopoly)은 산업조직론에서 가장 활용도가 높은 분야로서 소수의 기업들이 동질적인 재화를 생산하며 서로 경쟁하는 시장구조를 의미한다. 소수의 기업들이 동질의 재화를 생산하며 경쟁하기 때문에 각 기업의 행동 또는 전략이 다른 기업들의 성과에 크게 영향을 미칠 뿐 아니라, 시장의 성과에도 영향을 미친다. 각 기업이 선택할 수 있는 최선의 전략은 다른 기업이 어떤 전략을 선택하는지와 깊은 연관관계를 갖고 있다. 전략과 전략의 상관관계는 물론, 최선의 전략이 무엇인지 분석하는 데 있어서도 유용한 시장모형이다.

조금 더 자세하게 살펴보자. 과점시장의 기업의 개수인 소수는 1보다 큰 n개[1]를 의미한다. n개는 너무 큰 숫자를 의미하지는 않으며, 서로 상대편을 인지하고 있는 정도의 숫자다.[2] 소수이기 때문에 서로의 행동이 서로에게 영향을 미친다. 따라서 과점시장에 속한 기업들은 상대편의 행동을 바르게 예측하려 노력하고 예측에 맞추어 자신의 이익을 추구한다. 즉, 경쟁시장이나 독점시장과는 달리 소수의 기업들이 서로를 인지하고 자신의 이익을 추구하기 위한 전략적 행동(Strategic action)을 한다. 전략적 행동은 게임이론에서 많이 다루어지고 있기 때문에, 최근에는 과점시장의 분석을 위해서 게임이론을 많이 활용하고 있다.

과점시장은 n개의 기업들만 존재하기 때문에 기업이 하나만 있는 독점시장과 기업의 수가 많은 완전경쟁시장의 중간에 위치한다. 따라서 과점이론은 일반화가 가능하다. 과점시장 기업의 수를 n에서 감소시켜서 1에 도달시키면 독점기업 이론이 될 수 있으며, 기업의 수를 무한대로 증가시키면 완전경쟁시장으로 발전한다. 과점시장의 또 다른 중요한 특징이라고 할 수 있다.

과점시장의 기업들은 시장에서 경쟁하는 다양한 수단을 갖고 있다. 이 수단

---

1 n개는 무한대보다 작고 1보다는 큰 자연수를 의미한다.

2 만약 n개의 숫자가 너무 커서 다른 기업들을 인지하지 못하는 상황이 된다면 완전경쟁시장이라고 부를 수 있다.

들은 시간에 따라 분류될 수 있는데, 단기간의 경쟁수단은 가격이나 광고와 같은 판매조직의 역할 같은 것들이다. 단기를 표현할 경우, 단기라는 말을 직접적으로 활용하기도 하지만 기술 또는 비용이나 제품의 특징 등은 정해져 있다고 가정하기도 한다. 즉, 기술 같은 것들이 정해져 있다는 가정은 단기분석이라는 뜻으로 해석할 수 있다.

시간을 조금 더 길게 중장기적으로 본다면, 생산기술을 개선하여 비용을 감소시킬 수 있을 것이며, 제품의 생산시설을 증설하여 생산용량(Capacity)을 확충하여 경쟁에 유리한 상황을 만들 수도 있을 것이다. 제품의 품질이나 디자인, 제품구입 장소, 그리고 주문 시 배달을 얼마나 빨리 해주는지 등도 중장기적인 경쟁수단이 될 수 있다. 소비자가 제품을 어떻게 인지하고 있는지는 광고에 의하여 영향을 받는다.

장기적인 관점에서 보면, 과점기업들은 연구개발(Research and Development)를 통해서 비용구조를 바꾸거나 제품의 특징을 변화시킬 수 있을 것이다. 과점시장의 기업은 시장에서 계속 경쟁할지, 아니면 시장에서 퇴출할지에 대한 결정도 해야 하는데, 이 결정은 궁극적인 경쟁의 수단이라고 할 수 있다. 산업조직론에서는 위에 기술된 여러 전략들에 대해서 분석한다.

1) 과점시장에서의 상호의존 관계

다른 시장과 마찬가지로 과점시장에서의 기업들도 이윤을 추구한다. 독점시장에서 독점기업은 홀로 이윤을 추구한다. 완전경쟁시장에서는 경쟁자들이 다수 존재하지만 경쟁 시 한 기업의 전략이 다른 기업에 영향을 미치지 않는다.[3] 하지만 과점시장에서는 소수의 기업들만이 존재하므로 각 기업의 행동이 다른 기업들의 이윤에 영향을 미친다. 즉, 과점시장에서만 상호의존 관계가 중요하다.

과점시장에서는 경쟁기업의 행동을 예측하고, 예측한 상대방의 전략에 따라 나에게 가장 유리한 전략을 찾는 것이 유리하다. 내 행동도 상대방의 결과에 영향을 미치기 때문에 상대방도 마찬가지로 나의 행동에 대한 대응전략을 생

3 가격수용자 가정이 이와 같은 결과를 만든다.

각한다. 과점시장은 소수 기업들 간의 상호경쟁에 따른 최선의 전략(Strategic interaction)과 그 결과가 매우 중요한 시장구조라고 할 수 있다. 소수의 기업 간 어떤 전략이 좋은지에 대한 분석의 수단으로는 앞서 언급한 바와 같이 주로 게임이론을 활용하고 있다.

산업조직론은 경영학의 전략분야와 깊은 연관을 갖고 있는데, 전략분야는 기업의 입장에서 가장 좋은 전략이 무엇인지를 연구하는 분야인데, 산업조직론은 각 기업의 전략을 고려한 시장의 성과를 연구하는 학문이기 때문이다. 산업조직론이 먼저 탄생한 학문분야였는데, 산업조직론을 전공한 경제학자 중 한 명이며, 하바드 경영대 교수인 Michael Porter가 기업의 최적 전략을 개발하고 분석하였다. 이것이 바로 경영학 전략분야의 시발점이라고 할 수 있다. 실제로 경영전략의 교과서를 보면 경영전략의 논리가 산업조직론의 논리와 많이 닮아 있다는 사실을 발견할 수 있다.

2) 독점시장과 경쟁시장의 중간자적 위치

경쟁하는 기업의 수가 소수인 과점시장은 구조적인 면에서 독점시장과 완전경쟁시장의 중간에 위치하기 때문에 여러 면에서 양 시장의 중간에 위치하고 있다. 과점시장의 분석 시 기업의 수를 늘이거나 줄이면 경쟁시장이나 독점시장의 결과에 도달할 수도 있다. 즉, 과점시장의 기업 수를 자연수 n이라고 한다면, 이 숫자를 늘리거나 줄여서 생각함으로써 경쟁시장이나 독점시장의 결과를 도출할 수 있다. 이는 다음의 표를 보면 알 수 있다. 참고로 다음 표의 내용은 아직 설명하지 않은 과점시장에 대한 분석결과를 요약한 것이다.

	독점	과점	완전경쟁시장
기업의 수	1	소수(n)	무한대(∞)
가격	높음	중간	낮음
시장거래량	낮음	중간	높음
사회후생	비효율 (정태적) 불확실 (동태적)	중간	효율

- **기업의 수** : 기업의 수가 1이면 독점이며, 무한대(∞)에 가까울수록 경쟁적이다. 이 중간의 숫자라면 과점이다. 완전경쟁시장보다는 과점시장이 현실에 근접한 시장이라는 것을 알 수 있다.
- **가격** : 독점기업의 가격이 가장 높다. 완전경쟁시장에서는 한계비용과 일치하는 가격이 책정된다. 과점시장의 가격을 분석해보면 결과적으로 이 두 가지 가격 사이에 위치한다. 특이한 경우도 있는데, 가격으로 경쟁하는 과점시장에서는 완전경쟁시장과 같이 한계비용 가격이 책정될 수도 있다.[4]
- **판매량** : 판매량은 수요의 법칙에 따라 가격과 반대인 양상을 보이게 된다. 즉, 가격이 가장 높은 독점의 경우 판매량은 가장 적으며, 가격이 가장 낮은 완전경쟁시장의 경우 판매량은 가장 높다. 물론, 과점시장은 특이한 경우를 제외하면 그 중간에 위치한다.
- **사회후생** : 완전경쟁시장에서의 사회후생이 가장 높다. 독점 시 사회후생은 정태적으로는 최저이나, 동태적으로는 독점기업이 되기 위한 방편 중 하나인 연구개발을 통해 생산의 효율성을 증진할 수도 있기 때문에 독점시장도 효율적일 가능성이 있다. 즉, 독점기업의 동태적인 효율성이 높은지 낮은지는 아직 명확하게 증명되지 않았다. 과점시장의 효율성은 경쟁시장과 독점시장의 중간에 위치한다. 특별한 경우에는 경쟁시장이나 독점시장의 사회후생과 완전히 일치할 수도 있다는 사실은 기억해둘 필요가 있다.
- **이윤** : 완전경쟁시장에 속한 기업들의 경제적 이윤은 장기적으로는 0이다. 독점시장의 높은 가격으로 인하여 독점이윤은 모든 시장구조에서 가장 크다. 과점기업의 이윤은 독점이윤과 경쟁기업의 이윤인 0 사이에 위치한다.

---

4 가격으로 경쟁하는 두 개의 기업이 존재하는 경우의 균형가격이 한계비용과 일치한다는 것을 증명하는 것이 본 장의 주요 내용 중 하나다. 본 장의 후반부에 증명이 자세한 설명과 함께 제시된다.

한 가지 중요하게 기억해 두어야 할 사실은 과점시장에 속한 기업들의 이윤을 모두 합산해도 해당 시장의 독점이윤보다는 작거나 같다는 것이다. 즉, 다음의 부등호는 항상 성립한다. $\Pi_M \geq \sum_{i=1}^{n} \Pi_i (n \geq 2)$. Π는 이윤을 의미하며, 아래첨자로 표시된 M은 독점기업을 의미한다. n은 과점시장에서의 기업의 숫자를 의미한다.[5]

왜 그럴까? 모형을 통한 증명 이전에 직관적으로도 답을 얻을 수 있다. 과점시장에 속한 기업들의 이윤의 합이 독점이윤보다 클 것 같으면, 독점기업은 그 과점기업들처럼 행동할 수 있다. 마치 자신이 여러 기업들로 나뉜 것처럼 생각하고 과점기업들의 행동을 따라할 수 있다는 뜻이다. 이 경우, 당연히 과점기업들의 이윤의 합을 독점기업은 얻을 수 있다. 따라서 독점기업의 이윤이 같은 시장을 과점하고 있는 기업들의 이윤을 모두 합한 것보다 적을 수는 없다.

독점기업은 이렇게 과점을 비롯한 다른 모든 종류의 시장에서 기업들의 행동을 흉내 낼 수 있기 때문에 다른 종류의 시장에서 독점기업보다 더 많은 이윤을 얻을 수는 없다. 이에 반해 독점기업은 (경쟁자가 없음으로 해서 갖게 되는) 더 높은 이윤을 얻을 수 있는 자신만의 기회를 갖고 있다. 따라서 독점기업의 이윤은 다른 모든 종류의 시장에서 얻는 이윤의 합보다 항상 더 크거나 같다. 즉, 독점기업의 이윤은 다른 종류의 시장에서 얻을 수 있는 최대한의 이윤이다.

같은 이치를 다른 방향에서 설명하면, 과점에 속한 모든 기업들이 담합해서 얻을 수 있는 이윤은 독점이윤과 같다. 왜냐하면 담합한 결과로 형성되는 카르텔은 독점이기 때문이다. 카르텔에서는 독점이윤을 소속 기업들 간에 나누어 갖게 된다. 나누어 갖는 이윤을 모두 합치면 다시 카르텔의 이윤이 된다. 카르텔이라는 것이 왜 생겨났겠는가? 과점시장에서 담합하지 않고 경쟁할 때의 이윤보다 카르텔의 이윤이 더 크기 때문이다. 결론적으로 독점이윤이 가장 크

---

5 물론, 경쟁기업들의 이윤을 모두 합해도 독점기업의 이윤보다 적다. 경쟁기업의 경제적 이윤은 0이기 때문이다.

다는 것을 다시 한번 확인할 수 있다.

3) 과점 경쟁의 양상

과점시장은 크게 두 가지로 나누어 볼 수 있다. 과점기업들 간에 가격으로 경쟁하는 Bertrand 모형과 생산량으로 경쟁하는 Cournot 모형이 있다.

2. 가격경쟁모형(버트랑 모형)

가격으로 경쟁하는 과점모형을 처음 체계화한 경제학자는 Joseph Bertrand 이다. 버트랑 또는 베르뜨랑은 1883년에 과점기업들 간의 경쟁은 가격으로 경쟁한다고 생각하는 것이 보다 현실적이라는 주장과 함께 자신의 모형을 제시하였다. 그 이후 그의 모형은 후배 경제학자들에 의해 정교하게 보완되었으며, 여기서 제시되는 모형은 보완된 모형이다. 버트랑 모형은 다음의 일곱 가지 중요 가정을 갖고 있다.

가정

1) 복점(Duopoly)
2) 한 번만 경쟁
3) 동시에 비협조적으로 가격 결정
4) 동질적 재화(Homogeneous product)
5) $mc_i = c \ (i = 1, 2)$, $FC = 0$
6) 시장에서의 경쟁에 필요한 정보들은 두 기업이 주지의 사실(common knowledge)로 알고 있다.
7) 시장분할법칙(Market rationing rule)

7가지 가정들의 의미를 설명하면 다음과 같다.

1) 복점(Duopoly) : 시장에서 경쟁하는 기업은 단 2개라는 의미이다. 단순화 가정이다.
2) 단 한 번만 경쟁 : 시장에서 단 한 번만 경쟁한다. 즉, 반복하여 경쟁하지 않는 비

반복게임이다.

3) 동시에 비협조적으로 가격결정 : 상대방에 대한 이타적인 고려가 없는 상태에서 자신의 이윤을 극대화하는 가격을 생각한다. 가격을 결정할 때, 상대방의 가격을 사전에 알지 못하지만 예측할 수는 있다. 자신만의 이윤을 추구하며, 비협조적으로 가격을 책정한다.[6]

4) 동질적 재화(Homogeneous product) : 두 기업이 생산하는 재화는 동일한 재화로서 재화의 모든 특징에 있어서 소비자는 어떤 차이도 느끼지 못한다.[7]

5) $mc_i = c\ (i=1, 2)$, $FC=0$: 두 기업은 생산과정에서 한계비용(mc)으로 c가 발생한다. 따라서 두기업의 한계비용은 같다. 두 기업 모두 고정비용 FC는 없다.[8]

6) 시장에서의 경쟁에 필요한 정보들은 두 기업이 주지의 사실(common knowledge)로 알고 있다. 즉, 두 기업 중 어느 기업도 가격경쟁과 관련된 정보에 있어서 어떤 이점도 갖고 있지 않다.[9]

7) 시장분할법칙(Market rationing rule) : 동질적인 재화의 가격이 같을 때, 소비자들 중 누가 어떤 기업의 제품을 구매할 것인지를 결정하는 방법을 시장분할법칙이라고 한다. 가장 간단한 시장분할법칙은 두 기업이 소비자를 정확히 반분하는 것이다. 시장분할법칙을 도입하는 이유는 현실에서 사전적으로 시장이 어떻게 분할될지 알기 어려우므로, 규칙을 정함으로써 추가적인 분석이 가능하도록 하기 위함이다. 버트랑 모형에서는 가격이 같을 때, 두 기업이 시장을 반분하고, 가격이 다르면 더 저가로 책정한 기업이 시장을 석권한다고 가정한다.[10]

---

6 협조적으로 가격을 책정하는 경우는 여기서 다루지 않는다. 하지만 협조적으로 가격을 책정하는 경우를 담합이라 부르며, 이 경우 독점과 같은 결과가 나올 것이다. 이때 담합에 참여한 기업들에게 생기는 문제는 독점이윤을 어떻게 나눠 가질 것인가에 관한 것이다. 이는 협조적 게임이론(Cooperative game theory)을 이용하여 분석할 수 있다.

7 재화 간의 차이가 존재한다면, 과점시장이 아니며 차별화된 제품시장 또는 독점적 경쟁시장이라고 할 수 있다. 당연하지만 과점시장의 균형과는 다른 결과가 나타난다.

8 만약, 한계비용이 서로 다르다면 한계비용이 낮은 기업이 더 유리할 것이다. 이 경우는 뒤에 모형의 확장 부분에서 다시 검토한다.

9 주지의 사실이 의미하는 바는 부록 게임이론에서 자세히 설명한다.

10 해당 법칙을 바꾸어 같은 가격일 때, 다른 비율로 시장을 나누어 점유한다고 가정해도 본 모형의 결과는 바뀌지 않는다는 것을 미리 언급해 둔다.

(1) 버트랑-내쉬(Bertrand-Nash) 균형

위의 가정에 따라 모형의 결론인 균형을 구해보자. 이 균형은 처음 모형을 제시한 버트랑의 이름과 후에 균형의 개념을 정확하게 정립한 내쉬의 이름을 함께 사용한다. 내쉬(Nash) 균형[11]은 두 기업 모두 상대방이 선택한 최선의 전략에 대한 자신의 최선의 전략을 선택하여 두 기업 모두 더 이상 전략을 변경할 동기가 없는 상태를 의미한다.

시장의 수요는 가격이 p일 때, $D(p)$라고 표기한다. 만약, 기업 1의 가격이 p_1일 때, 기업 1만의 수요는 $D_1(p_1)$으로 표기한다. 수요함수 D의 아래첨자로 붙어 있는 숫자는 기업 1이 직면하는 수요라는 뜻이며, 수요함수 D에 아래첨자가 없다면 시장의 수요를 의미한다. 따라서 기업 1이 p_1으로 기업 2에 비해 낮은 가격을 책정하여 시장을 석권하였다면 $D(p_1)$이라고 표기할 수 있으며, 이 경우에는 $D_1(p_1) = D(p_1)$임을 알 수 있다.

위첨자로 표기한 별표는 균형 또는 최적화 문제의 답을 의미한다. 이런 표기법을 이용하면 버트랑-내쉬 균형은 다음과 같이 정리된다.

〈정리〉

버트랑-내쉬(Bertrand-Nash) 균형은 다음과 같다.

$$P_1^* = P_2^* = c$$

$$\Pi_1^* = \Pi_2^* = 0$$

위 균형이 의미하는 것은 버트랑 모형의 가정 하에서 각 기업들은 한계비용과 일치하게 가격을 책정하는 것이 가장 좋은 전략이며, 이때 각 기업의 경제적 이윤은 0이라는 것이다.

다음과 같이 균형을 증명할 수 있다. 위의 균형을 제외한 다른 전략들을 제시한 후, 두 기업 중 적어도 한 기업은 더 좋은 전략이 있음을 보임으로써,

11 본서의 부록에 게임이론을 간략하게 소개하였으니 참고하기 바란다.

해당 전략이 균형이 아니라는 것을 증명한다. 이 방식을 계속해 나가서 다른 모든 전략들이 균형이 아님을 보인 후, 위의 균형은 더 좋은 전략을 찾을 수 없다는 것을 보임으로써 증명을 마친다.

쉽게 이야기하면, 주어진 두 기업의 전략에서 한 기업의 전략을 개선함으로써 해당 기업이 더 큰 이윤을 누릴 수 있다면 기존의 전략은 최선이 아니며, 따라서 해당 경우는 내쉬 균형이 아니다. 제외되지 않는 경우가 있다면 그 경우가 버트랑-내쉬 균형이라고 할 수 있으며, 위의 상자 안에 있는 경우가 바로 그 경우다. 아래에서는 이 과정에 따라 증명을 진행한다.

증명 : 경쟁의 결과로서 나타날 가능성이 있는 경우는 다음 일곱 가지 경우다. 각 경우가 균형인지 아닌지를 증명함으로써 위의 정리를 증명한다.

1) $P_1 > P_2 > c$일 때,

기업 1의 수요와 이윤 : $D_1(p_1) = 0,\ \Pi_1 = 0$

기업 2의 수요와 이윤 : $D_2(P_2) = D(P_2),\ \Pi_2 = (P_2 - c)D(P_2) > 0$

기업 1이나 2가 자신의 전략을 변경하여 이윤을 높일 수 있다면 이 경우는 앞서 언급한대로 내쉬 균형이 아니다. ϵ이 매우 작은 양수라고 할 때, 기업 1이 자신의 가격을 상대방의 가격보다 조금 낮게 $P_1 = P_2 - \epsilon$으로 책정한다면, $D_1(P_2 - \epsilon) = D(P_2 - \epsilon)$이 된다. 즉, 기업 1이 해당 가격에서 시장을 석권한다. 이 경우, 기업 1의 이윤은 다음과 같다.

$$\Pi_1 = (P_2 - \epsilon - c)D(P_2 - \epsilon).$$

원래의 전략인 p_2보다 높은 가격에서 p_2보다 조금 낮은 가격으로 전략을 변경하여 시장을 석권한 기업 1의 이윤은 양이다. 위의 이윤을 보면, 첫 번째 괄호 안의 숫자 $(P_2 - \epsilon - c)$에서 기업 2의 가격 p_2는 양수이며, (가정에 의해) 한계비용 c보다 크다. ϵ은 0보다 크지만, 아주 작은 양수이므로 매우 작은 수를 선택한다면 첫 번째 괄호 안의 표현은 양을 유지할 수 있다. 수요 $D(P_2-\epsilon)$는 당연히 양수이므로 기업 1의 이윤은 양수다.

기업 1이 전략을 바꾸어 더 높은 이윤을 얻을 수 있으므로, 이 경우 $(P_1>P_2>c)$는 내쉬 균형이 아니다.

2) $P_2>P_1>c$인 경우는 위와 같은 논리를 적용할 수 있으므로 내쉬 균형이 아니다.

3) $P_1=P_2>c$일 때,

각 기업의 수요와 이윤은 다음과 같다.

기업 1의 수요와 이윤 : $D_1(P_1)=\frac{1}{2}D(P_1),\ \Pi_1=(P_1-c)\frac{1}{2}D(P_1)>0$

기업 2의 수요와 이윤 : $D_2(P_2)=\frac{1}{2}D(P_2),\ \Pi_2=(P_2-c)\frac{1}{2}D(P_2)>0$

두 기업은 시장을 반분하여 동일한 이윤을 갖는다. 여기서 기업 1이 기업 2의 가격보다 조금 낮게 $P_1=P_2-\epsilon>c$인 수준으로 가격을 책정한다면 시장을 석권하여 $D_1(P_2-\epsilon)=D(P_2-\epsilon)$가 되고, $\Pi_1^*=(P_2-\epsilon-c)D(P_2-\epsilon)>0$이 되어 시장을 반분했을 때보다 더 큰 이윤을 얻게 된다.

$\Pi_1^*>\Pi_1$으로 새로운 가격에서 이윤이 더 커지는 이유는 다음과 같다. 시장을 반분했을 때는 시장수요의 절반만 갖게 되지만, 가격을 조금 낮추어 시장을 석권하면 시장수요 모두를 갖게 된다. 매우 작은 가격인하에서 오는 손해는 적지만, 시장을 석권하여 얻게 되는 이득은 두 배의 매출이다. 따라서 기업 1은 가격을 조금 낮추어 시장을 석권하면 더 높은 이윤을 갖게 된다. 위의 두 이윤식을 비교해보면, $(P_2-\epsilon-c)$은 (P_1-c)보다 적지만, 그 차이는 미미하

다. 반면에 $D(P_2 - \epsilon)$는 $\frac{1}{2}D(P_1)$에 비하여 거의 두 배다. ϵ을 충분히 작은 양수로 선택한다면, 당연히 $\Pi_1^* > \Pi_1$ 관계는 성립한다.

따라서 이 경우는 균형이 될 수 없다. 기업 1이 다른 전략을 선택하여 더 높은 이윤을 얻을 수 있기 때문이다.[12]

4) $P_1 > P_2 = c$일 때,

기업 1의 수요와 이윤 : $D_1(p_1) = 0$, $\Pi_i = 0$

기업 2의 수요와 이윤 : $D_2(P_2) = D(P_2)$, $\Pi_2 = (P_2 - c)D(P_2) = 0$

기업 2가 가격을 다음의 부등호에 맞도록 $P_1 > P_2 = c + \epsilon > c$로 책정한다면, 시장을 여전히 석권하면서 이윤을 증가시킬 수 있다. 즉, $\Pi_2 = \epsilon D(P_2) > 0$이 된다. 이윤이 0보다 큰 전략이 존재하므로 이 경우 역시 균형이 아니다.

5) $P_2 > P_1 = c$인 경우도 4)번과 같은 이유로 균형이 되지 않는다.

6) $P_1 < P_2 = c$ 일 때,

기업 1의 수요와 이윤 : $D_1(P_1) = D(P_1)$, $\Pi_1 = (P_1 - c)D(P_1) < 0$

기업 2의 수요와 이윤 : $D_2(P_2) = 0$, $\Pi_2 = 0$

기업 1은 적자를 보고 있는 상황이다. 만약 기업 1이 가격을 인상하여 한계비용이나 그보다 더 높게 책정한다면 이윤은 0이 된다. 적자보다는 좋은 상태이므로 이 경우는 당연히 균형이 아니다.

두 기업 중 하나라도 한계비용보다 낮게 가격을 책정하는 모든 경우들은 같은 이유로 균형이 아니다. 즉, $P_1 < P_2 < c$, $P_1 = P_2 < c$인 경우에도 기업이 적자를 보고 있으므로, 가격을 한계비용수준으로 올려서 이윤이 0인 경우로 만드는 것이 더 나으므로 균형이 아니다.

---

12 참고로 기업 2도 마찬가지 전략으로 이윤을 높일 수 있다.

7) $P_1 = P_2 = c$일 때,

기업 1의 수요와 이윤 : $D_1(P_1) = \frac{1}{2}D(P_1)$, $\Pi_1 = (P_1 - c)\frac{1}{2}D(P_1) = 0$

기업 2의 수요와 이윤 : $D_2(P_2) = \frac{1}{2}D(P_2)$, $\Pi_2 = (P_2 - c)\frac{1}{2}D(P_2) = 0$

이때 가격을 인상하거나 인하하여 이윤을 증가시킬 방법은 없다. 가격을 인상하면 판매량이 0이 되어 이윤이 0이 되고, 가격을 인하하면 시장을 석권하지만 적자를 보게 된다. 따라서 현재의 가격보다 더 좋은 결과를 나타낼 수 있는 전략은 없다. 더 좋은 대안이 존재하지 않기 때문에 이 경우는 균형이다. 증명 끝.

위의 증명에서 사용한 각 경우를 표로 간략하게 정리하면 다음과 같다.

<table>
<tr><th colspan="2" rowspan="2">원래 상황</th><th colspan="2">개선 전 i의 상황</th><th colspan="2">개선 전 j의 상황</th><th rowspan="2">개선방법</th><th colspan="2">개선 후 i의 상황</th><th colspan="2">개선 후 j의 상황</th></tr>
<tr><th>점유율</th><th>이윤</th><th>점유율</th><th>이윤</th><th>점유율</th><th>이윤</th><th>점유율</th><th>이윤</th></tr>
<tr><td colspan="2">1) $P_i > P_j > c$</td><td>0%</td><td>0</td><td>100%</td><td>+</td><td>i가 $P_i = P_j - \epsilon$로 책정</td><td>100%</td><td>+</td><td>0%</td><td>0</td></tr>
<tr><td colspan="2">3) $P_i = P_j > c$</td><td>50%</td><td>+</td><td>50%</td><td>+</td><td>상대방의 가격보다 ε 만큼을 낮춘 만큼으로 책정.</td><td colspan="4">더 낮게 책정한 기업이 100%, +
더 높게 책정한 기업은 0%, 0</td></tr>
<tr><td colspan="2" rowspan="2">4) $P_i > P_j = c$</td><td rowspan="2">0%</td><td rowspan="2">0</td><td rowspan="2">100%</td><td rowspan="2">0</td><td>j가 $P_j = c + \epsilon$로 책정</td><td>0%</td><td>0</td><td>100%</td><td>+</td></tr>
<tr><td>i가 $P_i = P_j = c$로 책정</td><td>50%</td><td>0</td><td>50%</td><td>0</td></tr>
<tr><td colspan="2">6) $P_i < P_j = c$</td><td>100%</td><td>−</td><td>0%</td><td>0</td><td>i가 $P_i = c$로 책정</td><td>50%</td><td>0</td><td>50%</td><td>0</td></tr>
<tr><td colspan="2">7) $P_i = P_j = c$</td><td>50%</td><td>0</td><td>50%</td><td>0</td><td>개선방법 없음</td><td>50%</td><td>0</td><td>50%</td><td>0</td></tr>
<tr><td rowspan="2">기타</td><td>$P_i < P_j < c$</td><td>100%</td><td>−</td><td>0%</td><td>0</td><td>i가 $P_i = c$로 책정</td><td rowspan="2">50%</td><td rowspan="2">0</td><td rowspan="2">50%</td><td rowspan="2">0</td></tr>
<tr><td>$P_i = P_j < c$</td><td>50%</td><td>−</td><td>50%</td><td>−</td><td>j가 $P_j = c$로 책정</td></tr>
</table>

▪ **Bertrand 모형의 결론**

1. 각 기업의 가격은 한계비용수준에서 결정된다. 이는 완전경쟁시장의 결과와 같다.
2. 각 기업의 경제적 이윤은 0이며, 이는 완전경쟁시장의 결과와 같다.
3. 사회적으로 가장 효율적인 상태다. 완전경쟁시장의 결과와 같기 때문이다.

버트랑 모형의 균형가격은 위에서 증명한 것처럼 한계비용과 일치하며, 경제적 이윤은 없다. 여기서 우리는 한 가지 사실을 발견할 수 있는데, 단 두 기업이 이윤을 극대화하기 위해 노력한 결과로 경제적 이윤이 0이 된다는 점이다. 기업의 수가 무한대이거나, 무한대로 생각하여 다수의 기업이 가격수용자인 완전경쟁시장의 결과와 기업의 숫자가 2개인 버트랑 모형의 결과가 같기 때문에 매우 역설(paradox)적이다.

용의자의 딜레마와 비슷한 면이 있다고 할 수 있다. 기업의 수가 단 2개인 과점시장과 무한대로 많은 기업이 존재하는 완전경쟁시장이 같은 결과를 낳았는데, 두 기업의 치열한 가격경쟁이 경제적 이윤을 없애버렸기 때문이다. 이처럼 가격으로 경쟁하는 단 2개의 기업만 존재하여도 그 결과는 완전경쟁시장과 같다는 결론을 버트랑의 역설(Bertrand Paradox)이라고 한다.

학자들은 역설의 학술적 원인을 파악하려고 노력한다. 버트랑의 역설은 버트랑 모형에서 비롯되었으므로, 모형의 가정들을 하나씩 검토하여 어느 가정에서 역설이 비롯되었는지를 파악한다. 이 과정에서 많은 학문적 발전이 있었다. 심지어는 경제학의 새로운 분야도 이런 노력으로 탄생하였다. 다음 장에서는 이에 대해 살펴본다.

연습문제

1. 동질적인 재화시장에서 두 기업이 Bertrand 경쟁을 하고 있다. (역)수요함수는 $P(q) = 13 - q$다.
   (1) 두 기업의 비용함수가 동일하게 $C(q) = q$일 경우의 균형을 구하라.
   (2) $C_1(q) = q$, $C_2(q) = 2q$일 경우의 균형을 구하라.

2. 위의 두 기업이 카르텔을 형성했다고 하자. 이 카르텔의 총 이윤을 구하라. 이윤을 반분한다고 할 때 각 기업의 이윤은 얼마인가? 단, 각 기업의 비용함수는 1의 (1)과 같다.

제11강

제품차별화

(Product differentiation)

각 기업이 자신의 제품을 다른 기업의 제품과 조금이라도 다르게 개발하여 일부 소비자의 인기를 얻는 차별화에 성공한다면, 버트랑의 치열한 가격경쟁에서 벗어날 수 있으며 양의 이윤도 가능하다.

1. 버트랑의 역설(Bertrand paradox)과 모형의 확장

경쟁기업들의 숫자와 관련한 경쟁의 결과는 다음의 직관(Intuition)을 제시한다. “두 기업 간 경쟁과 무수히 많은 기업 간의 경쟁은 다른 결론에 도달하는 것이 보통이다.” 또는 “가격을 책정할 권한을 가진 기업들 간의 경쟁과 가격을 수용하는 기업들 간의 경쟁은 서로 다른 결론이 예상된다.” 버트랑 경쟁은 이런 직관적 예상과 다른 결론을 도출하였다.

2개의 기업만이 경쟁하는 버트랑 경쟁시장에서의 균형이, 무수히 많은 기업들이 경쟁하는 완전경쟁시장의 균형과 같다는 의문이 바로 버트랑의 역설(Bertrnad paradox)이다. 역설(paradox)이라고 부르는 이유는 직관적 예상과 다르다는 측면 때문이다. 가격을 책정하는 두 개의 기업이 무한경쟁하는 버트랑 경쟁은 현실적으로 찾아보기 힘들다는 측면도 역설이라는 이름을 붙이는 데 기여하였을 것이다. 버트랑의 역설을 설명하고 이해하기 위한 학자들의 노력은 많은 학술적 발전을 이루었고, 이 학술적 발전을 소개하려는 목적으로 본 장은 쓰여졌다.

“Bertrand 모형의 확장”은 여러 가지 엄격한 가정하에서 성립했던 버트랑 모형의 역설적 결론을 설명하기 위하여, 가정들을 완화하는 노력을 의미한다. 엄격한 가정을 완화하면 상대적으로 보다 현실적인 모형으로 발전한다. 발전된 버트랑 모형에서의 결론이 완전경쟁모형과 달라진다면, 버트랑의 역설은 해당 가정이 비현실적으로 엄격해서 발생하였다고 설명할 수 있는 것이다. 가정을 완화한 모형은 확장된 모형이라고 불리운다.[1] 이런 노력의 결과로 버트랑의 결론을 바꿀 수 있는 완화된 가정들과 완화해도 결론을 바꿀 수 없는 가정들로 구분할 수 있게 되었다.[2]

1 확장된 모형이 중요하여 학계의 인정을 받으면 별도의 모형이 된다. 해당 모형이 또 다시 발전하면 경제학의 한 분야가 된다.

2 이런 과정을 통해 학문은 발전한다고 할 수 있다. 참고로 가정을 완화해도 결론이 그대로 유지된다면, 해당 가정은 “Robust”하다고 표현한다. “Robust”는 튼튼하다는 뜻을 갖고 있다. Robust한 가정은 분석이 너무 복잡해지는 것을 방지하기 위한 가정이라고 해석할 수 있다. 반

버트랑의 결론을 해결하는 방법들은 여러 가지로 제시되지만, 그중 중요한 것은 '시간문제'와 '제품차별화'다. 시간문제는 아래에서 보다 자세하게 설명하지만, 한 번만 경쟁한다는 가정을 완화해 여러 번 반복하여 경쟁하도록 모형을 확장한다면, 한계비용보다 높은 가격으로 이루어진 균형이 가능하다는 결과를 보인다.

두 번째 해결방법은 버트랑 모형의 동질적 재화 가정을 완화하는 것이다. 이 가정을 완화하여 각 기업의 제품 간에 약간의 차별화가 가능한 상황을 상정한다. 이런 상황에서의 균형가격이 한계비용보다 높아질 수 있는 직관적 이유는 다음과 같다. 각 기업이 생산하는 제품의 차별화가 가능하다면, 차별화된 제품을 선호하는 소비자들이 다소 높은 가격을 지불하더라도 다른 제품보다는 해당 제품을 구매하려고 한다. 이런 성향을 알게 된 기업은 이를 이용하여 한계비용보다 다소 높은 가격을 책정하여 이윤을 극대화한다. 이렇게 되면, 다른 기업이 조금 낮게 가격을 책정해도 차별화된 제품을 선호하는 소비자들은 가격이 조금 낮다는 이유로 제품을 변경하지 않는다. 이 상황이 차별화된 제품을 생산하는 모든 기업에 적용되므로, 균형가격이 한계비용보다 높아질 수 있다는 것이다.

아래의 2절은 버트랑 모형의 확장을 위한 시간문제를 다루고 있고, 3절은 제품차별화를 설명하고 있다.

2. 버트랑 모형의 확장

1) 시간문제

시간문제는 한 번만 경쟁한다는 가정을 완화하여, 반복하여 경쟁하도록 모형을 확장하는 것을 의미한다. 이렇게 반복하여 경쟁하면, 한계비용보다 높은 가격으로 이루어진 균형이 가능하다는 결과를 보이게 된다. 왜 그런지 파악하기 위해 다음의 경우들을 고려해보자. 경우 1은 버트랑 균형과 같이 가격이

면에 Robust하지 못한 가정은 해당 모형의 특정 결과를 도출하는 가정으로 본다.

한계비용과 일치하지만, 경우 2는 가격이 독점가격과 일치한다. 경우 2에서 독점가격을 유지하는 것이 맞는지 확인된다면, 시간문제라는 가정의 완화를 통해 버트랑의 결론이 바뀌게 되므로 역설을 해결한 것이라고 할 수 있다. 즉, 버트랑 균형처럼 가격이 내려가 한계비용과 일치하는 것이 각 기업의 동기에 어긋나는지를 확인하는 것이 목적이다.

경우 1 가격을 한계비용 c로 설정하여 100번 반복

시기	A의 가격	A의 이윤	B의 가격	B의 이윤
1기	c	0	c	0
2기	c	0	c	0
⋮	⋮	⋮	⋮	⋮
100기	c	0	c	0
총이윤	$\Pi_A = 0$		$\Pi_B = 0$	

위에서 이미 설명한 것처럼 경우 1에서는 기업 A와 기업 B 모두 한계비용과 일치하는 가격을 반복되는 기간 동안 책정하고 있다. 버트랑 균형에서 설명한 것과 동일한 균형이므로 과거와 같은 이치에 의해 균형이라고 부를 수 있다. 경우 2는 100번 반복하는 상황을 이용하여 가격을 독점가격과 일치시키는(한계비용으로 인하하지 않는) 것이 오히려 각 기업의 이윤을 극대화하는 방법이라는 것을 보이고자 한다. 기업 A가 독점가격(P^M)으로 가격을 책정하는 상황을 상정해보자.

경우 2 100번 반복할 때, 가격을 독점가격으로 책정

시기	A의 가격	A의 이윤	B의 가격	B의 이윤
1기	P^M	$\frac{1}{2}\Pi^M$	P^M	$\frac{1}{2}\Pi^M$
2기	P^M	$\frac{1}{2}\Pi^M$	P^M	$\frac{1}{2}\Pi^M$
⋮	⋮	⋮	⋮	⋮
100	P^M	$\frac{1}{2}\Pi^M$	P^M	$\frac{1}{2}\Pi^M$
총이윤	$\Pi_A = 100 \times \frac{1}{2}\Pi^M$		$\Pi_B = 100 \times \frac{1}{2}\Pi^M$	

기업 A와 B가 독점가격을 같이 책정한다면, 버트랑 모형의 시장분할법칙에 따라 두 기업은 시장을 반분할 것이다. 따라서 두 기업의 이윤은 독점이윤을 반으로 나눈 셈이 된다. 이렇게 100번 반복된다면, 두 기업의 이윤은 독점이윤을 반으로 나눈 숫자에 100을 곱한 것이 된다.[3] 해당 이윤은 당연히 양이며, 경우 1에서의 이윤인 0보다 크다. 따라서 두 기업은 경우 2를 선호할 것으로 예상된다.

두 기업이 독점가격을 같이 책정하고 유지할 수 있을까? 즉, 버트랑 모형의 증명에서 보았던 상대방의 가격보다 조금 낮게 가격을 책정하는 논리가 반영되어 있는가? 버트랑 모형의 증명에서는 상대방의 가격보다 조금 낮게 가격을 책정하면 시장을 석권하게 되고 이는 더 높은 이윤으로 이어진다. 이를 목적으로 각 기업은 가격을 조금 인하한다. 두 기업이 모두 상대방보다 조금 낮은 가격을 책정하기 위하여 노력하다가 가격은 한계비용과 일치하게 되었었다. 위의 경우 2에서도 비슷한 논리가 적용될 수 있을까? 해당 논리를 아래의 (경우 2-1)을 통하여 설명한다.

3 논리의 완결성을 위해서는 할인요소(Discount factor)를 생각해야 하지만, 여기서는 간단한 분석을 위해 할인은 없다고 가정한다. 같은 말이지만, 할인율을 0%로 책정했다고 생각해도 된다.

경우 2-1 가격을 상대 기업보다 인하하는 경우

시기	A의 가격	A의 이윤	B의 가격	B의 이윤
1기	P^M	0	$P^M-\epsilon$	$[(P^M-\epsilon)-c]D(P^M-\epsilon)$
2기	c	0	c	0
⋮	⋮	⋮	⋮	⋮
100	c	0	c	0
총이윤	$\Pi_A=0$		$\Pi_B=[(P^M-\epsilon)-c]D(P^M-\epsilon)$	

기업 A가 독점가격을 책정한다면, 버트랑 균형의 가격경쟁 논리처럼 기업 B는 그 가격보다 조금 낮게 $(P^M-\epsilon)$으로 책정할 수 있다. 이 경우, 1기에서 기업 B는 시장을 석권하게 된다. 기업 B가 시장을 석권함으로써 첫 번째 시기에 누릴 수 있는 이윤은 다음과 같다. $[(P^M-\epsilon)-c]\,D(P^M-\epsilon)$. ϵ은 매우 작은 양수이므로 기업 B가 누리는 이윤은 독점이윤과 거의 같다고 볼 수 있다.

2기 이후에는 기업 A도 가만히 있지는 않을 것이고 상대방보다 낮은 가격을 책정하여 시장을 석권하려 시도할 것이다. 기업 B도 이것을 예상하므로 두 기업은 한번만 경쟁하는 버트랑 모형과 같은 한계비용가격($P=c$)에 도달할 것이다. 2기 이후의 가격이 한계비용과 일치하게 된다면, 2기 이후의 이윤은 모두 0이 된다. 따라서 기업 B가 양의 이윤을 누리는 것은 1기밖에 없다. 이 때문에 기업 B의 100기 동안의 총이윤은 $\Pi^B=[(P^M-\epsilon)-c]\,D(P^M-\epsilon)$가 된다. 그런데 이 이윤은 (경우 2)에서의 총이윤보다 훨씬 적다. 따라서 두 기업 모두 (경우 2-1)의 결과보다는 (경우 2)의 결과를 선호한다.

결론적으로 보면 기업 B가 1기에 가격을 조금 인하하여 시장을 석권할 수 있지만, 같은 상황이 반복되는 상황에서는 그렇게 할 동기가 없다는 것이다. 두 기업이 명시적으로 담합하지 않더라도 이런 가격책정이 가능하다는 점은 기억해 둘만 하다. 두 기업이 만나서 가격을 얼마에 책정하자고 의논하지 않아도 가능한 가격책정 방법이기 때문이다. 이런 상황을 경제학자들은 "묵시적 담합(tacit collusion)"이라고 부른다. 두 기업의 경영자들 마음속에 100년간 독점 이윤을

반분하여 갖는 것이 한 번만 시장을 석권하는 것보다 좋다는 생각이 있어서 경영자들 간의 대화나 합의가 없어도 담합이 이뤄질 수 있다는 것이다. 이 경우, 두 기업은 당연히 더 좋은 쪽인 독점가격을 유지하기로 결정할 것이다.

이 논리의 내용 중에는 틀린 부분이 존재한다. 어느 부분일까?

마지막 100번째 시기의 경쟁에서 두 기업은 향후 다시 반복하여 경쟁할 수 없다. 마지막 시기이기 때문이다. 이처럼 한 번만 경쟁한다면 두 기업은 상대방의 가격보다 자신의 가격을 낮게 책정할 동기가 존재한다. 원래의 버트랑 경쟁과 다른 점이 없으며 버트랑 경쟁의 결과가 유효하다. 즉, 100번째 시기에서 두 기업의 경제적 이윤은 0이다. 버트랑 경쟁의 가격인하 동기가 마지막 시기에는 존재하는 것이다. 100번째 시기의 경제적 이윤이 0이 된다면, 99번째 시기가 되었을 때 다음 기는 없는 것과 같다. 왜냐하면 다음 시기의 경제적 이윤은 0이 될 것이기 때문이다. 그렇다면 버트랑의 가격인하 논리가 99기에도 적용되어 99번째 시기의 경제적 이윤도 0이다. 같은 논리가 98번째 시기와 그 이전 시기에도 순차적으로 적용되어 두 기업이 묵시적으로 담합할 동기는 없게 되는 것이다. 즉, 모든 시기에 가격은 한계비용과 같아지며, 두 기업 모두의 경제적 이윤은 0이다.

반복되는 경쟁에서 이런 단점이 생기는 이유는 마지막 시기에 더 이상 경쟁이 반복되지 않는다는 점에 기인한다.[4] 따라서 묵시적 담합이 유효하려면 경쟁에 '마지막'이 없고 계속 무한 반복이 돼야 한다. 즉, 100기가 아니라 영원히 서로 경쟁하거나, 언젠가는 경쟁이 끝날 수 있겠지만 그 시기를 모르면서 경쟁하는 상황에서 묵시적 담합은 유효하다.

아래의 경우 3은 경쟁이 무한 반복되는 상황을 보여주고 있다. 이 상황에서는 각 기업이 독점가격을 책정하여, 매기마다 시장의 독점이윤 중 절반만을 갖

---

4 게임이론에서는 이런 논리를 부분게임완전 내쉬 균형(Subgame perfect nash equilibrium)이라고 부른다. 부록 1의 게임이론 부분을 참조하라.

는 것이 합리적이다. 상대 기업보다 조금 낮게 가격을 책정하면, 상대 기업의 가격인하로 인하여 더 낮은 이윤만을 갖게 되기 때문이다. 버트랑의 역설은 경쟁이 무한 반복된다면 유효하지 않다는 것이 설명된 것이다.

경우 3 무한 반복하여 경쟁할 때는 가격을 독점가격으로 책정

시기	A의 가격	A의 이윤	B의 가격	B의 이윤
1기	P^M	$\frac{1}{2}\Pi^M$	P^M	$\frac{1}{2}\Pi^M$
2기	P^M	$\frac{1}{2}\Pi^M$	P^M	$\frac{1}{2}\Pi^M$
⋮	⋮	⋮	⋮	⋮
무한	P^M	$\frac{1}{2}\Pi^M$	P^M	$\frac{1}{2}\Pi^M$
총이윤	$\Pi_A = \frac{1}{2} \times \infty \times \Pi^M = \infty$		$\Pi_B = \frac{1}{2} \times \infty \times \Pi^M = \infty$	

2) 제품차별화(Product differentiation) 모형

버트랑 모형에서는 두 기업이 생산하는 재화가 완전히 동질적이라고 가정한다. 하지만 완전히 동질적인 제품을 현실에서 찾기는 어렵다는 생각을 근간에 두고, 경제학자들은 이 가정을 완화하여 보다 현실적인 모형으로 발전시켰다. 물론, 이론적으로는 버트랑의 역설을 설명하려는 의도를 가진 가정의 완화였다. 즉, 두 기업이 각각 차별화된 제품을 생산하여 경쟁할 경우에도 한계비용과 일치하는 가격이 여전히 균형인지 파악하려는 의도를 갖고 있었다. 두 기업이 각각 차별화된 제품을 생산하는 상황을 설명하는 모형을 제품차별화 모형이라고 부르는데, 독점적 경쟁시장(Monopolistically competitive market) 모형이라고도 부른다.

차별화된 제품을 생산하는 시장을 모형화하기 위해서 해당 모형이 처음 도입되던 당시에 알려졌던 모형들을 고려하면 이해하기 쉽다. 당시에는 차별화된 제품 모형이 없었고, 독점과 완전경쟁시장에 대해서는 잘 알려져 있었다. 처음으로 의미 있는 차별화된 제품 모형을 도입했던 챔벌린(Edward Hastings

Chamberlin, 1899~1967)은 자신이 알고 있는 두 가지 모형을 이용하여 차별화된 제품 모형을 구축하였다.

먼저 해당 시장에서는 완전경쟁시장처럼 기업들의 진입퇴출이 자유롭다고 생각하였고, 이 기업들이 제품을 차별화하기 때문에 독점력을 가진다고 가정하였다. 기업들의 시장에 대한 진입퇴출이 가능하다는 면에서는 완전경쟁시장과 같으나, 동일한 제품을 생산하는 또 다른 생산자가 없다는 면에서는 독점과 같다. 이 같은 이유로 '독점적 경쟁시장'이라는 이름을 붙인 것이기도 하다. 제품의 차별화가 이루어진다면 해당 제품만을 더 선호하는 소비자들이 존재하기 때문에 독점기업처럼 행동할 수 있다. 차별화되었지만 여전히 유사한 제품을 생산하는 기업들이 자유롭게 시장에 진입하고 퇴출한다는 면에서는 경쟁이 치열한 완전경쟁시장과 같다. 아래에 자세히 설명하겠지만, 이 모형이 바로 챔벌린 모형(Chamberlin model)으로 제품차별화 모형 중 가장 먼저 등장하였다.

모형을 설명하기 전에 제품차별화에 대해서 생각해보자. 제품은 여러 가지 특징(Characteristics)들로 구성된다.[5] 자전거라는 제품을 예로 들면, 바퀴가 있고 사람이 타고 굴러가는 제품이라고 특징을 이야기할 수 있다. 제품차별화는 해당 제품을 구성하고 있는 특징(characteristics)들 중 일부가 약간 다른 상품을 의미한다.

차별화된 제품들이 같은 시장에서 판매되기 위해서는 상당한 정도의 대체성이 유지되어야 한다. 왜냐하면 제품차별화가 극단적으로 많이 이루어졌다면 별도의 시장이 될 수 있기 때문이다. 자전거를 차별화하여 강력한 모터를 부착하고 이에 맞게 자전거를 개조하면, 더 이상 자전거라고 부를 수 없다. 오토바이가 되기 때문이다. 이때, 자전거와 오토바이는 같은 시장에 속해 있지 않다. 하지만 자전거에 기어를 부착하여 오르막길을 오르기 편하게 만들거나, 바퀴를

5 랭캐스터(Kelvin John Lancaster, December 10, 1924~July 23, 1999)는 Characteristics approach를 통해 처음으로 제품을 특징들의 조합으로 설명하였다. 이런 접근방법은 여러 분야로 나뉘었지만, 제품의 가격을 모를 때 추정하는 방법인 Hedonic model이 유명하다. 이 방법은 신제품의 특징들을 구분한 다음, 해당 특징을 가진 다른 재화의 가격을 통해 각 특징의 가치를 추정한 후, 각 특징의 가치를 조합하여 신제품의 가격을 추정한다.

작게 만들어 갖고 다니기 편리하게 만들어도 여전히 자전거라고 부른다. 보통 자전거로부터 어느 정도 차별화된 자전거인 셈이다.

오토바이처럼 차별화의 정도가 심해지면 별도의 시장이 형성된다. 그렇다면 차별화의 정도를 어떻게 규정해야 같은 시장일까? 이 질문에 대한 대답은 앞에서 언급한 시장획정 방법론이 제시하고 있다. SSNIP Test를 통해서 차별화된 두 상품이 같은 시장에 속해 있는지 아닌지를 구분해야 한다.

(1) 챔벌린의 제품차별화 모형

제품차별화 모형 중 가장 먼저 등장한 '챔벌린 모형(Chamberlin model)'은 두 가지 중요한 가정을 갖고 분석을 시작하였다. 첫 번째는 시장에 존재하는 기업들은 자신의 제품을 차별화한다는 가정이다. 따라서 각 기업은 자신만의 제품을 갖고 있다. 다만, 차별화된 상품들 중 절대적으로 우수한 품질을 제공하는 상품은 없다. 차별화는 되었지만 비슷한 제품이라는 뜻이다. 이를 제품의 수평적 차별화(Horizontal differentiation)라 부른다.[6] 기업들은 차별화된 제품을 생산하기 때문에, 해당 제품을 선호하는 소비자를 갖게 된다. 이에 따라 해당 기업은 해당 소비자들에게 시장지배력을 갖는다. 이 가정은 독점시장과 유사하다.

두 번째 가정은 기업들이 해당 시장에 자유롭게 진입하거나 퇴출할 수 있다는 가정이다. 따라서 시장에 속해 있는 기업들의 숫자는 정해져 있지 않다. 무수히 많을 수도 있고, 단 하나만 존재할 수도 있다. 기업들의 숫자를 결정하는 것은 시장상황이다. 시장에서 기존기업들이 흑자를 보고 있다면 신규기업이 진입하여 기업들의 숫자는 증가한다. 반대로 기존기업들이 적자를 보고 있다면, 기존기업들 중 일부가 시장에서 퇴출하게 되어, 기업들의 숫자는 감소한다. 앞서 언급한 대로 이 두 번째 가정은 완전경쟁시장의 가정과 같다. 기타 가정도 있는데, 모든 기업은 규모의 경제를 나타내는 동일한 비용함수를 갖고 있으며, 차별화된 정도가 모든 기업들 사이에 비슷해서 특정기업에게 더 많은 수요

---

6 절대적으로 우위에 있는 우등재를 생산하는 방식으로 제품을 차별화한다면 수직적 차별화(Vertical differentiation)라고 부른다.

가 집중되지 않는다.

챔벌린 모형의 가정들을 이용해서 직관적 결론을 예측해보자.[7] 먼저 첫 번째 가정을 갖고 생각해보면, 차별화된 제품을 판매하는 소수의 기업은 해당 제품을 선호하는 소비자들에게 독점기업처럼 행동할 수 있다. 즉, 한계비용보다 높은 가격을 책정할 수 있다. 물론, 유사한 다른 제품이 있기 때문에 완전한 독점은 아니지만 어느 정도의 독점력을 갖는다는 뜻이다.

두 번째 가정을 직관적으로 생각하면, 독점기업임에도 불구하고 최종 경제적 이윤은 0이어야 한다. 그 이유는 기업들의 자유로운 '진입, 퇴출'이 가능하기 때문이다. 진입의 자유를 통해 기업들은 차별화된 제품을 갖고 언제든 시장에 진입할 수 있다. 따라서 기업들의 경제적 이윤이 흑자일 경우에는 점점 더 많은 경쟁기업들이 시장에 진입한다. 증가하는 경쟁기업들로 인하여 경제적 이윤은 특별한 경우를 제외하고 감소하여 0이나 그보다 밑으로 내려갈 것으로 예상된다.

적자가 발생할 때는 언제나 퇴출할 수 있다는 가정을 직관적으로 생각해보면, 독점기업임에도 불구하고 최종 경제적 이윤은 0보다 크거나 같아야 한다. 경제적 이윤이 적자인 상태에서 기업들이 퇴출하기 시작하면, 생존기업들의 판매는 증가한다. 그 기업들의 제품을 소비하던 많은 소비자들은 할 수 없이 유사한 다른 제품으로 소비를 전환할 것으로 예상되기 때문이다. 판매가 증가하면, 적자인 상태에서 적자가 감소하게 된다. 이 상태는 경제적 이윤이 음이면 지속될 것이기 때문에 퇴출의 자유가 존재하는 상황에서는 최종적으로 각 기업의 경제적 이윤은 0이나 0보다 크다.

진입과 퇴출이 동시에 가능하다면, 이윤은 0보다 적거나 같은 상태와 0보다 크거나 같은 상태가 동시에 성립하여야 한다. 이 둘을 동시에 만족시키는 방법은 경제적 이윤이 0인 경우뿐이다. 결국 진입과 퇴출이 동시에 가능하다는 가정은 직관적으로 경제적 이윤이 0이 될 것임을 내포하고 있다고 생각할 수 있다.

---

7 아마도 챔벌린 자신도 이런 직관을 갖고 유명한 이 모형을 만들었을 것으로 예상되며, 이런 직관은 산업조직론을 이해하는데 많은 도움을 준다.

챔버린은 당시 자신이 알고 있던 두 가지 시장(완전경쟁시장과 독점시장)의 중요한 두 가지 특징을 섞어서 제품차별화 모형을 만들었다. 완전경쟁시장의 가정인 진입퇴출의 자유와 독점시장의 분석결과인 한계비용보다 높은 독점가격의 책정을 섞은 제품차별화 모형을 만들었다. 그럼으로써 한계비용보다 높은 가격을 책정하는 독점기업이지만 완전경쟁과 유사하게 경제적 이윤은 0인 직관적 결론을 내는 새로운 모형을 결과적으로 도출해 낼 수 있었다.

[그림 11-1] Chamberlin 모형의 그래프(단기 적자기업)

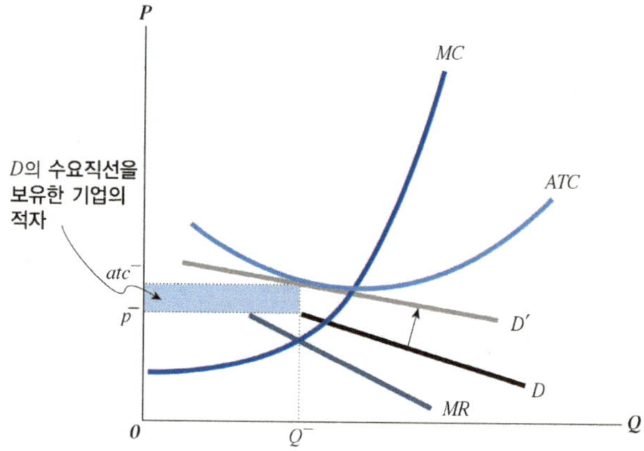

챔버린 모형은 그래프로 가장 잘 설명된다. 독점기업의 가격결정 그래프와 같은 논리를 갖고 있다. 제품을 차별화하는 기업은 제품을 차별화하였기 때문에 우하향하는 자신만의 수요곡선 D을 갖고 있다. 해당 수요곡선에서 도출되는 한계수입곡선은 MR로 표기되어 있으며, 한계비용곡선은 MC라고 하자. 이 기업은 이윤을 극대화하기 위하여 한계비용과 한계수입이 일치하는 Q^{-}만큼을 생산하고 있다. 위의 그래프는 단기적으로 적자 상태에 있는 기업을 그리고 있다. 이에 따라 가격이나 생산량 등 이윤을 극대화하는 중요한 점에는 적자를 의미하는 "–"를 붙여 표기하였다.

매출액은 생산량 곱하기 가격이다. 생산량이 Q이므로, Q와 수요곡선 D가 만나는 높이만큼의 가격 p^{-}를 해당 기업은 자신의 가격으로 책정한다. 따라서 매출액의 밑변은 $0Q^{-}$이고 높이는 $0p^{-}$인 흰색 사각형이다. 이 기업의 평균비용은 ATC로 표기되므로, 생산량 Q에서 ATC를 만나는 점까지의 높이 atc^{-}가 평균비용이다. 따라서 총비용은 밑변 $0Q^{-}$이고 높이는 $0atc^{-}$인 직사각형이다. 즉, 위의 그래프에서 흰색 상자와 보라색 상자를 합친 사각형이다. 매출액보다 비용이 보라색 상자만큼 크므로 해당 기업은 보라색 상자만큼의 적자가 발생한다.

챔벌린은 시장에 속해 있는 모든 기업들이 동일한 조건에서 경쟁한다고 가정하였기 때문에, 모든 기업은 동일하게 적자에 직면하고 있다. 계속 적자를 보고 있을 수는 없으므로 이런 기업들 중 일부 기업은 시장에서 스스로 퇴출할 것이다. 일부 기업이 퇴출하게 되면, 퇴출하는 기업들의 소비자들 중 많은 사람들은 다른 기업들로 구매 전환한다.[8] 더 이상 자신이 좋아하는 차별화된 제품을 생산하는 기업이 없기 때문이다.

이처럼 시장에 잔류한 기업들의 수요는 증가한다. 즉, 수요곡선이 D에서 D'으로 증가한다. 이렇게 되면, 퇴출하지 않은 기업은 퇴출된 기업의 소비자들로 인하여 적자를 면할 수 있다. 앞서 설명한 것처럼 장기적으로는 이윤이 0이 되는 것으로 귀결된다고 볼 수 있다.

[그림 11-2] 단기 흑자기업의 그래프

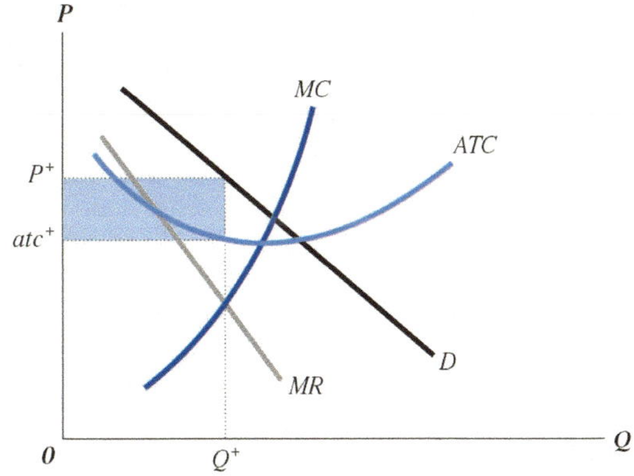

8 모든 소비자가 아니라 '많은' 사람이라고 부르는 이유는 일부의 소비자는 구매를 아예 포기할 수도 있기 때문이다.

위의 그래프는 단기적으로 흑자를 보는 기업의 상황을 표기하였다. 흑자를 보는 기업이기 때문에 중요한 점에는 +를 붙여 표기하였다. 단기 적자기업의 그래프와 같은 논리가 적용되었으나, 기업이 직면하는 수요가 많아 수요곡선이 높은 곳에 위치하고 있다. 이에 따라 한계수입과 한계비용이 일치하는 생산량 Q^+에서 기업의 가격은 평균비용 atc^+보다 높다. 높이의 차이를 생산량 Q^+와 곱하면 기업의 경제적 이윤을 나타내는 면적이다. 즉, 기업의 흑자는 진보라색 상자로 표시되었다. 이렇게 흑자가 발생하는 기존기업들이 존재한다면, 잠재적 기업들이 시장에 진입하게 된다. 진입장벽이 없기 때문이다. 신규기업들이 시장에 진입하면, 기존기업의 소비자 중 일부는 신규기업으로 구매처를 옮긴다. 이렇게 되면, 기존기업의 수요는 감소하며, 따라서 수요곡선은 아래쪽으로 이동하여 흑자가 사라지게 된다.

흑자가 발생하면 새로운 기업들이 등장하여 기존기업의 수요를 감소시키고, 처음 그래프처럼 적자가 발생하면 기존기업들이 시장에서 퇴출하여 남은 기업들의 수요를 증가시킨다. 즉, 적자가 발생하면 퇴출하고, 흑자가 발생하면 신규기업이 진입한다. 결국, 아래의 그래프처럼 챔벌린 모형에서는 장기적으로 경제적 이윤이 0이 된다. 이를 위해서는 U자형의 평균비용곡선과 수요곡선이 서로 접해야 한다. 만약, 수요곡선이 평균비용곡선을 관통한다면 이윤이 0보다 큰 경우가 존재하기 때문이다. 또한 한계비용과 한계매출이 만나는 점에서의 생산량 Q^*는 수요곡선과 평균비용곡선이 접하는 점의 생산량과 일치해야만 한다.

[그림 11-3] 챔벌린 모형의 장기 균형 그래프

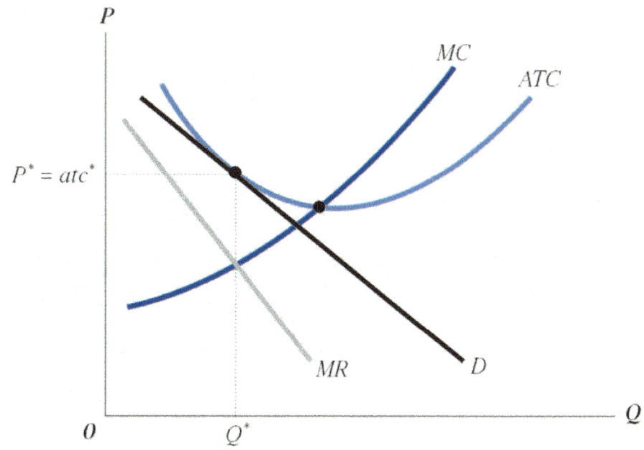

(1.1) 챔벌린 모형의 정리

챔벌린 모형의 결론을 정리해보자.

첫째, 기업은 제품을 차별화하였기 때문에 자신만의 우하향하는 수요에 직면하며, 독점기업처럼 독점가격을 책정할 수 있다. 따라서 독점기업과 동일한 방식으로 가격을 책정하며, 책정된 가격은 한계비용보다 높다. 결국, 챔벌린 모형에서는 버트랑 모형과는 다르게 한계비용과 일치하는 가격은 성립하지 않는다. 즉, 가격 면에서 볼 때, 버트랑의 역설을 해결하였다.

둘째, 시장 진입퇴출의 자유로 인하여 기업들의 경제적 이윤은 장기적으로 0이다. 따라서 버트랑의 역설은 이윤 면에서 볼 때는 여전히 해결되지 못했다.

진입퇴출의 자유와 제품차별화라는 두 가지 중요 가정만으로 제품차별화에 대한 의미 있는 결과를 도출해 냈다는 점에서 챔벌린 모형은 큰 의미를 갖고 있다. 또한 버트랑의 역설을 일부 해결하였다는 면에서도 의미가 크다. 이런 챔벌린 모형의 결론은 이후의 제품차별화 모형에서도 많이 유지되었다. 챔벌린의 아이디어가 여전히 유효하다는 증거라고 할 수 있다.

당연하지만 챔벌린 모형도 단점을 갖고 있다. 먼저 기업들의 수요가 얼마인지 전혀 알 수 없다는 점이다. 신규기업이 진입하면 해당 기업은 어떤 차별화된 제품을 개발할지, 그랬을 때 어느 정도의 수요가 발생할지에 대한 언급이 전혀 없다.

챔벌린 모형의 또 다른 단점은 기업들 간의 전략적 대응을 고려하지 못하고 있다는 점이다. 각 기업은 다른 기업들이 결정한 가격에 영향을 받지 않고 자신만의 가격을 설정하기 때문에 전략적 대응은 존재하지 않는다. 마치 완전경쟁시장의 기업처럼 주어진 상황에서 가격을 결정하는 것이다. 게임이론이 등장하기 이전의 모형으로써 완전경쟁시장의 아이디어를 이용하였기 때문이다. 소수의 기업이 서로 경쟁할 때 중요한 전략적 대응이 없는 것은 발전이 필요한 분야라고 할 수 있다. 요구되는 해당 단점을 충족한 새로운 모형이 그 이후에 제시되었는데, 그중 가장 중요한 모형은 호텔링 모형(Hotelling model)이다. 호텔링 모형은 뒤에서 다시 자세하게 소개한다.

※ 참고

위에서 언급한 수요곡선의 모양을 모른다는 단점을 보완하기 위해서는 무엇이 필요할까? 기존기업에게 흑자가 발생하여 신규 기업이 시장에 진입하는 상황을 생각해보자. 기존기업의 소비자들 중 일부는 신규 기업의 제품으로 이동할 것이다. 기존기업의 수요곡선은 우하향하면서 움직인다. 하지만 기존에 있던 소비자 중 누가 신규 기업에게 가고 누가 기존기업에 남는지를 알 수가 없다. 즉, 기존기업의 제품을 구매하던 소비자 중 지불용의가 가장 큰 사람이 신규 기업으로 이동한다면 신규 기업은 높은 이윤을 누릴 수 있다. 반면에 소비자 중 지불 용의가 낮은 사람이 신규 기업으로 이동한다면 신규 기업은 낮은 이윤을 누릴 수밖에 없다. 남는 소비자와 가는 소비자의 지불용의가 어떠하냐에 따라서 각 기업이 누리는 이윤은 다르다는 뜻이다.

(1.2) 챔벌린 모형의 함의(Implication)

함의 1 : 지나친 다양성

챔벌린 모형은 과다용량(Over capacity)에 따른 과다 다양성을 내포하고 있다. 챔벌린 모형의 그래프를 보면 장기적으로 가장 효율적인 생산량은 평균비용곡선 ATC의 최저점에서 성취된다. 하지만 챔벌린의 결론에서는 기업들이 이보다 적은 생산량만을 생산한다. 즉, 생산에 있어서의 최저 비용을 달성하지 못한다는 사실을 알 수 있다.

이 사실을 근거로 챔벌린의 추종자들은 차별화가 지나치게 이루어졌다고 해석하였다. 그 이유를 조금 더 자세히 설명하면 다음과 같다. 장기균형의 생산점은 평균비용곡선의 최저점보다 왼쪽에서 결정된다. 최저점에서 생산하는 것보다 생산량이 적으므로 (시장의 생산량이 동일하다면) 기업의 수는 증가한다. 챔벌린 모형에서는 기업의 수가 차별화를 의미하므로 최저점에서 생산하는 경우와 비교하여 챔벌린 모형의 균형은 너무 많은 차별화가 이루어진다고 해석한 것이다.

또 다른 해석은 다음과 같다. 이 모형에서 차별화를 통한 혜택은 구체적으로 주어지지 않았지만, 차별화를 위한 비용은 존재한다. 즉, U자형의 평균비용곡선으로 표현된 규모의 경제를 최저점에서 생산하지 못하여 발생하는 비용의 차이가 존재한다. 이 비용의 비효율성에 근거하여 지나친 차별화가 이루어졌다는 결론을 챔벌린과 그 추종자들은 제시하고 있다.[9]

차별화된 제품이 생산되어 소비자에게 혜택이 발생했으므로 비효율성이 상쇄되었다고 볼 수 있다. 어느 효과가 사회후생에 더 큰지가 중요하다고 할 수 있다. 하지만 사회후생의 비교가 챔벌린 모형에서는 어렵다. 이후 개발된 호텔링 모형 등에서는 관련된 사회후생의 변화를 측정하였는데, 그 결론을 보면 차별화에 따른 혜택이 비용상의 비효율성보다 적지 않는 것으로 나타난다. 관련된 자세한 분석은 호텔링 모형을 참조하기 바란다.

---

9 차별화의 혜택이 주어진다면 다른 결과가 나올 수도 있다. 차별화의 혜택이 비용상의 비효율성보다 크다면, "지나친 차별화"는 사실이 아니기 때문이다. 물론, 차별화의 혜택을 정의해야 논의할 수 있다. 챔벌린 모형과 이에 대한 논의는 뒤에서 제시될 호텔링 모형에서 생각해보기 바란다.

함의 2 : 제품차별화의 강도(Intensity)

차별화와 관련된 또 다른 해석도 가능하다. 모든 기업의 비용함수가 같고 수요의 차이가 없는 대칭적인 경우를 생각해보자. 제품차별화의 정도가 강(Intense)하다면, 해당 제품에 대한 고객의 충성도는 높을 것이다. 높은 충성도는 비탄력적인 수요함수로 나타나며, 그래프 상으로는 수요곡선이 더욱 가팔라진다. 이렇게 되면, 각 기업은 자신에게 충성하는 소비자에 대하여 큰 지배력을 갖게 된다. 지배력이 크다면, 해당 기업은 한계비용보다 훨씬 높은 가격을 책정할 수 있다. 이 경우, 높은 상대적 이윤으로 인해 더 많은 기업들이 시장에 진입하여야, 챔벌린 모형의 결론대로, 기업들의 경제적 이윤이 0이 된다. 따라서 더 많은 기업들이 시장에 진입하여야 당연한데, 기업의 수는 제품차별화를 의미하므로 더 다양한 제품차별화가 이루어진다. 결론적으로 제품차별화의 정도가 강하면, 더 다양한 제품차별화가 이루어진다는 함의의 유추가 가능하다.

[그림 11-4]

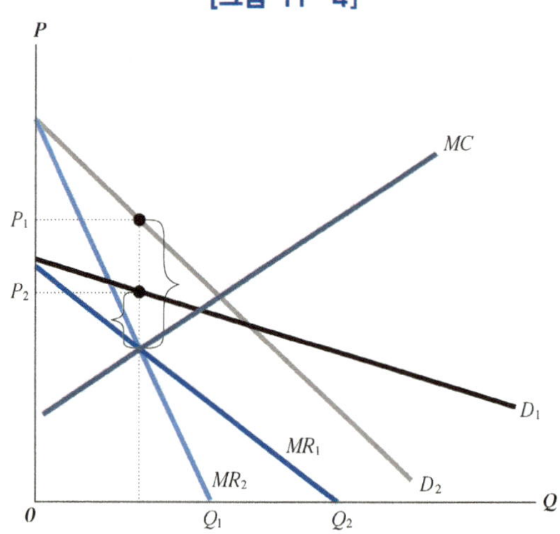

위의 그림에서 D_1의 검은색 수요곡선이 D_2의 회색 수요곡선으로 더욱 가파르게 변했을 때 기업이 누리는 마진 $(P-mc)$의 차이는 회색 수요곡선의 경우가 더욱 크다는 것을 쉽게 알 수 있다. 이렇게 높은 마진을 갖는 기업의 이윤이 0이 되기 위해서는 수요가 많이 줄어야 한다. 이를 위해서는 더 많은 기업들이 시장에 진입해야 한다. 더 다양한 제품차별화가 이루어진다는 결론을 내포하고 있다.

(1.3) 챔벌린 모형의 응용 및 확장

챔벌린 모형은 기본적으로 수식으로 표현되지 않았다. 즉, 신규기업과 기존기업의 수요함수를 명시하지 않고 있다. 이 모형을 수식으로 표현할 수 있을까? 후학들은 신규기업과 기존기업의 수요함수를 임의로 정한 후, 챔벌린 모형을 수식으로 표현하였다.

시장에 두 기업만 존재한다고 가정할 때, 차별화된 두 제품은 밀접한 대체재이므로 각각의 수요함수는 다음과 같이 표현될 수 있다. 수요함수를 보면, 기업 1의 제품 수요량 q_1은 기업 1의 제품가격인 p_1에 의해 결정된다. 기업 2의 제품도 마찬가지다.[10] 각 기업의 수요는 기업체의 수에 의해 영향을 받기 때문에 수요함수에는 기업체의 숫자 n이 포함되어야 한다.

$$q_1 = D_1(p_1,\ n)$$
$$q_2 = D_2(p_2,\ n)$$

위의 조건을 충족하는 수요함수의 사례 중 하나는 $q_1 = \frac{20}{n} - p_1$과 $q_2 = \frac{20}{n} - p_2$이다. 이 사례에서 각 기업의 수요량은 자신의 가격뿐 아니라 기업체의 숫자에도 영향을 받는다. 시장에 진입되어 있는 기업체의 숫자가 증가하면 각 기업의 수요는 감소한다.

이와 같은 수요함수에 직면하는 두 기업의 비용함수는 $c(q)$로 두 기업이

10 또 다른 수요함수를 만든다면, 기업 1의 제품 수요량 q_1은 기업 1의 제품가격인 p_1과 기업 2의 제품가격인 p_2에 의해 결정된다. 기업 2의 제품도 마찬가지다. 이렇게 다른 제품의 가격에도 영향을 받는 이유는 다른 제품이 차별화된 제품이기는 하지만 밀접한 대체재이기 때문이다.

같다고 편의상 생각하자. 비용함수의 사례는 $c(q)=1+q+\frac{1}{2}q^2$이다.[11] 각 기업의 이윤은 다음과 같이 표현될 수 있다.

$$\Pi_1(p_1,\ n)=p_1D_1(p_1,\ n)-c_1(D_1(p_1,\ n))$$
$$\Pi_2(p_2,\ n)=p_2D_2(p_2,\ n)-c_2(D_2(p_2,\ n))$$

상기한 이윤함수를 극대화하면 가격을 구할 수 있다. 이렇게 구해진 최적가격을 수요함수와 이윤함수에 대입하면, 각 기업의 수요량과 이윤이 구해진다. 이 때 각 기업의 이윤이 양이라면, 신규기업이 새롭게 시장에 진입할 것으로 예상된다. 신규기업이 시장에 진입하면 모든 기업의 이윤이 음이 되기 직전에 시장진입은 중단될 것으로 예상된다.

챔벌린 모형은 앞서 언급했던 대로 두 기업 간의 전략적 상황을 고려하고 있지 않지만, 전략적 상황을 고려하여 모형을 확장하다면, 다음과 같은 수요함수를 예상할 수 있다. 시장에 존재하고 있는 다른 기업의 가격이 원기업의 수요에 영향을 미친다. 또한 각 기업은 이 상황을 고려하여 자신의 가격을 책정한다.

$$q_1=D_1(p_1,\ p_2,\ n)$$
$$q_2=D_2(p_2,\ p_1,\ n)$$

수요함수의 사례로는 $q_1=\frac{20}{n}-p_1+p_2$를 들 수 있다. 이윤함수는 다음과 같다.

$$\Pi_1(p_1,\ p_2,\ n)=p_1D_1(p_1,\ p_2,\ n)-c_1(D_1(p_1,\ p_2,\ n))$$
$$\Pi_2(p_2,\ p_1,\ n)=p_2D_2(p_2,\ p_1,\ n)-c_2(D_2(p_2,\ p_1,\ n))$$

---

11 이 사례를 이용해서 챔벌린 모형의 장단기 균형을 찾아보는 것은 좋은 연습이다.

위의 이윤함수를 동시에 극대화하면 해를 구할 수 있다.[12]

(2) 호텔링의 제품차별화 모형

챔벌린 모형의 단점들을 보완하기 위하여 제안된 이론들 중 가장 중요한 모형 중 하나는 호텔링(Harold Hotelling, 1895~1973)이 제안하였다. 호텔링 모형은 오래전에 개발되었지만, 현재도 많이 사용되고 있는 모형으로 많은 경제학자들의 사랑을 받고 있다. 호텔링 모형은 선형도시모형(Linear city model)이라고도 한다. 차별화된 제품을 표시하는 방법으로 선형도시를 선택하였기 때문이다. 제품을 구성하는 많은 특성 중, 다른 특성들은 모두 일치한다고 가정하고 하나의 특성만을 차별화하는 경쟁상황을 고려하였다. 이 차별화된 특성을 선형도시의 위치로 표시하였다. 따라서 위치가 같다면 동일한 제품이지만, 위치가 다르다면 차별화된 제품을 의미한다.

선형도시는 도시에 존재하는 길거리를 의미한다. 우리나라의 세종로나 해운대 해수욕장을 생각할 수 있다. 이런 거리(street)의 한쪽 구석에 있는 상점과 반대편 끝에 있는 상점은 같은 상점이라도 소비자가 걸어야 하는 거리(distance)가 다르다는 면에서 차별성이 있다. 물론, 소비자의 현재 위치가 걸어야 하는 거리를 결정하기 때문에 중요한데, 소비자의 현 위치는 소비자의 선호를 의미한다. 따라서 한 소비자의 위치가 제품의 위치와 같다면, 자신이 완벽하게 선호하는 차별화된 제품이 존재하는 것이다. 차별성을 걸어야 하는 거리로 표현하여 제품차별화 모형을 만든 것이다.

구체적인 사례도 가능하다. 와인을 차별화하여 담백(dry)하거나 달게(sweet) 만들 수 있다고 하자. 가장 담백하면 0으로 표기하고 가장 단 와인은 1이라고 표기하면, 0과 1 사이의 숫자로 담백함을 표시할 수 있다. 이렇게 표기하면 와인의 담백한 측면에 대해서 어느 정도 차별화가 이루어졌는지 정확하게 측정할 수 있다는 장점이 있다. 호텔링 모형에서는 0의 위치에 있는 기업은 가

---

12 상대방의 가격을 상수로 생각하여 일계조건을 구하고, 구해진 일계조건을 연립방정식으로 생각하여 해결하면 답이 구해진다. 아래의 호텔링 모형의 해결방법을 참조하기 바란다.

장 담백한 와인을 생산하는 것이며, 1의 위치에 있는 기업은 가장 단 와인을 만드는 것이라고 해석한다. 기업들은 위치를 제외한 다른 모든 조건이 동일하다고 가정한다. 즉, 생산비용이 같으며 제품의 품질도 차별화된 점을 제외하고는 같다.

소비자들은 0과 1 사이에 분포하고 있는데,[13] 소비자의 위치는 소비자의 선호를 나타낸다. 위의 예에서 0의 위치에 있는 소비자는 가장 담백한 와인을 선호하는 사람이다. 만약 이 소비자가 1의 위치에 있는 제품을 구매하게 된다면, 자신의 선호와 달리 달콤한 와인을 구매한 것이기 때문에 그 거리만큼 효용이 감소한다. 이렇게 감소하는 효용을 호텔링 모형에서는 이동비용(Transportation cost)으로 표현한다. 소비자들은 와인을 소비함으로써 동일한 효용을 얻지만, 단위 거리당 t만큼의 이동비용을 지불해야 한다. 예를 들어, x에 위치한 소비자가 0에 위치한 제품을 구매한다면, 이동비용으로 tx를 부담하여야 한다.[14]

소비자들은 0과 1 사이에 균등하게 분포(Uniform distribution)되어 있다고 가정한다.[15] 위치를 제외하면 소비자들은 동일한 효용함수를 갖고 있다. 모든 소비자는 1단위의 제품만을 소비하며, 제품가격과 이동비용을 고려하여 더 저렴한 제품을 구매한다.[16] 두 제품의 차별성은 거리로 반영되었기 때문에, 이동비용을 감안한 이후에는 완전히 동일한 제품이기 때문이다.

---

13 소비자들이 0과 d까지의 거리에 분포하고 있다고 가정하는 경우도 있다. 이 경우는 거리인 d에 따라 조금 달라질 수 있기는 하지만 큰 의미는 없다.

14 이동비용이 없다면 $t=0$인 경우로서 동일한 제품으로 가격경쟁하는 버트랑 모형과 같아진다. 이동비용이 존재하더라도 모든 기업의 위치가 같다면 역시 버트랑 모형과 같다.

15 이 가정은 모형을 진행하기 위하여 편의상 만든 가정이다. 다른 종류의 소비자 분포가 주어지더라도 분석이 가능하다. 다만, 분석의 종류에 따라 복잡해질 수 있다.

16 그 이유는 거리를 제외하고는 두 제품이 동일하기 때문이다. 차별화된 제품을 거리의 위치로 표시함으로서 그 이후의 분석을 매우 편하게 만들었다고 할 수 있다.

기본 모형 설명

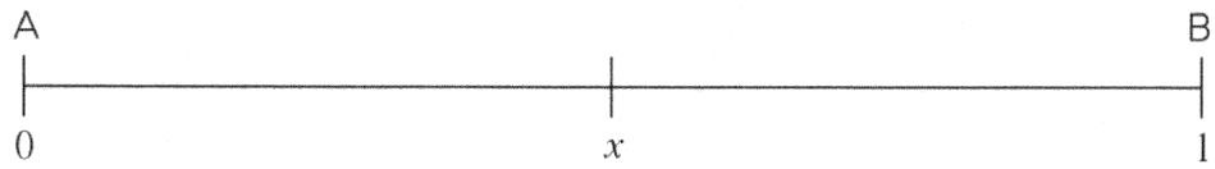

위의 그림에 있는 수평선의 왼쪽 끝은 0이고 오른쪽 끝은 1이다. 0의 위치에는 기업 A가 위치하며, 1의 위치에는 기업 B가 존재한다. 그 사이에 있는 소비자의 위치를 x라고 표시하였다. x는 0과 1 사이의 숫자다. x 위치에 있는 소비자가 기업 A로부터 제품을 구매한다면 구매비용으로 기업 A에게 지급하는 가격과 기업 A까지의 이동비용을 합쳐, 총 $(p_A + tx)$가 발생한다. 같은 소비자가 기업 B로부터 제품을 구매한다면 $(p_B + t(1-x))$만큼의 비용이 발생한다. x 위치에 있는 소비자는 기업 A로부터 구매할지, 아니면 기업 B로부터 구매할지 가격을 비교하여 저렴한 쪽을 선택한다.

두 기업 중 어느 기업을 선택하여도 부담하는 금액이 같은 소비자를 무차별 소비자(Indifferent consumer)라고 부른다. 이 소비자보다 왼쪽에 위치하는 모든 소비자들은 무차별 소비자보다 기업 A의 제품을 구매할 때 낮은 부담(가격 + 이동비용)만 발생할 것이다. 또한 기업 B로부터 구매한다면 더 높은 부담(가격 + 이동비용)이 발생할 것이다. 따라서 무차별 소비자보다 왼쪽에 위치한 소비자들은 모두 기업 A로부터 제품을 구매할 것이다. 반면에 무차별 소비자보다 오른쪽에 위치하는 모든 소비자들은 같은 이유로 기업 B로부터 구매할 것이다. 따라서 이런 무차별 소비자를 찾아낸다면, 해당 소비자의 왼쪽은 기업 A가 점유한 시장이라고 할 수 있다. 또한 오른쪽은 기업 B가 점유한 시장이다. 특기할만한 점은 무차별 소비자의 위치는 0과 1 사이의 숫자이므로, 무차별 소비자의 위치는 기업 A의 시장점유율을 나타내기도 한다. 전체시장의 크기가 1이므로 무차별 소비자의 위치가 0.5라면, 기업 A의 시장은 0부터 0.5 사이의 소비자들일 것이기 때문이다.

이제 무차별 소비자를 찾아보자. 무차별 소비자는 두 기업 중 어느 기업으로부터 구매하여도 부담(가격 + 이동비용)이 일치하므로 다음 식을 만족시키는

위치 x를 찾으면 된다.[17]

$$p_A + tx = p_B + t(1-x)$$

위의 등식을 풀면 무차별 소비자의 위치를 찾을 수 있는데, 그 위치는 $x^* = \frac{1}{2} + \frac{p_B - p_A}{2t}$이다.[18] 무차별 소비자의 위치가 어떤 변수에 의해 어떻게 영향을 받는지 분석해보자. 먼저 기업 A와 B의 가격이 같다면, $x = \frac{1}{2}$이다. 즉, 두 기업의 시장가격이 같다면, 두 기업은 시장을 반분한다. 사실 두기업의 모든 조건이 동일한 상황이므로, 가격이 같을 때 점유율이 같다는 것은 어찌 보면 당연하다고 할 수 있다.

또한 기업 B의 가격이 더 높게 책정된다면, 더 많은 소비자가 저렴한 기업 A로부터 제품을 구매하려 할 것이기 때문에 기업 A의 시장점유율은 상승할 것을 직관적으로 예상할 수 있다. 이 직관적 예상이 맞는지 확인해보기 위해, 위의 무차별 소비자의 위치에 기업 B의 가격을 더 높게 대입하면 무차별 소비자의 위치가 $x = \frac{1}{2}$보다 더 커진다는 것을 알 수 있다. 반대로 기업 A가 더 높은 가격을 책정하면, 더 많은 소비자들이 기업 B의 상대적으로 저렴한 가격을 찾아갈 것이므로 기업 A의 시장점유율은 하락할 것이다. 이 사실은 위의 식에서 다시 확인할 수 있다.

(2.1) 반응함수(Reaction function)와 균형

자신의 이윤을 극대화하는 가격은 상대 기업의 가격에 따라 달라진다. 상대 기업이 낮은 가격을 책정했는데, 자신만 매우 높은 가격을 책정한다면 더 많은

17 이동비용을 거리의 제곱에 비례하도록, $p_A + tx^2 = p_B + t(1-x)^2$, 변형하면 많은 경우에 더 계산이 용이하다. 이 경우, 거리가 증가할 때 이동에 따른 한계비용이 증가하지만, 모형의 주요 결과는 유지된다.

18 별표는 무차별 소비자의 위치라는 뜻을 표현하고 있다.

소비자들이 상대 기업의 제품을 구매할 것이기 때문이다. 최적의 가격을 책정하기 위해서는 상대 기업의 가격이 필요하다. 상대 가격이 얼마인지 사전에 알기는 어려우므로 기업들은 상대편의 가격에 대하여 예상한다. 다양한 종류의 예상이 가능하므로, 예상에 대하여 다음의 두 가지를 가정한다. 먼저 상대 기업의 가격은 고정되어 있다고 가정한다. 둘째, 합리적 기대이론(Rational expectations theory)을 가정한다. 즉, 한 기업이 합리적으로 예상한 상대 기업의 고정된 가격은 현실화될 가격과 일치한다는 가정이다. 사실 관련 정보를 모두 공유하고 있는 '합리적' 기업이라면 상대 기업의 이윤을 극대화하는 가격을 옳게 예상할 수 있을 것이다.

기업 A의 이윤 극대화 문제는 다음과 같다. 이 이윤 극대화 문제에서는 위의 가정에 따라 상대방의 가격은 고정되어 있어서 상수로 취급하고 있다. 비용함수는 $c(x)=cx+d$고, 모든 상수는 음수가 아니라고 가정한다.[19]

$$\begin{aligned}\Pi_A &= p_A x - c(x) \\ &= p_A x - cx - d\end{aligned}$$

기업 A의 시장점유율 x는 위에 기술되어 있으므로 이를 대입하면 다음과 같다.

$$\Pi_A = p_A\left(\frac{1}{2}+\frac{p_B-p_A}{2t}\right) - c\left(\frac{1}{2}+\frac{p_B-p_A}{2t}\right) - d$$

이윤을 극대화하는 기업 A의 가격을 위해 일계조건(First order condition)을 구하여 정리하면 다음과 같다. 기업 B의 반응함수를 같은 방식으로 찾아보면, 아래의 일계조건에서 보듯이 기업 A의 반응함수에서 기업 A의 가격과 기업 B의 가격을 바꾼 결과와 같다. 두 기업이 대칭적인 상황이므로 나타나는 현상

19 비용함수는 편의상 간단한 형태로 가정하였다.

이다.

아래의 일계조건은 반응함수(Reaction function)라고도 부르는데, 그 이유는 기업 A의 이윤을 극대화하는 가격이 상대편 가격의 함수로 나타나기 때문이다. 즉, 상대 기업의 가격에 반응하여 자신의 이윤을 극대화하는 가격을 결정하므로 '반응'함수라고 부르는 것이다.

> 각 기업의 이윤을 극대화하는 가격은 다음과 같다.
>
> $$p_A = \frac{1}{2}(p_B + t + c), \quad p_B = \frac{1}{2}(p_A + t + c)$$

상대 기업의 가격을 바르게 예상한다고 가정한 대로 예상가격과 실제가격은 일치한다. 다른 계수들 $(t,\ c)$의 값은 정해져 있으므로 기업 B의 가격 p_B가 정해지면 기업 A의 가격 p_A도 정해진다.

반응함수를 보면, 상대 기업의 가격 p_B가 증가할 때 기업 A의 가격 p_A도 증가한다는 것을 알 수 있다. 이처럼 상대 기업의 가격이 증가할 때, 원래 기업의 이윤을 극대화하는 가격도 함께 상승하는 관계를 전략적 보완재(Strategic complements)라고 부른다.[20] 상수로 주어지는 이동비용 t와 한계비용 c가 증가하면 기업 A의 이윤 극대화 가격도 증가함을 알 수 있다. 이동비용이 증가한다는 것은 소비자의 입장에서 자신이 선호하는 차별화된 상품과 다른 제품을 구매하기 어려워진다는 것을 의미하며, 기업의 입장에서는 독점력이 증가한다고 볼 수 있다. 독점력의 증가는 가격의 상승을 가져온다. 한 가지 참고할 것은 여기서 이동비용이 0이면 호텔링 모형은 버트랑 모형과 같아진다. 이동비용이 0이라면 소비자는 제품의 차별성에 관심이 없다는 뜻이고, 따라서 동질적 재화라고 볼 수 있기 때문이다.[21]

---

20 반대로 상대 기업의 가격이 상승할 때, 원래 기업의 이윤을 극대화하는 가격이 하락한다면 전략적 대체재(Strategic substitutes) 관계라고 부른다. 이 관계에 대해서 관심 있다면 Tirole (1988)을 참조하라.

기업 A와 B의 일계조건을 연립하여 해를 구하면, $p_A = p_B = t + c$이다. 이 가격을 시장점유율인 $x = \frac{1}{2} + \frac{p_B - p_A}{2t}$에 대입하면, 최종 시장점유율인 $\frac{1}{2}$이 계산된다. 여기서는 두 기업의 모든 조건이 같으므로, 가격과 시장점유율도 같다.[22] 이렇게 구해진 시장점유율과 가격을 각 기업의 이윤에 대입하면, 각 기업의 최적화된 이윤을 찾을 수 있다.

> 동일한 이동비용과 생산비용을 갖고 있는 두 기업이 경쟁하는 호텔링 모형의 균형은 다음과 같다.
>
> $$p_A = p_B = t + c,\ x = \frac{1}{2},\ \Pi_A = \Pi_B = \frac{1}{2}t - d$$

위에서 설명한 호텔링 모형에서 소비자들의 효용함수를 정의하면 소비자 잉여와 사회후생을 계산할 수 있다. 예를 들어, x에 위치한 소비자의 효용이 $U(x) = \overline{U} - (p + tx)$라고 할 때, 소비자 잉여와 사회후생을 계산할 수 있다. 각 기업의 위치에 가깝게 위치하는 소비자일수록 더 높은 효용을 갖으며, 멀어질수록 효용은 감소한다.[23] 이와 같은 사실을 표시한 아래의 그래프를 살펴보자.

---

21 호텔링 모형에서는 이동비용이 존재하여 두 기업 중 한 기업이 조금 낮은 가격을 책정하여도 시장을 석권할 수 없다. 하지만 이동비용이 없다면 조금 낮은 가격을 책정하는 기업의 제품을 모든 소비자가 구매하게 될 것이다. 즉, 버트랑 모형과 같아진다. 이 사실은 다음 쪽에 기술된 호텔링 모형의 최종 균형에서도 확인할 수 있다. $t = 0$일 때, 균형가격은 한계비용인 c와 같아진다는 것을 발견할 수 있다.

22 각 기업의 한계비용이 서로 다르다면, 가격과 시장점유율도 모두 달라진다. 연습문제로 관련된 문제를 제시하였다.

23 왜 그럴까? 기업들이 가격을 상승시켜 자신의 이윤을 극대화할 것으로 예상되기 때문이다. 연습문제에서 제시하였다.

[그림 11-5] 호텔링 모형의 소비자 잉여

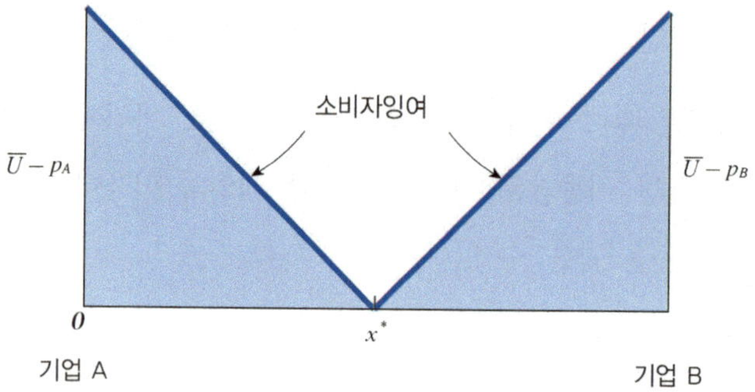

위의 그림은 기본적인 호텔링 모형에 맞추어 원점에는 기업 A가 위치하고, 1에는 기업 B가 위치하도록 그려졌다. 무차별 소비자는 x^*로 표시되어 있다. 원점에 위치한 소비자의 효용은 $U=\overline{U}-p_A$이다. 이동비용이 전혀 발생하지 않기 때문이다. 마찬가지로 1의 위치에 있는 소비자의 효용은 $U=\overline{U}-p_B$다. 반면에 무차별 소비자의 효용은 $U=\overline{U}-(p_A+tx^*)$이다. 즉, 원점이나 1에 위치한 소비자보다 이동비용만큼 무차별 소비자는 낮은 효용을 보인다. 좀 더 나아가서 생각해보면 무차별 소비자의 효용은 0이다.

왜 그럴까? 만약 무차별 소비자의 효용이 0보다 작다면 구매하지 않을 것이다. 반면에 0보다 크다면, 기업들은 가격을 인상하여 이윤을 증대할 수 있을 것이다. 따라서 무차별 소비자의 효용이 0일 것으로 예측할 수 있다. 양쪽에 있는 직각 삼각형의 면적을 구하여 합산하면 소비자 잉여다. 여기에 생산자 잉여를 합산하면 사회후생을 구할 수 있다.

(2.2) 호텔링 모형의 응용 및 확장

생산비용이나 이동비용이 상품을 소비하는 데서 얻게 되는 효용 $\overline{U}$보다 상대적으로 너무 높아 시장에 있는 소비자들 중 일부는 제품을 구매하지 않아야 0의 효용이라도 보장하는 경우도 발생 가능하다. 이런 경우는 두 기업이 경쟁하는 것이 아니라, 각자의 시장에서 독점하고 있다고 보는 것이 더 타당할 것이다. 이동비용인 t가 높다는 것은 기업들이 제품을 많이 차별화하여 별도의 제품으로 인식한다는 뜻으로도 해석이 가능하기 때문이다. 생산비용인 한계비용이 높다는 것은 생산비용이 효용에 비하여 커서 충분하게 많이 생산할 수 없으므로, 일부 소비자에게는 상품이 제공되지 못한다는 뜻이다.

호텔링 모형은 다양한 방법으로 확장될 수 있다. 현실의 다양한 현상들을 분석하는 데 확장된 모형은 유용하게 사용될 수 있다. 모형을 확장하는 방법은 기본모형의 여러 가지 가정을 완화하는 것이다. 첫 번째 확장방법은, 두 기업의 비용이 같다고 가정했었는데, 이를 완화하여 두 기업의 비용이 다르다고 가정하는 것이다. 이동비용이나 생산비용 모두 완화할 수 있다. 기본모형처럼 선형 비용함수로 가정하지만, 확장모형에서는 기업들이 서로 다른 선형 비용함수를 갖고 있다고 가정할 수 있다. 또 다른 확장방법은, 기업들이 다른 형태의 비용함수를 갖는다고 가정하는 것이다. 예를 들면 생산량의 제곱(Quadratic cost function) 형태를 갖는 비용함수를 갖고 있다고 가정할 수 있을 것이다. 물론 이동비용을 제곱형의 비선형 비용함수로 가정하는 것도 좋은 방법이다.

두 번째 확장 방법은 기업의 위치에 대한 생각이다. 제품을 차별화하는 것은 기업의 선택이기 때문에 어느 정도 차별할지도 자신이 결정하는 모형이다. 차별화 정도를 자신이 결정한다는 측면에서 볼 때 꼭 필요한 모형의 확장이라고 할 수 있다. 다음 절에서 정치적 성향이라는 특수한 상황에 적용가능한 단순한 경우로 위치 선정에 대한 직관적인 설명을 제시하지만, 보다 일반적이고 기술적인 위치 선정 문제는 본 장의 부록에서 검토한다.[24]

세 번째 확장 방법은 시장의 길이를 0부터 1이 아니라, 다른 길이의 시장이라고 가정하는 것이다. 예를 들면, 시장의 길이를 d(distance)라고 일반화하는 것이다. 주요 결과에는 변화가 없으나, 시장 상황을 조금 더 유연하게 반영할 수 있다. 조금 더 분석의 방법을 일반화하면, 단위 선분이 아니라 원형도시("The circular city")에서의 제품차별화를 생각할 수 있다. 단위 선분은 끝이 존

---

24 부록에서 다루는 이유는 수학과 고급미시의 기술적(technical)인 방법론을 활용하기 때문이다. 기술적인 부분을 좋아하는 독자는 부록을 참고하기 바란다.

재하기 때문에 여기서 오는 왜곡이 발생할 수 있는 데 반하여, 원형도시는 끝이 없기 때문에 왜곡 없이 분석할 수 있다는 장점이 있다.[25]

네 번째 확장방법은 제품의 특성 중 1가지만을 차별화한 것이 호텔링의 기본 모형인데, 특성 중 2가지 이상을 차별화하는 상황을 상정하는 것이다. 1가지를 차별할 때는 단위 선상의 양 끝에 두 기업이 위치하지만, 2가지를 차별화할 때는 사각형의 공간에 대각선으로 마주 보는 위치를 두 기업이 차지하고 있도록 하여 분석할 수 있다. 예를 들어, 핸드폰의 화면이 큰 것을 좋아하는 사람과 한손에 들어오도록 작은 것을 좋아하는 사람으로 나뉘는데, 두 기업이 큰 화면과 작은 화면으로 차별한다. 이 두 기업이 서로 다른 특성을 가진 운영체제를 탑재한다면, 이 두 기업은 두 가지 특성에서 차별화한 것이다. 이에 따라 분석도 두 특성을 반영한 제품공간(product space)인 사각형에서 이루어져야 한다.

결국, 생산비용과 시장점유율, 이동비용, 그리고 특성 등 기본모형의 가정을 다양하게 일반화함으로써 호텔링 모델을 확장시킬 수 있다. 어떤 확장방법을 선택할지는 연구자 본인이 관심을 갖고 있는 현실의 문제에 더 적합한 방법이 무엇인지에 따라 달라질 것이다.

(2.3) 제품차별화의 정도와 위치 선정

기본적인 호텔링 모형에서는 단위 선분으로 주어진 시장의 양쪽 끝에 위치하고 있는 기업의 전략에 대하여 분석하고 내쉬 균형에서의 가격과 시장점유율을 도출하였다. 각 기업은 이동비용이나 생산비용, 그리고 수요 등의 조건에 따라 이윤을 극대화하는 가격을 달리 책정하였다. 본 절에서는 이런 분석을 바탕으로 기업이 자신의 제품을 어떻게 차별화하는지에 대하여 분석한다. 기업이 제품을 어떻게 차별하는지를 호텔링 모형의 방식으로 해석하면, 단위 선분으로 주어진 시장에서 어떤 위치에 위치할 것인지를 해당 기업이 결정하는 것과 같다. 다양한 소비자들이 선호하는 제품의 유형 중 어떤 유형을 선택하는

25 Salop(1979)을 참조하라.

지가 바로 기업의 위치로 표시되기 때문이다.

단위 선분으로 이루어진 시장에 두 기업만 존재하고, 두 기업은 한 장소만을 선택할 수 있다고 할 때, 두 기업은 어떤 위치를 선정할 것인가? 이 질문에 대한 답변은 단위 선분의 양쪽 끝에 두 기업이 위치하는 것이다. 이에 대한 증명은 매우 기술적인 내용이 포함되어 있어 본 장의 부록에서 제시한다. 부록의 증명을 매우 단순화하여 설명하면, 기업이 위치도 정하고 가격도 조정할 수 있다면, 가격경쟁을 피해야 이윤을 높일 수 있기 때문에 서로에게 가장 멀어진 장소를 선택한다는 것이다.

여기서는 가격에 대한 결정 권한은 없는 상태에서 1인 1표를 갖고 있는 정치적인 상황에 적용할 수 있는 단순한 분석만을 제시한다. 정치적 상황에서는 가격경쟁이 존재하지 않고 자신의 위치만을 선정할 수 있기 때문에, 분석이 비교적 쉽다는 장점이 있다.

0부터 1 사이의 시장에 정해진 가격의 제품을 공급하는[26] 한 기업만이 시장에 진입한다면 어떤 장소를 선택할 것인가?[27] 그 장소는 한가운데일 것이다. 전체시장에 서비스를 제공한다는 면에서 보면 한가운데에 위치하는 것이 가장 이윤이 높을 것이기 때문이다.[28]

기업 A가 이미 시장의 가운데에 위치해 있는 상황에서, 기업 B가 시장에 진입하는 상황을 생각해보자. 즉, 전체 기업의 수가 2개가 될 때, 기업 B의 이윤을 극대화하는 위치를 찾는 것이 목적이다. 기업 B의 위치도 기업 A와 마찬가지로 한가운데 위치하는 것이 가장 높은 이윤을 가능하게 한다. 왜 그

26 1인 1표를 의미한다.

27 다른 기업이 또 진입할 수도 있다는 것은 고려하지 않는다고 가정한다.

28 이 사실을 증명해보는 것은 좋은 연습이다.

럴까? 가운데에 위치한다면 기업 B는 기업 A와 함께 시장을 반분할 것이다.

아래 그림에서 보는 바와 같이 만약 기업 B가 기업 A와 시장의 오른쪽 끝과 거리의 절반, 즉 $\frac{3}{4}$에 가게를 위치시켰다면 B는 자신의 위치에서 시장의 오른쪽 끝까지의 시장을 갖게 된다. 즉, B의 시장점유율은 시장의 $\frac{1}{4}$이다. 추가로 자신의 위치와 기업 A 사이에 자리하고 있는 소비자들에게 기업 A와 경쟁하며 제품을 제공하게 된다. 이때 위의 기본모형처럼 두 기업이 모든 면에서 똑같다면, 두 기업은 해당 시장을 반분하게 될 것이다. 즉, 전체시장의 $\frac{1}{8}$에 제품을 제공하게 된다. 이 둘을 합치면, $\frac{1}{4}+\frac{1}{8}=\frac{3}{8}$이 될 것이다.

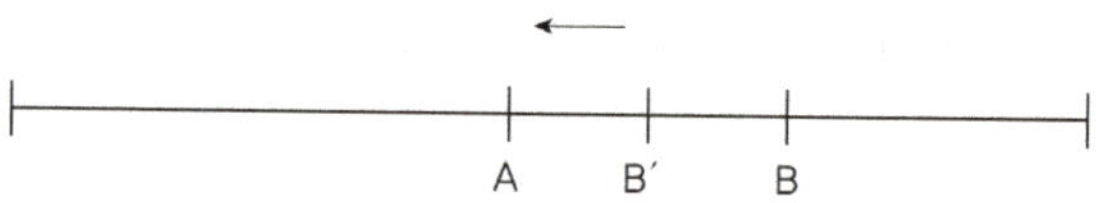

만약 B가 위치를 조금 왼쪽으로 옮겨 B′($\frac{3}{8}$의 위치)로 정한다면, 기업 B′의 시장점유율은 $\frac{3}{8}+\frac{1}{16}=\frac{7}{16}$이 될 것이다. 즉, B의 위치보다 약간 점유율이 높아질 것이다. 이처럼 A의 위치로 다가갈수록 시장점유율은 높아질 것이다. 만약 A의 위치를 지나칠 경우 어떻게 될 것인지가 궁금하다면, 조금 전의 논리와 같은 논리로, 시장점유율과 이윤이 A의 위치를 지나치는 순간부터 감소하기 시작하여 거리가 멀어질수록 더 감소한다는 것을 짐작할 수 있다.

기업 B는 자신의 위치를 A와 일치하도록 하는 것이 유리해진다. 이렇게 되면 두 기업의 위치는 같으므로 두 기업의 제품 간 차별화는 이루어지지 않았다. 즉, 제품차별화 모형인데도 불구하고 제품차별화는 이루어지지 않는 것이다. 이 경우의 경쟁은 결국 버트랑 모형과 매우 유사하다. 이렇게 원래 예상했던 결론과 다른 결론이 도출된 이유는 시장의 양쪽 끝이 존재하기 때문이며, 이 끝에서 멀어질수록 유리하기 때문에 발생된 왜곡이라고 보면 된다.[29]

이 사례에서 주는 결론은 시장에 2개의 기업이 존재한다면, 두 기업 모두 한가운데에 위치하는 것이 좋다는 것이다. 이와 같은 이치는 정치 지형에서 쉽게 찾아볼 수 있는데 기업이 이윤을 얻는 것만큼이나 정치 세력은 표 획득이 중요하며, 표를 획득할 때 이런 전략을 사용하기 때문이다.

진보와 보수를 주장하는 2개의 당이 있다고 해보자. 이들이 가장 중요하게 생각하는 것이 많은 표를 획득하는 것이라면, 소비자들이 분포하는 한가운데, 즉 진보와 보수의 중간적 공약을 내세우는 것이 가장 유리하다. 공약을 보면 이런 중도적 성향을 보이는 경우가 많으며, 실제로 대선이나 총선에서 공약만을 보고 당을 구분하는 것은 무척이나 힘들다.

이제 세 번째 기업이 시장에 진입하는 상황을 생각해보자. 세 번째 기업의 이윤을 극대화하는 한 지점을 찾는 것이 목적이다. 그런데 이 경우에는 어느 한 지점을 지정할 수 없다. 즉, 내쉬 균형이 되는 기업의 위치가 3개 기업의 경우에는 없다. 위의 2기업의 사례에서 이야기한 대로 2개 기업이 가운데 위치하고 있으며, 세 번째 기업은 가운데보다 약간 비켜 있는 것이 유리하다. 가운데 있으면 시장의 $\frac{1}{3}$을 갖게 되지만, 약간 비켜 위치하면 이보다 커지기 때문이다. 하지만 가운데서 약간 비킨 위치라는 것을 제외하고는 정확한 위치는 찾을 수 없다. 그런데 약간 비킨 위치를 선택하면 다른 두 기업도 자신의 위치를 옮길 것이다. 세 기업이 모두 만족하는 정립된 위치를 찾을 수 없다. 독자도 생각해보기 바란다.

네 기업의 경우에는 $\frac{1}{4}$의 위치에 2기업이 존재하고, $\frac{3}{4}$의 위치에 2기업이

29 참고로 이런 왜곡을 없애기 위하여 Salop(1979)은 시장에 끝이 없는 모형을 도입하였다. 즉, 만들어진 시장을 도입하였고, 이를 원형도시모형(circular city model)이라고 부른다.

존재하는 것이 내쉬 균형이다. 어디로 옮겨도 다른 기업들의 위치가 유지되는 한, 더 높은 시장점유율을 가질 수 없다. 다섯 기업의 경우에는 네 기업의 경우와 같지만, 한 기업이 가운데에 위치하는 것이다. 왜 그런지 내쉬 균형의 아이디어에 맞추어 생각해보기 바란다.

연습문제

1. 챔벌린 모형을 확장한 다음 문제를 고려하라. 각 기업의 비용함수는 동일하게 $c(q)=q+\frac{1}{10}q^2$이고, 두 기업만 존재하는 상황에서 각 기업이 직면하는 수요함수는 $q_1=10-p_1+p_2$과 $q_2=10-p_2+p_1$이라고 한다. 각 기업의 이윤을 극대화하는 가격을 책정하고 이윤을 구하라.

2. 위의 1번 문제에서 1개의 신규기업이 동일한 비용함수를 갖고 시장에 진입할지 여부를 결정한다. 신규기업을 포함한 모든 기업은 다음과 같은 동일한 형태의 수요함수에 직면한다고 한다. $q_1=\frac{20}{3}-p_1+\frac{p_2+p_3}{2}$. 각 기업의 이윤을 극대화하는 가격을 책정하고 이윤을 구하라. 신규기업은 시장에 진입하는 것이 합리적인가?

3. 시장진입과 퇴출이 자유로운 Chamberlin의 제품차별화 모형에서 차별화된 제품을 생산하는 기업의 평균비용곡선, 수요곡선, 한계수익곡선, 그리고 우상향하는 한계비용곡선을 이용하여 균형상태에서의 가격과 생산량, 그리고 이윤을 표시하라.(간단한 설명과 함께 다음의 그래프를 표기)
   (1) 장기균형상태
   (2) 단기흑자상태
   (3) 단기적자상태

4. 호텔링 모형을 확장한 다음 문제를 고려하라. 기업 A의 비용함수는 $c_A(q)=1+q$이고, 기업 B의 비용함수는 $c_B(q)=2q$이다. 소비자가 0과 1 사이에 균등분포된 시장의 양 끝에 위치한 두 기업이 이윤을 극대화하고자 하는 가격과 시장점유율을 구하라. 가격은 전략적 보완재 관계인가? 시장점유율은 가격의 증가함수인가? 한계비용의 증가함수인가?

5. 호텔링 모형을 확장한 다음 문제를 고려하라. 두 기업의 비용함수는 $c_A(q)=q$이다. 효용함수가 $U(x)=\overline{U}-(p+tx)$인 소비자들이 0과 1 사이에 균등하게 밀도 1로 분포되어 있다. 이 시장의 양 끝에 위치한 두 기업이 이윤을 극대화하는 가격과 시장점유율, 그리고 소비자 잉여를 구하라. 무차별 소비자의 효용은 얼마인가?

6. 단위 선분으로 주어진 시장에서 첫 번째로 시장에 진입하는 기업은 정 가운데에 위치한다고 알려져 있다.
   (1) 비용함수는 $c_A(q)=q$라고 할 때, 첫 번째로 진입하는 기업인 기업 A는 가운데에 위치할 때 가장 높은 이윤을 보장받을 수 있다는 사실을 증명하라. 소비자 효용함수는 $U(x)=\overline{U}-(p+tx)$이다.
   (2) 위와 같은 조건의 두 번째 기업이 시장에 진입할 때도 정 가운데를 자신의 위치로 정하는가?
   (3) 위와 같은 조건의 세 번째 기업이 시장에 진입할 때도 정 가운데를 자신의 위치로 정하는가?
   (4) 네 번째 기업이 시장에 진입할 때는?

참고문헌

d'Aspremont, C., J. Gabszewicz, and J. F. Thisse. (1979), "On Hotelling's Stability in Competition," *Econometrica*, 17 : 1145~1151.

Salop, S. (1979), "Monopolistic competition with outside goods," *Bell Journal of Economics*, 10 : 141~156.

Tirole, Jean. (1988), *The Theory of Industrial Organization*, The MIT Press, Cambridge, Massachusetts.

부록 : 제품차별화를 위한 기업들의 위치 선정

밀도 1로 균등분포되어 있는 단위 선분 시장에서 두 기업만 존재하고, 각 기업은 하나의 위치만을 선택한다면 어떤 위치가 선정될 것인지를 분석하는 것이 본 부록의 목적이다. 기업들이 위치를 정하면, 이 위치들은 가격에 영향을 미친다. 앞에서는 호텔링 모형을 통해 단위 선분의 양쪽 끝에 위치한 두 기업이 어떻게 가격을 책정하는지 분석하였다. 또 다른 극단적인 경우는 두 기업이 같은 곳에 위치하는 것이다. 예를 들어 단위 선분의 한가운데에 두 기업이 모두 위치한다면, 두 기업의 제품은 완전 대체재라는 뜻이다. 이 경우, x의 위치에 있는 소비자는 $p_A+t|x-x_0|$와 $p_B+t|x-x_0|$를 비교하므로, 가격만을 비교하는 것과 같다. 따라서 가격만을 비교해서 더 저렴한 상품을 모든 소비자가 구매하는 버트랑 모형과 같은 결론에 도달하게 된다. 즉, 가격은 한계비용과 같으며, 이윤은 0이다.

기업 A는 a라는 위치에 있고, 기업 B는 $(1-b)$에 위치한 경우를 고려해보자. a와 b는 모두 양수다. $1-a-b \geq 0$을 가정한다. 즉, 기업 A는 기업 B의 왼쪽에 위치한다고 가정한다.[30] $a=b=0$은 단위 선분의 양쪽 끝에 두 기업이 각각 위치하는 상황이며, $a+b=1$은 완전대체재로서 두 기업이 같은 곳에 위치하고 있는 상황이다.

두 기업이 단위 선분의 안쪽에 위치하고 있는 경우, 1차함수로 나타난 이동비용을 이용하면 계산이 지나치게 복잡해지는 경향을 보인다. 한 기업이 경쟁

30 이 가정은 일반성을 유지하는 가정이다. 기업 A와 기업 B의 위치를 바꾸어도 동일하기 때문이다.

을 위해 가격을 낮게 책정하면, 두 기업 사이에 위치한 소비자뿐 아니라, 상대편 기업의 뒤쪽에 위치한 소비자들도 영향을 받는다. 기업의 수요함수가 불연속적(discontinuous)이다.

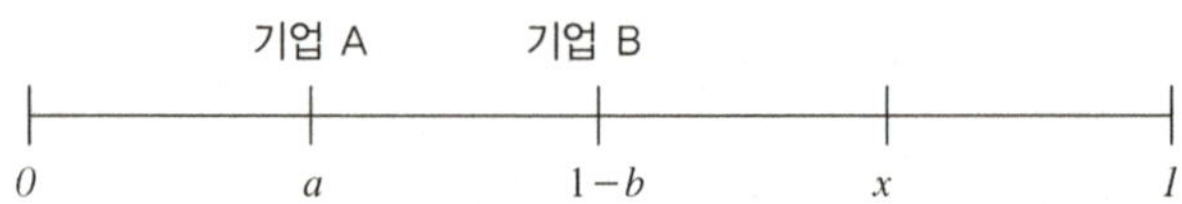

x에 위치한 소비자는 기업 A와 기업 B의 상품 중 어느 쪽을 구입할지 비교할 때, 자신의 부담인 $p_A + t(x-a)$와 $p_B + t[x-(1-b)]$를 비교한다. 이 두 가격을 비교하는 것은 p_A와 $p_B - t(1-a-b)$를 비교하는 것과 동일하다. 즉, $p_A \le p_B - t(1-a-b)$라면, $(1-b)$보다 오른쪽에 위치한 모든 소비자는 위치에 관계없이 기업 A의 상품을 선택할 것이다. 따라서 단위 선분의 안쪽에 두 기업이 위치하고, 이동비용이 1차함수이면, 기업의 수요함수는 불연속이다. 따라서 이윤함수도 불연속이며, 위로 볼록(concave)하지도 않으므로 기술적으로 다루기 어렵다.

이런 어려움을 2차함수 형태의(Quadratic) 비용함수는 초래하지 않는다. 따라서 편리한 2차함수를 이용하기로 한다. 2차함수를 활용하면, 수요함수와 이윤함수가 연속적이면서 위로 볼록하다. 2차함수를 이용하여 무차별소비자를 구하면 다음과 같다.[31]

$$D_A(p_A,\ p_B) = x = a + \frac{1-a-b}{2} + \frac{p_B - p_A}{2t(1-a-b)}$$

$$D_B(p_B,\ p_A) = 1 - x = b + \frac{1-a-b}{2} + \frac{p_A - p_B}{2t(1-a-b)}$$

31 단, $0 \le x \le 1$이며, 소비자 효용 $\overline{U}$가 충분히 커서 시장 전부가 두 기업에 의해 서비스된다는 전제는 필요하다.

위의 수요함수에서 두 기업의 가격이 동일하다면 $x = a + \frac{1-a-b}{2}$ 이다. 즉, 기업 A는 자신의 왼쪽에 위치한 시장을 갖게 되고, 같은 이치로 기업 B도 자신의 오른쪽 시장을 보유하면서, 두 기업 사이에 위치한 시장은 두 기업이 반분한다는 것을 알 수 있다. 위의 수요함수에 따른 가격의 내쉬 균형을 구하면 다음과 같다.

$$p_A^c(a,\ b) = c + t(1-a-b)(1+\frac{a-b}{3})$$

$$p_B^c(b,\ a) = c + t(1-a-b)(1+\frac{b-a}{3})$$

지금까지 알게 된 단위 선분 시장 내에 위치한 기업들의 내쉬 균형 가격과 수요함수를 이용하여 기업들이 어떻게 자신의 위치를 결정하는지 알아보자. 이를 알아보기 위한 가정은 다음과 같다. 단위 선분의 시장에 두 기업만 존재하고, 각 기업은 하나의 제품만을 선택할 수 있다. 즉, 단위 선분 내에서 하나의 장소만을 선택하는 상황을 고려한다.

2단계 게임으로 장소 선택을 모형화할 수 있다. 1단계에서는 두 기업이 자신의 위치를 결정하되, 다른 기업과 동시에 선택하여 다른 기업의 선택이 무엇인지 사전에 알지 못하도록 한다. 2단계에서는 주어진 장소에서 두 기업이 동시에 가격을 결정한다. 1단계에서의 위치 결정에서 각 기업은 자신의 수요만을 생각하는 것이 아니라, 위치가 결정되면 2단계에서 다시 가격경쟁이 얼마나 치열할지도 함께 생각해야 한다. 이윤함수는 다음과 같다. 단, 가격과 수요함수는 위에서 구했던 값을 대입하면 된다.

$$\pi_A(a,\ b) = [p_A^c(a,\ b) - c]D_A(p_A^c(a,\ b),\ p_B^c(a,\ b)) - d$$

$$\pi_B(a,\ b) = [p_B^c(a,\ b) - c]D_B(p_B^c(a,\ b),\ p_A^c(a,\ b)) - d$$

위의 이윤함수를 이용하여 최적의 a와 b를 구하는 방법은 다음과 같다. 먼저, 주어진 상수 b를 가정하고 $\pi_A(a, b)$를 a로 편미분하여 일계조건을 구한다. 기업 B에 대해서도 동일한 방법을 적용하여 일계조건을 구한다. 두 일계조건을 연립하여 해를 구하면 답이 얻어진다. d'Aspremont(1979)은 이렇게 구해진 답이 $a=b=0$임을 증명하였다.[32] 즉, 극단적 제품차별화가 이루어진다. 기업들이 단위 선분의 양 끝에 위치하도록 한 호텔링 모형의 가정은 합리적 가정으로써, 각 기업에게 선택을 맡기면 그렇게 되는 것으로 증명되었다.

Tirole(1988)[33]은 같은 증명을 우아하고 경제학적인 의미를 가미하여 보였다. 일반성을 잃지 않는 $0 \leq a \leq 1-b \leq 1$의 가정 하에 이윤을 극대화하는 위치를 구하기 위해, 위의 이윤식을 a로 편미분한다. 이때, $\frac{\partial \pi_A}{\partial p_A}\frac{\partial p_A}{\partial a}=0$임을 알고 있다. 그 이유는 2기의 필요조건이 $\frac{\partial \pi_A}{\partial p_A}=0$이기 때문이다.[34] 따라서 a가 π_A에 직접적으로 영향을 미치는 수요효과(Demand effect)와 a가 p_B에 미치는 영향을 통하여 π_A에 영향을 미치는 전략효과(Strategic effect)만을 보면, a가 π_A에 미치는 영향을 알 수 있다. 두 가지 영향은, 위의 이윤식을 a로 편미분한 결과에 포락선 정리를 적용하면, 다음과 같은 수식으로 표현된다.

$$\frac{\partial \pi_A(a, b)}{\partial a}= [p_A(a, b)-c](\frac{\partial D_A}{\partial a}-\frac{\partial D_A}{\partial p_B}\frac{\partial p_B}{\partial a})$$

위의 수식에서 첫 번째 대괄호는 양임을 알 수 있다. 가격이 한계비용보다 낮다면 시장에서 퇴출할 것이기 때문이다. 따라서 두 번째 괄호 안의 부호에

---

32 증명해야 할 것은 $\frac{d\pi_A}{da}<0$과 $\frac{d\pi_B}{db}<0$이다.

33 Tirole(1988)의 280–282를 참조하라.

34 이 등식의 성립을 정리한 것을 포락선 정리(The Envelope theorem)라고도 부른다. 이 등식이 성립하는 이유는 2기의 이윤 극대화를 위해서는 가격 변화에 따른 이윤의 변화가 0이 되어야 하기 때문이다.

따라 전체 부호가 결정되며, 부호가 음이라면 0에서 멀어지는 장소를 선택할수록 이윤이 감소한다는 뜻이다. 즉, 원점으로 제품을 차별화할 때 이윤이 극대화된다는 뜻이다. 앞에서 구했던 수요와 가격을 미분하고 대입하면 다음과 같다.

$$\frac{\partial D_A}{\partial a}=\frac{1}{2}+\frac{p_B^c-p_A^c}{2t(1-a-b)^2}=\frac{3-5a-b}{6(1-a-b)}$$

$$\frac{\partial D_A}{\partial p_B}\frac{\partial p_B}{\partial a}=(\frac{1}{2t(1-a-b)})[t(-\frac{3}{4}+\frac{2a}{3})]=\frac{-2+a}{3(1-a-b)}$$

위의 두 식을 더하면, $-\frac{1+3a+b}{6(1-a-b)}$이다. 분자와 분모가 모두 양이므로 전체식은 음인 것을 알 수 있다. 즉, 기업 A는 장소를 정할 때 항상 왼쪽으로 움직여야 이윤이 극대화된다는 뜻이다. 따라서 기업 A는 원점인 0에 위치할 것이다. 같은 이치로 기업 B는 항상 오른쪽으로 움직여야 이윤이 극대화되며, 1의 위치로 자신의 제품을 차별화할 것이다. 따라서 두 기업의 제품은 최대한 차별화된다.

$\frac{\partial D_A}{\partial a}$는 기업 A가 자신의 위치를 결정할 때, 위치가 수요에 미치는 영향만을 표시하고 있다. 즉, 위치가 자신의 가격이나 상대 기업의 가격에 미치는 영향은 고려하지 않고 있다. 바꾸어 말하면, 2기의 가격이 정해져 있을 때 기업 A의 이윤 극대화 방법을 나타낸다.

기업 A가 중간보다 왼쪽, 즉 $a \leq \frac{1}{2}$이고, 기업 B가 중간보다 오른쪽, 즉 $b < \frac{1}{2}$이라면, $\frac{\partial D_A}{\partial a}=\frac{3-5a-b}{6(1-a-b)}>0$이다.[35] 따라서 위치가 수요에 미치는 영향만을 고려한다면 기업 A는 중앙으로 이동할 것이며, 같은 이치로 기업 B도 중앙으로 이동할 것이다. 2기의 가격이 정해져 있다면, 두 기업은 중앙에

35 이 사실은 해당 숫자를 분자와 분모에 대입해보면 알 수 있다.

위치할 것이며 두 기업은 제품을 차별화하지 않을 것이다. 본 장의 본문에 있는 정치 사례는 이 경우를 나타내고 있다. 1인 1표로 가격이 같다면, 두 기업은 같은 위치에 위치하기 때문에 공약에서 전혀 차이를 나타내지 않는다.

기업 A가 중앙으로 이동할수록 기업 B는 가격을 낮출 것이다. 왜냐하면, 다음의 전략효과는 음이기 때문이다. $\frac{\partial D_A}{\partial p_B}\frac{\partial p_B}{\partial a}=\frac{-2+a}{3(1-a-b)}<0$ 이를 감안한다면, 기업 A는 두 효과를 비교할 것이다. 즉, a가 π_A에 직접적으로 영향을 미치는 수요효과(Demand effect)와 a가 p_B에 미치는 영향을 통하여 π_A에 영향을 미치는 전략효과(Strategic effect)를 비교할 것이다. 위에서 설명한대로 수요효과는 양이며, 전략효과는 음이기 때문이다. 물론, 계산을 통하여 이미 증명한 것처럼 전체 효과는 음이다. 전략효과가 수요효과를 압도하기 때문이다.

이처럼 전략효과가 수요효과를 압도하여 최대한의 차별화가 이루어진다는 것은 기업이 제품차별화를 선택할 수만 있다면 제품을 차별화한다는 것을 의미한다. 따라서 제품차별화의 능력을 기업들이 보유하고 있다면, 버트랑의 역설은 더 이상 현실적이 아니라는 것을 보여주고 있다.

사회후생을 극대화하는 사회계획자(Social planner)가 존재한다면 어떤 위치를 설정하는지를 생각해보는 것은 흥미롭다. 사회계획자가 두 기업의 위치를 결정한다면 (소비가 1단위로 고정되어 있기 때문에) 소비자들의 이동비용을 최소화하는 것에만 관심이 있다. 이동비용을 최소화하는 방법은 $\frac{1}{4}$의 위치와 $\frac{3}{4}$의 위치다. 따라서 기업들이 자유롭게 활동한다면, 제품을 너무 많이 차별화한다는 것을 알 수 있다.

제12강

생산용량제한(Capacity constraint)

각 기업의 생산용량이 제한되어 있다면, 버트랑 모형의 치열한 가격경쟁에서 일정 부분 자유로울 수 있으며, 경우에 따라서 양의 이윤도 가능하다. 생산용량은 생산에 앞서 선투자가 필요한 생산시설의 규모에 의해 결정되므로 기업들은 일상적으로 생산용량의 제한에 직면하고 있다.

1. 기본 모형

버트랑 모형에서는 두 기업만 존재함에도 불구하고 완전경쟁시장과 같은 결론이 균형으로 도출되었다. 11장에서는 이 버트랑의 역설을 설명하기 위하여 현실과 비교하였고, 현실에서는 가능한 일이지만 버트랑 모형에서는 없다고 가정했던 시간문제와 제품차별화를 통하여 버트랑의 역설은 비현실적 가정에서 비롯되었음을 설명하였다.

본 장에서는 버트랑의 역설을 설명하기 위한 또 다른 시도로서 "생산용량제한(Capacity constraint)"을 도입하고자 한다. 버트랑의 역설이 도출되었던 핵심 논리는 상대방보다 조금이라도 낮은 가격을 설정하면 시장을 석권할 수 있고, 이를 위해서 두 기업 모두 상대방보다 조금이라도 낮은 가격을 설정하려고 하다가 결론적으로 한계비용과 일치하는 균형가격에 도달하는 것이었다.

이 논리 속에 숨어 있는 약점은 없을까? 시장을 더 많이 차지하기 위하여 상대기업보다 조금 더 낮은 가격을 책정하는 행동을 멈추도록 할 수는 없을까? 이 질문에 잘 답변할 수 있다면, 버트랑의 역설을 성공적으로 해결할 수 있을 것이다. 직관적으로 생각해 볼 때, 기업 1이 기업 2보다 조금 낮은 가격을 책정해서 시장을 석권할 수는 있지만, 몰려오는 수요를 모두 충족시킬 생산용량이 없다면 기업 1은 시장을 석권하려 노력하지 않을 것으로 예상된다.[1] 만약 이 예상이 사실로 증명된다면, 버트랑의 역설은 성공적으로 설명된다.

기업 1이 더 낮은 가격을 책정하더라도 생산용량에 제한이 있다면 모든 소비자에게 제품을 제공할 수 없다. 따라서 기업 2는 남는 소비자에게 독점기업이 되며, 따라서 한계비용보다 높은 가격으로 자신의 제품을 판매할 수 있다. 이 경우, 기업 2는 양의 이윤을 누릴 수 있다. 한계비용보다 높은 가격을 책정했고, 남는 소비자에게 실제로 판매할 수 있기 때문이다. 양의 이윤을 갖게

---

1 Dixon(1993)에 의하면, 상대기업보다 다소 낮은 요금을 책정할 수는 있지만 하락폭이 일정 수준(예를 들어 자연수)으로 제한된다면, 한계비용보다 높은 수준의 가격으로 균형이 성립할 수 있다는 것을 증명하였다.

되는 기업 2를 관찰한 기업 1도 그 원인을 깨닫게 될 것이며, 기업 2보다 조금이라도 낮은 가격을 책정했던 과거의 행동을 반복하지 않을 것이다.[2] 결국, 기업 1도 상대기업보다 조금이라도 더 낮은 가격을 책정하려고 하지 않게 되므로 버트랑 모형의 논리가 더 이상 유효하지 않게 된다.

즉, 기업들이 제한된 용량만을 생산하는 시설을 보유하고 있는 현실 때문에, 버트랑 모형의 결론인 한계비용 가격을 현실에서 목격하지 못한다는 논리가 제시된 것이다. 버트랑의 역설을 설명할 수 있는 또 다른 논리다. 만약 기업들의 생산시설용량이 전체 시장수요를 충족시킬 정도라면 버트랑 모형의 결론인 한계비용가격을 현실에서 더 자주 목격할 것이라는 이야기이기도 하다. 직관적인 이유는 지금까지 설명했지만, 구체적인 이론을 살펴보자.

[그림 12-1] 생산용량제한이 없고 한계비용이 일정한 경우의 기업

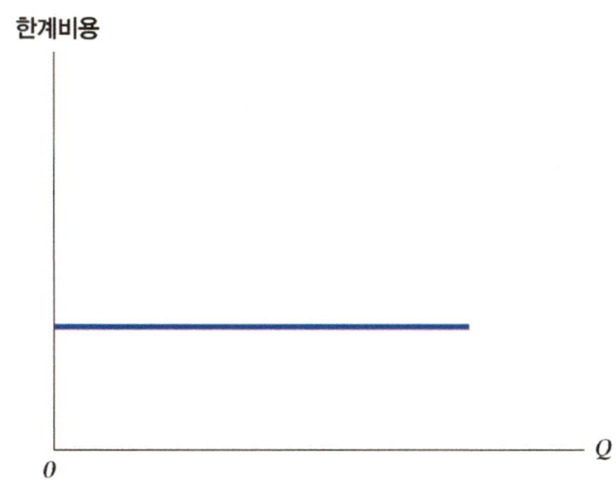

버트랑 모형은 고정비용은 없는 상태에서 일정한 한계비용을 가정하고 있으므로 규모수익불변(Constant returns to scale)을 가정하고 있다. 이렇게 생산이 증가하여도 한계비용은 변하지 않는 상황을 그래프로 표현하면 위의 그래프와 같다.

---

2 생산용량제한으로 인해 두 기업의 가격은 서로 다를 수 있다.

[그림 12-2] 생산용량제한이 있고 한계비용이 일정한 경우의 기업

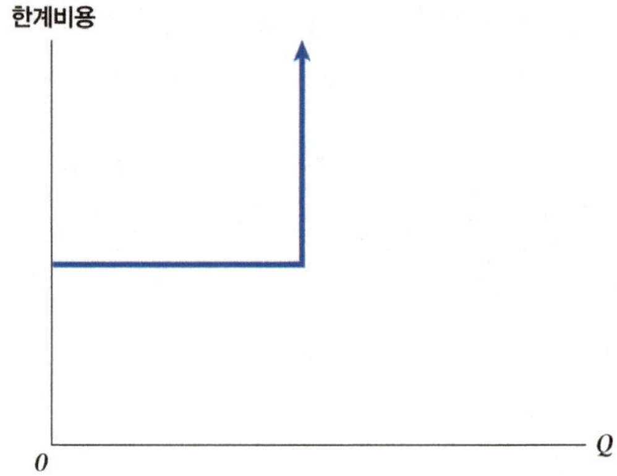

생산용량이 제한된 상황을 그래프로 표현하면 위의 그래프와 같다. 즉, 일정한 생산량까지는 단가 또는 평균생산비용이 일정하지만, 생산용량에 도달하는 순간 한계비용은 무한대로 증가하여 더 이상 생산할 수 없다.

[그림 12-3] 규모수익감소를 나타내는 기업

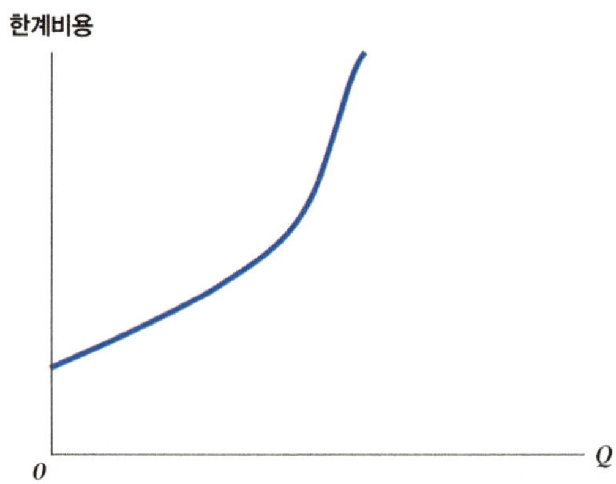

생산용량제한은 규모수익감소(Decreasing returns to scale)의 극단적인 경우라고 부를 수 있다. 따라서 생산용량제한과 관련된 아래 분석에서의 결론은 규모수익감소에도 적용된다. 규모수익감소는 생산량이 증가함에 한계비용이 점점 상승하는 위와 같은 형태를 보인다.

사례를 통하여 생산용량제한에 대하여 설명해보자.[3] 어떤 관광지에 두 개의 호텔만이 존재하고 있다. 첫 번째 호텔의 이름은 W호텔, 다른 호텔의 이름은 H호텔이라고 하자. 두 호텔은 각각 1명의 소비자에게 서비스를 제공할 수 있으며, 한계비용은 소비자당 10만원이 발생한다. 각 소비자는 해당 가격에서 한 번만 호텔에 묵는다고 가정한다. 소비자의 수를 나누어 경우별로 생각해보자.

경우 1

소비자 이름	최대지불용의
윤아	100만원

먼저, 소비자가 위와 같이 1명만 있는 경우를 생각해보자. 이럴 경우, 두 호텔의 소비자 유치경쟁은 버트랑 모형과 같다. 즉, 두 호텔은 한 명의 소비자를 유치하기 위하여 상대 호텔보다 가격을 인하할 것이며, 최종적으로 두 호텔은 가격을 한계비용 수준인 10만원까지 낮출 것이다. 10만원의 가격에 윤아는 자유롭게 호텔을 선택할 것이며, 두 호텔 중 하나에 투숙할 것이다. 어느 호텔이 될 것인지는 알 수 없다.

경우 2

소비자 이름	최대지불용의
윤아	100만원
유리	80만원

수요가 위의 표에서와 같이 2명 이상인 경우를 생각해보자. 두 호텔의 가격설정에 대하여 생각함으로써 버트랑의 결론이 여기서도 적용되는지 검토한다.

---

3 생산용량제한은 매우 복잡한 분석을 필요로 하며, 게임이론의 혼합전략 균형이 결과로 나타난다. 중요 개념을 간략히 설명하기 위하여 여기서는 사례를 활용한다. 아래에서 언급할 모든 사항은 주지의 사실로 모든 사람에게 알려져 있으며, 또한 소비자는 가격수용자임을 가정한다.

총 공급량은 2개인데, 총 수요량도 같으므로 호텔은 자신에게 오는 소비자가 존재한다. 이런 상황이라면, 호텔은 최대지불용의 이내에서 더 높은 이윤을 보장하는 높은 가격을 받으려고 노력할 것이다.

W호텔은 가격을 10만원에 책정하였고 H호텔은 이보다 높은 80만원에 책정하였다고 하자. 윤아와 유리는 모두 저렴한 W호텔에 투숙하고자 노력할 것이다. W호텔의 방은 하나밖에 없기 때문에 윤아나 유리 중 한 명만 투숙할 수 있다. 둘 중 누가 투숙할지는 모르지만, 누가 W호텔에 투숙하여도 문제는 없다. 나머지 한 명은 다른 호텔로 가면 되기 때문이다. 이 경우, H호텔의 이윤은 70(= 80 − 10)이다.

W호텔의 경우, 현재의 이윤은 0(= 10 − 10)이다. 그런데 가격을 인상하여 자신도 80으로 책정하면 소비자는 그대로 한 명인 반면에 이윤은 70(= 80 − 10)으로 증가할 것이기 때문에 가격을 10으로 책정하는 것은 이윤을 극대화하는 가격이 아니다. 사실, 80보다 낮은 모든 가격이 두 호텔에게는 최적이 아니며, 따라서 80보다 낮은 가격은 내쉬 균형이 아니다. 최종 결론이 무엇인지는 아래에서 추가로 설명하겠지만, 여기까지의 결론을 보면 생산용량제약 하에서의 균형가격은 한계비용보다 높다. 즉, 한계비용을 균형가격으로 제시한 버트랑의 역설은 생산용량제한이 있는 경우에는 일반적으로 성립하지 않는다.

이제 두 기업이 모두 가격을 80으로 책정하는 경우를 생각해보자. 가격이 80인 경우 누가 어디에 투숙할지 알 수 없지만, 분석의 편의를 위해 윤아는 W호텔, 유리는 H호텔에 투숙한다고 생각해보자. 유리를 손님으로 받는 H호텔은 관계없으나, 윤아가 투숙하는 W호텔은 가격을 인상하여 100만원으로 책정해도 윤아는 투숙할 것이다. 윤아는 높은 지불용의를 갖고 있기 때문에 다른 선택이 없다면 투숙할 것이기 때문이다. 따라서 H호텔은 80만원의 가격을 설정하고, W호텔은 100만원으로 가격을 책정하는 것이 최선이 될 것이다. 이때 W호텔의 이윤이 더 높은 것은 주목할 만한데, 어느 호텔이 더 높은 이윤을 갖게 되는지는 더 높은 지불용의를 갖고 있는 윤아가 어디에 투숙하는지에 달려 있다. W호텔이 이렇게 가격을 책정하려면, 윤아가 자신에게 오는 것이 확실해야 한다.

윤아의 입장에서는 가격이 저렴한 H호텔에 투숙하고 싶을 것이다. 물론, 유리도 마찬가지다.[4] W호텔에 비해 저렴한 80에 가격을 책정한 H호텔에 유리가 투숙한다면, 윤아는 W호텔에 가는 것이 확실하다. 반면에 저렴한 H호텔에 높은 지불용의를 갖고 있는 윤아가 투숙한다면, W호텔은 남은 유리에게서 받을 수 있는 가장 높은 80을 가격으로 책정하는 방법밖에 없다. 이 경우에는 두 기업의 이윤은 같을 것이다. 80과 100으로 가격이 책정되어 있다고 할 때, 저렴한 호텔에 누가 투숙하는지가 내쉬 균형에 영향을 준다.

단순한 본 경우에 있어서는 저렴한 가격의 호텔에 낮은 지불용의를 가진 사람이 투숙한다면, 한 호텔이 가격을 100으로 책정하고, 다른 기업은 80으로 책정하는 것이 내쉬 균형이다. 반면에 저렴한 가격의 호텔에 높은 지불용의를 가진 사람이 투숙한다면, 두 호텔 모두 80으로 가격을 책정하는 것이 내쉬 균형이다.[5] 만약, 호텔방의 숫자가 증가하고 소비자의 숫자도 더 늘어나면, 일반적으로 순수전략 내쉬 균형을 찾을 수 없다.[6] 다만, 혼합전략으로 이루어진 내쉬 균형은 존재한다는[7] 것이 증명되었다.

2. 시장분할법칙

저렴한 H호텔에 누가 투숙하게 되는지에 대한 논의가 필요하다. 첫 번째 아이디어는 둘 중 누구라도 같은 확률로 투숙이 가능하다는 입장이다. 이런 입장을 시장분할법칙에 반영한 것이 균등분할법칙(Proportional rationing rule)

4 아래에서 보다 자세히 언급하겠지만, 더 높은 지불용의를 가진 소비자가 더 저렴한 상품을 선택할 수 있다고 가정하면 효율적 분할법칙이라고 부른다. 모든 지불용의를 가진 소비자가 동일한 확률로 저렴한 상품을 포함한 모든 상품을 선택할 수 있다고 가정하는 것을 균등분할법칙이라고 부른다.

5 어느 호텔의 가격이 100인지는 알 수 없다.

6 Edgeworth(1889)

7 Dixon(1984)

이다. 두 번째 아이디어는 최대지불용의가 높은 사람이 더 저렴한 제품을 구매할 수 있다는 입장이다. 가장 높은 지불용의를 가진 사람은 해당 제품을 가장 간절히 원하는 사람이라고 할 수 있다. 만약, 선착순으로 구매가 결정된다면, 자신이 원하는 제품을 구매하고자 더 일찍 호텔에 도착할 사람들이라는 예측에 근거한 분할법칙이기도 하다. 이런 입장을 반영한 시장분할법칙을 효율적 분할법칙(Efficient rationing rule)이라고 부른다. 이렇게 부르는 이유는 가장 높은 지불용의를 가진 소비자가 저렴한 해당 제품을 구매할 수 있고, 따라서 가장 높은 소비자 잉여가 보장되기 때문이다.

어느 법칙을 따르더라도 버트랑의 역설은 더 이상 유효하지 않다. 두 기업 모두 가격이 한계비용보다 높으며, 양의 이윤을 갖기 때문이다. 아래에서는 두 가지 시장분할법칙에 따른 생산용량제한에서의 균형에 대하여 자세히 알아본다.

1) **효율적 분할법칙**(Efficient rationing rule)

효율적 시장분할법칙은 가장 높은 지불용의를 가진 소비자가 저렴한 제품을 먼저 구매할 것이라는 생각에 근거하고 있다. 이 상황을 정확하게 표현하기 위하여 소비자의 수를 네 명으로 늘려 아래의 표를 작성하였다.

소비자 이름	최대지불용의
윤아	100만원
유리	80만원
태연	70만원
서현	50만원

위의 표를 수요곡선으로 만들어 그리면 다음의 그래프로 표기할 수 있다. 즉, 최대지불용의가 높은 사람부터 순서대로 나열하면 아래의 그림과 같은 계단식 수요곡선이 그려진다.

[그림 12-4] 수요곡선의 도출

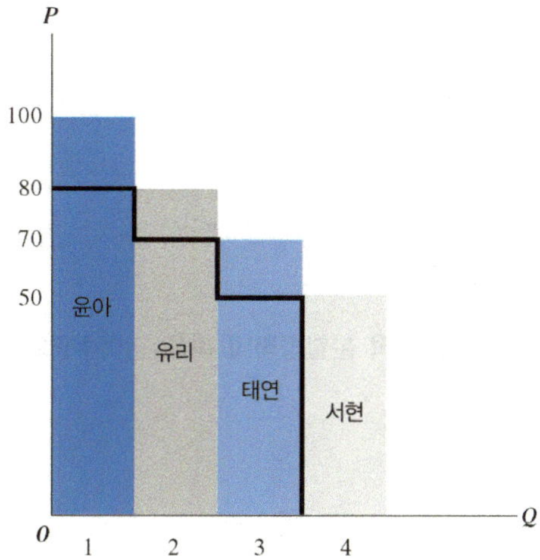

W호텔이 낮은 가격인 50만원의 가격으로 판매하는 상황을 생각해보자. 만약에 지불용의가 가장 큰 윤아가 이 호텔 투숙에 성공한다면 윤아의 수요는 충족되었다. W호텔의 생산용량을 통해 수요가 충족된 소비자를 제외하고 남아있는 잔여수요만을 충족시키는 H호텔에게 있어 윤아는 더 이상 수요로서 존재하지 않는다. 따라서 위의 그래프에서 H호텔의 수요는 윤아가 사라지고 나머지 세 명의 수요만 남는다. 윤아는 가장 왼쪽에 존재하고 있었는데, 윤아가 사라진다면 그래프가 왼쪽으로 용량제한 공급량 $\overline{Q}$만큼 수평이동하게 된다. H호텔이 직면하는 수요는 전체 수요에서 윤아의 수요를 제외한 잔여수요(Residual demand)라는 뜻이다. 정리하면, 효율적 분할법칙에서는 수요곡선이 수평으로, 그리고 왼쪽으로 이동한다. 이 수요를 검정색 실선으로 표기하였다.

가장 높은 지불용의를 가진 윤아가 상품을 구매한 것이므로 가장 높은 소비자 잉여가 발생한다. 이 때문에 '효율적' 분할법칙이라고 부른다.

이 그래프를 일반적인 수요함수에 적용하면 아래의 그래프가 된다. 처음 저렴하게 가격을 책정한 H호텔이 직면하는 시장의 총수요는 D로 표기된 수요곡선이다. 자신의 생산용량제한인 $\overline{q_1}$ 만큼의 수요량을 제공한 후 남은 수요는 점선으로 W호텔이 직면하는 잔여수요곡선이다. 따라서 D로 표기된 수요곡선에서 점선으로 이루어진 수요곡선으로 수평 이동하게 된다. 점선으로 표기된 자신의 수요에 맞추어 W호텔은 독점가격을 책정한다. 남은 기업이 자신밖에 없기 때문이다. 독점가격을 책정하기 위하여 MR 곡선을 도출하고 이와 MC가 만나는 점에서 W호텔은 생산량을 결정하고 생산량에 맞는 독점가격이 책정된다.

[그림 12-5] 효율적 분할법칙에 따른 잔여수요와 가격설정

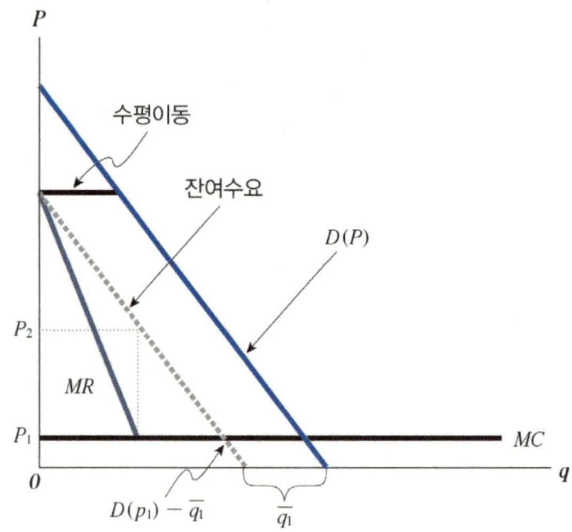

그래프로 표기된 위의 효율적 분할법칙을 수식으로 표현하면 다음과 같다. p_1에서의 시장수요보다 기업 1(즉, H호텔)의 생산용량이 적다고 가정해보자. 즉, 기업 1의 생산용량이 $\overline{q_1}$이라고 할 때, $\overline{q_1} < D(p_1)$를 충족하여 기업 1은 시장의 모든 수요를 충족시키지 못한다. 효율적 분할법칙은 기업 2(W호텔)의 수요를 다음의 수식으로 표기한다.

$$D(p_2) > \overline{q_1}\text{이라면, } D_2(p_2) = D(p_2) - \overline{q_1}$$

$$D(p_2) \leq \overline{q_1}\text{이라면, } D_2(p_2) = 0$$

기업 2가 책정한 가격에서의 시장수요가 기업 1의 용량인 $\overline{q_1}$보다 크다면,

기업 2는 잔여수요를 자신이 책정한 가격에서 공급한다. 효율적 분할법칙에서 수요곡선이 왼쪽으로 수평이동한다는 것을 나타내는 식은 $D_2(p_2) = D(p_2) - \overline{q_1}$이며, 잔여수요라고 부른다. 기업 2가 책정한 가격에서의 시장수요가 기업 1의 용량인 $\overline{q_1}$보다 적다면, 기업 2가 공급할 제품을 수요할 소비자가 남아 있지 않다는 뜻이다. 이 식을 그래프로 표기하면 위의 그래프가 된다.

사례 1) 효율적 분할법칙의 사례

두 기업만 존재하는 시장의 수요함수가 $Q = 100 - p$이다. 두 기업 모두 생산비용은 없다고 가정한다. 가격을 10으로 책정한 기업 1의 생산용량은 20이라고 할 때, 효율적 분할법칙에 따른 기업 2의 가격은 얼마일까? 각 기업의 판매량과 매출, 그리고 이윤은?

기업 1이 가격을 10으로 책정하였으니 시장수요는 90이다. 기업 1의 생산용량은 20이므로 시장수요는 기업 1의 생산용량을 초과하였다. 따라서 기업 1은 10의 가격으로 생산용량 20을 판매하여, 매출 200을 달성한다. 생산비용이 없으므로 매출은 곧 이익이다.

기업 2가 직면하는 자신의 수요는 $p_2 = 100 - \overline{q_1} - q_2$이다. $\overline{q_1} = 20$이므로, $p_2 = 80 - q_2$이다. 이 수요에 맞는 독점 가격은 40이며, 판매량도 40이다. 매출과 이윤은 1600이다.

위의 사례에서 알 수 있듯이 기업 1의 가격과 생산용량이 정해진 상태에서 시장분할법칙을 적용하고 남아 있는 소비자는 기업 2의 소비자가 된다. 남아 있는 소비자들에게는 기업 2가 유일한 기업이기 때문에 기업 2는 독점기업처럼 행동할 수 있다. 따라서 기업 2는 기업 1의 잔여수요에 맞는 독점가격과 생산량을 계산한다. 참고로 기업 1과 기업 2의 최종 균형가격은 현재로서는 알 수 없다. 이를 알기 위해서는 기업 2의 최적 해를 구한 후, 다시 기업 1의 최적해를 구한다. 이 과정을 반복하여야 최종 내쉬 균형을 구할 수 있다.[8]

---

8 앞서도 언급하였지만, 순수전략 내쉬 균형은 일반적으로 존재하지 않으며, 혼합전략 내쉬 균형

버트랑의 역설은 더 이상 유효하지 않다. 두 기업 모두 가격이 한계비용보다 높으며, 양의 이윤을 갖기 때문이다.

2) 균등분할법칙(Proportional rationing rule)

균등분할법칙은 고정된 확률에 따른 시장분할법칙을 의미한다. 즉, 저렴한 가격의 제품이 수요량보다 적게 공급되었을 때, 이 저렴한 제품을 구매하는 소비자가 될 확률은 지불용의에 관계없이 모든 수요량대비 가용량으로 동일하다는 의미이다. 위의 사례를 본다면, 가격이 50만원인 W호텔의 방을 사용할 소비자는 최대지불용의가 50만원 이상인 4명 중 누가 될지 모르며, 그 확률은 $\frac{1}{4}$이라는 뜻이다.

기업 1(우리의 경우에는 W호텔)이 저렴한 가격으로 제품을 제공하는 경우, 해당 제품을 구매하지 못할 확률은 $\frac{D(p_1)-\overline{q_1}}{D(p_1)}$이다. 기업체 1의 가격인 p_1에 구매하고자 하는 시장의 수요($D(p_1)$)와 기업체 1이 이미 제공한 제품의 수량인 $\overline{q_1}$와의 차이가 분자이며, 기업체 1의 가격인 p_1에 구매하고자 하는 시장의 수요($D(p_1)$)가 분모다. 즉, p_1에 구매하고자 하는 시장수요에서 기업 1의 제품을 구매하지 못한 숫자(분자)를 전체 수요(분모)로 나눈 것이 바로 기업 1로부터 구매하지 못할 확률이다.

위의 비율을 이용하면 기업체 2가 직면하는 잔여수요함수를 도출할 수 있는데, 그 식은 $D_2(p_2)=(\frac{D(p_1)-\overline{q_1}}{D(p_1)})D(p_2)$이다. p_2에 구매하고자 하는 시장수요 $D(p_2)$ 중, 기업 1로부터 구매하지 못한 비율을 곱한 결과가 기업 2가 직면하는 잔여수요로 표기된다. 이렇게 표기된 수요를 이용하여 독점가격을 산출하면, 균등분할법칙에서의 가격을 산출할 수 있다.[9]

만 존재한다.

9 기업 1의 가격과 생산용량이 정해져 있는 상황에서 기업 2의 최적 가격을 산출한 것에 불과하며, 최종 내쉬 균형가격을 산출한 것은 아니다. 앞서도 언급하였지만, 최종 내쉬 균형은 일반

이 법칙은 앞서 소개한 효율적 분할법칙보다 덜 효율적이다. p_2보다 낮은 지불용의를 가진 소비자 중에 기업 1로부터 제품을 구매하는 소비자가 발생함으로 인해 소비자 잉여의 합이 감소하기 때문이다. 같은 이유로 기업 2는 이 법칙을 선호한다. 잔여수요가 효율적 분할법칙에 비하여 더 높은 위치에 있기 때문에 더 높은 가격, 그리고 더 높은 이윤이 발생하기 때문이다.

아래의 그래프에서 밝은 파란색의 직선은 기업 1이 처음에 직면했던 시장의 총 수요곡선이다. 이제 q_1만큼의 정해진 생산용량을 공급하면, 기업 2에게 가는 잔여소비자는 점선으로 표기된다. 잔여소비자는 확률적으로 정해지기 때문에 어느 지불용의(또는 가격)에서 표기하건 시장수요에서 일정 비율로 감소한다. 이렇게 감소하고 남은 수요가 기업 2의 잔여수요가 된다. 즉, 가격 축의 어디에서 측정해도, 점선과 청색 선 사이의 수요량 비율은 같아야 한다. 참고로 잔여수요는 원래 수요에서 일정 비율로 줄어야 하기 때문에, 원래 수요가 직선이라면 잔여수요도 직선이어야 한다.

사례 2) 균등분할법칙

[그림 12-6] 균등 분할법칙에 따른 잔여수요와 가격설정

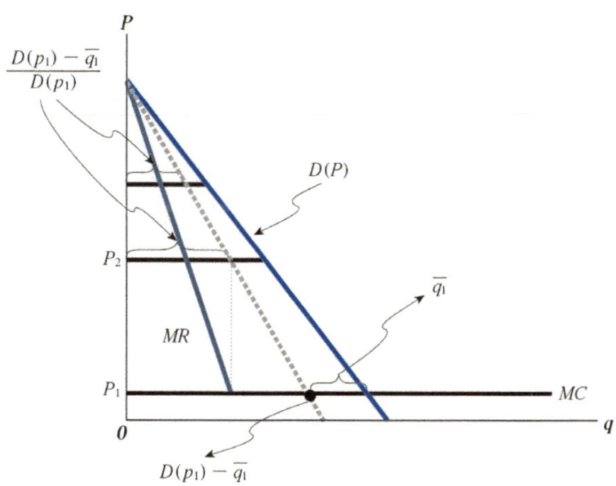

적으로 혼합전략 균형만 존재하기 때문이다.

두 기업만 존재하는 시장의 수요함수가 $Q=100-p$이다. 두 기업 모두 생산비용은 없다고 가정한다. 가격을 10으로 책정한 기업 1의 생산용량은 20이라고 할 때, 균등분할법칙에 따른 기업 2의 가격은 얼마일까? 각 기업의 판매량과 매출 그리고 이윤은?

기업 1이 가격을 10으로 책정하였으니 시장수요는 90이다. 기업 1의 생산용량은 20이므로 시장수요는 기업 1의 생산용량을 초과하였다. 따라서 기업 1은 10의 가격으로 생산용량 20을 판매하여, 매출 200을 달성한다. 생산비용이 없으므로 매출은 곧 이익이다.

기업 2가 직면하는 자신의 수요는 $D_2(p_2)=(\frac{D(p_1)-\overline{q_1}}{D(p_1)})D(p_2)$이다. 가격과 생산용량, 그리고 수요함수를 대입하면 다음과 같다.

$$D_2(p_2)=(\frac{D(p_1)-\overline{q_1}}{D(p_1)})D(p_2)=(\frac{100-10-20}{100-10})(100-p_2)=\frac{7}{9}(100-p_2)$$

이윤함수를 만들어 일계조건을 구하면, $q_2^*=\frac{350}{9}$이며, $p_2^*=50$이다. 판매량과 가격을 곱한 값이 매출이며 이익인데, 그 값은 $\frac{17,500}{9}$다.

앞서 소개했던 효율적 분할법칙과 무슨 차이가 있을까? 먼저 효율적 분할법칙에 비하여 더 높은 위치에 잔여수요가 존재한다. 이에 따라 효율적 분할법칙보다 MR의 기울기가 더욱 가팔라짐으로써 남는 기업이 더 높은 이윤을 갖게 된다는 점에 주목할 필요가 있다. 실제로 효율적 분할법칙의 사례에서 기업 2의 이윤은 1,600이었지만, 균등분할법칙에서는 약 1,944다.

한편, 지불용의가 낮은 소비자들도 낮은 가격의 기업체 1로부터 (확률적으로) 구입할 수 있게 됨으로써 소비자 잉여의 합이 감소한다. 결론적으로 효율적 분할법칙보다 덜 효율적이라고 할 수 있겠다. 버트랑의 역설은 더 이상 유효하지 않다. 두 기업 모두 가격이 한계비용보다 높으며, 양의 이윤을 갖기 때문이다.

3) 규모수익체감인 경우의 경쟁가격과 효율적 분할법칙[10]

규모수익불변(Constant returns to scale)의 경우, 생산용량제한이 없다면 가격경쟁은 한계비용과 일치하는 균형가격을 도출한다.[11] 규모수익이 체감할 경우의 가격경쟁은 어떤 균형가격을 나타낼까? 규모수익불변으로 추정해보면 여전히 한계비용과 일치하는 균형가격이 도출될 것으로 예상할 수 있지만, 이는 사실이 아니며 한계비용보다 높은 균형가격이 나타난다. 왜 그런지 알아보자.

[그림 12-7] 효율적 분할법칙과 규모수익체감

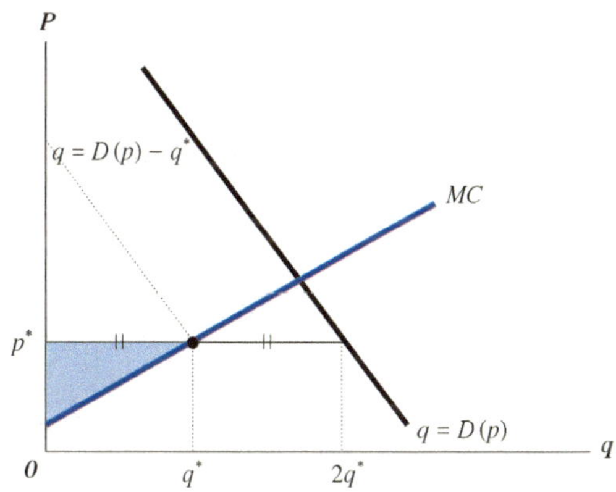

경쟁가격이 한계비용과 일치하는 것을 수식을 나타내면 $p^* = c_1'(q_1) = c_2'(q_2)$이다. 또는 $S_1(p^*) = S_2(p^*) = D(p^*)$으로 나타낼 수도 있다. 위의 그림에 나타나 있는 상황을 보면, 한계비용은 우상향한다. 즉, 규모수익이 체감한다. 두 기업은 경쟁가격 p^*에 각자 q^*를 공급하고 있다. 따라서 시장에 공급되는 공급량은 $2q^*$다. 즉, 한계비용과 일치하는 가격 p^*에서 두 기업은 각자 q^*를 생산하고, 시장공급량인 $2q^*$는 해당 가격에서 시장수요량과 일치한다.

이 그림이 왜 모순인지를 살펴봄으로써 규모수익체감의 경우 한계비용은 경

10 본 절의 내용은 Tirole(1988)의 내용을 본서에 맞도록 번역한 내용으로 구성되어 있다. 기술적인 내용이 포함되어 있으므로 익숙하지 않은 독자는 읽지 않아도 되며, 뒤의 내용을 이해하는 데 지장이 없다.

11 규모수익불변인 완전경쟁시장의 균형가격이 한계비용과 일치하는 데서도 알 수 있다.

쟁가격이 아님을 설명해보자. 두 기업 간의 시장분할법칙은 효율적 분할법칙을 따른다고 가정한다. $p_1 = p_2 = p^*$가 내쉬 균형이라고 생각해보자. 이 경우, 각 기업의 이윤은 파란색 삼각형의 면적이 된다.[12]

생산용량제약 하에서의 효율적 분할법칙을 적용해보면, 남아 있는 기업의 이윤을 극대화하는 가격은 $p > p^*$다. 다른 기업의 생산량이 정해져 있는 상태에서, 점선으로 이루어진 잔여수요곡선을 이용하여 독점가격을 책정하면 이윤을 더 높일 수 있기 때문이다. 결국 경쟁가격은 내쉬 균형이 되지 못한다.

직관적인 이유를 보면, 각 기업은 자신의 한계비용에 맞추어 공급하고 있기 때문에, 다른 기업이 가격을 높이더라도 자신의 생산량을 증가시킬 동기를 갖고 있지 않다. 따라서 한 기업이라도 가격을 증가시킬 동기가 있으면, 모든 조건이 같은 두 기업은 모두 가격을 상승시킬 것이다. 당연히 균형가격은 상승하게 된다.

여기에 더하여 가격을 상승시키는 기업[13]의 경우, 가격을 상승시킴으로써 수요를 일부 잃지만 자신의 제품을 구매하는 남아 있는 더 많은 소비자들에게 높은 가격을 받음으로써 이윤을 증대할 수 있다. 독점가격의 원리와 같다. 즉, 수요량 일부의 손실보다 많은 수요자에게 가격을 인상하여 얻는 이득이 더 크다. 결론적으로 경쟁가격보다 높은 균형가격이 형성될 것을 예상할 수 있다. 두 기업 모두 가격을 인상할 동기를 갖고 있기 때문이다.[14]

---

12 고정비용은 고려하지 않았다.

13 사실 두 기업 모두 가격을 상승시킬 동기를 갖고 있다.

14 구체적인 균형을 구하는 것은 혼합전략을 구하는 상황을 포함하고 있는데, 혼합전략 균형을 구하는 것은 본서의 범위를 초월한다. 관심 있는 독자는 Dixon(1984) 또는 Tirole(1988, 214쪽) 논의를 참조하기 바란다.

연습문제

1. 두 기업만 존재하는 시장의 수요함수가 $Q = 100 - p$이다. 가격을 1로 책정한 기업 1의 생산용량은 10이라고 할 때, 효율적 분할법칙에 따라 기업 2의 가격을 도출하라. 단, 편의상 두 기업 모두 생산비용은 없다고 가정한다. 이때, 기업 1과 기업 2로부터 제품을 구매한 소비자들의 소비자 잉여를 각각 도출하라. 사회후생은 얼마인가?

2. 위의 1번 문제에 균등분할법칙을 적용하라.

3. 규모수익체감인 경우 한계비용은 균형가격과 다름을 증명하라.

참고문헌

Dixon, Huw David (1984), *"The existence of mixed-strategy equilibria in a price-setting oligopoly with convex costs".* Economics Letters 16 (3–4) : 205–12.

Dixon, Huw David (1993), *"Integer Pricing and Bertrand–Edgeworth Oligopoly with Strictly Convex Costs : Is It Worth More Than a Penny?".* Bulletin of Economic Research(Wiley–Blackwell) 45 (3) : 257–68. doi : 10.1111/j.1467–8586.1993.tb00570.x.

Edgeworth, Francis (1889), *"The pure theory of monopoly".*, reprinted in Collected Papers relating to Political Economy 1. Macmillan. 1925.

Tirole, Jean (1988), *The Theory of Industrial Organization".* The MIT Press, Cambridge, Massachusetts.

제13강

과점시장(Oligopoly) : 쿠르노(Cournot)의 수량경쟁모형

가격으로 경쟁하는 버트랑 모형과는 달리 생산량으로 경쟁하는 과점시장을 분석한 첫 번째 연구를 쿠르노 모형이라고 한다. 쿠르노 모형에서는 각 기업들이 자신의 생산량을 결정하여 다른 기업들과 경쟁한다. 균형가격은 어떻게 결정될까?

1. 수량경쟁모형(쿠르노 모형)

1) 도입

과점모형은 가격으로 경쟁하는 모형인 버트랑 모형과 생산량으로 경쟁하는 쿠르노(Cournot) 모형으로 나눌 수 있다. 10강에서 버트랑 모형을 다루었으니 이번 장에서는 쿠르노 모형을 소개한다.

가격으로 경쟁하는 버트랑 모형과는 달리 생산량으로 경쟁하는 과점시장을 분석한 연구를 쿠르노 모형이라고 한다. 쿠르노 모형에서는 각 기업들이 자신의 생산량을 결정하여 다른 기업들과 경쟁한다. 균형가격은 어떻게 결정될까? 기업들의 총생산량을 시장에서 모두 소비하는 수준에서 균형가격이 결정된다.

쿠르노 모형의 중요한 가정은 다음과 같다. 수량으로 경쟁하는 2개의 기업이 존재하는데, 두 기업은 완전히 동질적인 재화를 생산한다.[1] 두 기업은 생산량을 결정하지만, 결정된 생산량은 시장수요에 의해 시장균형가격을 결정한다. 쿠르노 모형의 결과로 이윤을 극대화하는 두 기업이 결정한 생산량의 수준은 무엇이며, 시장가격은 얼마인지, 그리고 사회후생은 버트랑 모형이나 독점 모형 등과 비교하여 높은지 낮은지를 분석한다.

2) 가정

① 동질적 재화(Homogeneous product)

② 동일한 조건의 두 기업(Duopoly)이 경쟁

③ 생산량으로 경쟁. 생산량은 모두 판매됨.

④ 동시에 생산량을 결정하고, 시장에서 단 한 번만 경쟁

1 둘 이상의 기업들이 존재하는 것으로 가정할 수 있지만, 분석이 더 복잡하고 같은 결과를 도출하기 때문에 편의상 2개의 기업으로 한정한다. 관심 있는 독자는 2개의 기업으로 이루어진 쿠르노 모형을 3개의 기업으로 확장해보기 바란다.

⑤ 상대기업의 생산량을 합리적으로 예상(Rational Expectations)

⑥ 주지의 사실(Common Knowledge)[2]

위의 가정들 중 첫 번째인 동질적 재화 가정은 두 기업이 완전하게 동질적인 재화를 생산한다는 것을 의미한다. 즉, 제품을 구성하고 있는 여러 가지 특징들이 완전히 일치해서 차이점이 하나도 없는 제품을 기업들이 생산한다는 것을 의미한다. 또한 재화들이 완전히 동질적이므로 재화의 가격도 하나라는 뜻을 내포하고 있다.

2번째 가정은 시장에 2개의 기업이 존재하며, 모든 면에서 동일하다는 가정이다. 동일한 기업이므로 생산하는 데 사용하는 기술과 비용도 완전히 일치한다는 의미를 갖고 있다. 이렇게 가정하는 이유는 한 기업이 다른 기업보다 우월하여 발생하는 예측 가능한 상황보다 동등한 경쟁의 결과에 관심이 크기 때문이다. 이렇게 가정하면 모형을 실제로 계산하여 해를 구하지 않아도 직관적으로 예측할 수 있는 점이 있는데, 동일한 기업들이 동일한 기술로 재화를 생산하고 있으므로 균형에서 두 기업의 결과가 완전히 일치할 것이라는 점이다. 즉, 균형에서 두 기업의 생산량과 이윤이 완전히 같을 것이라는 예상이 가능하다.

이 가정을 완화하여도 쿠르노 모형의 결과는 유지된다는 점은 언급할 가치가 있다. 즉, 기업의 숫자를 3개 이상으로 증가시켜도 뒤에서 도출될 쿠르노 모형의 주요 결과는 유지된다. 또한 기업들의 비용함수가 서로 달라도 쿠르노 모형의 주요 결론은 유지된다.

3번과 4번 가정은 생산량으로 경쟁하는 두 기업이 시장에서 한 번만 만나 경쟁한다는 가정이다. 쿠르노 모형의 원래 취지대로 생산량으로 경쟁하는 것이며, 한 번만 만나서 경쟁함으로써 여러 번 반복함으로써 발생할 수 있는 복잡함을 제거한다는 의미를 갖고 있다. 앞서 버트랑 모형을 확장할 때 무한 반복은 다른 결론을 도출할 수 있었는데, 이 가정은 그런 가능성을 제거하였다.

2 주지의 사실에 대한 설명은 본서의 부록 1인 게임이론에 있으니 참고하기 바란다.

5번 가정은 다음과 같은 의미를 갖고 있다. 이윤을 극대화하는 기업이 자신의 생산량을 결정하기 위해서는 상대편의 생산량을 예측해야 한다. 왜냐하면 쿠르노 모형에서는 두 기업의 생산량이 합쳐져서 시장 생산량이 되며, 시장 생산량이 (수요함수에 따라) 시장가격을 결정하기 때문이다. 이런 이유로 쿠르노 모형에서는 상대편의 생산량을 예상하고 이것에 근거하여 나의 생산량도 정해야 한다. 물론, 예측이 정확할수록 자신이 결정한 생산량이 이윤을 극대화할 수 있을 것이다.

현실에서 한 기업이 타 기업의 생산량을 어떻게 예측하는지를 알기는 어렵기 때문에, 경제학자들은 합리적 기대(Rational expectations) 이론이라는 예측방법을 개발하였다. 이 방법은 상대방의 생산량을 합리적으로 정확하게 예측한다고 가정하는 것이다. 상대방이 이성적이므로, 이성적인 행동을 예측하는 것은 가능하다는 생각에서 시작된 예측방법이다. 앞의 버트랑 모형에서와 같이 쿠르노 모형에서도 이 방법론을 가정한다. 즉, 다른 기업의 생산량을 정확하게 예측한다고 가정하는 것이다. 이렇게 가정하면 예측과 실제 숫자가 같아지기 때문에 변수가 줄어들게 되어, 모형의 풀이가 가능해질 뿐 아니라 과정이 간략해지는 장점이 생긴다. 이런 가정하에서 구해진 내쉬 균형을 쿠르노-내쉬 균형 또는 줄여서 쿠르노 균형이라고 부른다.

수량을 결정하는 모형이기 때문에 독립변수가 수량인 역수요함수를 이용하는 것이 적합하다. 역수요함수를 $p = f(q_1 + q_2)$라고 하자. 즉, 기업 1의 생산량 q_1과 기업 2의 생산량 q_2를 합산하면 시장 생산량이 되며, 이 생산량은 다음의 그래프와 같이 시장 수요함수에 의하여 시장가격을 결정한다.

3) 쿠르노 모형의 균형 도출

[그림 13-1] 생산량 결정에 따른 쿠르노 모형의 가격결정

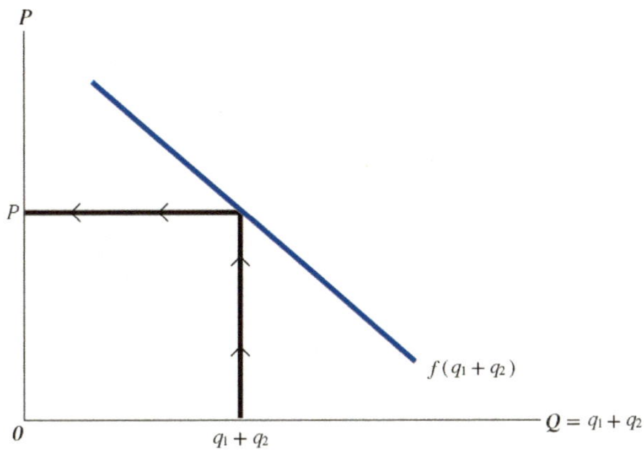

수량이 (q_1+q_2)로 결정되면, 역수요함수 $f(\bullet)$에 의해 시장의 가격이 결정된다.

기업 1은 다음과 같은 문제에 직면한다. q_1은 기업 1의 생산량이지만 생산된 제품은 모두 소비될 것이므로, q_1을 소비자들이 기업 1로부터 구매한 수량 또는 기업의 판매량이라고 부를 수 있다. 기업 1의 비용함수가 $c(q_1)$이라면, 기업 1의 이윤 극대화 문제를 쓰면 다음과 같다.

$$Max\ \pi_1(q_1) = Max\ \ f(q_1+\overline{q_2})\,q_1 - c(q_1)$$

위의 이윤극대화식에서 $\overline{q_2}$는 기업 2의 생산량이다. 가정에서 언급한 대로 기업 1이 정확하게 예측하는 숫자다. 다르게 말하면, 상수로 취급할 수 있다. 일계조건은 $f(q_1+\overline{q_2})+\ \ f'(q_1+\overline{q_2})q_1 - c'(q_1)=0$이다. $\overline{q_2}$를 상수로 취급할 수 있으므로, 일계조건을 구할 때 q_1에 대한 미분이 간편하다는 점은 가정의 힘이라고 할 수 있다.

위의 일계조건을 만족시키는 답을 $q_1 = h(\overline{q_2})$라고 하자. 기업 1은 기업 2의 고정된 생산량을 예측하였는데, 그 예측에 따른 기업 1의 최적 생산량을 위의 일계조건은 제시하고 있다. 즉, 예측된 기업2의 생산량이 기업 1의 생산량을 결정하는 것이다. 이 식은 예측된 기업 2의 생산량에 반응하는 기업 1의 생산량이므로 기업 1의 반응함수라고 부른다.

$$Max\,\pi_2(q_2) = Max\,f(q_2+\overline{q_1})q_2 - c(q_2)$$

기업 2도 동일한 과정을 밟는다. 이를 위해 앞에서와 같이 아래에 기술된 기업 2의 이윤함수를 통해 일계조건을 찾는다. 그 해를 $q_2 = g(\overline{q_1})$이라고 정의하면, 이 함수는 기업 2의 반응함수다. 두 기업이 서로의 고정된 생산량을 정확하게 예상한다고 가정하였으므로 $q_1 = \overline{q_1}$가 되고, $q_2 = \overline{q_2}$가 된다. 따라서 반응함수에 있는 독립변수의 모자를 떼도 된다. 두 개의 변수와 두 개의 반응함수가 존재하므로, $(q_1 \equiv h(q_2),\ \ q_2 = g(q_1))$을 연립하여 해를 구하면 이윤을 극대화하는 기업의 생산량이 구해진다.

이 생산량은 내쉬 균형 생산량이다. 상대방의 최적 생산량에 대한 최적 반응을 구한 것이기 때문이다. 이렇게 구해진 생산량을 역수요함수에 대입하면 시장균형가격이 구해지며, 시장균형가격과 생산량이 구해졌으므로 소비자 잉여, 생산자 잉여, 그리고 사회후생을 구할 수 있다. 즉, 역수요함수와 비용함수가 실제로 주어진다면, 정확한 균형을 찾을 수 있다.

아래 그래프에서는 기업 1의 반응함수를 r_1, 기업 2의 반응함수를 r_2로 표시하였다. 이 두 반응함수는 직선으로 표기되었으나, 곡선일 수도 있다는 점은 유의해야 한다.[3]

3 참고로 두 반응함수가 곡선이라면 균형생산량은 하나가 아니라 다수일 수 있다. 경우에 따라서는 답이 없을 수도 있다.

[그림 13-2] 쿠르노 모형의 반응함수와 쿠르노 균형의 도출

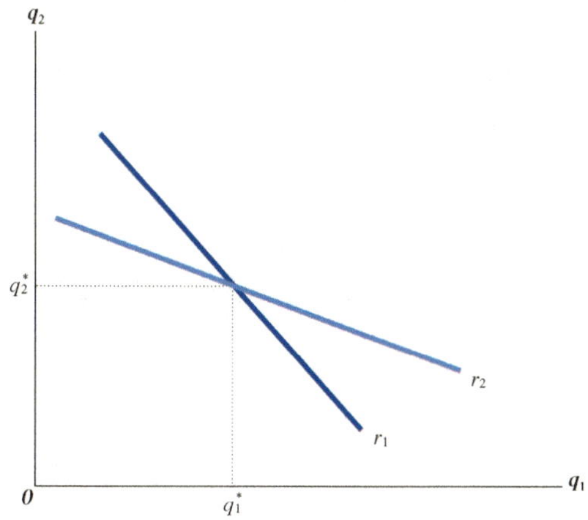

사례 1) 시장 수요함수가 $p=a-(q_1+q_2)$이라고 하자. 단, a는 양수다. a가 클수록 수요도 크므로, a는 수요의 크기를 나타낸다. 기업 1과 기업 2의 고정비용은 없고 한계비용은 c_1과 c_2라고 가정하면, 다음과 같은 이윤함수가 성립한다.

$$\pi_1(q_1, q_2)=(a-(q_1+\overline{q_2}))q_1-c_1q_1$$

$$\pi_2(q_2, q_1)=(a-(q_2+\overline{q_1}))q_2-c_2q_2$$

기업 2의 생산량을 합리적 기대로 정확하게 예상한다는 가정하에 기업 1의 이윤함수를 q_1으로 편미분하여 일계조건을 구하면, $q_1=\dfrac{a-c_1-\overline{q_2}}{2}$이다. 이 식은 기업 1의 반응함수다. 같은 가정하에 기업 2의 이윤함수에서 일계조건을 구하면, $q_2=\dfrac{a-c_2-\overline{q_1}}{2}$이다. $q_1=\overline{q_1}$이고, $q_2=\overline{q_2}$이므로 두 식을 연립하여 풀면 $q_1=\dfrac{a-2c_1+c_2}{3}$, $q_2=\dfrac{a-2c_2+c_1}{3}$이다. 이 결과는 두 식을 동시에 만족시키는 답이므로 내쉬 균형이다. 이를 다시 역수요함수에 대입하여 시장균형가격을 구하면, $p=\dfrac{1}{3}(a+c_1+c_2)$로 나타난다. 각 기업의 수요와 가격을 이윤식에 대입하면 각 기업의 이윤을 구할 수 있다.

위의 결과를 분석해보자. 먼저 기업 1의 반응함수 $q_1 = \frac{a - c_1 - q_2}{2}$를 보면, 시장수요의 크기를 나타내는 a가 커질수록 q_1도 커진다는 것을 알 수 있다. 즉, 시장수요가 증가하면 기업 1은 자신의 생산량을 증가시킨다. 시장수요가 증가하면 생산량을 높인다는 결과는 두 기업만 존재하는 상황에서는 직관적으로 당연하다고 할 수 있다. 이때, 시장균형가격인 $p = \frac{1}{3}(a + c_1 + c_2)$도 상승한다는 것을 알 수 있다. 즉, 시장수요가 증가하면 시장균형가격도 상승한다.

위의 반응함수 $q_1 = \frac{a - c_1 - q_2}{2}$와 $q_2 = \frac{a - c_2 - q_1}{2}$를 보면, 한 기업의 생산량은 자신의 한계비용이 감소할수록 증가한다는 것을 알 수 있다. 한 기업의 한계비용이 감소한다는 것은 해당 기업이 더 효율적인 기업으로 바뀐다는 뜻이므로, 기업의 효율성이 증대될수록 생산량도 증가한다는 뜻이다. 한계비용이 감소한 기업의 생산량이 증가하면 해당 기업의 시장점유율도 상승한다.[4] 결론적으로 쿠르노 모형에서 효율적인 기업은 더 높은 시장점유율과 이윤을 갖게 된다는 것을 알 수 있다.[5]

위의 반응함수 $q_1 = \frac{a - c_1 - q_2}{2}$와 $q_2 = \frac{a - c_2 - q_1}{2}$를 다시 살펴보면, 상대기업의 생산량이 증가하면 자신의 생산량은 감소한다. 상대기업의 생산량은 그 기업의 경쟁력이 높아질 때 증가하므로, 상대기업의 경쟁력이 높아진다면 자신의 시장점유율은 낮아질 것이라는 직관적 결과가 분석의 결과와 일치한다는 것을 확인할 수 있다. 이런 관계를 전략적 대체재(Strategic substitutes) 관계라고 한다.[6]

---

4 두 기업의 생산량을 합산하면 시장 전체의 생산량이므로, 각 기업의 생산량을 시장 전체의 생산량으로 나누면 시장점유율을 얻을 수 있다. 일반적으로 많은 사람들이 시장점유율을 시장지배력으로 생각한다. 모든 경우에 맞는 것은 아니지만, 이런 시각은 널리 퍼져 있고 많은 경우에 옳다. 다만, 옳은지 확인이 필요하다.

5 구조-행동-성과 분석체계의 초기 잘못을 지적한 2장의 내용을 확인하는 결론이다.

6 만약 상대의 생산량 또는 전략적 결정변수가 증가할 때, 자신의 생산량 또는 결정변수가 같이 증가한다면 전략적 보완재(Strategic complements)라고 부른다.

한 기업의 한계비용이 낮아지는 상황에서는 시장균형가격 $p=\frac{1}{3}(a+c_1+c_2)$ 도 감소한다는 것을 알 수 있다. 한 기업의 한계비용이 감소하면, 해당 기업의 생산량은 증대되지만 시장균형가격은 하락하는 것이다. 즉, 한계비용의 감소가 균형가격의 하락으로 나타난다. 기술이 발전하면 공급이 증가하고 균형가격은 하락할 것이라는 직관적 예측과 일치하는 결과라고 할 수 있다.

사례 1의 분석은 계수로 문자를 사용하여 다소 복잡하므로, 아래의 사례 2에서는 직접적으로 숫자를 대입하여 쿠르노 모형의 균형을 찾아본다.

사례 2) 역수요함수를 $f(q_1+q_2)=100-(q_1+q_2)$라고 하자. 비용함수는 $c(q_i)=q_i$(단 $i=1, 2$)라고 할 때,[7] 기업 1의 이윤함수는 다음 $\pi_1(q_1)=(100-q_1-q_2)q_1-q_1$과 같다. 이 이윤함수의 일계조건을 찾으면, $100-2q_1-q_2-1=0$이다. 이 식을 정리하면 기업 1의 반응함수 $q_1=\frac{99}{2}-\frac{1}{2}q_2$를 얻게 된다.

같은 요령으로 기업 2의 이윤함수를 찾아보면, $\pi_2(q_2)=(100-q_1-q_2)q_2-q_2$다. 이 이윤함수의 일계조건을 구하면, $100-2q_2-q_1-1=0$이다. 이 식을 정리하면, 기업 2의 반응함수 $q_2=\frac{99}{2}-\frac{1}{2}q_1$ 을 얻게 된다. 두 반응함수를 연립하여 해를 구하면 $q_1=q_2=33$이라는 이윤 극대화 생산량을 얻게 된다. 이 생산량을 역수요함수에 대입하면, 시장균형가격은 $p=34$가 된다. 소비자 잉여와 생산자 잉여, 그리고 사회후생은 독자의 몫으로 남겨둔다.

위의 역수요함수와 비용함수를 가진 두 기업이 버트랑 경쟁을 한다면 균형은 어떻게 나타날까? 그 균형을 구하여 쿠르노 모형과 비교하면 가격경쟁모형과 수량경쟁모형이 어떻게 다른 결과를 나타내는지 알 수 있다.

버트랑 모형의 균형가격은 한계비용과 일치하므로, 비용함수 $c(q_i)=q_i$에서의 한계비용인 1이 균형가격이다. 균형가격이 1이므로 역수요함수를 통해 기업

---

7 위의 사례 1과는 달리 두 기업의 비용함수는 같다고 가정한 것이다.

1과 2의 생산량을 합치면 99라는 것을 알 수 있다. 시장을 반분한다는 가정에 따라 두 기업의 생산량은 $\frac{99}{2}$라는 것을 알 수 있다. 이를 쿠르노와 비교한 표는 다음과 같다.

	버트랑 모형의 각 기업	쿠르노 모형의 각 기업
이윤	0	$34 \times 33 - 33 = 1089$
가격	1	34

위의 표를 보면, 버트랑 모형의 가격이 쿠르노 모형의 경우보다 많이 낮다는 것을 알 수 있으며, 쿠르노 모형의 각 기업은 버트랑 모형의 각 기업보다 높은 이윤을 갖게 된다는 것을 알 수 있다. 두 기업만이 존재하는 복점모형인데, 이렇게 상반된 결과가 나온 것이다. 둘 사이의 관계는 무엇일까? 기업이 가격으로 경쟁한다면 이윤이 낮고 생산량으로 경쟁한다면 높은 이윤이 결과로 나타난다면, 어떤 모형이 현실과 더 부합할까? 이 질문에 대한 대답은 다음 장에서 자세히 검토한다.

그 해답을 먼저 간략히 소개한다면, 먼저 시설에 대한 투자를 통하여 생산용량을 결정한 후에 가격으로 경쟁하는 상황이 현실적 상황이라고 볼 수 있다는 것이다. 시설에 대한 투자가 선행되지 않고는 생산이 이루어지지 않기 때문이다. 이렇게 생산용량에 대한 투자가 선행되고, 선행된 투자에 의해 생산용량이 제한된 상태에서 가격으로 경쟁한다면 쿠르노 경쟁과 같은 결론이 도출된다.[8] 용량제한이 없는 무제한의 생산이 가능한 상태에서의 가격 경쟁은 버트랑 모형과 같은 결론이 도출된다. 또한 용량제한이 있어도 경우에 따라 버트랑 모형의 결론과는 다른 복잡한 결론이 도출될 수도 있다. 이에 대해서는 다음 장에서 자세히 살펴보기로 하고, 여기서는 쿠르노 모형에서 조금 더 발전된 모형인 슈타켈버그 모형에 대해서 심도 있게 검토한다.

8 단, 높은 투자비용 등의 가정하에서만 성립한다.

2. 슈타켈버그(Stackelberg) 모형 : 선도자-추종자 모형

쿠르노는 상대기업의 생산량을 예측하고, 또 이것이 정확히 맞는다는 합리적 기대 가정하에 자신의 생산량도 결정하는 방식을 채택했다. 독일의 경제학자 슈타켈버그(Heinrich Freiherr von Stackelberg, 1905 ~ 1946)는 여기서 한걸음 더 나아갔다. 상대기업이 나의 생산량을 예측해서 자신의 생산량을 결정할 것이므로, 나의 생산량은 상대기업의 생산량에 영향을 미칠 수 있다는 점까지 고려하여 결정하면 이윤을 높일 수 있지 않을까 하는 생각을 모형화한 것이다. 즉, 상대기업의 생각을 이용해서 내 생산량을 결정하면, 상대편의 생산량을 조정할 수 있고, 이 가능성이 나의 이윤을 더 높일 수 있을 것이라는 생각을 한 것이다.

내 생산량을 상대기업이 옳게 예상하므로, 내 생산량을 조절하면 옳게 예상하는 상대기업도 예상이 변한다. 상대기업의 이 예상이 바뀌면 상대기업의 생산량도 바뀐다. 이처럼 상대방이 생산량을 바꾼다면, 나의 이윤을 높이는 방향으로 바뀌도록 할 수도 있다는 가능성을 생각한 것이다. 요약하면, 내가 내 생산량을 줄이거나 늘려서 상대기업의 생산량을 조절할 수 있고, 이를 통해 내 이윤을 증대할 수 있다는 것이 슈타켈버그의 아이디어다. 이렇게 상대기업의 생산량을 자신이 조절할 수 있다고 생각하는 기업을 선도자 기업이라고 부르며, 이 생각을 못하고 단순히 상대기업의 생산량을 예측만 하는 기업은 추종자 기업이라고 부른다.

슈타켈버그 모형에 대한 또 다른 해석도 가능한데 다음과 같다. 쿠르노 모형은 두 기업이 동시에 생산량을 결정하는 모형이었다. 슈타켈버그 모형은 두 기업에 순서를 부여해서 선도자 기업이 먼저 생산량을 결정하고, 추종자 기업은 선도자 기업이 결정한 생산량을 알게 된 후에 자신의 생산량을 결정한다는 해석이다. 이 해석에 따르면, 추종자 기업은 선발기업의 생산량에 기초해서 자신의 최적 생산량을 결정할 것이다. 추종자 기업의 생산량 결정방법은 결국 쿠르노 모형에서의 반응함수와 같다. 반면 선도자 기업의 입장은 쿠르노 모형과는 조금 다르다. 자신의 생산량 결정을 관찰한 추종자 기업이 어떻게 반응할지를 예상하여 자신의 생산량을 결정하는 것이 합리적이기 때문이다.[9] 즉, 선도자 기업의 생산량에 반응하는 추종자의 반응함수를 감안해서 선도자 기업은 생산량을 결정하는 것이다.

슈타켈버그는 이 아이디어를 모형화하였는데, 쿠르노 모형과 대부분의 가정들이 중복된다. 다만, 합리적 기대 가정을 더 전략적으로 수정하였다. 즉, 쿠르노 모형처럼 상대방의 생산량을 예측하는 기업도 있지만, 상대방의 반응함수를 예측하는 기업도 존재한다고 가정한다. 앞서 언급하였지만, 전자를 추종자 기업이라고 부르고 후자는 선도자 기업이라고 부른다. 그렇게 부르는 이유는 선도자 기업이 먼저 수량을 결정하고, 이 수량을 관찰한 추종자 기업이 나중에 결정하기 때문이다.

선도자 기업(leader)은 l로 표기하고, 추종자 기업(follower)은 f라고 표기한다. 선도자 기업이 먼저 생산량을 결정하고, 추종자 기업이 이 생산량을 감안해서 자신의 생산량을 결정하므로, 역진귀납법(Backward induction)으로 모형의 균형을 찾는다. 역진귀납법은 가장 마지막의 상황부터 생각하여 거슬러 올라가며 추론하는 분석방법이다. 즉, 나중에 내리는 결정을 먼저 생각하고, 이를 감안하여 거슬러 올라오며 최초의 결정사항을 결정하는 분석방법이다. 단, 나중에 내리는 결정을 할 때는 선행 결정을 주어진 상수로 생각한다.

이 방법을 적용해서 슈타켈버그 모형을 분석해보자. 먼저, 추종자 기업의 이윤 극대화 문제는 쿠르노 모형과 같다. 추종자 기업의 이윤은 $\pi_f = f(q_f + q_l)q_f - c(q_f)$이다. 이 식의 일계조건을 구하여 찾은 답이 $q_f = h(q_l)$이라고 하자. 즉, 추종자 기업의 반응함수는 $q_f = h(q_l)$이다.

선도자 기업은 이 반응함수를 고려하여 자신의 이윤을 극대화하는 생산량을 찾는다. 선도자 기업의 이윤은 $\pi_l = f(h(q_l) + q_l)q_l - c(q_l)$이다. 역수요함수의

---

9 생산량 결정에 순서가 생기면 게임이론에서는 전개형 게임이라고 부른다.

독립변수 중 $h(q_l)$는 추종자 기업의 반응함수로서 추종자 기업의 생산량을 대신하여 기재되었다. 그 이유는, 앞에서 이미 언급하였듯이, 추종자 기업의 생산량은 선도자 기업의 생산량을 예측하여 자신의 생산량을 결정하는 반응함수에 의하여 결정되기 때문이다. 결국, 선도자 기업이 결정한 생산량은 추종자 기업의 반응함수를 통해 추종자 기업의 생산량인 $q_f = h(q_l)$에 영향을 준다는 사실을 선도자 기업은 고려하는 것이다. 선도자 기업은 자신의 이윤을 극대화하는 생산량 q_l을 일계조건을 통해 찾으면 된다.

선도자 기업의 이윤함수를 살펴보면, 독립변수는 하나밖에 없기 때문에 일계조건을 통하여 이윤 극대화 q_l을 찾을 수 있다. 이렇게 찾아진 q_l을 추종자 기업의 반응함수 $q_f = h(q_l)$에 대입하면, 추종자 기업의 생산량을 찾을 수 있다.[10] 이렇게 두 기업의 생산량이 구해지면, 역수요함수를 통하여 균형가격도 찾을 수 있다. 물론, 소비자 잉여, 생산자 잉여, 그리고 사회후생도 찾을 수 있다.

사례 3) 이제 앞서 언급했던 사례를 이용해서 슈타켈버그 모형의 사례를 보자. 역수요함수는 $f(q_l+q_f)=a-(q_l+q_f)$이고, 비용함수는 $c(q_i)=c_iq_i$(단 $i=l,f$)다. 두 기업의 한계비용은 사례 1에서처럼 서로 다를 수 있다. 추종자 기업의 이윤함수를 기술한 후, 일계조건을 통하여 찾은 반응함수는 앞의 사례에서 찾은 것처럼 $q_f = \frac{a-c_f-q_l}{2}$이다. 이를 이용하여 선도자 기업의 이윤함수를 기술하면 다음과 같다.

$$\pi_l = (a-(q_l+\frac{a-c_f-q_l}{2}))q_l - c_lq_l$$

이 이윤함수를 독립변수인 q_l에 대하여 미분하여 일계조건을 구하여 정리하면 $q_l = \frac{1}{2}(a-2c_l+c_f)$이다. 이 숫자를 추종자 기업의 반응함수에 대입하면 추종

10 반응함수의 형태에 따라 답이 구해지지 않는 경우도 있을 수 있다.

자 기업의 생산량 $q_f=\frac{1}{4}(a-3c_f+2c_l)$를 찾을 수 있다. 이 두 숫자를 역수요함수에 대입하면 시장가격을 찾을 수 있는데, $p=\frac{1}{4}(a+2c_l+c_f)$이다.

위의 결과를 분석해보자. 선도자 기업의 반응함수 $q_l=\frac{1}{2}(a-2c_l+c_f)$를 보면, 선도자 기업은 시장수요의 크기를 나타내는 a가 증가하면 자신의 생산량을 증가시킨다. 이는 추종자 기업도 마찬가지다. 선도자 기업은 자신의 한계비용이 감소하면 자신의 생산량을 증가시킨다. 반면에 추종자 기업의 한계비용이 감소하면 선도자 기업은 자신의 생산량을 감소시킨다. 상대방이 더 효율적이므로 적극적인 경쟁이 좋은 결과를 나타내기 어렵다는 뜻이다. 추종자 기업의 경우도 비슷하다는 것을 추종자 기업의 해를 보면 확인할 수 있다. 수요 a와 각 기업의 한계비용이 증가하면 시장가격 $p=\frac{1}{4}(a+2c_l+c_f)$이 상승한다.

선도자 기업과 추종자 기업의 생산량을 직접 비교하기는 어렵다. 두 기업의 한계비용이 서로 다르기 때문이다. 만약, 두 기업의 한계비용이 일치한다면, 선도자 기업의 생산량이 추종자 기업보다 훨씬 많다는 것을 알 수 있다.

추종자 기업의 생산량과 쿠르노 모형의 사례에서 찾았던 생산량도 한계비용에 따라 달라지지만, 만약 선도자 기업과 추종자 기업의 한계비용이 일치한다면, 슈타켈버그 추종자 기업의 생산량 $q_f=\frac{1}{4}(a-c)$[11]이 쿠르노 기업의 생산량 $q_f=\frac{1}{3}(a-c)$보다 감소했다는 것을 알 수 있다. 쿠르노 모형과 비교해 선도자 기업의 생산량은 증가하고, 추종자 기업의 생산량은 감소한다는 것을 알 수 있다. 각 기업의 이윤은 너무 복잡하므로 숫자로 구성된 다음의 사례 4에서 비교한다.

11 두 기업의 한계비용이 일치할 경우의 한계비용을 c로 표기하였다.

사례 4) 역수요함수는 $f(q_l+q_f)=100-(q_l+q_f)$이고, 비용함수는 $c(q_i)=q_i$(단 $i=l,f$)다. 추종자 기업의 이윤함수를 기술한 후, 일계조건을 통하여 찾은 반응함수는 앞의 사례에서 찾은 것처럼 $q_f=\frac{99}{2}-\frac{1}{2}q_l$이다. 이를 이용하여 선도자 기업의 이윤함수를 기술하면 다음과 같다.

$$\pi_l=f((\frac{99}{2}-\frac{1}{2}q_l)+q_l)q_l-c(q_l)=(100-(\frac{99}{2}-\frac{1}{2}q_l)-q_l)q_l-q_l$$

이 이윤함수를 독립변수인 q_l에 대하여 미분하여 일계조건을 구하면 다음과 같다.

$$100-2q_l-\frac{99}{2}+q_l-1=0.$$

일계조건을 정리하면, $q_l=\frac{99}{2}$이다. 이 숫자를 추종자 기업의 반응함수에 대입하면 $q_f=\frac{99}{4}$를 찾을 수 있다. 이 두 숫자를 역수요함수에 대입하면 시장가격을 찾을 수 있는데, $p=\frac{103}{4}$이다.

선도자 기업의 생산량은 쿠르노 모형의 사례에서 찾았던 33보다 큰 숫자라는 것을 알 수 있으며, 추종자 기업의 생산량은 감소했다는 것을 알 수 있다. 즉, 쿠르노 때에 비해 선도자-추종자 모형일 때, 선도자 기업의 생산량은 증가하고, 추종자의 생산량은 감소한다는 것을 알 수 있다. 마지막으로 시장가격은 쿠르노 사례의 34보다 낮다.

이제 선도자 기업과 추종자 기업의 이윤을 비교해보자.

$$\Pi_l=(100-\frac{99}{2}-\frac{99}{4})*\frac{99}{2}-\frac{99}{2}=1225.125$$

$$\Pi_f=\frac{99}{4}*\frac{103}{4}-\frac{99}{4}=612.5625$$

선도자 기업의 이윤은 1,225로 쿠르노 모형의 사례에서 찾은 이윤인 1,089

보다 크다. 반면에 추종자 기업의 이윤은 약 613으로 쿠르노 모형의 이윤 1,089보다 확연히 적다. 시장 전체의 이윤으로 보면 쿠르노 사례의 이윤은 2,178이었는데, 슈타켈버그 모형에서는 1,838가량의 이윤만을 보여 산업 전체의 이윤은 감소한 것으로 나타났다. 즉, 슈타켈버그의 선도자 기업의 이윤만이 증가하는데, 이 증가분보다 상대편의 손해분이 더 크다는 것을 알 수 있다.

위의 사례를 살펴보면 선도자의 이윤은 증가하는 반면에 추종자의 이윤은 많이 감소한다. 이런 상황을 생각한 추종자는 자신도 선도자가 되고자 할 수 있다. 이렇게 두 기업이 모두 선도자 기업이 되고자 한다면, 선도자를 자처하는 두 기업은 앞서 계산한대로 $q_l = \frac{99}{2}$을 생산할 것이다.[12] 역수요함수에 두 기업의 생산량을 대입하면, 시장가격은 $p = 1$이다. 그리고 이 경우, 두 기업의 이윤은 0이라는 것을 알 수 있다. 결국 두 기업이 모두 선도자를 자처하면, 두 기업 모두 이윤이 급감한다. 이런 상황을 슈타켈버그 전쟁 상태라고 부른다.

두 기업이 모두 선도자가 되어 이윤이 급감한다면, 기업들의 합리적인 선택은 무엇일까? 이를 파악하기 위해서는 내쉬 균형을 찾아야 한다. 게임이론의 전략형 게임에 각 기업의 선택과 그 결과를 넣어서 선도자-추종자와 관련된 내쉬 균형을 찾아보자. 아래의 하얀색 상자 속에 들어있는 두 개의 숫자는 차례대로 기업 1의 이윤, 기업 2의 이윤을 뜻한다. 선도자 전략이 존재한다면 더 이상 추종자-추종자(1,089, 1,089)는 내쉬 균형이 아니라는 것을 알 수 있다. 두 기업 모두 선도자(0, 0)가 되는 것도 내쉬 균형이 아니라는 것을 알 수 있다. 두 기업 중 하나가 선도자, 다른 기업이 추종자가 되는 것이 내쉬 균형임을 알 수 있다.[13]

12 두 기업의 생산량이 왜 이렇게 되는지 궁금하다면, 이윤극대화식을 살펴보기 바란다. 당연히 이렇게 된다는 것을 알 수 있다.

13 두 기업 중 누가 선도자가 되는지는 알 수 없다. 미래에 조금 더 발전된 게임이론에서 연구해야 할 주제라고 할 수 있다.

		기업 2	
		선도자	추종자
기업 1	선도자	0, 0	1225, 613
	추종자	613, 1225	1089, 1089

3. 쿠르노 모형과 제품차별화 : 차별화된 재화와 수량경쟁모형

위의 쿠르노 모형과 슈타켈버그 모형은 동질적인 재화를 가정하고 수량으로 경쟁하는 시장을 분석하고 있다. 차별화된 제품을 생산하는 기업들이 수량으로 경쟁하는 모형을 만들 수 있을까? 이 질문에 대한 답은 가능하다는 것이다.[14] 두 기업이 생산하는 제품에 대한 수요함수를 다음과 같이 정의하면 된다.

기업 1의 수요함수는 $p_1 = D_1(q_1, q_2)$이고, 기업 2의 수요함수는 $p_2 = D_2(q_2, q_1)$이라고 정의한다. 여기서 q_2가 상승하면 p_1은 하락한다고 가정하는데, 그 이유는 차별화된 제품은 대체재이기 때문이다. 즉, 대체재인 다른 기업의 제품 공급이 증가하면, 시장 전체에 공급이 늘어난 것이며, 따라서 자신의 제품가격은 하락하는 특성을 갖기 때문이다.[15] 같은 이유로 q_1이 상승하면, p_2가 하락한다고 가정한다. 기업 1과 2의 비용함수를 $c(q_1)$, $c(q_2)$라고 할 때, 두 기업의 이윤함수는 다음과 같다.

$$\pi_1 = D_1(q_1, q_2)q_1 - c(q_1)$$

$$\pi_2 = D_2(q_2, q_1)q_2 - c(q_2)$$

14 사실 호텔링 모형도 차별화된 제품을 생산하는 두 기업이 수량으로 경쟁하는 모형이다. 다만, 여기서는 좀 더 일반적인 형태의 경쟁모형을 구축하여 소개한다. 호텔링 모형은 본 절에서 소개하는 일반적 모형의 특수한 형태라고 볼 수 있다.

15 다른 해석도 가능하다. 대체재의 공급량이 증가하면, 그 재화의 가격은 하락한다. 대체재의 가격이 하락하면 원 재화의 수요가 감소하며, 수요가 감소하면 가격도 하락한다.

기업 1은 자신의 이윤함수를 결정변수인 q_1으로 편미분하여 일계조건을 구하고, 기업 2도 q_2로 편미분하여 일계조건을 구하면 각 기업의 반응함수를 얻을 수 있다.[16] 이 반응함수를 연립하여 해를 구하면 내쉬 균형을 찾을 수 있다. 구해진 생산량이 각 기업의 이윤을 극대화하는 것은 물론이다. 이 생산량을 각 기업의 수요함수에 대입하면 각 기업의 가격을 얻을 수 있다. 기업들의 가격이 서로 다를 수 있는 이유는 차별화된 제품이기 때문이다.

사례 5) 기업 1의 제품에 대한 수요함수는 $p_1 = a - q_1 - bq_2$이라고 하자. 기업 2에 대한 수요함수는 $p_2 = a - q_2 - bq_1$이다. 단, a, b는 양수다. a가 양수인 이유는 수요함수가 유효하기 위함이며, a의 크기는 수요의 크기와 정비례한다. b가 양수인 이유는 앞서 설명한 대로 제품 1과 제품 2가 차별화된 제품으로 대체재 관계이기 때문이다. 만약, $b=1$이라면, 제품 1과 제품 2는 완전한 대체재로서 쿠르노 모형과 같아진다. 따라서 차별화된 제품들로 수량경쟁하는 기업들을 모형화하기 위해서는 b는 $0 < b \leq 1$의 조건을 충족하는 상수라고 가정한다.[17] 두 기업의 고정비용은 없고 한계비용은 c라고 가정하면, 다음과 같은 이윤함수가 성립한다.

$$\pi_1(q_1, q_2) = (a - q_1 - bq_2)q_1 - cq_1$$
$$\pi_2(q_2, q_1) = (a - q_2 - bq_1)q_2 - cq_2$$

기업 2의 생산량을 합리적 기대로 정확하게 예상한다는 가정하에 기업 1의 이윤함수를 q_1으로 편미분하여 일계조건을 구하면, 기업 1의 반응함수는 $q_1 = \frac{1}{2}(a - c - bq_2)$이다. 같은 가정하에 기업 2의 이윤함수에서 일계조건을 구하면, 기업 1의 반응함수는 $q_2 = \frac{1}{2}(a - c - bq_1)$이다. 두 식을 동시에 만족시키는 답

---

16 상대기업의 생산량은 상수로 취급한다.

17 $b>1$이라면 모형은 어떻게 변할까? 이 경우, 한 기업이 자신의 생산량을 줄이면 줄어든 생산량보다 더 크게 다른 기업의 가격은 상승한다. 가격이 상승한 다른 기업이 다시 생산량을 줄이면, 원 기업의 가격이 더 크게 상승한다. 이런 전략이 반복되면 생산량을 많이 줄이고 가격은 더 많이 상승하게 되어 안정적인 균형에 도달하지 못하는 부작용이 있다. 이런 부작용을 없애기 위해 $0<b<1$ 조건을 가정한다.

이 내쉬 균형이므로, 두 식을 연립하면 $q_1 = q_2 = \frac{a-c}{2+b}$이다. 두 기업의 생산량을 각자의 수요함수에 대입하면 각 기업의 가격을 구할 수 있다. 여기서 $a=100, b=1, c=1$을 대입하여, 전 장의 쿠르노 사례와 같은 생산량이 나오는지 확인해보면, $q_1 = q_2 = 33$이므로 전 장의 결과와 같다는 것을 확인할 수 있다. 결과를 분석해보면 a가 증가할 때 각 기업의 생산량은 증가하며, b와 c가 증가할 경우에는 각 기업의 생산량은 감소한다.

본 모형에서는 두 기업의 모든 조건이 동일하므로, 두 기업의 생산량과 가격이 일치하였다. 하지만 두 기업의 조건이 달라진다면 두 기업의 생산량과 가격은 달라질 수 있다. 각 기업의 수요를 측정하는 a가 서로 다르다면, 두 기업의 생산량과 균형가격은 달라진다. 또한 두 기업의 비용이 서로 다르거나, 대체성을 측정하는 b가 서로 다르다면 다른 결론에 도달할 수 있다.

연습문제

1. 시장수요가 $Q=200-P$이고, 한계비용은 $c(>0)$이고 고정비용은 0일 때,

   (1) 2개의 기업만이 존재하는 Cournot 모형에 기초하여

   ① 각 기업의 반응함수를 구하라.

   ② 각 기업의 생산량, 이윤과 균형가격을 구하라.

   (2) 두 기업만이 경쟁하는 Bertrand 상황을 생각해보자. 각 기업의 생산량, 이윤 그리고 균형가격을 구하라.

   (3) Stackelberg 모형에 기초하여 기업 1이 선도자이고 기업 2가 추종자라고 할 때, 각 기업의 생산량과 이윤, 산업 전체의 생산량과 이윤을 구하라.

   (4) 두 기업이 모두 선도자일 경우의 생산량과 이윤, 산업 전체의 생산량과 이윤을 구하라.

   (5) 완전경쟁시장이라면 균형가격과 거래량은 얼마인가?

   (6) 각 경우 산출된 가격의 순서를 높은 것부터 나열하라.

   (7) 선도자와 추종자 전략을 선택할 수 있는 각 기업의 전략과 그 결과를 게임 형태로 만들고 균형을 구하라.

2. 위의 문제에서 기업체가 3개 존재하는 쿠르노 모형을 생각해보자. 직관적으로 생각해 볼 때, 다음과 같은 결과가 나타날 것으로 예상되는데, 위의 역수요함수를 확장하여 계산함으로써 아래의 예상이 맞는지 확인하라.

	p	이윤(각 기업)	시장 생산량	사회후생
기업 2개	높다	높다	작다	작다
기업 3개	낮다	낮다	크다	크다

참고) 위의 문제에서 찾아진 가격을 비교해보면 완전경쟁시장의 가격과 독점시장의 가격 사이에 쿠르노의 균형가격이 존재한다는 것을 알 수 있다.

3. 쿠르노 모형에서 기업체의 숫자를 자연수 n이라고 하면, n이 증가할수록 가격은 완전경쟁시장의 가격에 가까워지고, 기업의 숫자가 줄어들수록 독점의 가격에 시장

가격이 가까워진다는 것을 보여라. 단, 모든 기업 n은 동일한 비용과 수요를 갖고 있다.

4. 기업 1의 제품에 대한 수요함수는 $p_1 = a_1 - q_1 - bq_2$이라고 하자. 기업 2에 대한 수요함수는 $p_2 = a_2 - q_2 - bq_1$이다. 단, a_1, a_2, b는 모두 양수다. 기업 1과 기업 2의 고정비용은 없고 한계비용은 c_1, c_2라고 가정하면, 다음과 같은 이윤함수가 성립한다. 각 기업의 최적 생산량과 가격을 구하고 그 결과에 대하여 (비교정태)분석하라.

$$\pi_1(q_1, q_2) = (a_1 - q_1 - bq_2)q_1 - c_1 q_1$$
$$\pi_2(q_2, q_1) = (a_2 - q_2 - bq_1)q_2 - c_2 q_2$$

5. 본문에 있는 사례 1의 반응함수를 그래프로 그리고 (비교정태)분석하라.
   (1) 시장의 크기를 나타내는 a가 증가할 때, 균형생산량은 어떻게 변하는가? 균형가격은 어떻게 변하는가?
   (2) 기업 1의 한계비용이 증가할 때 기업 1의 생산량은 어떻게 변하는가?
   (3) 기업 1의 한계비용이 증가하고, 기업 2의 한계비용은 감소할 때, 균형생산량과 가격은 어떻게 변하는가? 두 기업의 시장점유율에는 어떤 변화가 있는가?

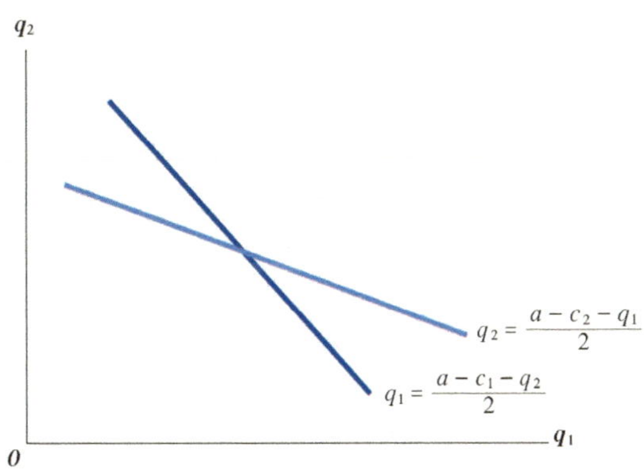

제14강

버트랑 모형과 쿠르노 모형의 상관관계[1]

과점시장을 분석하는 대표적인 모형인 버트랑 모형과 쿠르노 모형은 현격한 차이를 갖고 있다. 가격경쟁과 생산량경쟁이라는 차이로 시작하여 한계비용 균형가격과 그보다 높은 균형가격으로 결과가 나뉜다. 어느 모형이 현실을 더 잘 설명하는지와 두 모형의 상관관계는 무엇인지에 대하여 검토한다.

1 Kreps & Scheinkman(1983)

1. 도입 : 두 모형의 연결

과점이론을 대표하는 버트랑 모형과 쿠르노 모형은 복점(또는 과점)이라는 동일한 시장구조로 분석을 시작하였다. 가격경쟁으로 시작한 버트랑 모형의 균형과 생산량경쟁으로 분석한 쿠르노 모형의 균형은 현격한 차이를 보인다. 어느 모형이 현실을 더 잘 설명하고 있을까? 또는 두 모형의 차이는 어떻게 설명될 수 있을까?

이 차이를 설명하기 위하여 Kreps & Scheinkman(1983)은 2기 모형을 통하여 두 모형의 통합을 시도하였다. 1기에는 기업의 생산용량을 결정하고(쿠르노 모형), 2기에는 1기에서 정해진 생산용량의 제약을 갖고 가격경쟁을(버트랑 모형) 통해 가격과 산출량을 결정하는 모형을 구축하였다. 이 통합모형을 통하여 버트랑 모형과 쿠르노 모형의 상관관계를 제시하였다.

이 통합모형의 결론을 도출하기 위해서는 세 가지 중요한 질문에 답해야 한다. 첫째, "2기의 균형가격은 어느 수준인가?" 둘째, "2기에서 결정된 생산량은 1기에서 결정된 생산용량보다 적을 수 있는가?" 셋째, "결정되는 생산용량은 어떤 수준인가?"이다. 이 세 가지 질문에 대한 결론 없이 통합모형의 결론은 도출되지 않는다.

각 질문에 대하여 분석하기 전에 미리 결론을 정리하면, 투자비용이 충분히 높다는 전제[2]하에 2기 균형가격은 쿠르노 모형에서의 균형가격 수준에서 결정된다. 2기에서는 1기에서 결정한 생산용량을 모두 사용하는 생산량이 공급되며, 1기에서의 생산용량은 쿠르노 모형에서 결정된 생산량과 같다.

이 결과를 직관적으로 설명하자면, 1기에 결정된 생산용량을 2기에 모두 생산하는 이유는 투자된 용량을 낭비할 필요가 없기 때문이다. 용량 투자에는 높은 투자비용이 발생하기 때문이다. 2기의 가격은 쿠르노 모형의 가격과 같

2 투자비용이 충분히 높지 않다면 내쉬 균형은 혼합전략균형으로 도출된다. 매우 복잡하여 본서의 범위를 벗어나지만, 관심 있는 독자는 Kreps & Scheinkman(1983)을 참조하기 바란다.

다. 그 이유는 투자된 용량을 모두 사용하므로, 투자용량은 쿠르노 모형의 생산량과 같다. 투자용량이 쿠르노 모형의 생산량과 같은 이유는 쿠르노 모형에서 선택한 생산량이 이윤을 극대화하므로 해당 생산량을 낭비 없이 생산하는 생산용량으로 투자를 결정하기 때문이다. 구체적인 사례를 통해 모형을 살펴보기로 하자.

2. 단순 모형[3]

가정

① $D(p) = 1 - p$, 혹은 $p = 1 - q_1 - q_2$

② 1기에 생산용량의 크기 $\overline{q_i}$가 결정되고, 2기에 생산량 q_i이 결정되며, 2기의 생산량은 1기의 생산용량을 초과할 수 없다. 즉, $q_i \leq \overline{q_i}$, $i = 1,2$이 성립한다.

③ $q_i \leq \overline{q_i}$이면 2기 생산의 한계비용은 0이며, 생산용량을 넘어설 경우 한계비용은 ∞이다.

④ 용량결정에 있어서 투자의 한계비용은 c_0이다. $c_0 \in [\frac{3}{4}, 1]$로 충분히 높게 가정한다.

⑤ 생산용량은 $\overline{q_i} \in [0, \frac{1}{3}]$ 을 만족한다.

⑤번 가정의 이유는 다음과 같다. 2기에서의 이윤 $\pi = p(1-p)$를 극대화하는 독점가격은 $\frac{1}{2}$이므로, 최종적으로 성취할 수 있는 이윤의 최댓값은 $\frac{1}{4} - c_o\overline{q_i}$이 된다. 이 때, 가정 ④에 의해서 $\frac{1}{4} - c_o\overline{q_i} \geq 0$을 만족하는 $\overline{q_i}$의 범

3 이 단순 모형은 Tirole(1988) 5.3.2절의 내용을 인용하여 작성하였다.

위는 $\overline{q_i} \leq \frac{1}{3}$이 되기 때문이다. 한편, 생산용량은 양의 값이 되어야 하므로 가정 ⑤와 종합해보면 $\overline{q_i} \in [0, \frac{1}{3}]$이 된다.

모형의 행동순서

1기 : 각 기업은 동시에 자신의 생산용량을 결정한다. 생산용량에 투자할 때는 $c_0 \in [\frac{3}{4}, 1]$의 한계비용이 발생한다.

2기 : 각 기업은 1기에서 결정된 생산용량의 제한 내에서 얼마만큼 생산할지를 결정한다. 이 때 생산의 한계비용은 0이다. 이렇게 생산된 생산량을 갖고 다른 기업과 가격으로 경쟁한다. 즉, 생산용량이 제약된 상태에서 가격으로 경쟁하며, 용량이 충분하지 않을 경우에는 효율적 분배법칙을 적용한다.

분석

모형을 분석하기 위해서 2기의 이윤부터 고려하는 역진귀납법을 사용한다. 2기에서 기업 i의 이윤은 다음과 같다.

$$\pi_i = p \cdot q_i = (1 - q_i - \overline{q_j})q_i$$

기업 i의 이윤 극대화를 위하여 일계조건을 구하면 다음과 같다.

$$\pi_i' = 1 - 2q_i - \overline{q_j}$$

위의 일계조건은 가정 ⑤에 의해서 양수다. 왜 그럴까? $\overline{q_j} \leq \frac{1}{3}$이므로 가장 작은 값을 대입하면, $\pi_i' \geq \frac{2}{3} - 2q_i$가 성립한다. 부등호가 성립한다면, 2기 생산량이 1기 용량을 넘지 못하는 관계, 즉 $q_i \leq \frac{1}{3}$이 성립하여 일계조건의 부호는 양수가 된다.

일계조건이 양수라는 뜻은 생산량 q_i를 늘릴수록 이윤이 증가한다는 의미이므로, q_i는 1기에서 결정된 용량의 최댓값인 $\overline{q_i}$까지 생산하게 되고, 이는 생산설비를 모두 사용하여 잉여자원이 생기지 않음을 의미한다. 따라서 2기에서 각 기업은 용량만큼 생산하게 되며 시장수요함수에 가격이 결정된다.

이제 1기에서의 생산용량을 결정하기 위하여 기업의 이윤함수를 검토한다. 먼저 기업 i의 이윤은 다음과 같다.

$$\pi_i(\overline{q_i}, \overline{q_j}) = (1 - \overline{q_i} - \overline{q_j})q_i - c_0\overline{q_i}$$

위의 이윤함수는 쿠르노 모형에서의 이윤함수와 동일하므로, 가격과 생산량이 모두 쿠르노 모형의 결과와 같게 나타날 것임을 짐작할 수 있다.

상기 식을 2기에서의 이윤함수와 비교해보면, 2기의 이윤함수에서는 없었던 비용항목이 있음을 알 수 있다. 생산용량을 결정할 때 발생하는 비용인데, 1기에 생산용량을 결정할 때에는 생산용량 설비 구축을 위한 비용을 고려해야 하지만, 2기에서 이 비용은 매몰비용이 되므로 더 이상 고려할 필요가 없다. 이 차이는 2기의 생산량을 결정할 때, 설비구축 비용을 고려하지 않는다는 것을 의미한다. 이렇게 비용을 고려하지 않기 때문에 2기에서 결정되는 최적 생산량은 1기에서 결정되는 생산용량보다 크다.[4] 이런 이유로 1기에서 결정된 생산용량을 낭비하는 2기의 생산량 결정은 없다.

모형의 결론을 요약해보면 다음과 같다. 첫째, “2기의 균형가격은 쿠르노 모형의 균형가격과 같다.” 둘째, “2기에서 결정되는 생산량은 1기에서 결정된 생산용량과 정확하게 일치한다.” 셋째, “결정되는 생산용량은 쿠르노 모형의 생산량과 같다.” 이 결과를 다르게 설명하자면, 1기에 생산하기로 결정한 생산용량만큼 2기에 생산하고 그 가격은 쿠르노 모형의 가격과 같다.

---

4 과거에 배운 내용이지만, 한계비용이 커질수록 독점가격은 상승하게 된다.

쿠르노 모형은 장기적 분석에서, 그리고 투자비용이 매우 큰 상황에서 중요한 의미를 갖고 있다. 투자비용이 매우 큰 상황에서는 사전적으로 투자에 대한 고려가 선행되어야 하며, 본 장에서 제시하는 모형은 그런 상황을 고려해야 하는 장기적 분석을 상정하였다. 즉, 1기에 투자를 결정할 때, 2기의 가격경쟁까지 고려하여 생산용량에 대한 투자를 결정함으로써 사전적(ex ante)으로 높은 투자비용을 고려한 장기적 분석이 바로 쿠르노 모형이라고 볼 수 있다.

만약 투자비용이 낮다면 본 장의 결론인 2기 모형은 쿠르노와 같아진다는 결론이 성립하지 않는다. 왜 그럴까? 위 모형의 결론을 도출하는 데 가장 중요한 역할을 한 것은 일계조건의 부호를 결정한 ⑤번 가정이었다. 그런데 ⑤번 가정은 투자비용이 매우 높다는 ④번 가정에서 비롯되었다. 즉, 투자비용이 낮다면 일계조건의 부호가 불확실해진다. 일계조건의 부호가 불확실하다는 것은 1기에 결정된 생산용량이 2기에 모두 사용될 것인지 불확실하다는 뜻이다. 이 상황에서는 본 모형의 결론인 장기적 분석에서의 쿠르노 균형이 무용해진다.

버트랑 모형은 각 기업의 생산용량이 시장수요를 충족시킬 수 있을 경우에 유효한 모형이라는 점은 기억해둘 만하다. 투자비용이 매우 낮다면 생산용량 확충에 적은 비용만 발생하므로 시장수요를 모두 충족시킬 수 있는 정도의 투자가 가능하다. 따라서 버트랑 모형을 통한 분석은 투자비용이 매우 낮을 때 유용하다. 또한 대규모 투자가 이미 이루어져 있는 단기적 상황에서도 유용하다.[5] 버트랑 모형에서 결정되는 가격은 경쟁으로 인한 균형가격의 하한선으로 생각할 수 있다.

종합해보면, 두 모형 모두 과점시장의 단면을 설명하고 있다. 적지 않은 비용을 발생하는 투자를 통해 생산용량이 확충되어야 하는 상황에 대한 분석의 경우에 쿠르노 모형을 사용하는 것이 유용하다. 반면에 충분한 생산용량을 가진 단기적 상황이나 투자비용이 상대적으로 중요하지 않은 상황에서는 버트랑

---

5 투자가 이미 이루어져 있는 단기상황이라면, 투자금액은 매몰비용이므로 경제적 관점에서는 고려 대상이 아니니다. 따라서 단기적으로 생산용량이 충분한 상황이라면 버트랑의 결론이 나타날 것으로 예상할 수 있다.

모형이 유용하다고 할 수 있다.

버트랑 모형의 결과가 보여주는 지나친 경쟁을 피하기 위하여 기업들은 제품을 차별화한다는 것을 버트랑 모형의 확장에서 설명하였다. 본 장의 모형도 비슷한 해석이 가능하다. 버트랑 모형의 지나친 경쟁을 피하기 위하여, 큰 투자비용이 필요할 경우에는 적은 투자를 통해 생산용량을 줄이는 것이다. 이렇게 함으로써 가격경쟁의 압력이 약화되면, 쿠르노 모형의 결론이 보여주는 바와 같이 과점기업들은 양의 경제적 이윤을 누릴 수 있다.

연습문제

1. 2개의 기업이 존재하고 있다. 두 기업은 1기에 생산용량의 크기 $\overline{q_i}$를 결정하고, 2기에 생산량 q_i을 결정한다. 당연하지만, 2기의 생산량은 1기의 생산용량을 초과할 수 없다. 즉, $q_i \leq \overline{q_i}$, $i = 1, 2$이다. $q_i \leq \overline{q_i}$이면 2기 생산의 한계비용은 0이며, 그렇지 않은 경우 한계비용은 ∞이다. 용량결정에 있어서 한계비용은 30이라고 하자. 2기에서는 두 기업이 수요함수가 $D(p) = 100 - p$인 시장에서 가격으로 경쟁한다.
   (1) 두 기업이 결정하게 될 생산용량은 얼마인가?
   (2) 2기에서의 실제 생산량은 얼마인가?
   (3) 2기에서의 균형가격은 얼마인가?
   (4) 쿠르노 모형의 이윤극대화식을 기술하고 균형을 구하여 위의 결과와 비교하라.
   (5) 2기에서의 생산 시 한계비용이 0이 아니라 1이라면 두 기업의 생산용량에 변화가 있는가? 실제 생산량과 균형가격에는 변화가 있는가?

2. 설비투자비용이 높은 경우, 중간 경우, 낮은 경우로 나누어 어떤 모형의 적용이 맞는지 설명하라.

참고문헌

Kreps & Scheinkman (1983), "Quantity Precommitment and Bertrand Competition Yield Cournot Outcomes", The Bell Journal of Economics, Vol. 14, No. 2, Autumn.

Tirole, Jean (1988), "*The Theory of Industrial Organization*", The MIT Press, Cambridge, Massachusetts.

부록 1

게임이론[1]

게임이론은 일상생활의 모든 게임에 적용된다. 장기나 바둑은 물론 고스톱이나 여타 카드 게임에서도 모두 적용된다. 가위바위보도 예외는 아니다. 게임이론은 다양한 현실 상황에도 적용된다. 기업 간 경쟁이나 국가 간 협상도 게임의 특징을 가지고 있다. 게임이론은 상대방이 존재하는 상황에서 어떻게 해야 최선인지를 분석한다. 그리고 쌍방 최선을 다했을 때 어떤 결과가 나타나는지도 예측할 수 있다.

1 부록 1의 게임이론은 필자가 과거에 저술했던 『쉽게 배우는 경제학 플러스』의 제6부에서 발췌한 내용으로 구성되어 있다.

1. 게임이론의 첫 번째 전제

"상대방이 있고, 게임에 임하는 사람은 최선을 다한다." 이것이 게임의 특징이지만 어떤 사람은 똑똑하고 어떤 사람은 그보다 못하거나 아직 게임의 이치를 깨닫지 못한 경우도 있다. 게다가 실수를 하게 되는 경우도 있다. 최선을 다한다고 해도 서로 다른 결과가 나올 수 있다. 그래서 게임이론에서는 게임에 참여하는 사람이 이성적이라고 가정한다. 즉 '게임의 참여자는 합리적으로 생각할 수 있는 것을 모두 감안하는 천재'라고 생각하면 된다.

2. 게임에서 이기기 위한 최고의 전략

게임을 하면 이길 때도 있고 질 때도 있다. 그중에서 지는 경우를 생각해보자. 상대편이 잘한 경우보다는 자신이 실수해서 지는 경우가 많다. 아직 다 배우지 못해서 수를 몰랐기 때문이다. 그런데 게임이론에서는 이런 상황은 다루지 않는다. 승부가 너무 뻔하기 때문이다. 예를 들어 어떤 아이에게 가위바위보를 가르쳐 주고 게임을 시작했다고 하자. 그런데 그 아이가 계속 가위만 낸다고 하자. 처음에는 이 사실을 모르니까 이기기도 하고 지기도 하지만, 조금 지나면 이 사실을 깨닫게 될 것이다.

이런 상황은 내가 잘한다기보다는 아이가 잘못하는 경우이다. 그리고 게임을 이런 식으로 생각한다면 결론은 간단하다. 실수하거나 잘못하는 사람이 진다. 그렇다면 실수 없이 이기려면 어떻게 해야 할까?

실수하지 않으려면 잘못된 것이 무엇인지 가려내야 한다. 실수하지 않으려면, 내가 이렇게 했을 때 상대편이 할 수 있는 행동을 생각해야 한다. 그래서 나쁜 결과가 예상되는 행동을 하지 않는 것이다. 나쁜 결과가 예상되는 행동이 바로 실수다. 결국 상대편의 행동에 대해서 깊이 생각할수록 후회가 없다. 프로 바둑의 고수들이 수십 수 앞을 내다보는 것처럼 말이다.

실수하지 않으려고 생각을 거듭하다 보면 상대편이 어떤 전략을 들고 나와도 괜찮을 최고의 전략을 찾게 된다. 이런 전략을 반복해서 사용하면 된다. 이때 상대편이 실수를 하면 이기는 것이다. 하지만 상대편도 실수하지 않고 역시 최고의 수를 계속 찾아낸다면 반드시 이긴다는 보장은 없다. 하지만 졌다고 하더라도 최선을 다했으므로 후회는 없을 것이다. 어쨌거나 게임이론은 서로 실수가 전혀 없는 최고의 전략과 최고의 전략들로 이루어진 결과에 관심을 갖고 있다.

3. 가위바위보 게임

이제 가위바위보를 통해서 최고의 전략과 결과에 대해 알아보자. 가위바위보는 게임 중에서도 매우 공평한 게임이다. 하지만 해보면 유독 잘 이기는 사람들이 있다. 왜 그런지 살펴보자.

상대편과 과거에 가위바위보를 여러 번 한 적이 있다고 하자. 그러면 상대편이 보통 처음에 무엇을 내는지 기억할 수 있다. 이렇게 상대편의 습관을 기억하면 이길 확률이 높다. 보통 가위바위보에서 잘 이기는 사람은 이 방법을 이용하는 것이다. 한마디로 상대편이 어떤 습관을 갖고 있는지 잘 기억하는 것이 게임에서 이길 수 있는 좋은 전략이다.

하지만 상대편이 과거에 자신이 내던 것을 기억한 다음에 역으로 이용하면 도리어 상대편이 이기게 된다. 그런데 또 이것까지 내가 예측한다면 내가 이기게 된다. 이런 식으로 얘기가 계속되면 무엇을 내야 할지 결정하지 못한 채 상황은 돌고 돈다. 결국 무엇을 내야 할지 결론을 내릴 수 없게 된다.

이런 상황에서는 무엇을 낼지 상대편이 예측할 수 없도록 하는 것이 중요하다. 즉, 상대편이 예측할 수 없도록 똑같은 확률에 따라 무작위로 가위바위보를 선택하는 것이 최고의 전략인 셈이다. 그러면서 상대편을 잘 관찰해야 한다. 만약 상대편이 별생각 없이 같은 것을 낼 경우에는 승리할 확률을 높일 수 있다.

잘 모르는 사람과 가위바위보를 하는 경우는 어떨까? 앞서 얘기한 대로 상대방의 습관을 잘 알면 이길 수 있지만 잘 모르는 사람의 습관은 알 수 없다. 당연히 절대적으로 이길 방법은 없다. 무작위로 내는 것은 모르는 사람과도 좋은 방법이다. 무작위로 내면 잘 모르는 사람이 무엇을 내건 이길 확률은 절반이다.

그렇지만 상대편이 정말로 무작위로 내는지에 대해서 생각해봐야 한다. 상대편의 심리 상태를 분석하는 것이다. 보통 사람들이 가위바위보를 어떻게 하는지 생각해보면, 머리 뒤에 주먹을 감추고 있다가 "가위바위보!" 하는 순간에 손을 내민다. 그런데 손을 내밀 때는 심리적으로 약간이라도 변화를 주려고 한다. 주먹을 그대로 내는 것보다는 변화를 주는 것이 좀 더 적극적으로 느껴지기 때문인지도 모른다. 이런 심리가 사실이라면 원래 주먹을 쥐고 있었으니까 주먹이 아닌 다른 것을 내는 경우가 많을 거라는 얘기다.

주먹을 빼면 가위와 보가 남으니 상대편이 이 둘 중에 하나를 낼 가능성이 크다. 상대편이 둘 중에 어느 쪽을 낼지는 모르지만 둘 중에는 가위가 이긴다. 그러니까 잘 모르는 사람과 가위바위보를 할 때는 가위를 내는 것이 유리하다는 얘기다. 모르는 사람과 가위바위보를 할 경우는 많지 않겠지만 말이다. 하지만 상대편이 이것까지 생각하고 있다면 질 것이다. 결국 최선의 선택은 다시 처음으로 돌아가서 같은 확률로 가위, 바위, 보를 선택해 내는 것이다.

4. 더 이상 전략을 바꿀 필요가 없는 '균형'의 상태

당연한 얘기지만 최고의 전략은 상대편의 전략에 따라 달라진다. 그런데 이렇게 상대편의 전략에 대응하다 보면 서로 더 이상 전략을 바꿀 필요가 없는 상태가 될 수 있다. 상대편 전략에 대해서 자신의 전략을 바꾸는 것이 도리어 손해인 최선의 상태이다. 경기자 모두가 이런 상태에 있다면 '균형'을 이룬 것이다. 균형은 쌍방이 최선을 다한 결과이다.

균형이 아닌 것을 발견하는 것으로 균형에 대한 설명을 보충해보자. 상대방이 가위바위보 게임에서 주먹을 내는 전략을 선택하고, 나는 보자기를 내는 전략을 선택한다면 균형이 아니다. 왜냐하면 나의 보자기 전략에 대해서 개선할 여지가 있기 때문이다. 즉, 상대방이 주먹을 내지 않고 가위를 내는 전략으로 바꾼다면 더 좋은 결과가 예상되기 때문에, 상대방의 입장에서 최선의 전략을 선택한 것이 아니다. 따라서 균형이 아니다.

만약 상대방이 가위를 내는 전략을 선택했는데, 나는 보자기 전략을 유지했다면 이 역시 균형이 아니다. 나의 보자기 전략은 상대편의 가위 전략에 대한 최선의 선택이 아니기 때문이다. 이처럼, 상대방의 최선의 전략에 대하여 나의 전략이 최선이 아니라면 균형이 아니다. 마찬가지로 나의 최선의 전략에 대하여 상대방의 전략이 최선이 아니라면 역시 균형이 아니다. 균형의 존재 여부는 미국 프린스턴 대학교의 내쉬(John Nash)에 의해서 밝혀졌다. 그의 이름을 붙여 내쉬 균형이라고 부른다.

각 경기자들이 다른 경기자들의 전략을 들었을 경우를 상상해보자. 각 경기자들이 자신에게 "다른 경기자들의 전략을 알고, 각 경기자들이 전략을 바꾸지 않는다고 했을 때, 나는 전략을 바꿈으로써 이득을 얻을 수 있는가?"라고 묻는다고 가정하자. 만약 누군가가 "그렇다"라고 한다면, 그 전략들은 내쉬 균형이 아니다. 하지만 만약 모든 경기자들이 자신들의 전략을 변경하지 않는다면 내쉬 균형이다. 내쉬 균형을 이루는 각각의 전략들은 다른 전략에 근거한 최적 반응이다.

내쉬 균형을 수식으로 표현하면 다음과 같다. 경기자 i가 게임의 결과로 얻게 되는 혜택을 Π_i, 경기자 i의 전략을 a_i라고 하고 최선의 전략에는 별표를 붙인다. 경기자 i가 선택할 수 있는 모든 전략 a_i에 대해서 $\Pi_i(a_i^*, a_j^*) \geq \Pi_i(a_i, a_j^*)$이 성립하면 내쉬 균형이라고 부른다. 이 부등호를 알기 쉽게 설명한 것이 위의 가위바위보 게임의 설명이지만, 직접적으로 다시 한번 설명하면 다음과 같다. 상대방 경기자 j는 최선의 전략을 선택하고 있기 때문에 j의 전략 a_j^*는 별표가 붙어 있다. 상대방이 최선의 전략을 선택하고 있다는 전제하에, 나도 내가 선택할 수 있는 어떤 전략보다도 높은 보상을 주는 최선의 전략을 선택한다면 내쉬 균형이라고 부른다.

가위바위보 게임의 균형은 똑같은 확률로 쌍방이 가위바위보를 내는 것이다. 상대편의 이런 전략에 자신만 전략을 바꿀 필요는 없다. 어떤 전략으로 바꾸더라도 상대방의 전략이 유지되는 한, 더 좋은 결과는 나타나지 않기 때문이다. 이런 균형이 실제로 존재하면 게임 결과를 예측할 수 있어 좋다. 그런데 균형이 존재하지 않으면 게임의 결과를 예측할 수도 없고 더 이상 분석할 수도 없다. 그래서 균형이 존재하는지 여부는 중요한데 처음에는 이것을 잘 알 수가 없었다. 왜냐하면 최선의 선택이 있는지 없는지 모르는 경우가 현실에서 존재하기 때문이다. 바둑을 둘 때도 처음에 어디에 두는 것이 최선인지 모르는 것처럼 말이다. 게다가 서로 상대편 전략에 따라 전략을 자꾸 바꾸는 것이 최고 전략인 경우에는 균형이 있는 것인지 아닌지 잘 알 수 없다. 결국 최선의 선택만으로 만들어진 균형이 있는지도 잘 알 수가 없게 된다.

5. 게임이론의 두 번째 가정—주지의 사실

내쉬가 균형이 존재한다는 것을 증명한 이후에 게임이론은 여러 해 동안 큰 발전을 하지 못했다. 그 이유 중 하나가 바로 '주지의 사실(Common Knowledge)'이라는 것 때문이다. 이것은 사람들이 널리 알고 있는 사실이라는 뜻인 '공공의 정보'와 구분되는 것인데, 그 차이를 잘 몰랐던 것이다. 그리고 그 사실을 깨닫는 데 많은 시간이 걸렸다.

대개 '주지의 사실'과 '공공의 정보' 두 가지를 같은 의미로 알고 있는 사람들이 많지만 게임이론에서는 다르다. 예를 들어서 매스컴에 나온 이야기는 공공의 정보라고 할 수 있지만, 주지의 사실은 그것만으로는 부족하다. 왜냐하면 주지의 사실은 상대편이 아는 것을 내가 알아야 하고 그 사실을 다시 상대편이 알아야 하기 때문이다. 이렇게 상대편이 아는 것을 내가 안다는 사실을 다시 상대편이 안다는 것을 내가 알아야 한다는 것, 이 과정이 무한히 반복되어 모든 경우에 안다는 말을 할 수 있을 때를 게임이론에서는 주지의 사실이라고 부른다.

좀 더 쉽게 알아보기 위해 사례를 들어 보자. 갑돌이와 갑순이 남매에게 어느 날 아버지가 만원짜리가 든 봉투와 10만원짜리가 든 봉투, 그리고 100만원짜리가 든 봉투, 세 개를 내밀었다고 하자. 물론 어느 봉투에 얼마가 있는지를 구분할 수는 없다. 남매에게 이 사실을 얘기한 다음, 각자 선택하라고 했다. 남매가 봉투를 하나씩 고른 후에 얼마가 들어 있는지를 확인했는데, 아버지가 둘 다 동의한다면 봉투를 바꿔도 좋다고 했다. 과연 갑돌이와 갑순이는 봉투를 바꿨을까?

먼저 누구든지 봉투에 100만원이 들어 있으면 바꾸지 않을 테니까 한 명이라도 100만원을 가졌다면 바꾸는 것은 성사되지 않는다. 만원짜리를 가진 사람은 무조건 바꾼다고 하겠지만, 나머지 한 사람이 100만원을 가졌다면 아무리 바꾸려고 해도 소용없을 것이다. 한 사람은 만원, 다른 사람은 10만원을 가졌을 때가 문제다.

갑돌이가 10만원을 가졌다고 할 때의 상황을 생각해보자. 갑돌이는 갑순이가 얼마짜리 봉투를 가졌는지 알 수 없으니까 짐작을 해야 한다. 갑순이가 가질 수 있는 봉투는 100만원짜리일 가능성도 있고 만원짜리일 가능성도 있다. 계산해보면, 50만 5,000원의 기대 수익이 있으므로 바꾸는 것이 좋다는 결론이 나온다.

그런데 바꾼다고 하면 후회할 가능성이 크다. 만약 갑순이가 100만원을 가졌다면 바꾸기를 거부할 것이기 때문이다. 그러나 갑순이가 만원짜리를 가졌다면 당연히 바꾼다고 할 것이다. 결국 10만원을 가진 갑돌이가 봉투를 바꾼다고 하면 성사되는 경우는 갑순이가 만원을 가진 경우밖에 없다. 이럴 경우 갑순이는 신나겠지만 갑돌이는 바꾸고 나서 크게 후회하게 된다. 갑돌이가 후회하는 이유는 갑돌이가 자신이 이용할 수 있는 첫 번째 정보, 즉 갑순이의 봉투에 만원 또는 100만원이 있으므로 50만 5,000원의 기대 수익이 있다는 첫 번째 정보만을 이용했기 때문이다.

그렇다면 두 번째 정보는 무엇일까? 두 번째 정보는 바로 갑순이가 무엇을 아는지를 갑돌이가 아는 것이다. 그리고 상대편이 무엇을 아는지를 알기 때문에 어떻게 행동할지를 예측할 수 있다. 갑순이가 100만원을 가졌다면 봉투를 바꾸지 않을 것이라는 사실을 미리 짐작할 수 있었는데도, 갑돌이가 이용하지 못했던 것이다. 만약 상대편이 무엇을 아는지를 몰랐거나, 다르게 알고 있었다면 갑돌이의 행동은 옳았을 수도 있다. 예를 들어 봉투의 금액이 백만원에서 끝나는 것이 아니라, 그 이상의 금액인 1억, 10억 그리고 그 이상의 금액도 가능한 것으로 갑순이는 알고 있다고, 갑돌이가 알고 있었다면 봉투를 바꾸는 것은 옳았을 수 있다. 주지의 사실은 서로 간에 알고 있는 정보를 명확히 규정하는 것이다. 이처럼 게임이론에서는 주지의 사실이 중요하다. 주지의 사실이 다르다면 결과가 달라지기 때문이다.

종합해보면 게임에는 게임을 하는 합리적인 경기자, 게임의 규칙, 그리고 결과가 존재한다. 이 세 가지 요소를 경기자가 모두 알아야 하며, 그것이 주지의 사실이라는 전제에서 게임을 한다. 경기자 모두 최선을 다해서 후회 없는 상황일 때를 내쉬 균형이라고 부른다.

6. 게임의 종류

만약 게임 참여자들이 구속력 있는 약속을 맺을 수 있다면 그 게임을 협조적이라 한다. 예를 들어, 법적으로 참여자들이 약속을 지켜야 하는 경우다. 비협조적 게임에서는 이것이 가능하지 않다. 협조적 게임에서는 종종 참여자 간의 의사소통이 허용된다. 그러나 비협조적 게임에서는 허용되지 않는다. 산업조직론에서는 주로 비협조적 게임만을 활용하므로 여기서는 비협조적 게임에 대해서만 기술한다. 게임 참여자들이 서로 다른 정보를 갖고 있는 경우도 존재하지만, 아래에서는 모두 같은 정보를 갖고 있는 완전정보 게임만을 다룬다.

1) 전개형 게임(Extensive form game)

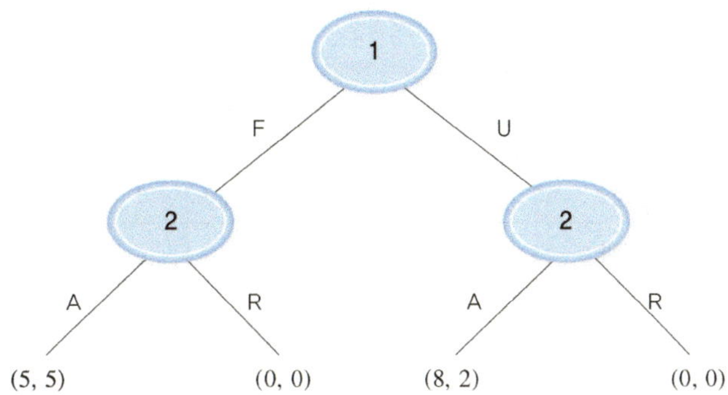

전개형은 순서가 있는 게임을 정형화하는 데 사용된다. 이런 게임들은 종종 위의 그림처럼(거꾸로 된) 나무 모양으로 표현된다. 여기서 각 점(노드)는 한 참여자의 선택의 지점을 나타낸다. 각 참여자는 점 위에 표시된 숫자로 구분된다. 점에서 뻗어 나오는 선들은 점에 있는 참여자가 할 수 있는 행동들을 나타낸다. 보상은 나무의 아래쪽에 표시된다.

이 그림의 게임에서는 두 명의 참여자가 있다. 참여자 1이 먼저 움직일 수 있고, F와 U 중에 한 가지를 선택할 수 있다. 참여자 2는 참여자 1의 행동을 보고 A와 R 중에 하나를 선택할 수 있다. 참여자 1이 U를 선택하고, 참여자 2가 A를 선택한다면 참여자 1은 8점을 얻고, 참여자 2는 2점을 얻는다는 표시이다.

이러한 전개형태는 불충분한 정보를 가진 게임이나 동시에 움직이는 게임에도 적용할 수 있다. 이를 위해 점선을 서로 다른 점(노드)를 연결하여 같은 정보(게임 참여자들은 서로 어느 점에 있는지 알지 못하는)에서 게임하는 것을 뜻한다(아니면 폐곡선으로 둘러 그린다).

2) 일반형 게임(Normal form game)

전략형 게임(일반형 게임)은 주로 아래의 표와 같이 참가자들과 전략, 보상을 표시하는 매트릭스로 표현된다. 여기에는 각 행동들의 가능한 조합에 상응하는 각 참가자의 보상이 연결된다.

일반형 게임

	참가자 2 왼쪽 선택	참가자 2 오른쪽 선택
참가자 1 위쪽 선택	4, 3	−1, −1
참가자 1 아래쪽 선택	0, 0	3, 4

위의 예에서는 두 명의 참가자가 있고, 한 사람은 행을, 다른 사람은 열에서 선택할 수 있다. 각 참가자는 두개의 전략을 가질 수 있고, 각각은 행과 열의 수를 결정한다. 보상은 상자 안쪽에 기록되며, 첫 번째 숫자는 행의 참가자(여기서는 참가자 1)가 받는 보상을 나타내고, 두 번째 숫자는 열의 참가자(참가자 2)가 얻는 보상을 나타낸다. 만약 참가자 1이 위쪽을 선택하고, 참가자 2가 왼쪽을 선택했다면 참가자 1이 얻는 보상은 4점이 되고, 참가자 2의 보상은 3점이 된다.

일반형 게임은 주로 동시게임(모든 참가자들이 동시에 행동하는 게임)이거나 적어도 다른 사람의 행동을 모르는 상황에서 펼쳐지는 게임을 표현한다. 만약 한 참가자가 다른 게임 참여자의 선택에 대해 조금이라도 정보를 가지게 된다면 이 게임은 주로 전개형(extensive)으로 표현된다.

3) 동시적 게임과 순차적 게임

동시적 게임(Simultaneous game)은 참가자들이 동시에 행동하거나, 동시에 시행하지 않더라도 후자가 전자의 선택을 모르고 행동하는 게임의 구조를 갖고 있다. 반대로, 순차적 게임(Sequential game)에서는 후자가 전자의 선택에 대한 정보를 갖고서 선택하는데, 이때 정보는 전자의 행동에 대한 완전정보

(Perfect information)가 아닐 수도 있다. 다시 말해 후자는 전자에 대한 조금의 정보를 갖고 있다. 예를 들어, 후자는 전자가 특정한 행동을 취했는지에 대한 여부를 알 수는 있지만, 전자가 어떤 행동을 취했는지는 알 수 없다. 물론, 전자의 모든 행동을 알고 자신의 전략을 선택할 수도 있다.

7. 내쉬 균형 찾기

1) 일반형 게임의 내쉬 균형 찾기

일반형 게임

	참가자 2 왼쪽 선택	참가자 2 오른쪽 선택
참가자 1 위쪽 선택	4, 3	−1, −1
참가자 1 아래쪽 선택	0, 0	3, 4

일반형 게임에서 내쉬 균형을 찾아보자. 그 과정에서 내쉬 균형의 개념도 보다 명확하게 알 수 있다. 참가자 1이 위쪽을 선택하고 참가자 2는 왼쪽을 선택하는 상황을 살펴보자. 먼저 참가자 2의 왼쪽 전략이 유지된다는 가정하에 참가자 1은 아래쪽으로 전략을 바꿀 동기가 없다. 왜냐하면 아래쪽은 0의 보상만을 주는데 반해, 위쪽 전략은 4의 보상을 주기 때문이다. 따라서 참가자 2의 왼쪽 전략 하에서 참가자 1의 최선은 위쪽 전략이다. 참가자 1의 위쪽 전략이 유지된다는 가정하에 참가자 2의 왼쪽 전략은 역시 최선이다. 만약 오른쪽으로 전략을 바꾼다면 3의 보상에서 −1의 보상으로 바뀌기 때문이다. 두 참가자 모두 상대방의 최선 전략 하에서 자신의 전략을 바꿀 동기가 없기 때문에 (위쪽, 왼쪽) 전략은 내쉬 균형이다.

다음으로 (아래쪽, 왼쪽) 전략이 내쉬 균형인지 살펴보자. 참가자 2가 왼쪽 전략을 선택한다는 전제하에 참가자 1의 아래쪽 전략은 위쪽 전략보다 낮은 보상만을 부여하기 때문에 참가자 1의 입장에서는 최선의 전략이 아니다. 두 참가자 중 하나라도 최선의 전략이 아니면, 내쉬 균형이 아니기 때문에 (아래쪽, 왼쪽) 전략은 내쉬 균형이 아니다.

(위쪽, 오른쪽) 전략이 내쉬 균형인지 검토한다. 참가자 1이 위쪽 전략을 선택한다는 전제하에 참가자 2가 오른쪽을 선택하면, 참가자 2의 보상은 왼쪽을 선택할 경우보다 적다. 따라서 참가자 2의 입장에서 (위쪽, 오른쪽) 전략은 최선이 아니며, 내쉬 균형도 아니다.

마지막으로 (아래쪽, 오른쪽) 전략이 내쉬 균형인지 살펴보자. 먼저 참가자 2의 오른쪽 전략이 유지된다는 가정하에 참가자 1은 위쪽으로 전략을 바꿀 동기가 없다. 왜냐하면 아래쪽은 3의 보상만을 주는 데 반해, 위쪽 전략은 -1의 보상만을 주기 때문이다. 따라서 참가자 2의 오른쪽 전략 하에서 참가자 1의 최선은 아래쪽 전략이다. 참가자 1의 아래쪽 전략이 유지된다는 가정하에 참가자 1의 오른쪽 전략은 역시 최선이다. 만약 왼쪽으로 전략을 바꾼다면 4의 보상에서 0으로 바뀌기 때문이다. 두 참가자 모두 상대방의 최선 전략 하에서 자신의 전략을 바꿀 동기가 없기 때문에 (아래쪽, 오른쪽) 전략은 내쉬 균형이다.

결론적으로 위의 일반형 게임에서 내쉬 균형은 (위쪽, 왼쪽), 그리고 (아래쪽, 오른쪽)으로 두 개라는 것을 알 수 있다. 그림상으로는 상자의 좌상단과 우하단이 내쉬 균형이다.

2) 전개형 게임의 내쉬 균형 찾기

[부록 그림 1-1] 전개형 게임으로 표현한 시장진입게임

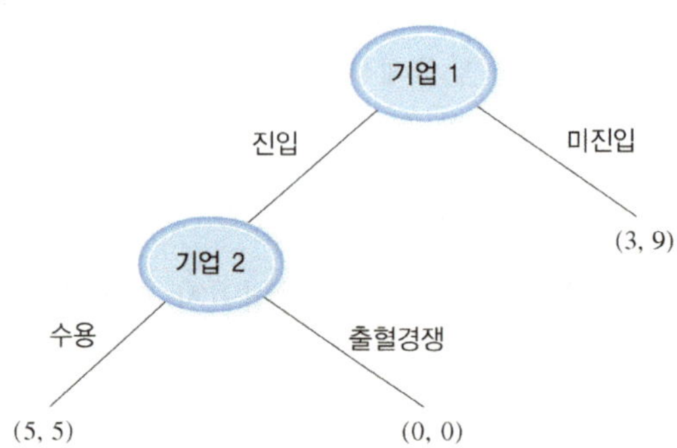

위의 그림은 다음과 같은 시장상황을 전개형 게임으로 그리고 있다. 기업 2는 시장에서 사업을 영위하고 있는 기존기업이다. 반면에 기업 1은 해당 시장에 진입할지 고려하고 있는 신규기업이다. 위 그림의 오른편을 보자. 기업 1이 시장에 진입하지 않는다면, 기업 1은 투자금의 이자 정도인 3을 보상으로 받게 된다. 하지만 경쟁자가 없는 기업 2는 독점기업으로서 9라는 높은 이익을 얻는다.

기업 1이 시장에 진입하기로 결정한다면, 위 그림의 왼편을 선택하는 것이다. 기업 2는 시장에 진입한 기업 1과 출혈경쟁을 선택할 수도 있고 경쟁자의 시장진입을 수용할 수도 있다. 만약 출혈경쟁을 선택한다면, 기업 1과 기업 2는 모두 아무런 이윤을 얻지 못한다. 즉, 두 기업의 이윤은 0이다.[2] 만약 기업 2가 출혈경쟁을 하지 않고 기업 1의 시장진입을 수용한다면, 두 기업은 모두 5의 이윤을 갖게 된다.

위의 전개형 게임의 내쉬 균형을 찾아보자. 기업 1이 시장에 '진입'한다는 전제하에 기업 2의 최선의 전략은 '수용'이다. 5는 0보다 크기 때문이다. 기업 2가 '수용'한다는 가정하에 기업 1의 최선의 전략은 '진입'이다. 역시 5는 0보다 크기 때문이다. 서로가 자신의 전략을 바꿀 동기가 없으므로 (진입, 수용)은 내쉬 균형이다.

(진입, 출혈경쟁)이 내쉬 균형인지 확인해보자. 기업 1이 '진입'을 결정하였다면, 기업 2는 '수용'을 결정하는 것이 높은 보상을 약속받는다. 5는 0보다 크기 때문이다. 즉, 기업 2가 출혈경쟁을 선택하는 것은 최선의 전략이 아니므로 내쉬 균형이 아니다.

(미진입, 수용)이 내쉬 균형인지 살펴보자. 기업 1이 시장에 '미진입'한다면, 기업 2는 수용과 출혈경쟁의 선택에 관계없이 9의 이윤을 보장받는다. 따라서 기업 2는 기업 1이 시장에 '미진입'한다면 '수용'하는 것도 최선의 전략이다.

---

2 회계적 이윤이 0이라고 생각할 수 있다. 이 경우, 경제적 이윤은 음이다. 시장에 미진입했을 경우의 기업 1은 3의 회계적 이윤을 갖지만, 은행 이자 정도이므로 경제적 이윤은 0이라고 해석할 수 있다.

기업 2가 '수용'한다는 전제하에 기업 1이 '미진입'하는 것은 최선의 전략일까? 아니다. 기업 2가 '수용'한다면, 기업 1은 시장에 '진입'하는 것이 최선의 전략이다. 따라서 (미진입, 수용)은 내쉬 균형이 아니다.

(미진입, 출혈경쟁)이 내쉬 균형인지 살펴보자. 기업 1이 시장에 '미진입'한다면, 기업 2는 수용과 출혈경쟁의 선택에 관계없이 9의 이윤을 보장받는다. 따라서 기업 2는 기업 1이 시장에 '미진입'한다면 '출혈경쟁'하는 것도 최선의 전략이다. 기업 2가 '출혈경쟁'한다는 전제하에 기업 1이 '미진입'하는 것은 최선의 전략이다. 0보다는 3이 크기 때문이다. 따라서 (미진입, 출혈경쟁)은 내쉬 균형이다.

위 전개형 게임의 내쉬 균형은 (진입, 출혈경쟁)과 (미진입, 출혈경쟁) 두 개다.

3) 부분게임완전 내쉬 균형(Subgame perfect Nash equilibrium) 찾기

내쉬 균형은 때때로 제3자의 눈에는 비이성적으로 보이기도 한다. 그 이유는 내쉬 균형이 파레토 최적에서 나오지 않는 데다, 비이성적인 결과가 나오기 때문이다. 파레토 최적이 아닌 결과는 용의자의 딜레마 게임으로 나타난다. 잘 알려진 게임이기 때문에 여기서 다시 다루지는 않는다. 비이성적인 내쉬 균형이 나오는 것은 경기자 간의 위협이 존재하기 때문이다. 위의 게임에서 두 번째 내쉬 균형이 바로 이런 경우다.

기업 1이 미진입을 결정하는 이유는 기업 2가 출혈경쟁을 할 것이기 때문이다. 즉, 출혈경쟁이라는 위협이 존재하고 이를 믿는다면, 기업 1은 시장에 미진입하는 것이 최선이다. 하지만 기업 1이 시장에 진입하다면, 기업 2는 수용하는 것이 합리적이다. 0보다는 5가 크기 때문이다. 따라서 기업 1은 기업 2의 '출혈경쟁'이라는 위협을 믿지 않아야 한다. 이런 종류의 내쉬 균형은 비이성적으로 보인다. 이런 비이성적인 결과를 내쉬 균형에서 제외하려는 노력으로 탄생한 것이 '부분게임완전 내쉬 균형'이다.

‘부분게임완전 내쉬 균형’은 부분게임에서 합리적인 결론에 도달하는 내쉬 균형만 인정한다. 위의 게임을 보면, 왼쪽에 기업 2의 행동과 결과는 부분게임이다. 이 부분게임에서의 합리적인 결과는 ‘수용’이다. 기업 2의 입장에서 자신에게 돌아오는 보상으로 0보다는 5를 선택할 것이기 때문이다. 따라서 해당 부분게임의 결과는 ‘수용’이다. ‘부분게임완전 내쉬 균형’은 기업 2의 행동으로 ‘수용’인 경우만 균형으로 인정한다. 새로운 게임을 다시 그리면 아래와 같다.

[부록 그림 1-2] 부분게임완전 내쉬 균형

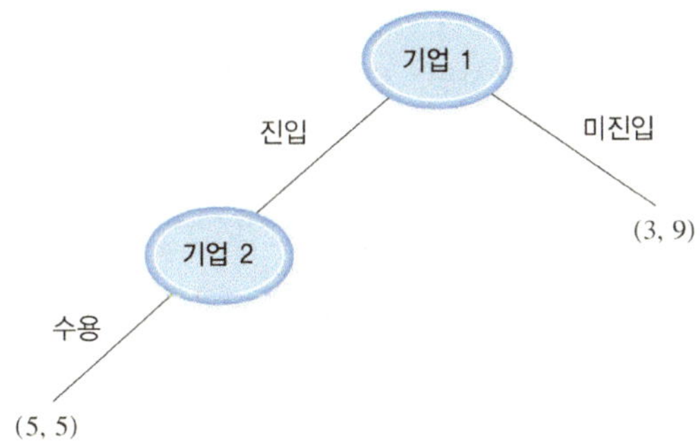

즉, 기업 1은 자신이 진입하면 기업 2는 수용할 것으로 예상하고 최선의 전략을 선택한다. 기업 1의 보상으로 미진입 시의 3보다는 (진입, 수용)의 5가 더 크므로, 기업 1은 ‘진입’할 것이다. 기업 2는 ‘수용’한다.

위에서 제시한 전개형 게임의 ‘부분게임완전 내쉬 균형’은 (진입, 수용)으로 하나밖에 없다. 부분게임완전 내쉬 균형이라는 새로운 개념을 도입하여 내쉬 균형 중 비이성적이라고 판단되는 (미진입, 출혈경쟁)의 내쉬 균형을 제거한 것이다.

부분게임에서 합리적인 결과를 먼저 찾고 되돌아 와서 내쉬 균형을 찾는 방법은 산업조직론에서는 별도의 이름을 갖고 있다. 바로 역진귀납법(Backward induction)이다. 게임이 끝나기 직전부터 합리적인 경기자들이 어떤 선택을 할 것인가를 찾아내어 거슬러 올라가는 분석방법이다. 당연하지만 역진귀납법은

끝이 있는 게임에서만 적용된다.[3]

1기와 2기로 구성된 게임이 있다면, 2기는 마치 부분게임처럼 작용한다. 따라서 2기의 합리적 게임결과를 먼저 찾은 후 1기의 합리적 선택을 찾는 것은 좋은 방법이며, 역진귀납법을 적용한 것이다. 역진귀납법은 다음과 같은 요령으로 적용된다. 2기로 구성된 문제는 적어도 2개의 선택사항이 존재한다. 1기의 선택변수와 2기의 선택변수다. 1기의 선택변수와 2기의 선택변수가 공존하는 문제를 해결하기 위하여, 2기의 합리적 결과를 고려할 때는 1기의 선택사항은 주어진 것으로 생각하여 상수로 취급한다. 2기의 분석이 끝나며, 2기의 선택은 1기의 선택사항의 함수로 나타난다. 1기의 선택사항으로 나타난 2기의 선택을 1기의 고려대상에 대입하면, 1기의 선택으로만 표현된 목적이 나타나므로 문제를 해결할 수 있다.

예를 들어, 위의 시장진입게임을 역진귀납법으로 생각해보자. 2기는 기업 2의 대응이다. 기업 1이 시장에 진입했다는 전제하에 수용할지 출혈경쟁할 것인지를 결정한다. 이렇게 결정된 '수용' 전략을 1기에서 기업 1이 고려하여 시장에 '진입'할 것인지를 결정하는 것이다. 수용할 것인지 출혈경쟁할 것인지의 결정은 기업 1의 시장진입 결정에 영향을 미친다. 이 영향을 고려하기 위하여 역진귀납법을 사용하는 것이다.

또 다른 사례는 본문에도 나오는 생산용량결정 게임이다. 이 게임에서는 1기에 투자를 통하여 생산용량을 결정하고 2기에는 주어진 생산용량 하에서 가격으로 경쟁한다. 이 게임은 생산용량과 가격이라는 두 개의 결정변수를 갖고 있다. 1기의 결정사항이 생산용량이며, 2기의 결정사항은 가격이다. 생산용량과 가격은 서로에게 영향을 미친다. 따라서 둘 사이의 관계를 규명하는 것이 중요하다. 이 문제를 해결하는 역진귀납법은 2기의 가격경쟁을 먼저 고려하는 것이다. 이때, 생산용량은 이미 정해져 있다고 가정한다. 2기의 가격경쟁의 결과는 생산용량의 함수로 결정될 것이다. 이렇게 구해진 결정된 가격과 생산용량의 관계를 1기의 분석에 대입하면, 합리적인 투자금액을 결정할 수 있다.

---

3 무한반복게임처럼 무한히 반복한다면 끝이 없으므로 역진귀납법을 (그대로) 적용할 수는 없다.

내쉬 균형은 수많은 균형점을 갖고 있는 것으로 알려져 있으며, 그중에는 부분게임완전 내쉬 균형으로도 제거되지 않는 비이성적 균형점이나 불안정한 내쉬 균형들도 다수 포함되어 있다. 게임이론의 발전과정은 이런 비이성적 내쉬 균형을 제거하여 좀 더 이성적이고 합리적인 균형점을 찾는 과정이라고 볼 수도 있다. 따라서 부분게임완전 내쉬 균형 외에도 많은 세련된(refined) 내쉬 균형의 개념들을 게임이론은 제시하고 있다. 또한 게임의 참여자들이 서로 다른 정보를 갖고 게임에 임하는 불완전정보 게임도 흥미롭다. 해당 개념들은 게임이론에서 본격적으로 공부하기 바란다.

부록 2

미분과 적분[1]

1 부록 2의 미분과 적분은 위키피디아의 미분과 적분에 대한 설명을 발췌한 내용으로 구성되어 있으며, 본서의 방향에 맞도록 일부 편집하였다.

1. 미분

미분과 적분은 산업조직론의 분석 방법으로서 필수불가결한 역할을 수행한다. 독립변수가 한 단위 변할 때, 종속변수가 얼만큼 변하는지를 측정하는 것이 경제학에서는 매우 중요하기 때문이다. 독립변수가 한 단위 변할 때 종속변수가 얼마나 변하는지를 측정하는 것을 경제학에서는 한계적 변화라고 부르고, 이를 수학에서는 미분(微分, Differentiation)이라고 부른다. 한계적 변화와 미분은 동일한 의미를 갖기 때문에 동의어라고 할 수 있으며, 산업조직론의 분석방법으로 중요하게 사용된다.

경제학에서의 합리적 결정은 한계적 변화에 의해 결정된다. 이윤을 극대화하는 기업의 입장에서 생산량을 한 단위 증가시키면 매출이 증가하는데 이를 한계매출이라고 부른다. 생산량의 한 단위 증가에 따른 비용도 증가하는데 이를 한계비용이라고 부른다. 한계매출이 한계비용보다 크다면, 기업은 생산량을 증가시킴으로써 이윤을 증가시킬 수 있다. 한계이윤이 증가하기 때문이다. 따라서 한계매출이 한계비용보다 큰 상태에서는 기업은 생산량을 증가하여 이윤을 증대한다. 만약 한계매출이 한계비용보다 적은 반대의 상황이 전개된다면, 기업은 생산량을 감소시켜서 이윤을 증가시킬 수 있다. 생산량을 감소시킬 때 손해보는 것은 한계매출이고 절약하는 것은 한계비용인데, 절약되는 한계비용이 크기 때문에 생산량을 감소하면 이윤은 증가한다. 결국, 한계매출이 크면 생산량을 증가시켜야 이윤이 증가하고, 한계매출이 한계비용보다 적다면 생산량을 감소시켜야 이윤이 증가하기 때문에, 기업의 이윤은 한계매출과 한계비용이 일치할 때 극대화된다. 기업의 이윤극대화를 위해서는 이처럼 한계변화가 중요하다.

비슷한 이치로 소비자의 효용극대화나 다른 최적화(Optimization)문제에서 한계변화는 중요하기 때문에 한계변화를 수학적으로 표현하고 수단으로 활용하는 미분은 경제학에서 필수불가결한 수단이라고 할 수 있다. 독립변수가 하나일 때는 미분이라고 부르지만, 독립변수가 여럿인 다변수함수에서의 미분은 편미분이라고 부르며, 본 부록의 미분 다음에 설명하고 있다. 개념적으로 미분의 반대역할을 하는 것은 적분(Integration)이라고 부르는데, 편미분 다음에 설명되어 있다. 미분과 적분은 표준화되어 있기 때문에 위키백과에 쓰여 있는 내용을 아래(부록 2)에서 인용한다. 다만, 설명이 불충분하거나 너무 어렵다고 생각되면 보완/수정하였고, 산업조직론의 수단으로 불필요하다고 생각되는 부분은 삭제하였다.

미분은 함수의 순간변화율을 구하는 계산 과정이다. 순간변화율을 측정하는 것은 어렵기 때문에 평균변화율의 극한을 이용해서 측정한다. 함수 $f(x)$가 x_0에서 Δx[2]만큼 변했을 때 이에 대한 $f(x_0)$의 변화량은 $f(x_0+\Delta x)-f(x_0)$이다. 이 두 변화량의 비율은 $\dfrac{\Delta f(x)}{\Delta x}=\dfrac{f(x_0+\Delta x)-f(x_0)}{\Delta x}$인데, 이를 구할 수 있을 때 평균변화율이라고 한다.[3]

평균변화율 함수의 극한을 취하여 함수 $f(x)$의 특정 지점 x_0에서 변화량 Δx가 0으로 수렴할 때의 변화율을 순간변화율 또는 미분계수라고 하고 다음의 수식과 같이 나타낸다.

$$\frac{d}{dx}f(x_0)=\lim_{\Delta x\to 0}\frac{f(x_0+\Delta x)-f(x_0)}{\Delta x}$$

위의 값이 존재하면 함수 $f(x)$는 특정 지점 x_0에서 미분가능하다고 정의한다. 만약 함수 $f(x)$가 모든 정의역에서 미분가능하면, 해당 함수를 미분가능하다고 정의한다. 미분가능한 함수는 다음의 값이 모든 정의역에서 존재하며, $f'(x)$ 또는 $\dfrac{d}{dx}f(x)$로 표기한다. $f'(x)$ 함수를 $f(x)$에 대한 도함수라고 한다.

---

2 Δx를 증분(增分)이라고도 한다. 경제학적으로는 "독립변수의 한 단위 변화"를 의미한다.

3 "구할 수 있을 때"를 명기한 이유는 구할 수 없는 경우를 제외하기 위함이다.

$$f'(x) = \frac{d}{dx}f(x) = \lim_{\Delta x \to 0}\frac{f(x+\Delta x)-f(x)}{\Delta x}$$

미분은 연속적이고 지속적인 변화량에 대한 순간변화율을 의미한다. 따라서 연속적이지 않은 변화량에서나 첨점[4]과 같은 특이점에서는 미분이 불가능하다. 함수의 그래프에서 미분은 함수 곡선의 특정 지점 x_0에서의 접선으로 나타낼 수 있다.

아래에서는 미분에 대해 보다 자세하게 설명한다.

1) 변화율

미분의 개념을 이해하기 위해 높은 다리 위에서 손에 쥐었던 농구공을 가만히 놓아 떨어뜨리는 것을 예로 들어보자.[5] 공기의 저항이나 바람의 영향 같은 것이 없다고 생각하면 농구공의 자유낙하는 다음과 같은 결과를 얻을 것이다.

낙하시간 t(초)	낙하거리 $r(m)$	평균낙하속도 $V_{av}(m/0.1$초$)$		평균가속도 $A_{av}(m/0.1$초$)$
0	0	–	–	–
0.1	0.049	0 → 0.1	0.049	–
0.2	0.196	0.1 → 0.2	0.147	0.098
0.3	0.441	0.2 → 0.3	0.245	0.098
0.4	0.784	0.3 → 0.4	0.343	0.098
0.5	1.225	0.4 → 0.5	0.441	0.098
…	…	…	…	…
t	$\frac{1}{2}\times 9.8\times t^2$	$t \to t+\Delta t$	$9.8\times t+\frac{1}{2}\times 9.8\times \Delta t\times 0.1$	9.8×0.1^2

(1) 평균변화율

위 표에서 농구공의 낙하 시간을 t라 하고 낙하거리를 r이라 하면, 함수

4 함수 $y=|x|$를 그리면 원점은 뾰족하다. 이 뾰족한 점을 "첨점"이라고 한다.

5 미야구치 유우지(2001)

$f:t\rightarrow r$은 다음과 같은 관계식으로 나타낼 수 있다.

$$r=\frac{1}{2}\times 9.8\times t^2$$

수식을 간단히 하기 위해 $\frac{1}{2}\times 9.8$ 을 k라 하면, $r=kt^2$가 된다.

또한, 위의 표에서 낙하시간이 지남에 따라 나타나는 낙하 거리의 변화율, 즉 평균 낙하 속도를 구할 수 있다. 평균변화율은

$$\frac{\Delta f(x)}{\Delta x}=\frac{f(x+\Delta x)-f(x)}{\Delta x}$$

이고, 평균 속도는 일정 시간이 지나는 동안 위치가 변한 정도의 비율이므로, 평균속도 V_{av}는

$$\begin{aligned}v_{av}&=\frac{\Delta r}{\Delta t}=\frac{k(t+\Delta t)^2-kt^2}{\Delta t}\\&=k\cdot\frac{(t+\Delta t)^2-t^2}{\Delta t}=k\cdot\frac{t^2+2t\Delta t+\Delta t^2-t^2}{\Delta t}\\&=k\cdot\frac{2t\Delta t+\Delta t^2}{\Delta t}=k\cdot(2\mathrm{t}+\Delta \mathrm{t})\end{aligned}$$

이다. 따라서

$$\begin{aligned}v_{av}&=\frac{1}{2}\cdot 9.8\cdot(2t+\Delta t)\\&=9.8\cdot t+\frac{1}{2}\cdot 9.8\cdot\Delta t\end{aligned}$$

예를 들어 낙하시간 0.4초에서 0.5초 사이의 평균속도는 $t=0.4$이고 $\Delta t=0.1$인 경우이므로

$$v_{av}(t=0.4 \to 0.5)=9.8 \cdot 0.4+\frac{1}{2} \cdot 9.8 \cdot 0.1=4.41\mathrm{m/s}$$
$$=0.441m/0.1s \quad (s=\text{초})$$

이와 같이 함수 $f: t \to r$의 일정 구간에서 t의 변화량 Δt에 대한 r의 변화량 Δr의 비를 구할 수 있고 이를 평균변화율이라 한다.

한편, 평균낙하속도의 변화율, 즉 평균 가속도는 낙하시간의 변화량의 제곱에 9.8을 곱한 값으로 언제나 일정함을 알 수 있다. 즉, 중력 가속도는 $9.8m/\text{초}^2$ 또는 $0.098m/0.1\text{초}^2$이다.

(2) 순간변화율

위의 평균변화율 예제에서 t의 변화량 Δt가 극히 작아져 0으로 수렴하는 경우를 생각해보면 결국 한 순간에서의 변화율을 생각할 수 있다. 이를 순간변화율이라 한다. 미분은 어떤 함수의 순간변화율을 구하는 계산 과정이고 한 지점에서의 순간변화율을 미분계수라고 한다. 이는 달리 말하면 한 지점에서의 변화율에 대한 함수의 극한을 구하는 것과 같다.

일반적으로 함수 $f(x)$의 x에서의 순간변화율은 변화량인 Δx가 0에 수렴될 때의 변화율이라고 생각할 수 있다. 이를 평균변화율에 견주어 $\frac{df(x)}{dx}$로 나타낸다. 이를 수식으로 표현하면

$$\frac{d}{dx}f(x)=\lim_{\Delta x \to 0}\frac{f(x+\Delta x)-f(x)}{\Delta x} \qquad \text{(A)}$$

이 된다.

위에서 예를 든 자유낙하의 경우, 특정 시간 t에 대한 낙하거리의 순간변화율, 즉 순간속도는 다음과 같이 계산할 수 있다.

$f(t)=\frac{1}{2}\times 9.8\times t^2$에서 $k=\frac{1}{2}\times 9.8$이라 하면 $f(t)=k\times t^2$이고, 〈식 A〉에 $f(t)$를 대입하면 t에서의 순간속도는

$$\begin{aligned}
\frac{d}{dt}f(t) &= \lim_{\Delta t\to 0}\frac{f(t+\Delta t)-f(t)}{\Delta t}\\
&= \lim_{\Delta t\to 0}\frac{k\times(t+\Delta t)^2-k\times t^2}{\Delta t}=k\times\lim_{\Delta t\to 0}\frac{(t+\Delta t)^2-t^2}{\Delta t}\\
&= k\times\lim_{\Delta t\to 0}\frac{t^2+2t\Delta t+\Delta t^2-t^2}{\Delta t}=k\times\lim_{\Delta t\to 0}\frac{2t\Delta t+\Delta t^2}{\Delta t}\\
&= k\times\lim_{\Delta t\to 0}2t+\Delta t
\end{aligned}$$

그런데 Δt는 0으로 수렴하므로, $=k\times 2t$

한편, $k=\frac{1}{2}\times 9.8$ 이므로 $=\frac{1}{2}\times 9.8\times 2t$ 따라서

$$\frac{d}{dt}f(t)=9.8\times t$$

2) 도함수

위의 개요에서 살펴본 바와 같이 함수 $f(x)=kx^2$를 미분하면 새로운 관계식을 갖는 함수 $f'(x)=2kx$가 생성된다. 앞서도 언급하였지만, 이와 같이 원래의 함수를 미분하여 생성되는 함수를 '''도함수'''라 한다. 일반적으로 다항 방정식을 관계식으로 하는 함수의 도함수는 미분 계산을 통하여 구할 수 있다. 즉, 함수 $f(x)$에 대한 도함수 $f'(x)$는 다음의 식으로 나타낼 수 있다(한상현, 2010).

$$f'(x) = \lim_{\Delta x \to 0} \frac{f(x+\Delta x) - f(x)}{\Delta x}$$ [6]

도함수를 나타내는 기호는 여러 가지가 있다. 이는 미적분학의 발전 과정에서 여러 학자들이 각기 다른 기호를 제안하였기 때문이다. 널리 쓰이는 기호는 다음과 같다.[7]

기호	제안자
$f'(x)$	라그랑주
$\frac{dy}{dx}$, $\frac{df(x)}{dx}$, $\frac{d}{dx}f(x)$	라이프니츠
$\dot{x}$	뉴턴
$Df(x)$	오일러

일반적으로 도함수의 관계식 등을 표현할 때에는 라그랑주의 $f'(x)$가 널리 쓰이고, 미분 계수의 계산에서는 라이프니츠의 $\frac{dy}{dx}$가 흔히 쓰인다. 미분 계수는 계산과정에서 실제 분수와 같은 성질을 보이기 때문이다. 예를 들어 $y=f(x)$이고, $x=g(t)$이면, 간접함수 $y=h(t)$의 도함수는 다음과 같이 계산된다.[8]

---

6 예를 들어 $f(x)=x^2-4$의 도함수는

$$\begin{aligned} f'(x) &= \lim_{\Delta x \to 0} \frac{f(x+\Delta x)-f(x)}{\Delta x} \\ &= \lim_{\Delta x \to 0} \frac{(x+\Delta x)^2-4-(x^2-4)}{\Delta x} \\ &= \lim_{\Delta x \to 0} \frac{x^2+2x\Delta x+\Delta x^2-4-x^2+4}{\Delta x} \\ &= \lim_{\Delta x \to 0} \frac{2x\Delta x+\Delta x^2}{\Delta x} \\ &= \lim_{\Delta x \to 0} (2x+\Delta x) \end{aligned}$$

$f'(x)=2x$가 된다.

7 한상현(2010)

8 엘미마오(2000)

$$\frac{dy}{dt}=\left(\frac{dy}{dx}\right)\cdot\left(\frac{dx}{dt}\right)$$

한편, 함수 $f(x)$를 미분하여 구한 도함수 $f'(x)$에 대해 미분이 가능하다면 또 다시 미분을 할 수 있다. 이렇게 도함수를 다시 미분하는 것을 이계 미분이라 하고 그렇게 하여 얻은 함수를 이계도함수라고 한다. 이계도함수는 $f''(x)$로 나타낸다. 같은 원리로 삼계도함수, 사계도함수, … 와 같은 도함수를 구할 수 있다.[9] 함수를 미분하여 구한 도함수는 또 하나의 함수이다. 이계 이상의 도함수를 통칭하여 고계도함수(제n계도함수, 제n차함수)라 하고 $f^{n}(x)$로 나타낸다.

앞에서 다룬 농구공의 자유낙하 예제로 함수와 도함수, 이계도함수의 관계를 살펴보면 다음과 같다.

함수($f(x)$)	**도함수**($f'(x)$)	**이계도함수**($f''(x)$)
낙하거리(m)	순간 속도(m/초)	순간 가속도(m/초^2)
$f(t)=\frac{1}{2}\cdot 9.8\cdot t^2$	$f'(t)=\frac{d}{dt}f(t)=9.8\cdot t$	$f''(t)=\frac{d}{dt}f'(t)=9.8$

3) 그래프와 접선

함수의 그래프에서 미분은 특정 지점에서 나타나는 접선의 기울기를 뜻한다.[10]

9 박진홍(1998)

10 하영원(2009)

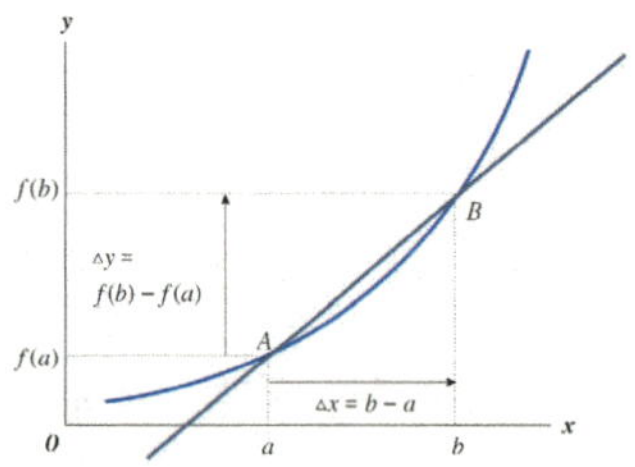	왼쪽의 그래프에서 함수 $f(x)$의 평균 변화율은 직선 AB의 기울기가 된다. $$\frac{\Delta y}{\Delta x}=\frac{f(b)-f(a)}{b-a}$$
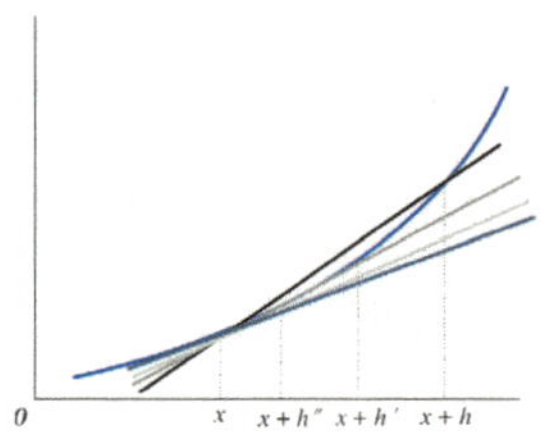	왼쪽의 그래프와 같이 변화량 Δx가 0으로 수렴하는 극한을 취하면 결국 미분계수는 접선의 기울기가 된다.
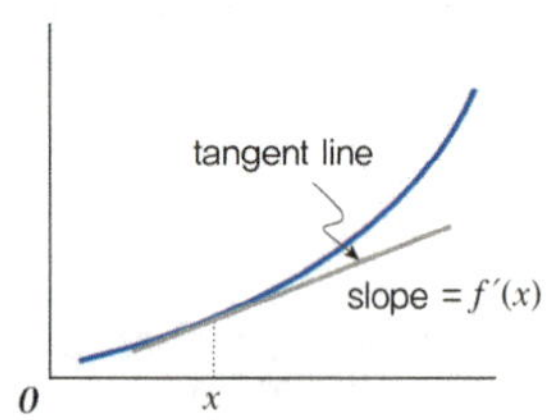	따라서, 함수 $f(x)$의 특정 지점 $f(x)$에서의 미분계수 $f'(x)$는 $(x, f(x))$에서 만나는 접선의 기울기가 된다.

4) 미분 가능

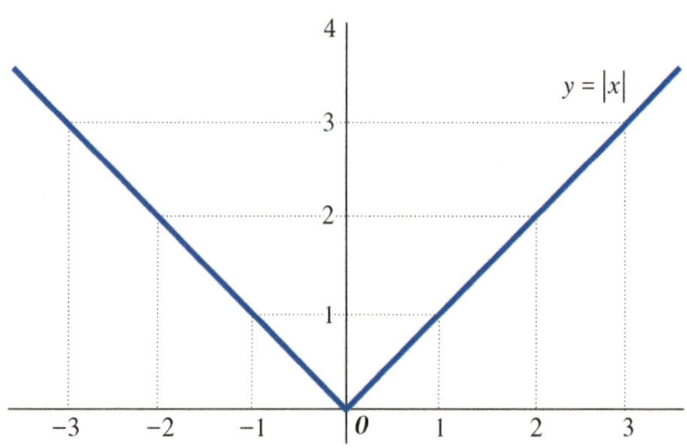

$y=|x|$의 그래프 : 연속이지만 미분이 불가능하다.

미분은 함수 $f(x)$의 순간변화율을 계산하는 과정이다. $f(a)$에서 미분계수 $f'(a)$가 존재할 때 미분 가능이라고 한다. 미분이 가능하면 변화량은 연속이다. 그러나 그 역은 성립하지 않는다. 첨점과 같이 연속이지만 미분이 불가능한 경우가 존재한다. 예를 들어

함수 $y=|x|$는 $x=0$일 때 연속이지만 미분은 불가능하다. 왜냐하면, 미분은 특정 지점에서 함수의 극한을 취하는 것으로 순간증가율과 순간감소율이 동일하다는 것을 전제로 하는데, 위의 함수의 경우 $x=0$일 때 순간감소율인 좌미분계수와 순간증가율인 우미분계수가 서로 다른 값을 갖게 되고 따라서 미분의 전제 조건을 충족할 수 없게 되어 미분이 불가능하게 된다.

5) 다양한 함수와 미분 방법

다양한 함수들에 대하여 실제로 어떻게 미분하는지 그 방법을 살펴본다. 미분방법은 기본적으로 미분의 정의 $f'(x)=\lim_{\Delta x \to 0}\frac{f(x+\Delta x)-f(x)}{\Delta x}$를 적용하지만, 적용하는 과정을 미리 알아두면 편리하다.

(1) 상수함수의 미분

$$f(x)=c \ (c\text{는 상수})$$

$$f'(x)=\lim_{\Delta x \to 0}\frac{f(x+\Delta x)-f(x)}{\Delta x}=\lim_{\Delta x \to 0}\frac{c-c}{\Delta x}=0$$

(2) 실수배의 미분

$$y=cf(x)$$

$$y'=\lim_{\Delta x \to 0}\frac{cf(x+\Delta x)-cf(x)}{\Delta x}=c\lim_{\Delta x \to 0}\frac{f(x+\Delta x)-f(x)}{\Delta x}=cf'(x)$$

(3) 다항함수의 미분

n이 자연수인 경우, 인수분해를 이용하여 $f(x)=x^n$의 도함수를 구하면,

$$f'(x) = \lim_{\Delta x \to 0} \frac{f(x+\Delta x)-f(x)}{\Delta x}$$

$$= \lim_{\Delta x \to 0} \frac{(x+\Delta x)^n - x^n}{\Delta x}$$

$$= \lim_{\Delta x \to 0} \frac{(x+\Delta x - x)(x^{n-1} + x^{n-2}(x+\Delta x) + x^{n-3}(x+\Delta x)^2 + ... + (x+\Delta x)^{n-1})}{\Delta x}$$

$$= \lim_{\Delta x \to 0} (x^{n-1} + x^{n-2}(x+\Delta x) + x^{n-3}(x+\Delta x)^2 + ... + (x+\Delta x)^{n-1})$$

이때, Δx는 0에 수렴하므로 $f'(x) = x^{n-1} + x^{n-1} + ... + x^{n-1} = nx^{n-1}$이다.

따라서, $f'(x) = nx^{n-1}$

(4) 분수함수의 미분

n이 정수인 경우, $f(x) = x^{-n} = \frac{1}{x^n}$의 도함수는 $f'(x) = (x^{-n})' = \frac{-nx^{n-1}}{x^{2n}}$ $= -nx^{-n-1}$이 된다.

(5) 유리함수의 미분

n이 유리수인 경우, 음함수의 미분법에 의해, $f(x) = x^n$, $(n = \frac{q}{p})$의 도함수는

$$f(x) = x^{\frac{q}{p}}$$

$$f(x)^p = x^q$$

$$pf(x)^{p-1}f'(x) = qx^{q-1}$$

$$f'(x) = \frac{q}{p} \frac{x^{q-1}}{x^{(\frac{q}{p})^{p-1}}}$$

$$f'(x) = \frac{q}{p} x^{q-q-\left(-\frac{q}{p}\right)-1}$$

$$f'(x) = \frac{q}{p} x^{\frac{q}{p} - 1} = nx^{n-1}$$

(6) n이 실수인 함수의 미분

n이 실수인 경우 로그 미분법을 통해, $f(x) = x^n$의 도함수는 $\ln f(x) = n \ln x$에서 양변을 미분하여

$$\frac{f'(x)}{f(x)} = \frac{n}{x}$$

이고 정리하면

$$\therefore\ f'(x) = \frac{n}{x} f(x) = \frac{n}{x} x^n = nx^{n-1}$$

을 얻는다.

(7) 합과 차의 미분

$$\begin{aligned}(f(x)+g(x))' &= \lim_{\Delta x \to 0} \frac{f(x+\Delta x)+g(x+\Delta x)-(f(x)+g(x))}{\Delta x} \\ &= \lim_{\Delta x \to 0} \frac{f(x+\Delta x)-f(x)+g(x+\Delta x)-g(x)}{\Delta x} \\ &= \lim_{\Delta x \to 0} \frac{f(x+\Delta x)-f(x)}{\Delta x} + \lim_{\Delta x \to 0} \frac{g(x+\Delta x)-g(x)}{\Delta x} \\ &= f'(x)+g'(x)\end{aligned}$$

같은 방법으로,

$$(f(x)-g(x))'=f'(x)-g'(x)$$

(8) 곱의 미분

$$(f(x)g(x))'=\lim_{\Delta x\to 0}\frac{f(x+\Delta x)g(x+\Delta x)-(f(x)g(x))}{\Delta x}$$

$$=\lim_{\Delta x\to 0}\frac{f(x+\Delta x)g(x+\Delta x)-f(x)g(x+\Delta x)+f(x)g(x+\Delta x)-(f(x)g(x))}{\Delta x}$$

$$=\lim_{\Delta x\to 0}\frac{f(x+\Delta x)-f(x)}{\Delta x}\lim_{\Delta x\to 0}g(x+\Delta x)+\lim_{\Delta x\to 0}\frac{g(x+\Delta x)-g(x)}{\Delta x}\lim_{\Delta x\to 0}f(x)$$

$$=f'(x)g(x)+f(x)g'(x)$$

(9) 몫의 미분

곱의 미분법과 같은 방법으로,

$$\left(\frac{f(x)}{g(x)}\right)'=\frac{f'(x)g(x)-f(x)g'(x)}{(g(x))^2}$$

$f(x)=1$인 경우,

$$\left(\frac{1}{g(x)}\right)'=\frac{-g'(x)}{(g(x))^2}$$

(10) 합성함수의 미분

$$(f(g(x)))'=\lim_{\Delta\to 0}\frac{f(g(x+\Delta x))-f(g(x))}{\Delta x}$$

$$=\lim_{\Delta x\to 0}\frac{f(g(x+\Delta x))-f(g(x))}{g(x+\Delta x)-g(x)}\lim_{\Delta x\to 0}\frac{g(x+\Delta x)-g(x)}{\Delta x}$$

$\Delta x \to 0$이면, $g(x+\Delta x) \to g(x)$이다.

$$= \lim_{g(x+\Delta x)\to g(x)} \frac{f(g(x+\Delta x)) - f(g(x))}{g(x+\Delta x) - g(x)} \lim_{\Delta x \to 0} \frac{g(x+\Delta x) - g(x)}{\Delta x}$$

따라서 $(f(g(x)))' = f'(g(x))g'(x)$

(11) 역함수의 미분

$y = f^{-1}(x)$이면 $x = f(y)$이므로 합성함수의 미분법을 통해 $1 = f'(y)y'$

따라서 $y' = \dfrac{1}{f'(y)} = \dfrac{1}{f'(f^{-1}(x))}$

(12) 음함수의 미분

변수가 한 개인 함수를 양함수라 하고 두 개인 함수를 음함수라 한다.

$f(y) = f(x)$일 때, $\dfrac{d}{dx} f(y) = f'(x)$

(13) 지수 함수의 미분

지수 함수 $f(x) = b^x$의 도함수 $f'(x)$는 다음과 같다(엘미마오, 2000). 편의상 Δx를 h로 표기한다.

$$f'(x) = \lim_{h\to 0} \frac{b^{x+h} - b^x}{h}$$

지수법칙에 의해

$$b^{x+h} - b^x = b^x b^h - b^x = b^x(b^h - 1)$$

이므로,

$$f'(x) = \lim_{h \to 0} \frac{b^x(b^h - 1)}{h}$$

$$= b^x \lim_{h \to 0} \frac{b^h - 1}{h}$$

이때 상수 k를 $\ln b = \lim_{h \to 0} \frac{b^h - 1}{h}$과 같이 정의하면,

$$f'(x) = b^x \ln b$$

가 된다.

한편 $b = e$일 때 $\lim_{h \to 0} \frac{e^h - 1}{h} = 1$이 되므로, $f(x) = e^x$의 도함수는 자기 자신인 $f(x) = e^x$가 된다.

(14) 로그 함수의 미분

$$f(x) = \log_a x$$
$$x = a^{f(x)}$$

합성함수의 미분법에 의해,

$$1 = a^{f(x)} f'(x) \ln a$$
$$f'(x) = \frac{1}{a^{f(x)} \ln a} = \frac{1}{x \ln a}$$

$x=e$인 경우 $f(x)=\ln x$ 0

$$f'(x)=\frac{1}{x\ln e}=\frac{1}{x}$$

참고문헌

김성수 외, 『대학 수학』, 청문각, ISBN 89-7088-171-9, 109~110쪽, 1998.

미야구치 유우지, 김상윤 역, 『수학을 다시 시작하는 책』, 자음과 모음, ISBN 89-8447-141-0, 156~160쪽, 2001.

방은숙 외, 『미분적분학』, 학문사, ISBN 89-467-4111-2, 71쪽, 1998.

박은순, 『미분 적분학』, 숭실대학교출판부, ISBN 89-7450-235-6, 211~212쪽, 2009.

박진홍 외, 『미분적분학』, 학문사, ISBN 89-467-4063-9, 39쪽, 1998.

셔먼 스타인, 이우영 역, 『아르키메데스』, 경문사, ISBN 89-7282-926-9, 145~168쪽, 2006.

엘리마오, 허민 역, 『오일러가 사랑한 수 e』, 경문사, ISBN 89-7282-467-4, 142~144쪽

이광연, 『수학자들의 전쟁』, 프로네시스, ISBN 89-01-07286-6, 69~70쪽, 2007.

이준희 외, 『생활 속의 과학』, MJ미디어, ISBN 89-7880-093-9, 21쪽, 2003.

하영원, 『전기 수학』, 기전연구사, 2009, ISBN 89-336-0807-9, 178~180쪽.

한상현, 『현대토목수학』, 동화기술, ISBN 89-425-1522-3, 217~218, 220쪽, 2010.

2. 부분미분 또는 편미분(片微分, Partial differentiation)

편미분이란 독립변수가 여러 개인 다변수 함수를 미분하는 방법 중 하나다. 다변수함수의 독립변수 중 특정 변수를 제외한 나머지 변수를 상수로 생각하여 미분하는 방법이다. 함수 f를 x로 편미분하는 것을 기호로는 f_x, $\frac{\partial}{\partial x}f$, or $\frac{\partial f}{\partial x}$ 와 같이 나타낸다. 만약, 함수가 $f(x_1, x_2)$와 같이 표기된다면, $f_{x_1}(x_1, x_2) = f_1(x_1, x_2)$으로 표기하기도 한다.

1) 정의

함수 f를 다음과 같이 x와 y의 함수라고 하자.

$$f(x,y) = x^2 + xy + y^2.$$

편미분은, 다른 독립변수들을 특정한 값에 고정시킨 상태에서, 한 독립변수만 변할 때의 종속변수 변화를 측정한다. 예를 들어, 위의 함수를 x에 대하여 편미분한다면, y를 상수로 취급하면서, x로 미분하라는 뜻이다. 따라서 $f_x(x,y) = 2x + y$이 성립한다.

편미분에 대한 정의는 다음과 같다.

$$\frac{\partial f}{\partial x_i}(x_1, \cdots, x_n) = \lim_{h \to 0} \frac{f(x_1, \cdots, x_{i-1}, x_i + \Delta x, x_{i+1}, \cdots, x_n) - f(x_1, \cdots, x_n)}{\Delta x}$$

2) 표기법

만약 f가 독립적인 변수 x, y, z에 대한 함수라고 하면, f를 x로 편미분한 식은 다음과 같다.

$$\frac{\partial f}{\partial x} = f_x$$

이 식을 x로 한 번 더 편미분한다면 다음과 같이 표기한다.

$$\frac{\partial^2 f}{\partial x \partial x} = \frac{\partial^2 f}{\partial x^2} = f_{xx}$$

이때 f_x를 y로 편미분한다면, 즉 함수 f를 x로 편미분한 후 y로 편미분한다면 다음과 같이 표기한다.

$$(\frac{\partial}{\partial y})\frac{\partial f}{\partial x} = \frac{\partial^2 f}{\partial y \partial x} = f_{xy}$$

역시 마찬가지로, f를 x로 편미분한 후 y, z로도 한 번씩 편미분한다면 다음과 같이 표기한다.

$$\frac{\partial^3 f}{\partial z \partial y \partial x} = f_{xyz}$$

3) 예

밑면의 반지름이 r이고 높이가 h인 원뿔의 부피 V는 다음과 같다.

$$V = \frac{\pi r^2 h}{3}$$

여기에서 V를 r에 대해 편미분하면 다음과 같은 식이 얻어진다.

$$\frac{\partial V}{\partial r} = \frac{2\pi rh}{3}$$

또한, V를 h에 대해 편미분하면 다음 식이 얻어진다.

$$\frac{\partial V}{\partial h} = \frac{\pi r^2}{3}$$

4) Young의 정리

만약 함수 $f(x,y)$이 C^2 함수[11]라면 그 함수의 혼합 편미분 (f_{xy}, f_{yx})은 서로 동일하다.

증명 : $S(\Delta x,\Delta y) = f(x_0+\Delta x, y_0+\Delta y) - f(x_0+\Delta x, y_0) - f(x_0, y_0+\Delta y) + f(x_0,y_0)$ 라고 하고 $g(x) = f(x,y_0+\Delta y) - f(x,y_0)$라고 하자. 그렇다면 $S(\Delta x,\Delta y) = g(x_0+\Delta x) - g(x_0)$이다. 전제에 의하여 g는 미분가능하므로 평균값 정리에 의하여 $x_0+\Delta x$와 x_0사이에는 $g(x_0+\Delta x) - g(x_0) = g'(\bar{x})\Delta x$를 만족하는 $\bar{x}$가 존재한다.

$$S(\Delta x,\Delta y) = [\frac{\partial f}{\partial x}(\bar{x}, y_0+\Delta y) - \frac{\partial f}{\partial x}(\bar{x}, y_0)]\Delta x \text{이다.}$$

평균값 정리를 다시 한 번 적용하면 f_x는 미분 가능하므로 평균값 정리에 의해 $y_0 + \Delta y$와 y_0 사이에는 $\frac{\partial f}{\partial x}(\bar{x}, y_0+\Delta y) - \frac{\partial f}{\partial x}(\bar{x}, y_0) = \frac{\partial^2 f}{\partial y \partial x}(\bar{x}, \bar{y})\Delta y$를 만족하는 $\bar{y}$가 존재한다. 따라서 $S(\Delta x, \Delta y) = \frac{\partial^2 f}{\partial y \partial x}(\bar{x}, \bar{y})\Delta x \Delta y$이고, $\frac{\partial^2 f}{\partial y \partial x}(\bar{x}, \bar{y}) = \frac{S(\Delta x, \Delta y)}{\Delta x \Delta y}$이다. $\frac{\partial^2 f}{\partial y \partial x}$는 연속이므로 $\lim_{(\Delta x,\Delta y)\to(0,0)} \frac{S(\Delta x, \Delta y)}{\Delta x \Delta y} =$

11 두 번 미분가능한 함수라는 뜻이다.

$\frac{\partial^2 f}{\partial y \partial x}(x,y)$이다.

비슷한 방법으로 계산해보면 $\frac{\partial^2 f}{\partial x \partial y}(x,y) = \lim_{(\Delta x, \Delta y) \to (0,0)} \frac{S(\Delta x, \Delta y)}{\Delta x \Delta y}$이므로 $f_{xy} = f_{yx}$이다.

참고문헌

Jerrold E. Marsden, Anthony J. Tromba (2003). 《Vector Calculus(Fifth Edition)》. W. H. Freeman and Company. ISBN 0-7167-4992-0.

3. 적분(Integration)

1) 적분의 의미

적분(積分)은 일차적으로는 실직선 상에서 정의되는 함수 아랫부분의 면적을 구하는 데 이용된다. 적분과 미분은 뺄셈과 덧셈이나 나눗셈과 곱셈과 같은 역의 관계에 있다. 따라서 적분의 방법은 미분을 되돌리는 것이라고 할 수 있다. 예를 들어, 도함수 $f(x)=2x$를 알고 있을 때, 원래 함수인 $F(x)=x^2$를 구해내는 방법을 부정적분이라고 한다. 참고로 원래 함수는 원시함수라고 부른다. 부정적분을 이용하여 원시함수를 찾고, 찾은 원시함수를 이용하여 면적을 구하는 방법은 정적분이라고 한다.

[부록 그림 2-1]

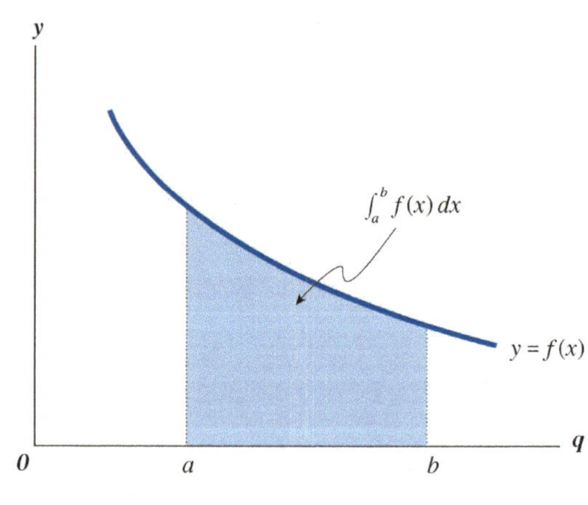

위의 그림을 보면, 함수 $f(x)$ 밑의 a에서 b까지의 면적을 $\int_a^b f(x)dx$로 나타낼 수 있다. 즉, $f(x)$가 주어지고 $f(x)$의 원시함수를 구한다면 $\int_a^b f(x)dx$은 다음과 같이 간단하게 구할 수 있다.

적분학의 기본정리

$$\int_a^b f(x)dx = F(b) - F(a)$$

즉, 원시함수에 구간의 더 큰 숫자 b를 대입하여 얻은 숫자에서 구간의 작은 숫자 a를 대입하여 얻은 숫자를 차감하면 면적을 얻을 수 있다.

사례 1) $f(x) = x^2$일 때, $[1,\ 2]$까지의 이 함수 밑면적을 구하라.

[부록 그림 2-2]

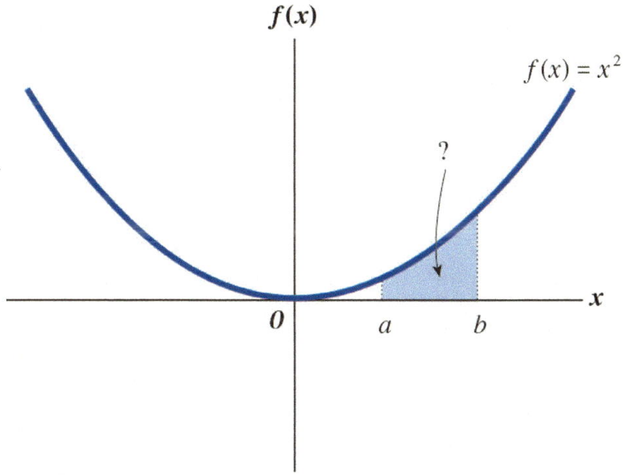

답) 이 함수의 원시함수를 구하면, $F(x) = \frac{1}{3}x^3$이다. 이 함수에 구간의 큰 값인 2를 대입하면, $F(2) = \frac{8}{3}$이다. 이 함수의 작은 값인 1을 대입하면, $F(1) = \frac{1}{3}$이다. 따라서 면적은 위의 기본정리에 의하여 $\frac{7}{3}$임을 알 수 있다.

2) 적분의 방법

위의 사례에서는 기본정리를 이용하여 면적을 구하였다. 아래에서는 이를 다른 방법으로 확인한다. 이 확인으로 기본정리가 맞다는 것을 확신하기 바란다. 기본정리에 대한 증명은 미분적분학을 다루는 수학책에서 확인하기 바란다.

사례 1-1) $f(x)=x^2$일 때, $[1,\ 2]$까지의 이 함수 밑면적을 구하라.

[부록 그림 2-3]

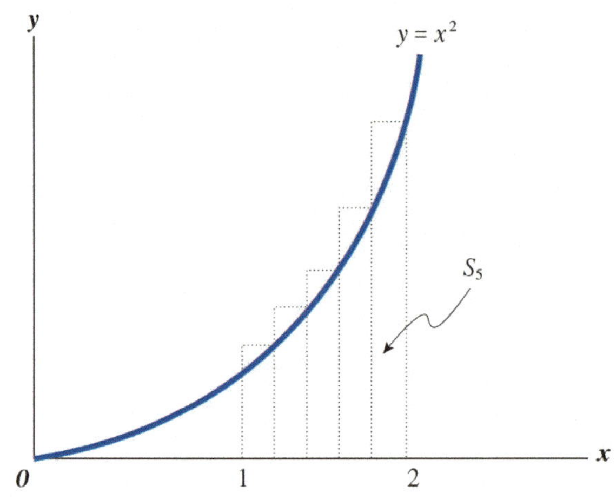

$[1,\ 2]$ 사이의 $y=x^2$의 아래 부분의 면적 S는 다음과 같은 방법으로도 구할 수 있다. 그림에서와 같이 구간 $[1,\ 2]$를 길이가 $\frac{1}{5}$인 다섯 개의 소구간으로 나누고 각 구간별로 그 구간을 밑변으로 하고, 그 구간에서 가장 큰 y값을 높이로 하는 직사각형을 그린다. i번째 직사각형의 높이는 $(1+\frac{1}{5}i)^2$이다. 예를 들어 첫 번째 직사각형의 높이는 $1.2^2=1.44$이고, 두 번째 직사각형의 높이는 $1.4^2=1.96$이다. 이 다섯 직사각형의 면적을 모두 합하면 총면적은 $S_5=\sum_{i=1}^{5}(\frac{1}{5})(1+\frac{1}{5}i)^2=2.64$

이다. 그림에서 보는 바와 같이 $S_5 > S$로서 오차가 존재한다.

[부록 그림 2-4]

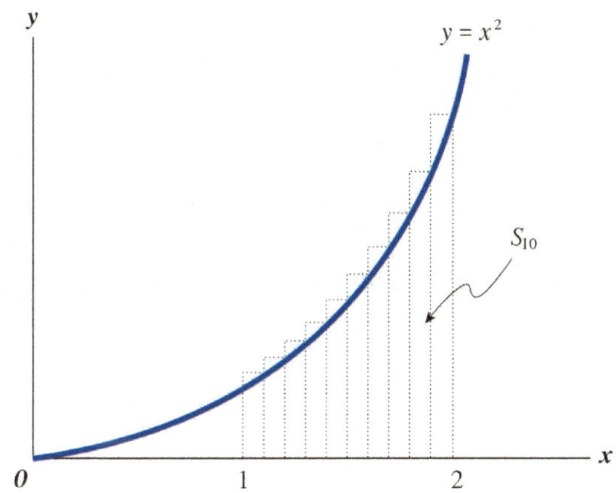

위의 그림에서 표기된 것과 같이 10개의 소구간을 얻을 수 있다. i번째 소구간에 해당하는 직사각형은 밑변이 $\frac{1}{10}$이고 높이는 $(1+\frac{1}{10}i)^2$이므로, 총면적은 $S_{10} = \sum_{i=1}^{10}(\frac{1}{10})(1+\frac{1}{10}i)^2 = 2.485$다. 그런데 $S_5 > S_{10} > S$이므로 $S_{10} = 2.485$이 더 정확한 근사값이다. 이런 식으로 소구간들을 더 세분화하면 점점 더 정확한 근사값을 구할 수 있을 것이다.

$[1,\ 2]$를 길이가 $\frac{1}{n}$인 n개의 소구간으로 나누고, 해당 직사각형의 총면적을 구하면 다음과 같다.[12]

$$S_n = \sum_{i=1}^{n}(\frac{1}{n})(1+\frac{1}{n}i)^2 = \frac{1}{n}\sum_{i=1}^{n}(1+\frac{2}{n}i+\frac{1}{n^2}i^2) = \frac{7}{3}+\frac{3}{2n}+\frac{1}{6n^2}$$

n을 무한히 크게 하면 오차가 사라질 것을 예상할 수 있다. 즉, $\lim_{n\to\infty} S_n = \frac{7}{3}$이다.[13]

12 $\sum_{i=1}^{n} i = \frac{n(n+1)}{2}$이고, $\sum_{i=1}^{n} i^2 = \frac{n(n+1)(2n+1)}{6}$임을 이용하면 쉽게 결과를 얻을 수 있다.

이제까지는 직사각형에서 각 소구간의 가장 큰 값을 높이로 생각하였지만, 가장 적은 값을 높이로 생각하여 면적을 구한다. n개 소구간의 i번째 직사각형은 밑변은 $\frac{1}{n}$이고 높이는 $(1+\frac{i-1}{n})^2$이 된다. 총면적 s_n은 다음과 같다.

$$s_n = \sum_{i=1}^{n}(\frac{1}{n})(1+\frac{i-1}{n})^2 = \frac{7}{3} - \frac{3}{2n} + \frac{1}{6n^2}$$

n을 무한히 크게 하면 오차가 사라질 것을 예상할 수 있다. 즉, $\lim_{n\to\infty} s_n = \frac{7}{3}$이다.[14] 즉, 큰 직사각형으로 면적을 계산한 결과와 적은 직사각형으로 면적을 계산한 결과가 극한에서 같다. 따라서 실제 면적도 이와 같음을 알 수 있다.

사례 2) $f(x) = x$의 구간 $[4,\ 9]$에 대한 적분을 계산하면, 다음과 같다.

[부록 그림 2-5]

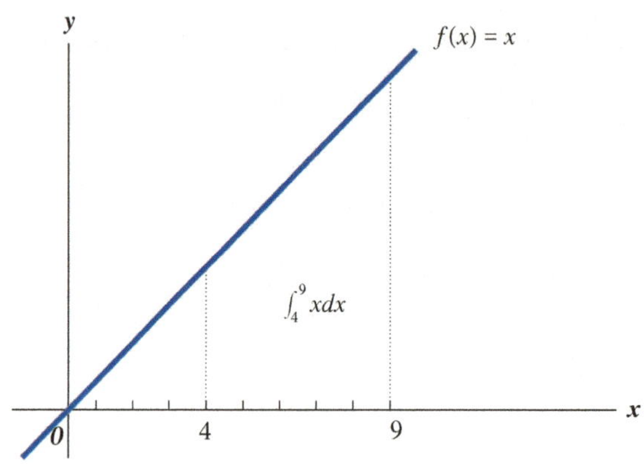

$$\int_4^9 x dx = F(9) - F(4) = \frac{1}{2}\cdot 9^2 + C - \left(\frac{1}{2}\cdot 4^2 + C\right)$$
$$= \frac{9^2}{2} - \frac{4^2}{2} = \frac{81-16}{2} = \frac{65}{2} = 32.5$$

위의 그래프와 같이 한 변의 길이가 9인 직각이등변삼각형의 넓이에서 한 변의

---

13 이 값은 위에서 정적분을 통하여 얻은 값과 일치한다.

14 이 값은 위에서 정적분을 통하여 얻은 값과 일치한다.

길이가 4인 직각이등변삼각형의 넓이를 뺀 것과 동일하고, 그 결과 역시 32.5다.

사실 적분은 다음과 같이 정의된다. 즉, 위에서 소구간으로 나누어 면적을 계산한 방법이 적분의 정의다. 적분의 기본정리와 아래의 적분의 정의는 일치한다는 점을 다시 한 번 강조한다.

$$\int_a^b f(x)dx = \lim_{n\to\infty}\sum_{k=1}^{n} f(x_k)\Delta x \qquad (x_k = a + k\Delta x,\ \Delta x = \frac{b-a}{n})$$

아래에서는 부정적분과 정적분에 관하여 편리하게 활용할 수 있는 정리들을 나열한다. 적분 시 자유롭게 활용할 수 있다.

부정적분정리

① $\frac{d}{dx}\int f(x)dx = f(x)$

② $f(x) = x^n$일 때, $\int f(x)dx = \frac{x^{n+1}}{n+1} + c$. (단, $n \neq -1$)

③ $f(x) = \frac{1}{x}$일 때, $\int f(x)dx = \ln|x| + c$

④ $f(x) = e^x$일 때, $\int f(x)dx = e^x + c$

⑤ $f(x) = a^x$일 때, $\int f(x)dx = \frac{a^x}{\ln a} + c$. (단, a는 실수)

정적분정리

a, b, c가 실수이고 $f(x)$와 $g(x)$가 [a, b]에서 적분가능하다면,

① $f(x) + g(x)$도 적분가능하며, $f(x) + g(x) = \int_a^b f(x)dx + \int_a^b g(x)dx$이다.

② $cf(x)$도 적분가능하며, $\int_a^b cf(x)dx = c\int_a^b f(x)dx$이다.

③ $f(x)g(x)$도 적분가능하다.

④ $\int_a^b f(x)dx = -\int_b^a f(x)dx$이며, $\int_a^a f(x)dx = 0$이다.

⑤ $g(x) \geq f(x)$이면, $\int_a^b g(x)dx \geq \int_a^b f(x)dx$이다.

아래에서는 위의 정리들 중 기본적인 것에 대하여 간략히 설명한다. 적분은 미분의 역산이다. 즉, 함수 $f(x) = x$를 [[도함수]]로 하는 원시함수 $F(x)$가 존재한다. 이 경우, 다음이 성립한다.

$$\frac{d}{dx}F(x) = f(x)$$

예를 들어, $f(x) = x$라고 하면 원시함수 $F(x)$는 다음과 같이 생각하여 구할 수 있다.

$$\frac{d}{dx}F(x) = x$$

이때 도함수가 $f(x) = x$인 원시 함수 $F(x)$는 일반적인 다항식을 관계식으로 하는 함수이므로 $F(x) = Ax^2 + Bx + C$의 형태가 됨을 알 수 있다. 따라서, 다항식의 도함수 계산법을 이용하면 $2A = 1$, $B = 0$가 되고, C는 임의의 상수가 된다. 즉,

$$F(x) = \frac{1}{2}x^2 + C$$

위 식에서 나타나는 임의의 상수 C를 적분상수라고 한다. 원시함수 $F(x)$에 나타나는 적분 상수는 함수 $f(x)$로 미분될 때 0이 되어 소멸한다.

일반적으로,

$$f(x) = a_0 x^n + a_1 x^{n-1} + \cdots + a_n \quad (\text{단, } n \neq -1)$$

의 꼴을 갖는 다항식을 관계식으로 하는 함수의 원시 함수 $F(x)$는 다음과 같은 형태가 된다. 적분상수 C는 미분하면 0이 되기 때문에 원시함수를 표기할 때는 반드시 첨가해야 한다.

$$F(x) = \frac{a_0}{n+1} x^{n+1} + \frac{a_1}{n} x^n + \cdots + a_n x + C \quad (C\text{는 적분 상수})$$

찾아보기

김상택

미국 Rutgers 대학교 경제학과 졸업, 미국 Columbia 대학교 경제학 박사, 정보통신정책학회 12대 학회장, 대통령방송통신비서관실 자문위원, 방송통신위원회 규제심사위원회 위원, 과학기술정보통신부 주관 가계통신비정책협의회 자문위원, 미래창조과학부 ITU 전권회의 총괄 자문위원, 이용약관심의위원장, 정보통신정책연구 편집위원장, 산업조직연구 편집위원장, 사회과학연구논총 편집위원장, 국무총리 표창 및 장관 표창 2회, 독일 함부르크 대학 및 미국 미시간 주립대학 교환교수 역임, 이화여자대학교 기획처장 역임, (현) 이화여자대학교 경제학과 교수

〈주요 저서〉 『쉽게 배우는 경제학』, 『쉽게 배우는 경제학 플러스』, 『방송통신정책과 전략』

쉽게 배우는 산업조직론

초판 1쇄 발행 2017년 3월 15일
초판 5쇄 발행 2023년 2월 3일

지은이 김상택
펴낸이 박기남
책임편집 차은지
기획 · 영업 박정헌
펴낸곳 **율곡출판사**
08590 서울시 금천구 가산디지털1로 84(에이스하이엔드 8차), 803호
전화 (代) 02) 718-9872/3
팩스 02) 718-9874
홈페이지 http://www.yulgokbooks.co.kr
이메일 yulgokbook@naver.com
등록 1989.11.10. 제2014-000031호
ISBN 979-11-87897-08-8 93320

정가 25,000원